JN425673

누구나 쉽게 시작하는

파이썬 프로그래밍

이충규 지음

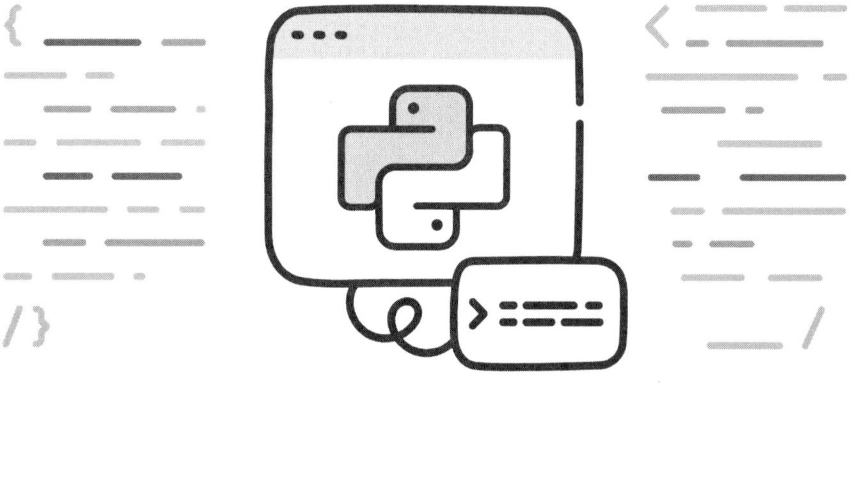

자유아카데미

서문

Python은 간결하고 직관적인 문법과 편리한 사용성, 그리고 폭넓은 활용 가능성 덕분에 전 세계에서 가장 인기 있는 프로그래밍 언어 중 하나로 자리 잡았습니다. 또한, 인공지능, 데이터 분석, 웹 개발, 로봇공학 등 다양한 분야에서 두각을 나타내며, 과학 기술 계산을 포함한 거의 모든 산업에서 활용되고 있습니다. Python은 높은 가독성과 강력한 라이브러리 생태계를 바탕으로, 초보자가 쉽게 배우고 산업 현장에서 빠르게 적용할 수 있도록 돕는 한편, 전문가에게는 복잡한 문제를 신속하게 해결할 수 있는 강력한 도구로 자리매김하고 있습니다.

이 책은 프로그래밍을 처음 접하는 학습자부터 다른 프로그래밍 경험이 있지만 Python을 새롭게 배우려는 사람까지 누구나 쉽게 Python을 익히고 활용할 수 있도록 구성되었습니다. 기본 문법부터 시작하여 직접 코드를 실행하고 확인하는 과정을 통해 자연스럽게 이해를 넓혀갈 수 있도록 했으며, 각 장은 앞에서 배운 내용을 기반으로 점진적으로 실용적인 프로그래밍 능력을 키울 수 있도록 구성하였습니다.

학습자분들께 드리는 당부 말씀

이 책은 Python을 처음 배우는 학습자를 위한 교재로, 프로그래밍 경험이 없는 분들도 부담 없이 학습할 수 있도록 구성되었습니다. 중요한 것은 단순히 문법을 익히는 것이 아니라 배운 내용을 활용하여 직접 코드를 설계하고 작성하는 과정입니다.

실제로 코드를 타이핑하고 실행해 보며, 결과를 확인하고 수정하는 과정에서 점점 더 깊이 있는 이해가 가능해집니다. 단순히 예제를 읽는 것에 그치지 말고 직접 입력하고 실행하며, 코딩 실력을 키워 나가길 바랍니다.

또한, 학습은 꾸준함이 중요합니다. 오늘 배운 내용이 당장 실무에 활용되지 않더라도 차곡차곡 쌓인 지식과 경험이 곧 여러분의 성장에 중요한 밑거름이 될 것입니다. 처음 배우는 과정에서 어려움이 있을 수도 있지만, 꾸준히 도전하는 자세를 유지한다면 Python을 활용하여 원하는 결과를 반드시 얻을 수 있을 것입니다.

교수자분들께 드리는 당부 말씀

Python을 배우는 과정에서 학생들이 겪을 수 있는 어려움을 이해하고 지도해 주실 것을 당부드립니다. 프로그래밍 학습은 단순한 문법 암기가 아니라, 문제를 해결하는 사고방식과 창의성을 키우는 과정입니다. 이 책을 통해 학생들이 경험하는 작은 성공과 실패가 결국 더 큰 성장으로 이어질 것입니다.

교수자로서 가장 중요한 역할은 학생들에게 문제를 해결할 수 있는 힘을 길러주는 것입니다. 이 책은 가능한 한 쉽게 이해할 수 있도록 구성되었지만, 학생들이 스스로 해결책을 찾을 수 있도록 격려와 지도를 부탁드립니다. 스스로 시도하고 수정하는 과정에서 성취감을 느끼고, 실패를 두려워하지 않도록 도와주신다면 학생들은 더욱 자신감을 갖고 Python을 학습할 수 있을 것입니다.

이 책을 집필하며, Python을 처음 접하는 학습자들이 쉽게 시작하고 중간에 포기하지 않도록 하는 데 많은 고민을 기울였습니다. 저 역시 학생 시절 Python을 배우지 않았지만, 한 줄 한 줄 직접 코드를 작성하며 익혀왔고, 가르치는 과정에서 부족한 점을 깨닫고 보완해 나갔습니다. 이러한 경험을 바탕으로, 학습자들이 겪는 어려움을 이해하고 최대한 쉽게 접근할 수 있도록 구성하였습니다.

그럼에도 불구하고 부족한 부분이 있을 수 있습니다. 이에 대한 보완 및 수정 의견을 주시면 기회가 되는대로 반영할 것을 약속드리며, 출간 후 나올 수 있는 수정사항 및 파이썬 관련 파일은 자유아카데미 홈페이지(www.freeaca.com) 자료실에 제공할 예정이니 참고하시기를 바랍니다.

마지막으로, 이 책의 출간을 위해 힘써주신 출판사 관계자분들께 깊은 감사를 전합니다. 이 교재를 통해 여러분이 성공적으로 Python을 학습하고, 나아가 이를 활용한 전문성을 갖출 수 있기를 기원합니다.

2025년 3월

저자 **이충규**

차례

Chapter 12 클래스 이해 : 코드와 데이터 융합

Chapter 13 클래스 응용

Chapter 14 Python 코드의 구성요소

Chapter 15 객체와 이름 공간

일러두기

- 본 교재의 코드 중에서 >>> 로 시작되는 코드는 인터프리터 모드에서 수행되는 코드를 의미하며, 실행 결과는 다음 줄에 기록됩니다.
- 본 교재의 코드 중에서, >>> 없이 작성된 코드는 스크립트 모드로 작성되어 수행되는 코드입니다. 해당 코드 전체의 실행 결과는 <실행 결과> 다음에 제시됩니다.
- 본 교재에 제시된 예제 코드들은 테스트를 거쳐 수록되었으나, 학습자의 PC 환경 설정에 따라 실행 결과가 다르게 나타날 수 있습니다.
- 본문에서 Python은 Python 프로그래밍 언어를 의미하며, python은 python 실행 명령어를 의미합니다.
- Python에서 문자열을 나타낼 때, 작은따옴표(' ')와 큰따옴표(" ")로 감싸주어 표시하며, 두 표기법은 동일하게 동작합니다. 다만, 문자열 내부에 작은따옴표를 표시할 경우 큰따옴표로, 큰따옴표를 표시할 경우 작은따옴표로 감싸 줍니다.
- 문자열 인코딩과 관련하여, UTF-8은 공식 문서에서 자주 사용되는 표기 방법이며, Python 코드 내에서는 utf-8로 사용됩니다. 두 표기법은 동일한 의미입니다.
- 집필 당시 확인하였던 웹사이트 및 Python 버전은 학습 시점에 변경되었을 가능성이 있습니다.

Chapter 01

Python 소개 및 설치

1.1 Python 소개

Python은 1980년대 후반 네덜란드 출신 컴퓨터 프로그래머인 Guido van Rossum에 의해 시작되었으며, 1991년 Python 0.9.0으로 처음 발표되었고, 2023년 10월 현재 Python 3.12가 안정형으로 배포된 상태입니다. 그는 드롭박스, 구글 등 다수의 기업에서 근무하였으며, 현재 마이크로소프트에서 Distinguished Engineer로 근무하고 있습니다. Guido에 대하여 더 자세한 사항을 알고 싶은 경우, 다음 웹사이트를 참고하기 바랍니다. [guido]

Python은 프로그래밍 언어를 분류하는 기준들 중에서, 대화형 방식 언어(interpreter)에 해당합니다. FORTRAN, C 등 컴파일 과정을 거쳐 실행파일을 생성하여 프로그램을 구현하는 컴파일러(compiler) 방식 언어들과 다르게, 코드 전체를 읽어 기계어로 번역하지 않고, 한 줄씩 코드를 읽어 실행해 줍니다. 인터프리터 방식의 언어는 한 줄 씩 명령어 단위로 실행하게 되고, 명령 한 줄이 하나의 함수인 경우도 많습니다. [wikipedia]

Python 공식 홈페이지는 Python의 특징을 다음과 같이 설명하고 있습니다.

> Python is a programming language that lets you work more quickly and integrate your systems more effectively. You can learn to use Python and see almost immediate gains in productivity and lower maintenance costs. (python.org)
>
> Python은 더 빠르게 작업하고 시스템을 보다 효과적으로 통합할 수 있도록 해주는 프로그래밍 언어입니다. Python을 배우면 생산성과 낮아진 유지보수 비용 감소 측면에서 즉각적인 이익을 확인할 수 있습니다. (python.org)

1.2 Python 활용 분야

Python은 매우 넓은 응용 분야에서 사용될 정도로 사용이 편리하다는 특징을 가지고 있습니다. [python-wikipedia] Python 공식 홈페이지(python.org)로부터 대표적인 응용 분야들에 대한 설명을 발췌하여 정리하였습니다. [python.org]

1.2.1. 웹 및 인터넷 개발

파이썬은 웹 개발을 위한 다양한 방법들을 제공합니다.

- Django, Pyramid와 같은 프레임워크
- Flask 및 Bottle과 같은 마이크로-프레임워크
- 고급 콘텐츠 관리 시스템

Python의 표준 라이브러리는 다양한 인터넷 프로토콜을 지원합니다.

- HTML 및 XML
- JSON
- 이메일 처리
- FTP, IMAP 및 기타 인터넷 프로토콜 지원
- 사용하기 쉬운 소켓 인터페이스

패키지 인덱스(Package Index)는 더 많은 라이브러리를 포함합니다.

- Requests: 강력한 HTTP 클라이언트 라이브러리
- BeautifulSoup: 모든 종류의 기묘한 HTML을 처리할 수 있는 HTML 파서
- Feedparser: RSS(Really Simple Syndication)/Atom 피드를 파싱/데이터 추출을 도와주는 라이브러리
- Paramiko: 원격 서버 접속, 파일전송, 명령 실행 등을 지원해주는 SSH2 프로토콜 구현
- Twisted Python: 비동기 네트워크 프로그래밍을 위한 프레임워크

1.2.2. 과학 분야 및 수치계산 분야

Python은 과학 및 수치 계산 분야에서 널리 사용됩니다.

- SciPy: 수학, 과학, 공학을 위한 패키지 모음
- Pandas: 데이터 분석 및 모델링 라이브러리
- IPython: 작업 세션을 쉽게 편집하고 기록할 수 있는 강력한 대화형 쉘(interactive shell)로서, 시각화 및 병렬 컴퓨팅을 지원

- Software Carpentry Course: 부트캠프 운영, 개방형 교육 자료 제공을 통해 과학 컴퓨팅 분야를 위한 기본 기술을 교육함

1.2.3. 데스크톱 GUI

Tk GUI 라이브러리는 대부분의 Python 바이너리 배포판에 포함되어 있으며, 여러 플랫폼에서 사용할 수 있는 일부 툴킷은 별도로 제공됩니다.

- wxWidgets
- Kivy: 멀티터치 애플리케이션 작성에 사용
- Qt

1.2.4. 소프트웨어 개발

Python은 소프트웨어 개발, 빌드 제어 및 관리, 테스트 및 기타 여러 가지 방법으로 활용되는 지원 언어로 자주 사용됩니다.

- 빌드 제어를 위한 SCons
- 자동화된 연속 컴파일 및 테스트를 위한 빌드봇(Builbot) 및 아파치 검프(Apache Gump)
- 버그 추적 및 프로젝트 관리를 위한 반올림 또는 추적

1.2.5. 교육 분야

Python은 프로그래밍을 가르치기 위한 훌륭한 언어입니다.

1.2.6. 사업 분야 적용

Python은 전사적 자원관리시스템(ERP) 및 e-커머스 시스템을 구축하는 데도 사용됩니다.

이러한 특징들로 인해, 다수의 공학 관련 단체에서 Python에 대한 좋은 평가를 제시하였으며, 다음에 두 가지 사례를 소개합니다.

IEEE Spectrum 매거진의 The Top Programming Languages 2023 순위를 살펴보면, 사용 범위(spectrum) 측면에서 1위, 일자리(Jobs) 측면에서 2위, 추세(trending) 측면에서 1위를 차지하였습니다.

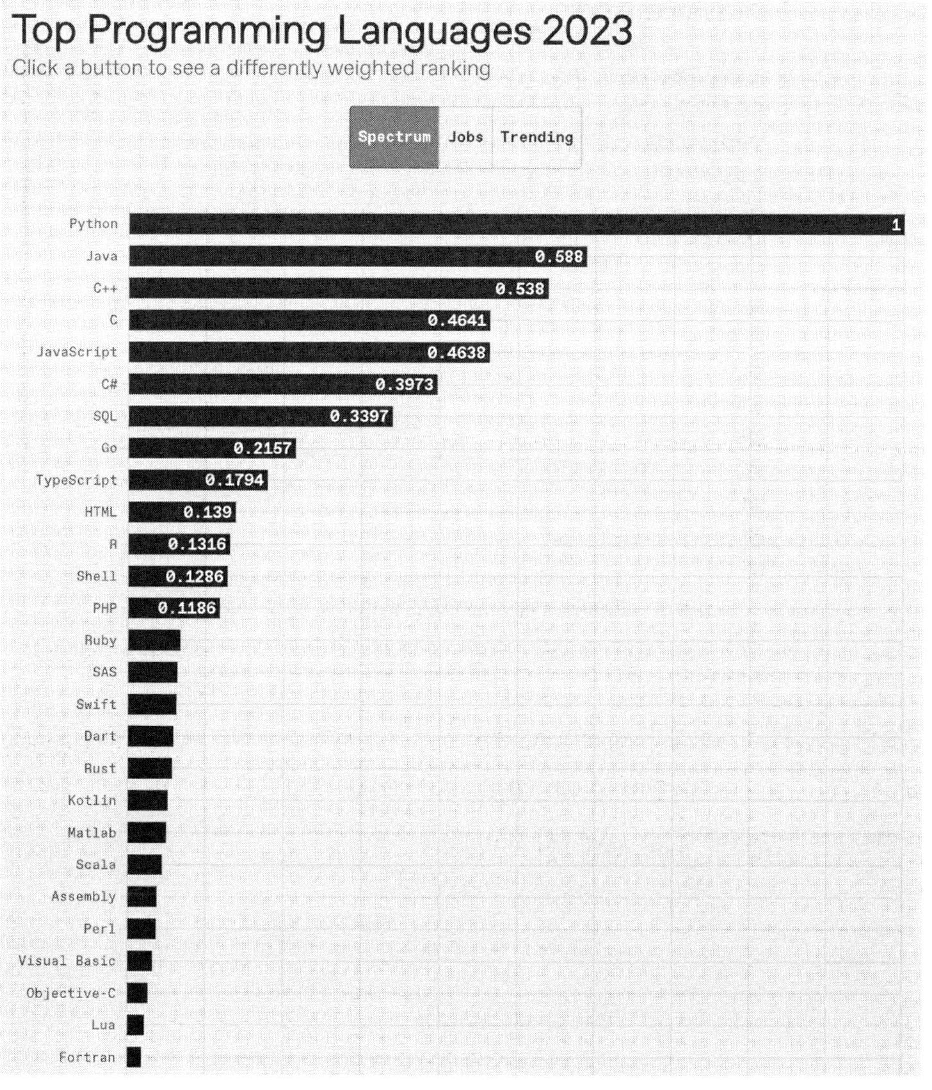

그림 1 Top Programming Languages 2023

자료: IEEE Spectrum, https://spectrum.ieee.org/the-top-programming-languages-2023

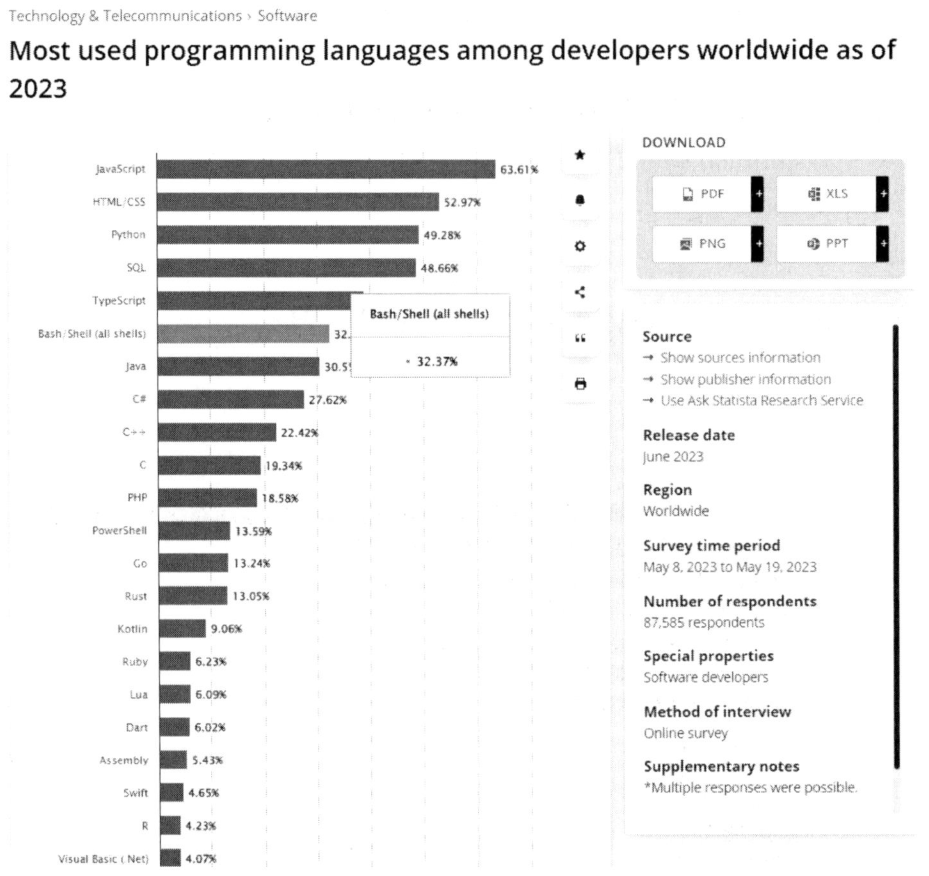

그림 2 Most used programming languages as of 2023

자료: Statist, https://www.statista.com/statistics/793628/worldwide-developer-survey-most-used -languages/

또한, 다수의 소프트웨어 개발 및 AI 관련 분석기업의 자료에 따르면, AI Programming에 적합한 프로그래밍 언어 순위에 Python이 1위로 추천되고 있음을 많은 곳에서 확인할 수 있습니다. [bocasay] [AI business]

1.3 Python 설치[1]

이제 Python 코딩을 위해 Python을 설치해 보도록 하겠습니다. 여러분의 PC 운영체제가 Windows인 경우가 많으므로, Windows 운영체제에 대한 일반적인 설치 과정을 살펴보겠습니다. [python install windows]

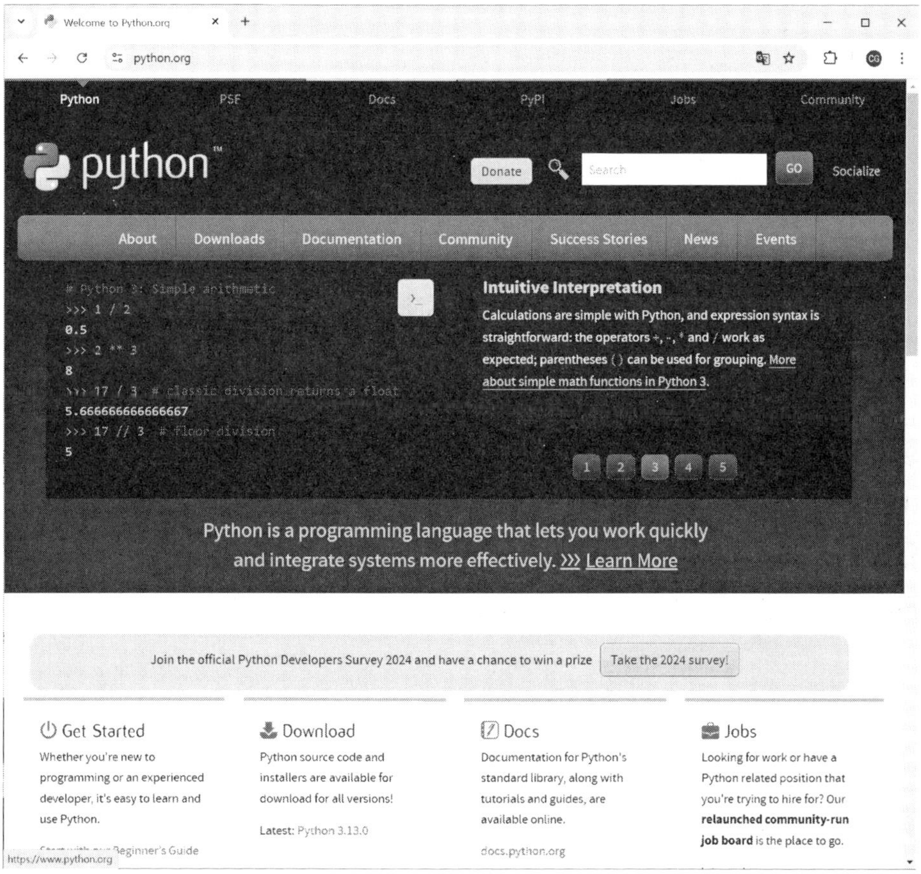

그림 3 Python 공식 홈페이지(https://www.python.org/)

1) 본 교재는 Python 3.12를 기준으로 작성되었습니다.

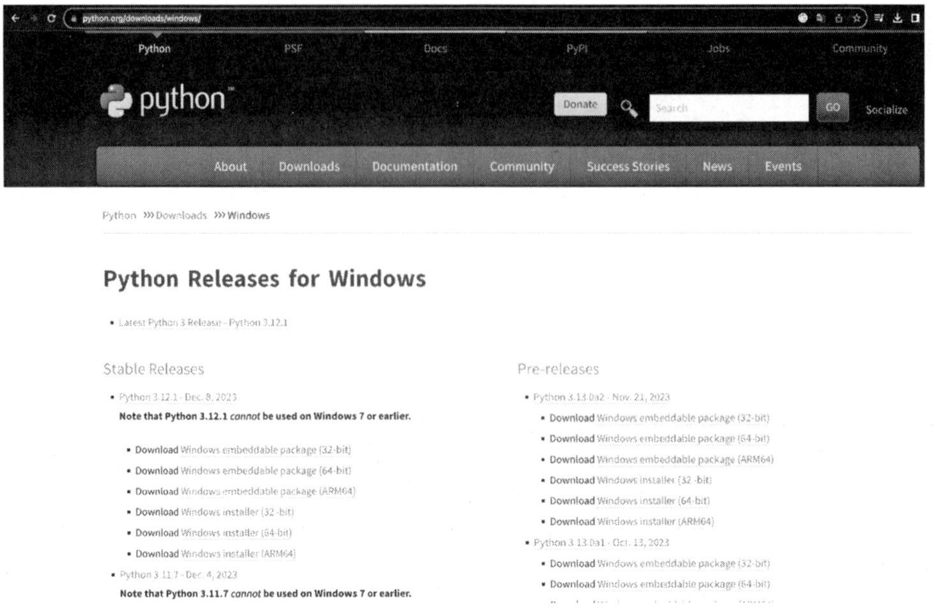

그림 4 Windows용 설치 프로그램 내려받기 페이지의 버전 선택 화면

[그림 3]의 Python 공식 홈페이지(https://www.python.org/)에서 Downloads 탭을 통해, 여러분의 운영체제에 해당하는 "내려받기" 페이지로 이동합니다. Windows, MacOS, 및 기타 다른 운영체제에 해당하는 설치 버전도 확인할 수 있습니다. 필요한 버전(또는 최신 버전)의 Windows용 설치 프로그램을 선택(그림 4)하면, Windows installer가 저장되고, 자동으로 설치 과정을 시작할 수 있습니다.

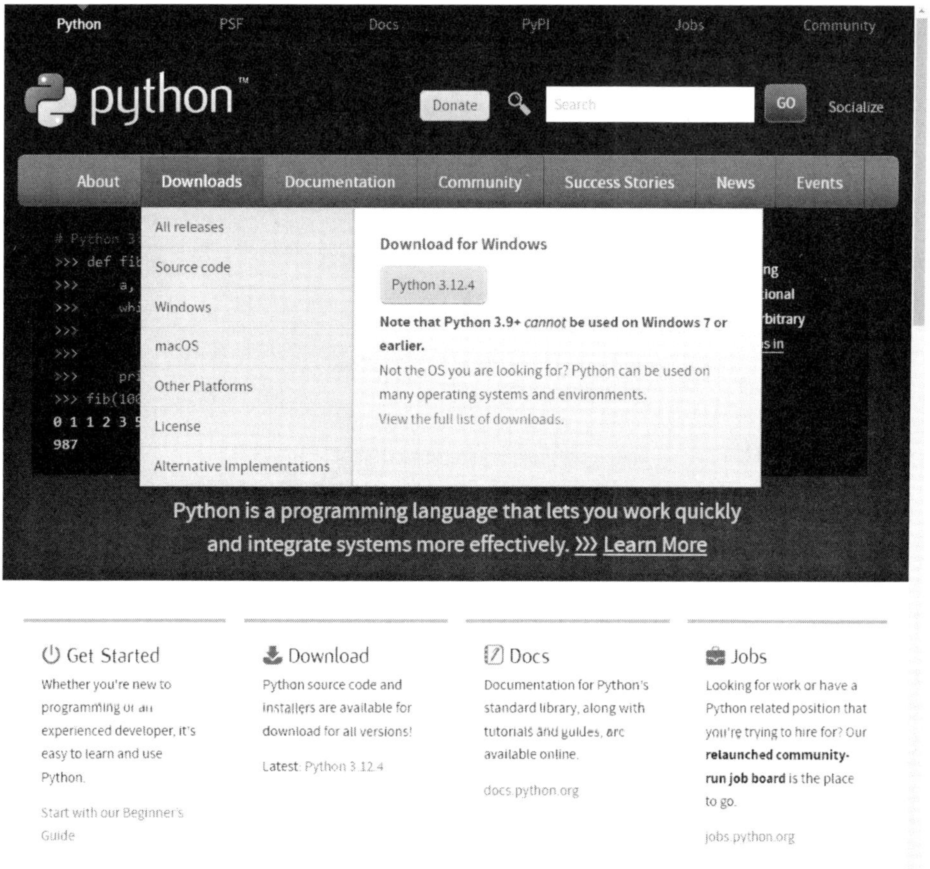

그림 5 Windows용 Python 3.12.4 내려받기 화면

Python 설치 과정은 일반적인 Windows 응용프로그램 설치 과정과 크게 다르지 않습니다. 위의 그림을 보면, 현재 최신 안정화 버전(2024년 8월 6일)은 3.12.4 임을 확인할 수 있습니다(그림 5). 필요하다면, 선행 배포판(pre-release, 2024년 8월 1일 발표)인 3.13.Orc1 버전을 설치할 수도 있습니다. 원하는 Installer 버전을 다운로드한 후, 더블 클릭하여 실행하면, [그림 6]의 설치 화면이 나타나며, 설치 과정이 시작됩니다. 화면 하단에 있는 "Add Python 3.XX to PATH" 옵션을 선택하고, "Install Now"를 진행하면 됩니다.

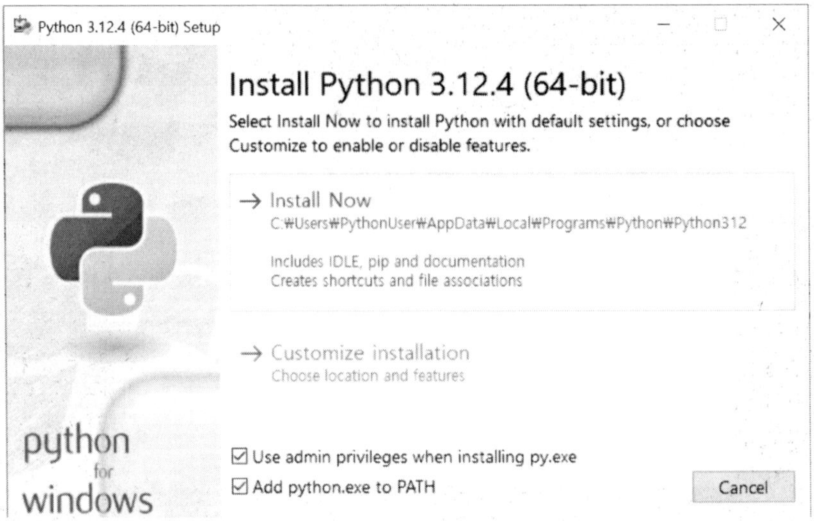

그림 6 Python 설치 화면

[그림 6]의 설치 과정 중에, "Add python.exe to PATH"를 선택하여 진행하였다면, PATH는 문제없이 설정되어 있을 것입니다. 기존 버전이 존재하는 상태에서 새로운 버전을 추가 설치하고자 하면, 자동으로 Upgrade 화면이 나타나며, [그림 7]과 같은 옵션 선택 화면이 나타납니다.

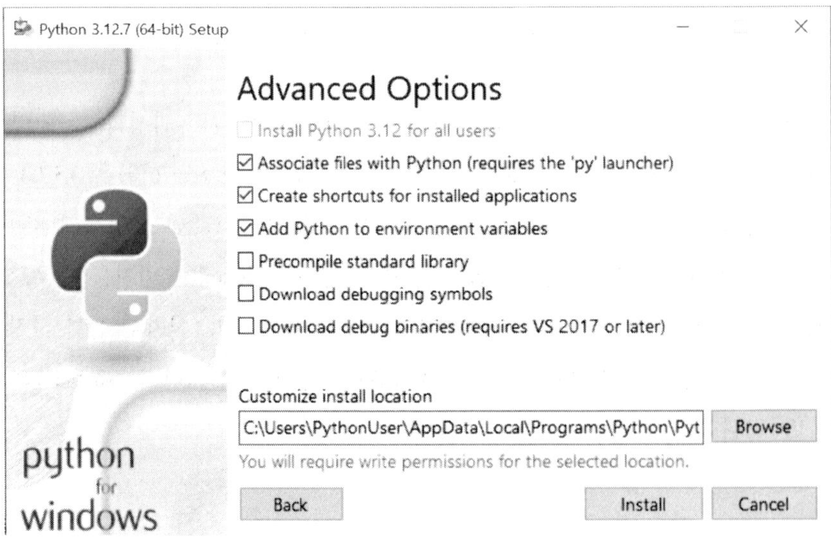

그림 7 Python 업그레이드 화면

[그림 7]의 그림은 3.12.7 버전으로 업그레이드하는 과정 중에 나타나는 화면으로, "Add Python to environment variables" 옵션을 선택하면 경로가 자동으로 설정되어 python 명령어 실행이 오류 없이 수행됩니다.

만약, PATH 설정을 하지 않았거나, PATH 설정이 잘못되어 있다면, python 명령어 실행에 오류가 발생하게 되므로, Python이 설치된 디렉터리를 PATH 변수에 추가해 주어야 합니다.

다음으로, Python 설치 위치를 PATH에 추가하는 과정을 살펴보겠습니다. 이 과정은 사용자의 PC 환경에 따라 디렉터리 이름은 다를 수 있습니다.

Windows 명령 프롬프트에서 where python을 통해 python.exe가 설치된 위치를 찾습니다. where python을 실행하면, 다음과 같은 결과가 출력됩니다.

```
C:\Users\PythonUser>where python
C:\Users\"로그인한 사용자이름"\AppData\Local\Microsoft\WindowsApps\python.exe
```

python.exe가 위치한 디렉터리를 확인한 후, 컴퓨터 → 제어판 → 시스템 → 시스템 속성 → 고급 → 환경 변수에서 "편집"을 클릭한 후, "찾아보기"로 python.exe가 위치한 디렉터리를 선택하고 확인합니다.

지금까지 Windows PC에서 Python을 설치하는 과정에 대해 설명을 진행하였습니다만, Linux/UNIX, macOS뿐 아니라 다른 다양한 OS에서 설치 가능한 Python도 배포하고 있음을 확인할 수 있습니다.

다음 [그림 8]과 [그림 9]는 macOS에서 Python 설치 과정을 보여주는 그림입니다.

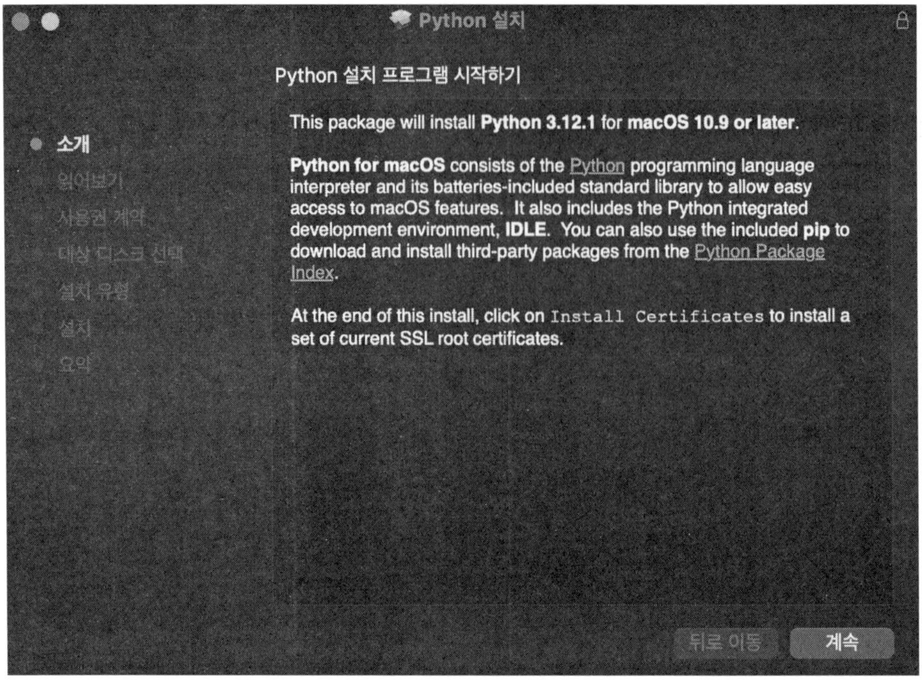

그림 8 macOS의 Python 설치 화면

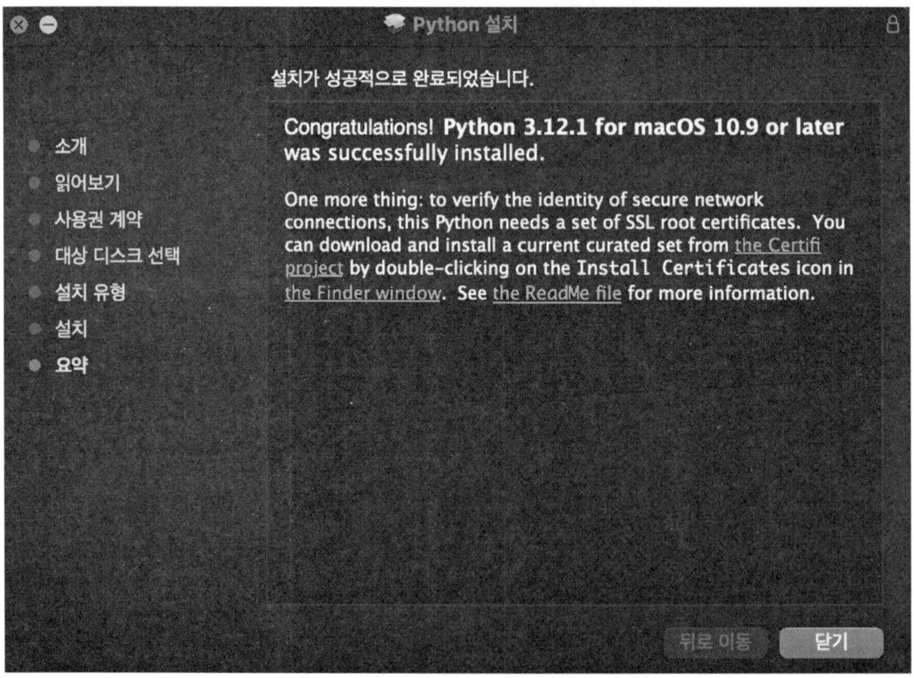

그림 9 macOS의 Python 설치 완료 화면

1.4 Python 버전 확인

여러분의 PC에 설치되어 있는 Python의 버전, 또는 여러분이 실행시키고자 하는 코드가 작성된 Python의 버전을 확인하여야 하는 경우가 있습니다. Python 2와 Python 3이 일반적인 경우에 대해 호환되지만, 호환되지 않는 차이점도 많이 있으므로 이를 확인하여야 할 필요가 있습니다.

먼저, Python의 버전을 Windows PC에서 확인해 보겠습니다. Windows 명령 프롬프트에서 python 명령을 실행시키면, Python 인터프리터가 실행되어 [그림 10]과 같은 초기 화면을 통해 Python 버전을 확인할 수 있습니다. Python 3.12.5 버전이 2024년 8월 6일에 빌드되었음을 확인할 수 있습니다.

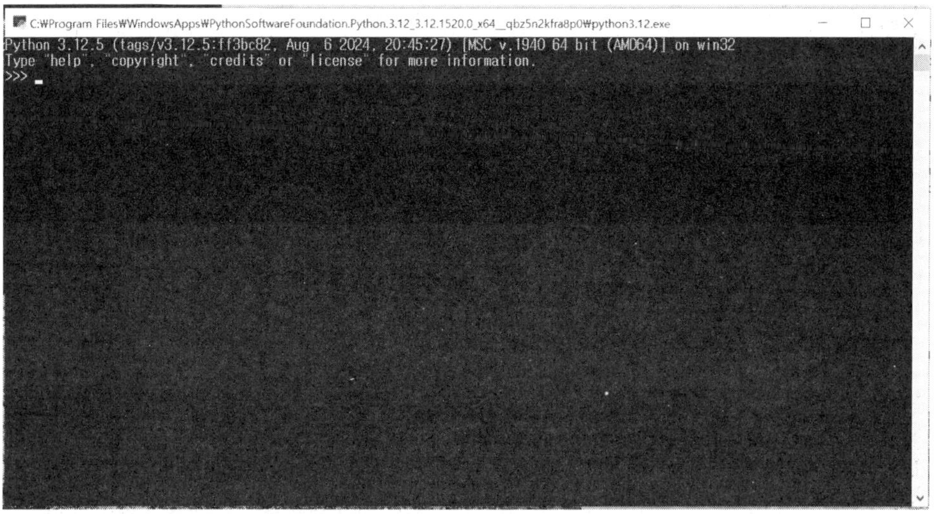

그림 10 Python 인터프리터 초기 화면을 통한 Python 버전 확인

두 번째 방법으로, Windows 명령 프롬프트에서 python —version 명령을 실행하여, Python 버전이 3.12.5임을 확인할 수도 있습니다(그림 11).

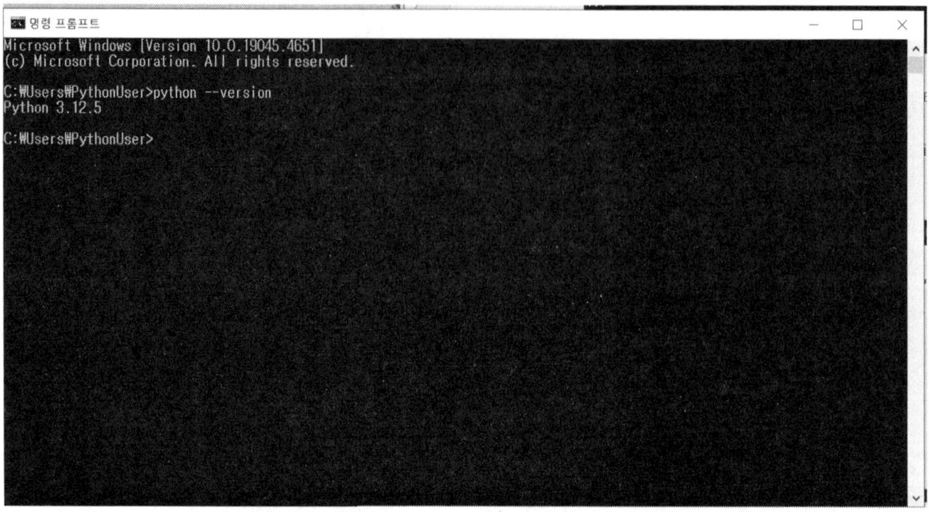

그림 11 python —version을 통한 Python 버전 확인

또한, Windows 명령 프롬프트에서 명령어 py —list를 사용하여 설치되어 있는 모든 Python들의 버전을 확인할 수도 있습니다(그림 12). *가 표시된 버전이 기본 버전입니다. [그림 12]에서 버전 3.12 한 가지만 설치되어 있음을 확인할 수 있습니다.

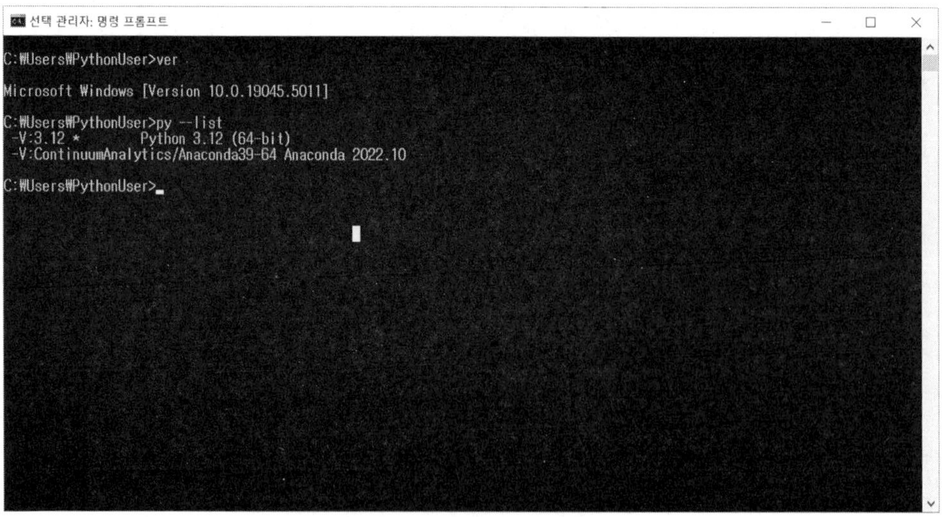

그림 12 py —list를 통한 Python 버전 확인

세 번째 방법으로, IDLE shell을 실행하여 초기 화면에서 버전을 확인할 수 있습니다. 그림 13은 Python 3.12.7이 실행되었음을 보여줍니다.

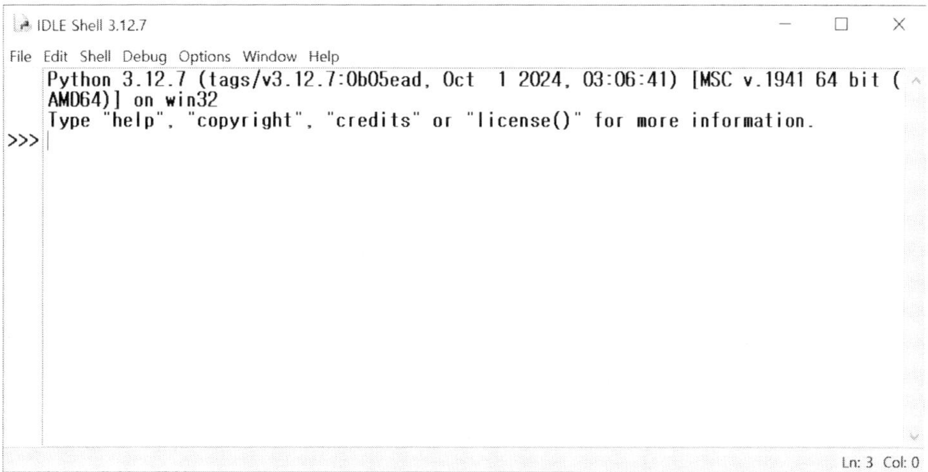

그림 13 IDLE 초기 화면을 통한 Python 버전 확인

1.5 Python 2와 Python 3의 차이

Python 2와 Python 3이 호환되지 않는 부분들도 많이 있으므로 이를 확인하여야 할 필요가 있습니다. Python 2와 Python 3의 모든 차이점을 목록화하여 공부하기엔 많은 시간이 소요될 수 있으므로, Python 2와 Python 3을 병행 학습하는 것보다 현행 안정화 배포판인 Python 3을 잘 학습하고 활용하는 것이 중요하다고 할 수 있습니다.

새롭게 작성되는 코드들은 일반적으로 Python 3으로 작성되겠지만, Python 2로 작성된 후 Python 3으로 수정되지 않은 상태에서 사용되는 코드들도 많을 수 있습니다. 이런 경우, 필요에 따라 여러분이 Python 2로 작성된 코드를 이해하여 직접 Python 3 버전으로 수정, 사용해야 하는 경우도 있을 수 있습니다. 이처럼, 같은 프로그래밍 언어의 다른 버전에서 동작하도록 코드를 수정하는 과정을 **마이그레이션(migration)**이라고 합니다. 보다 넓은 개념으로, 상이한 버전을 포함하여 다른 운영체제, 다른 하드웨어, 또는 다른 프로그래밍 언어를 포함하는 다른 환경에서 동작하도록 코드를 수정하는 과정은 **포팅(porting)**이라고 합니다.

Python 2와 Python 3의 대표적인 차이점들을 다음 표 1에 정리하였습니다.

표 1 Python 2와 Python 3의 주요 차이점

Python 2	구분	Python 3
print "Hello"	print()	print("Hello")
기본 문자열: ASCII u''로 유니코드 명시	문자열 처리	기본 문자열: 유니코드 b''로 바이트 문자열 명시
5 / 2 → 2	정수 나눗셈	5 / 2 → 2.5
raw_input()	입력 함수	input()
except Exception, e	예외 처리	except Exception as e
<>	관계연산(같지 않음)	!=
제한적 유니코드 사용을 위해 u'' 필요	Unicode	기본적으로 모든 문자열은 유니코드

Python 공식 홈페이지에서 Python 포팅(porting)에 대한 자료(그림 14)를 참고하여 보다 상세한 정보를 얻을 수 있습니다. [python porting] Python 2와 Python 3의 차이에 대한 보다 상세한 정보를 포함하는 다른 문서들 참고하는 것도 좋은 방법입니다. [difference]

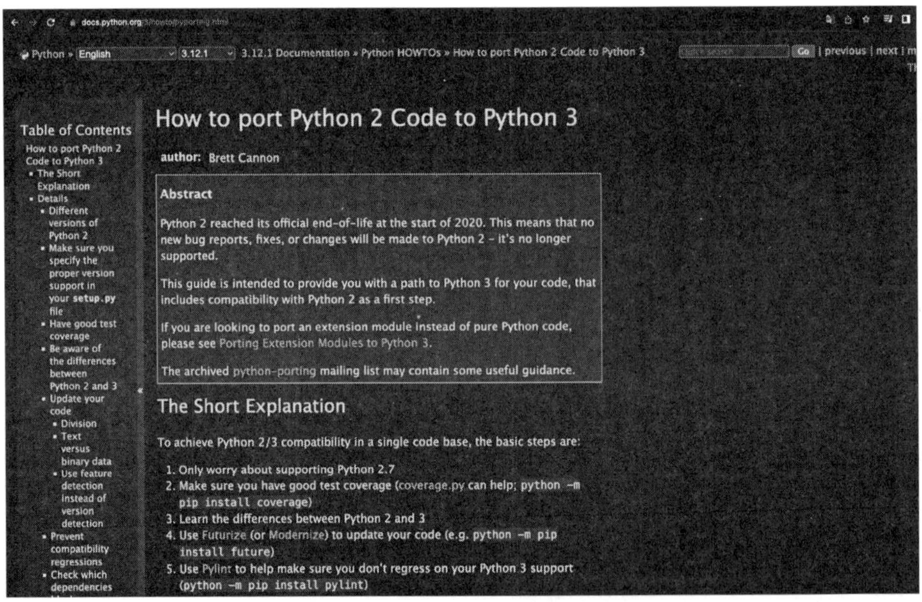

그림 14 Python 공식 홈페이지의 porting 정보

참고자료 및 문헌

[Guido] https://gvanrossum.github.io/

[wikipedia] https://en.wikipedia.org/wiki/Interpreter_(computing)
https://en.wikipedia.org/wiki/Python_(programming_language)

[Bocasay] https://www.bocasay.com/top-ai-programming-languages-2023/

[AI business] https://aibusiness.com/verticals/7-ai-programming-languages-you-need-to-know

[Berkeley bootcamps] https://bootcamp.berkeley.edu/blog/ai-programming-languages/

[Python install windows] https://www.python.org/downloads/windows/

[difference] A Primer on Scientific Programming with Python by H. P. Langtangen, 5th edition, Springer, 2016.

[Python porting] https://docs.python.org/3/howto/pyporting.html

Chapter

02

Python 코딩 환경

2.1 Python 실행 : 인터프리터 모드 vs 스크립트 모드

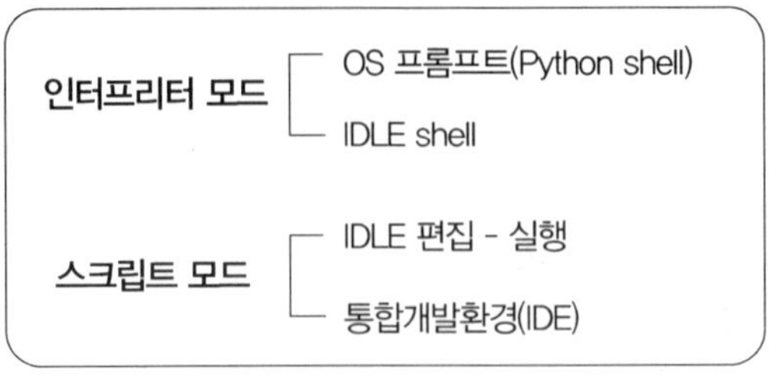

그림 1 Python 실행 모드

Python 실행 모드는 다음 [그림 1]과 같이 인터프리터 모드와 스크립트 모드로 구분할 수 있습니다. 각 모드에 대해 조금 더 자세히 살펴보겠습니다.

2.1.1. Python 인터프리터 모드

Windows, macOS 등 운영제제에서 제공하는 명령 프롬프트(command prompt)에서 Python을 직접 실행할 수 있습니다. 이런 방식을 **"Python 인터프리터 모드"**라고 합니다.

먼저, Windows의 경우를 살펴 보겠습니다. Windows 명령 프롬프트(command prompt)를 실행시킨 후, python을 실행합니다. PATH 설정이 올바르게 되어 있다면, 큰 문제 없이 아래 화면과 같은 내용이 나타날 것입니다.

그림 2 명령 프롬프트에서 실행된 Python shell

Windows 운영체제의 명령 프롬프트에서 python을 실행하여 "인터프리터 프롬프트 모드"를 통해 Python 코드작성 및 코드실행이 가능합니다. 이 경우, Python 프롬프트 '>>>' 다음에 한 줄씩 코드를 입력하고 실행할 수 있으며, 특별한 코드 편집기가 필요하지 않습니다.

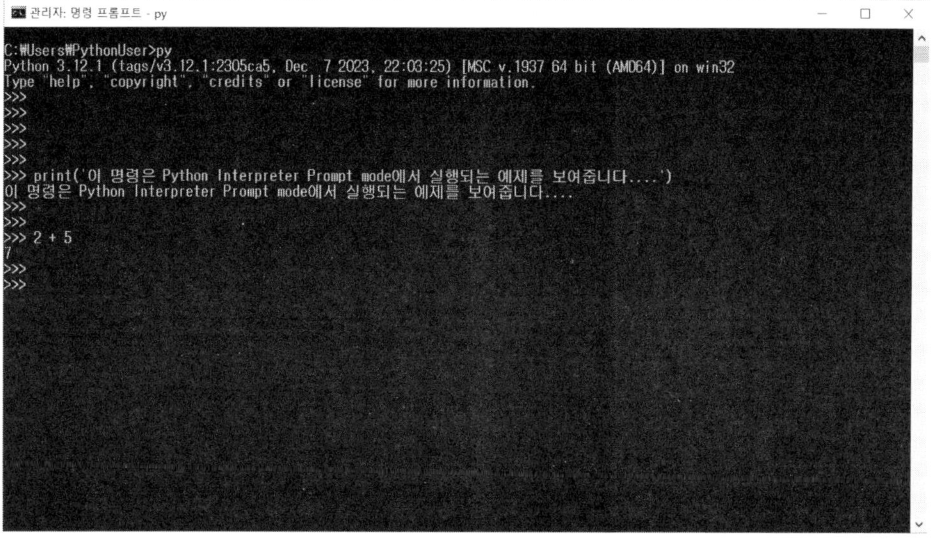

그림 3 Python shell을 사용한 코드 작성 및 실행

MacOS 운영체제의 터미널에서 Python interpreter를 실행시킨 후, 아래 그림과 같이 Python 인터프리터 프롬프트(>>>)에 직접 한 줄씩 Python 코드를 작성하고 실행시킬 수 있습니다.

이 방법은 코드에 오류가 있는 경우, 다음에 나오는 Python 인터프리터 프롬프트에 다시 코드를 작성하여 실행하여야 하는 단점이 있습니다.[1)]

IDLE는 Python을 설치할 때, 자동으로 설치되는 Integrated Development and Learning Environment입니다. 다음 그림들은 Windows에서 표시된 IDLE help 메뉴에서 확인한 About IDLE 화면(그림 4)과 IDLE Doc 시작 화면(그림 5)입니다.

---

1) 이미 작성한 코드의 복사하기–붙여넣기 옵션을 사용한 후, 틀린 부분만을 수정하는 것은 가능하고, 키보드의 위쪽 화살표와 아래쪽 화살표를 이용하여 이전 코드를 선택하여 틀린 부분만을 수정할 수도 있으므로, 일일이 모든 코드를 다시 작성하여야 하는 것은 아닙니다.

그림 4 Python IDLE의 About IDLE 화면

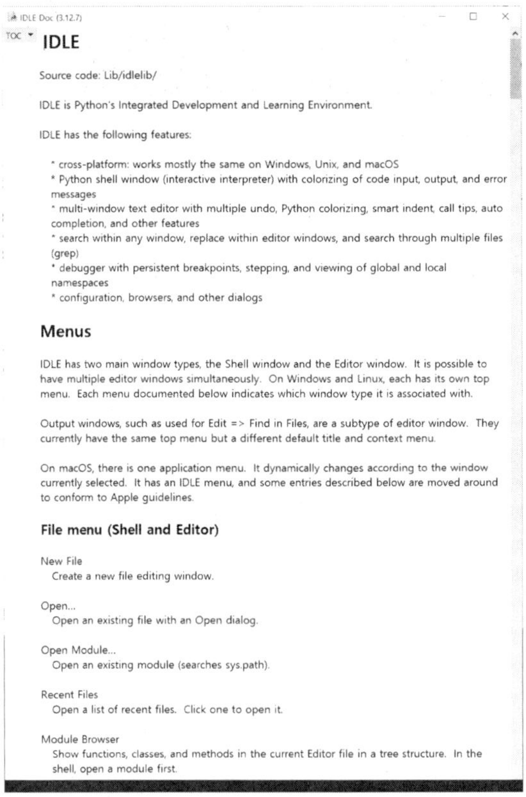

그림 5 Python IDLE의 IDLE Doc 시작 화면

IDLE에서 제공하는 IDLE shell을 사용하여 인터프리터 모드로 코드를 작성, 실행하는 방법도 가능합니다.

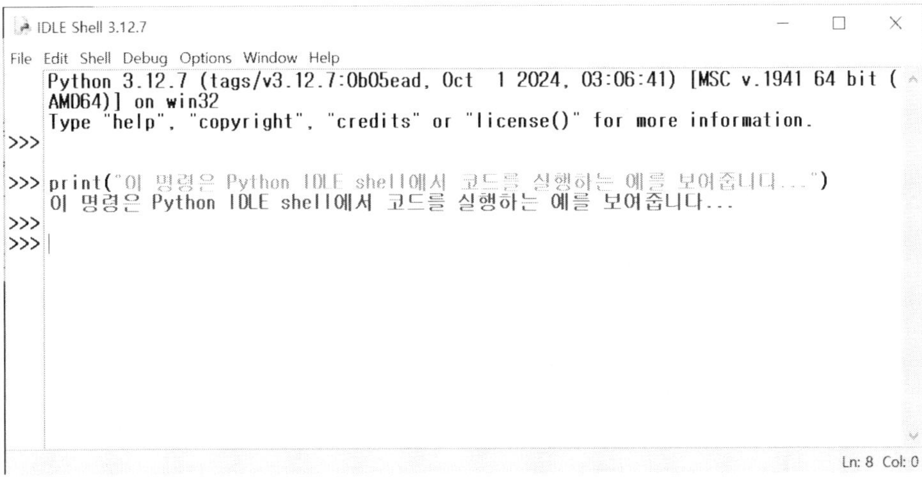

그림 6 Python IDLE shell을 사용한 코드 작성 및 실행

IDLE shell을 사용하는 방식도 결국 Python 인터프리터 프롬프트를 사용하여 코드를 한 줄씩 작성, 실행을 반복하는 방법과 같습니다.

코드가 길어지고 일부 코드의 내용을 수정하여 반복 실행하여야 하는 경우, 코드들의 수정 내용 관리, 변수 관리 및 코드 실행 순서에서 어려움이 있을 수 있습니다. 나중에 실행된 코드가 먼저 실행된 코드의 결과를 덮어씌우기 때문에, 수정, 실행이 반복 될수록, 인터프리터 프롬프트 상에서 수행한 과정을 정확하게 기억하기 어려워지게 되어, 코딩 과정이 복잡해지는 불편함이 있습니다.

2.1.2. Python 스크립트 모드

코드가 길어지게 되면, IDLE 편집기 또는 통합개발환경(IDE)이 제공하는 편집기를 사용하여 작성한 Python 코드를 .py 확장자로 저장한 후, 해당 파일을 한 번에 실행하는 “스크립트 모드(script mode)”를 사용하는 것이 편리합니다.

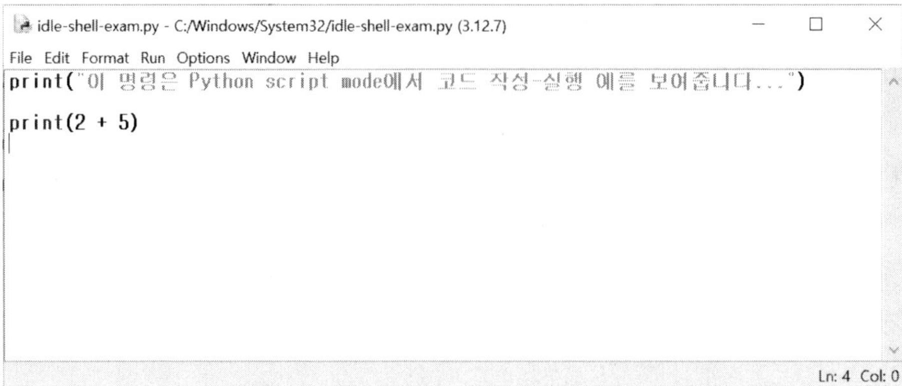

그림 7 Python IDLE 편집기를 사용한 코드 작성

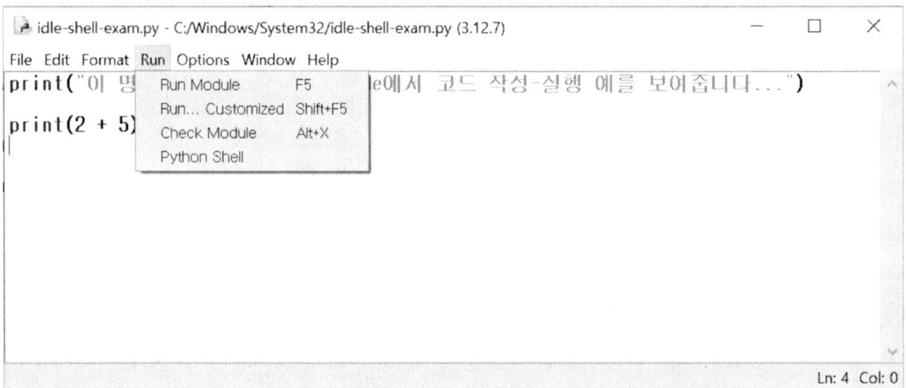

그림 8 Python IDLE 편집기를 사용한 코드 실행 메뉴

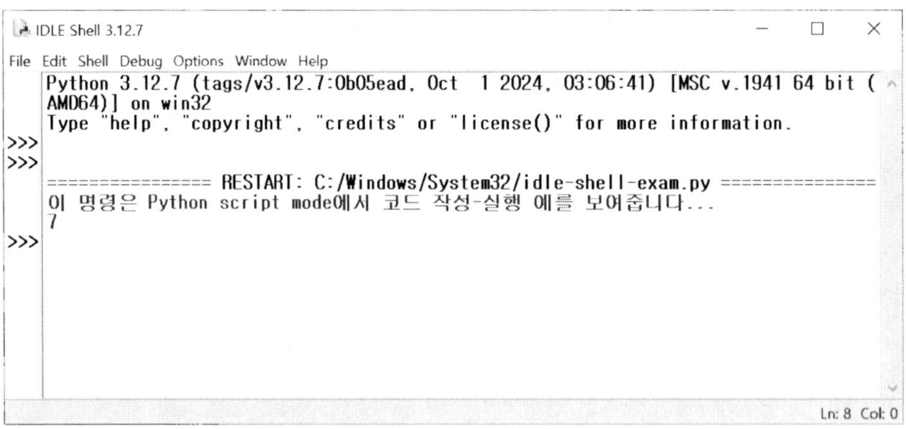

그림 9 Python IDLE 스크립트 모드를 사용한 코드 실행

IDLE에서 제공하는 편집기는 IDLE 메뉴에서 "새 파일"을 선택하여 편집기를 열고, [그림 7]과 [그림 8]처럼 편집기에서 Python 코드를 작성하여 저장한 후, IDLE 메뉴에서 "Run Module F5"을 선택하여 코드를 실행할 수 있습니다. [그림 9]는 실행 결과를 보여줍니다. 이러한 방식은 코드가 계속해서 추가 작성되어 상당히 긴 코드의 경우에도 편집기에서 편리하게 수정한 후, 한 번에 실행할 수 있는 장점이 있습니다. ([그림 10]은 macOS에서 IDLE 스크립트 모드를 실행하는 과정을 보여주며, 운영체제에 따른 차이점은 거의 없습니다.)

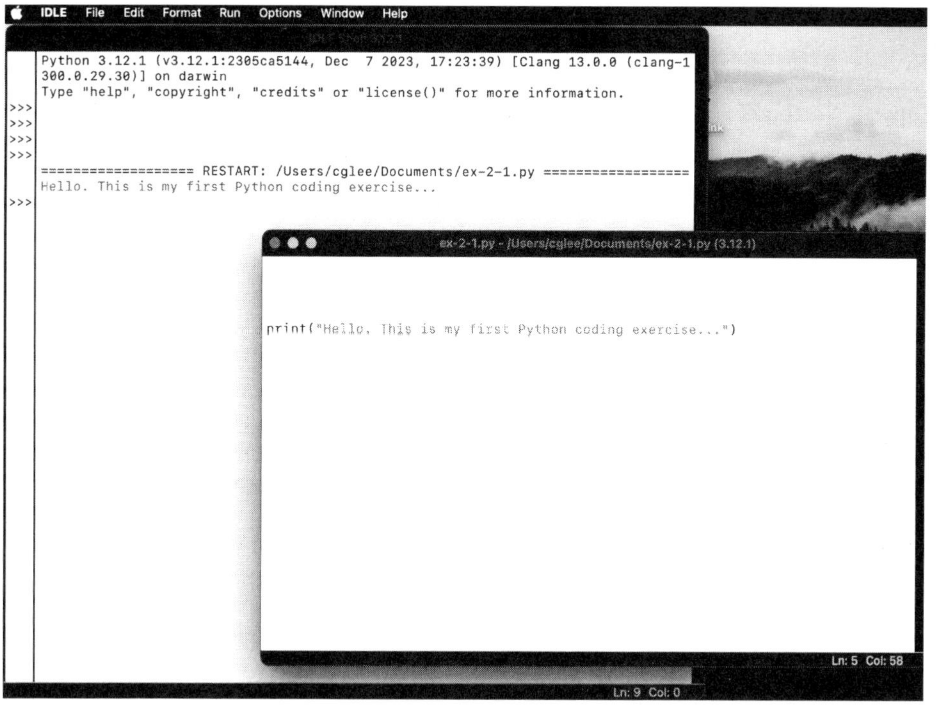

그림 10 macOS의 Python IDLE 스크립트 모드

지금까지, 운영체제의 명령 프롬프트와 IDLE 프롬프트를 통한 Python "인터프리터 모드", 그리고 IDLE 편집기를 사용하는 "스크립트 모드"를 통한 코드 작성 및 실행 방법을 살펴보았습니다. 사용자 여러분의 익숙함 및 편리함에 따라 어느 방법이든 사용하여도 좋습니다.

2.2 통합개발환경(IDE)

통합개발환경(IDE, integrated development environment)은 Python 프로그래밍을 학습하고 프로젝트를 개발하는 데 필요한 다양한 기능들을 통합적으로 관리해 주는 개발 플랫폼을 의미하며, 대부분의 IDE는 네트워크가 연결되어 있으면, 네트워크를 통한 실시간 협업, 자동 배포, 네트워크 시뮬레이션 등의 기능을 제공할 수 있습니다. Google Colaboratory, Replit, GitHub Codespaces 같은 웹 기반 IDE는 PC에 직접 설치하고 설정하는 과정이 필요하지 않기 때문에, 웹브라우저에서 직접 접속하여 Python 코드를 작성하고 테스트할 수 있습니다. IDLE, PyCharm, Visual Studio Code, Jupyter Notebook 등과 같이 PC에 직접 설치하여 사용하는 방식의 IDE도 있습니다. PyCharm, Jupyter Notebook는 추가 기능을 도와주는 툴을 사용하여 실시간 협업 등이 가능합니다. 마지막으로, 웹브라우저의 확장 프로그램으로 설치되는 방식의 IDE가 있습니다.

2.2.1. Google Colaboratory [Google colaboratory]

Google Colab(Colaboratory)은 Google에서 제공하는 클라우드 기반의 개발 환경으로 Jupyter Notebook과 유사한 환경을 제공합니다. Google Colab은 Python 코드 실행, 데이터 분석, 머신러닝 모델 개발 등을 웹브라우저만으로 쉽게 할 수 있도록 지원합니다. 사용자는 Colab을 통해 고성능 GPU 및 TPU를 무료로 활용할 수 있으며, Python 라이브러리를 추가로 설치하거나 데이터 파일을 업로드하여 다양한 프로젝트를 진행할 수 있습니다. 특히 Colab은 협업에 최적화되어 있어, 팀원과 노트를 공유하거나 함께 코드를 작성하며 실시간으로 작업할 수 있는 것이 특징입니다. Google Drive와 연동되어 편리한 파일 저장 및 관리도 가능합니다.

[그림 11]은 Google Colaboratory 홈페이지의 화면입니다.

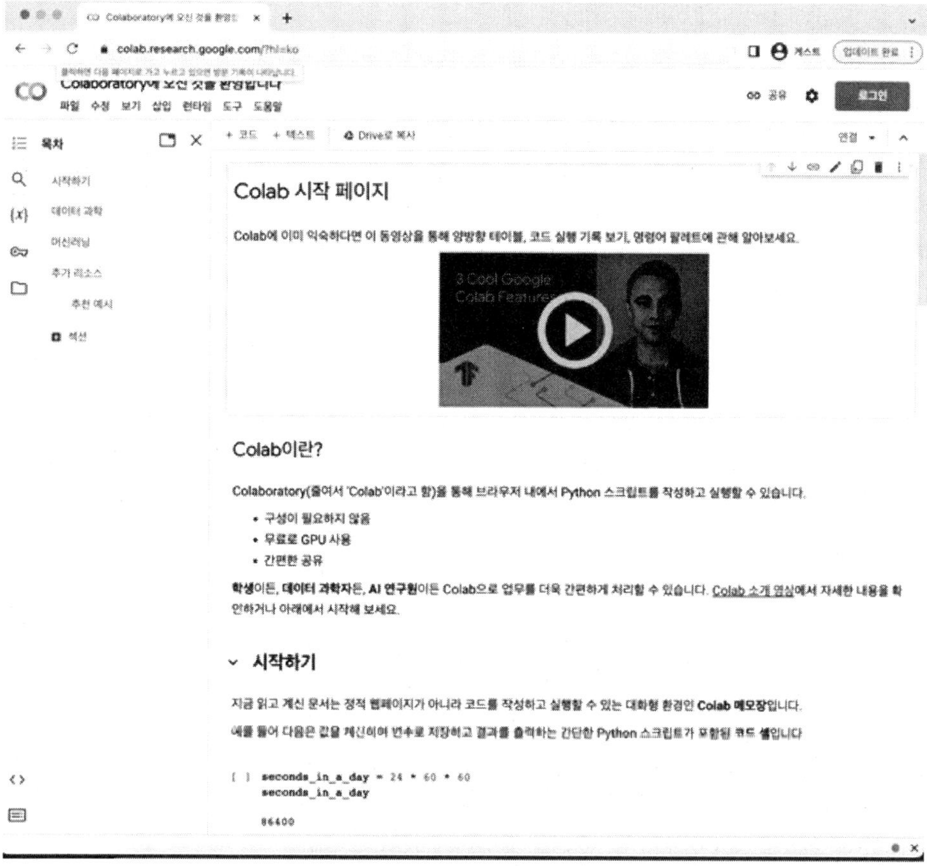

그림 11 Google Colaboratory

2.2.2. Replit [replit] [wikipedia replit]

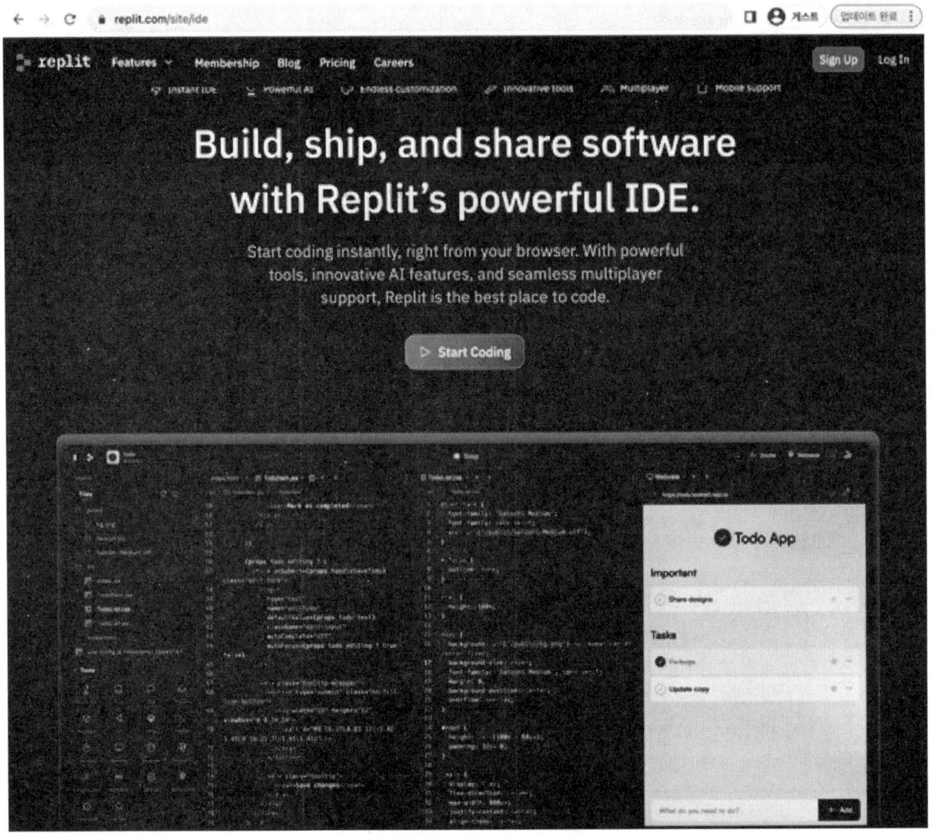

그림 12 Replit

Replit은 소프트웨어를 작성하고 공유하도록 도와주는 또 하나의 IDE을 제공(그림 12)하는데, 웹브라우저에서 즉시 코딩을 시작할 수 있도록 해줍니다. 다양한 툴들을 제공할 수 있고, 다수의 개발자들을 동시에 지원할 수 있는 특징이 있습니다. Replit은 온라인 코드 편집기를 통해 복잡한 개발환경 설정을 하지 않고 실시간으로 다른 사람들과 코드를 협업할 수 있도록 해줍니다.

2.2.3. GitHub Codespaces [github codespaces]

GitHub Codespaces는 클라우드 기반의 통합 개발 환경(IDE)으로, GitHub 저장소에서 바로 코딩, 디버깅, 테스트를 할 수 있도록 제공되는 서비스입니다. Codespaces는 프로젝트마다 맞춤형 환경을 구성할 수 있으며, Python 등 다양한 언어를 지원하여 어디서든 편리하게 개발할 수 있는 기능을 제공합니다. GitHub와 실시간으로 동기화되므로, 실시간 협업과 버전 관리에 편리한 특징이 있습니다.

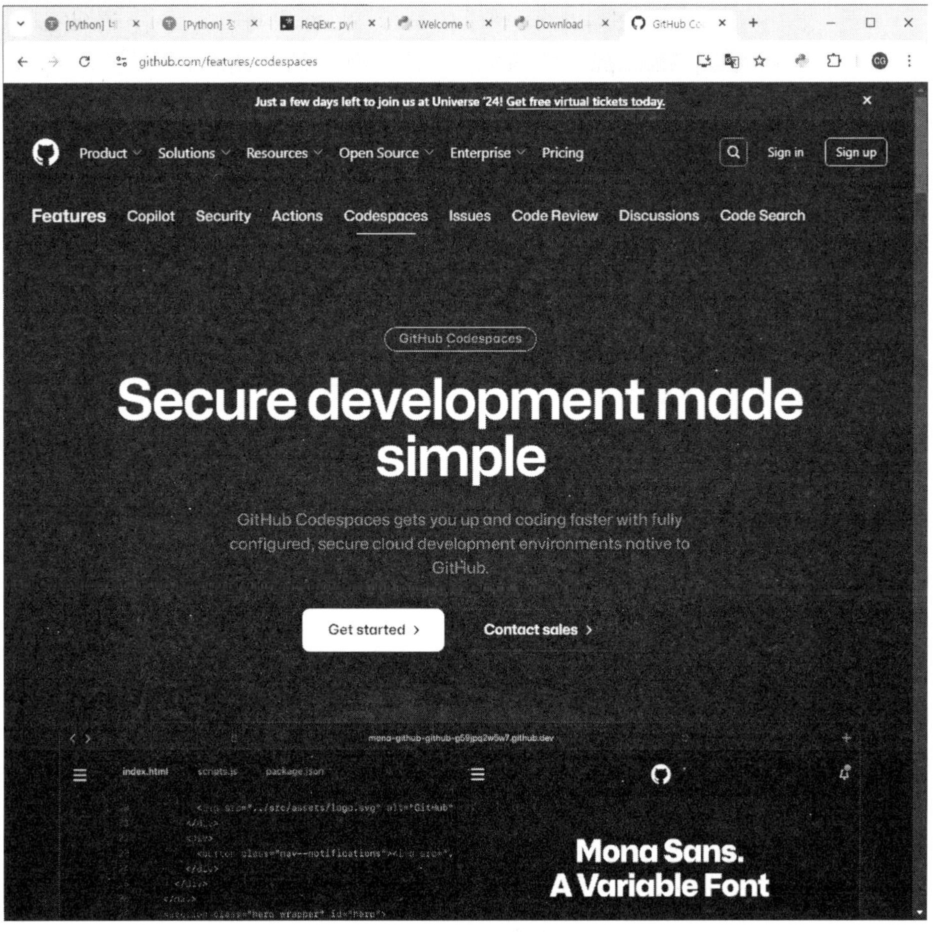

그림 13 GitHub Codespaces

2.2.4. IDLE [IDLE]

IDLE은 Python에서 기본적으로 설치되는 통합 개발 및 학습 환경(IDLE, integrated development and learning environment)입니다. Python 공식 홈페이지의 IDLE 관련 페이지를 살펴보면, IDLE에 다음과 같은 기능이 있음을 확인할 수 있습니다: [IDLE]

- tkinter GUI 툴킷을 사용하여, 100% 순수 파이썬으로 코딩됨
- 윈도우, 리눅스 및 macOS에서 거의 동일하게 작동함

- 코드 입력, 출력 및 에러 메시지를 출력하는 Python shell 창(대화식 인터프리터)
- 다중 실행 취소, 파이썬 색상 지정, 스마트 들여쓰기, 호출 팁, 자동 완성 및 기타 기능이 있는 다중 창 텍스트 편집기
- 모든 창 내에서 검색, 편집기 창 내에서 교체 및 여러 파일을 통한 검색(grep)
- 지속적인 중단점(breakpoints), 스테핑(stepping) 및 전역과 지역 이름 공간 보기가 있는 디버거

IDLE에는 셸(shell) 창과 편집기(editor) 창의 두 가지 종류 창이 있으며, 편집기 창을 여러 개 동시에 사용할 수 있습니다. PC 운영체제에 따라 메뉴 동작이 약간 다를 수 있지만, 거의 동일합니다. 편집기 창의 메뉴에서 작성 중인 Python 파일을 실행시킬 수 있는 Run Module 메뉴를 선택할 수 있습니다.

그림 14 IDLE

2.2.5. PyCharm [PyCharm]

JetBrains사는 PyCharm을 "완벽한 기능을 갖춘 Professional 또는 무료 Community"라고 설명하고 있습니다. 보다 쉽게 이야기하면, PyCharm은 더 편리하고 빠르게 Python 코드를 작성하는 데 필요한 기능을 제공하는 Python 통합개발환경(IDE)입니다. 또한, 전문가용 유료 버전과 무료 버전을 동시에 제공하고 있으므로, 필요에 따라 선택하여 사용하면 됩니다.

PyCharm 공식 홈페이지의 설명에 따르면, PyCharm은 Python 코드 편집, Python 프로파일링 도구 제공, 데이터의 효율적 처리를 위한 리소스 제공, Python 외에도 다양한 언어 지원, 디버거, 개발프로젝트 관리 등 매우 다양한 기능을 포함합니다.

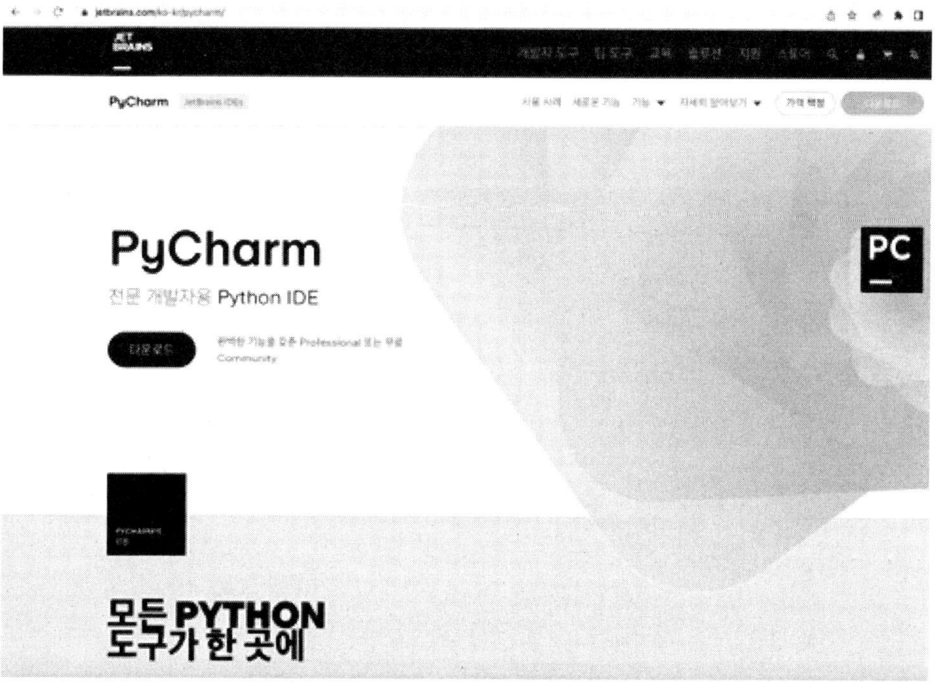

그림 15 PyCharm

2.2.6. Visual Studio Code(VSCode) [Visual Studio Code]

Visual Studoe Code의 홈페이지에 기술되어 있는 특징은 다음과 같습니다.

> Visual Studio Code is a lightweight but powerful source code editor which runs on your desktop and is available for Windows, macOS and Linux. It comes with built-in support for JavaScript, TypeScript and Node.js and has a rich ecosystem of extensions for other languages and runtimes (such as C++, C#, Java, Python, PHP, Go, .NET).
>
> Visual Studio Code는 데스크톱에서 실행되는 가볍지만 강력한 소스 코드 편집기이며, Windows, macOS, Linux에서 사용할 수 있습니다. JavaScript, TypeScript, Node.js에 대한 기본 지원을 제공하며, C++, C#, Java, Python, PHP, Go, .NET과 같은 다른 언어와 런타임을 위한 확장 기능도 풍부하게 갖추고 있습니다.

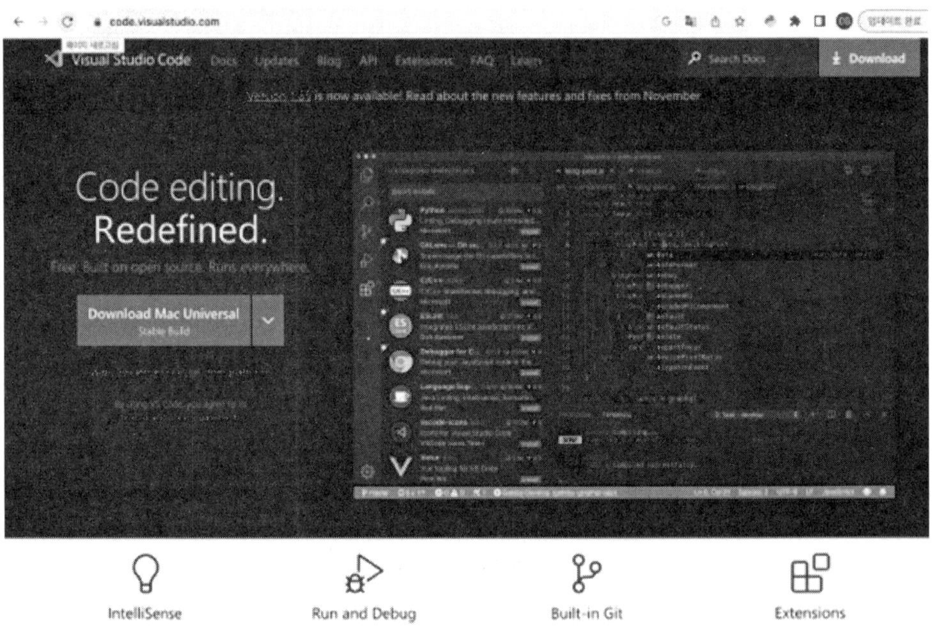

그림 16 Visual Studio Code 홈페이지

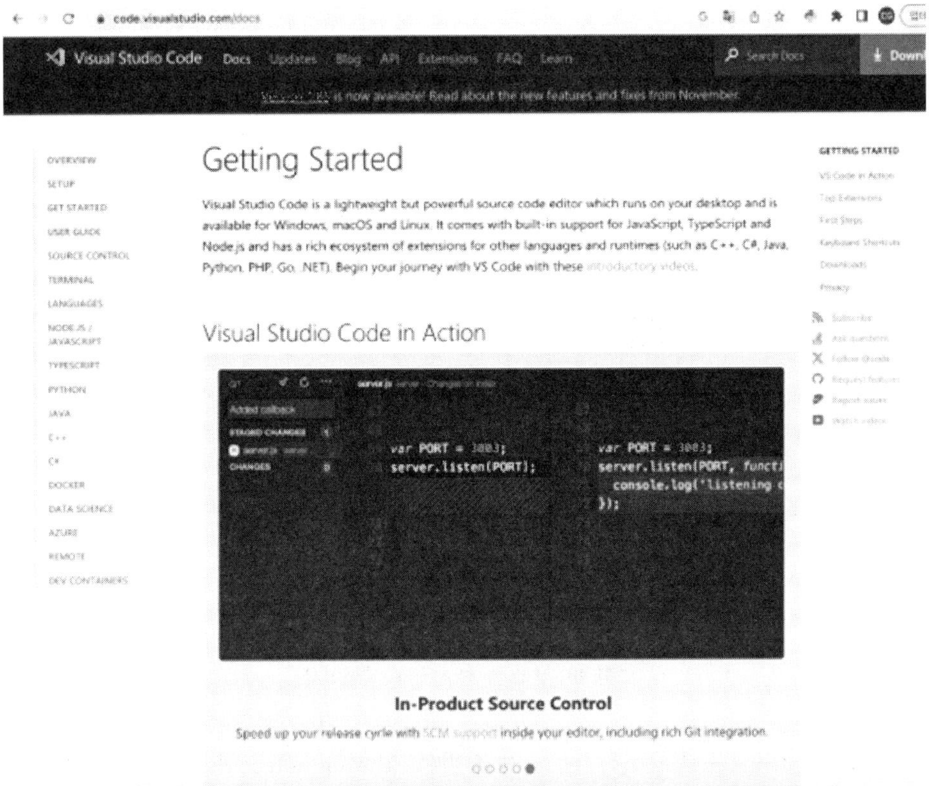

그림 17 Visual Studio Code 소개 화면

특히, Visual Studio Code는 다양한 언어와 프레임워크를 위한 확장 기능을 설치해 사용할 수 있는 매우 다양한 확장 프로그램들을 제공하고 있습니다. 또한, 코드 자동 완성 기능(IntelliSense)을 제공해 변수와 함수의 이름을 추천하고, 매개변수 정보와 코드 오류를 실시간으로 보여줍니다. 이를 통해 생산성을 높이고 코드의 정확성을 유지할 수 있습니다.

2.2.7. Jupyter Notebook [Jupyter]

Jupytor Notebook은 웹 기반의 인터랙티브 개발 환경으로, 주로 데이터 분석, 머신 러닝, 과학 계산 등에 사용됩니다. 이 도구는 코드, 텍스트, 수식, 시각화를 하나의 문서에서 통합해 실행할 수 있어 데이터 사이언스와 학습, 연구에 매우 유용합니다. Python을 포함한 여러 언어를 지원하며, 각 코드 셀을 개별적으로 실행하면서 그 결과를 바로 확인할 수 있고, 결과를 문서화하는 데 편리한 장점이 있습니다.

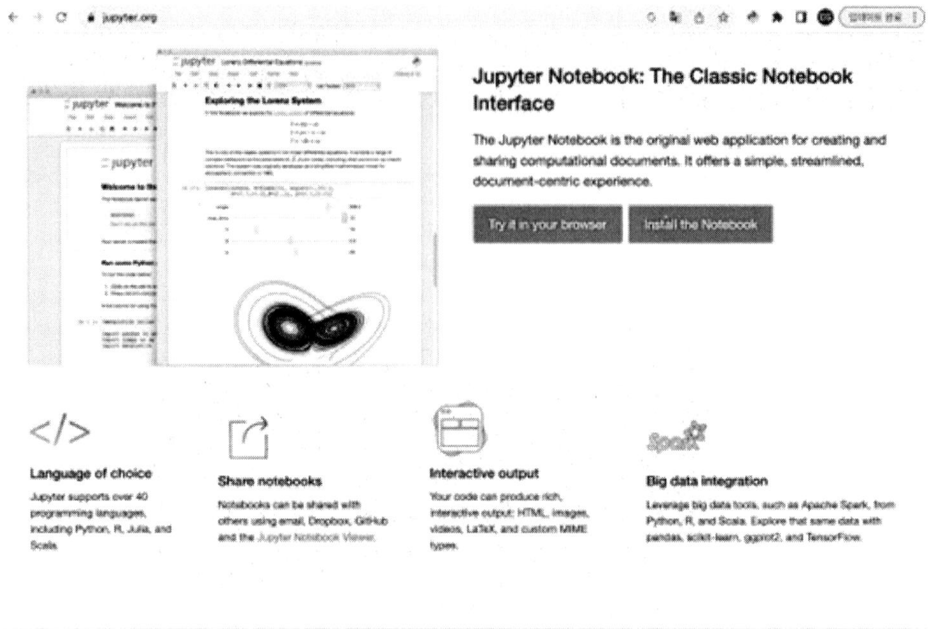

그림 18 Jupyter Notebook 홈페이지

Jupyter notebok을 사용하는 한 가지 방법은, jupyter notebook을 PC에 설치하여 사용하는 방법입니다. Windows terminal에서 jupyter notebook을 실행시킨 후, jupyter dashboard에서 파일을 선택한 후, jupyter notebook을 이용하여 편집-실행을 수행할 수 있습니다.

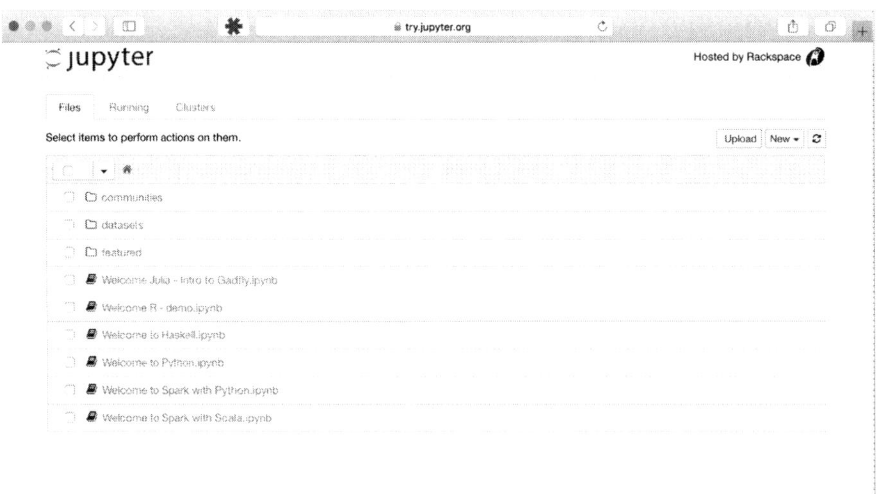

그림 19 Jupyter Notebook 파일 관리 페이지

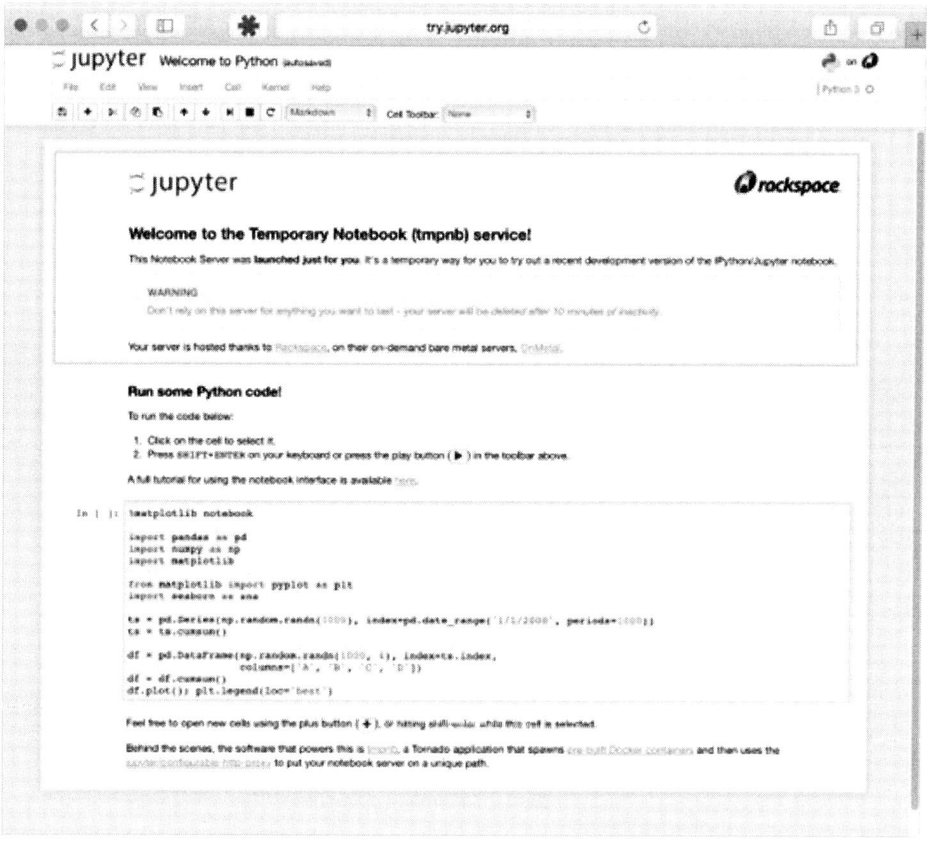

그림 20 Jupyter Notebook을 사용한 코드 작성 및 실행

2.2.8. 브라우저 확장 프로그램

Chrome 웹브라우저 안에서 Python shell을 사용하여 Python 코드를 작성하고 실행할 수 있도록 도와주는 Chrome 확장 프로그램을 사용하는 방법도 가능합니다. 기본적인 코드 실행 외에도, 일부 코드를 빠르게 테스트해 볼 때 편리할 수 있습니다.

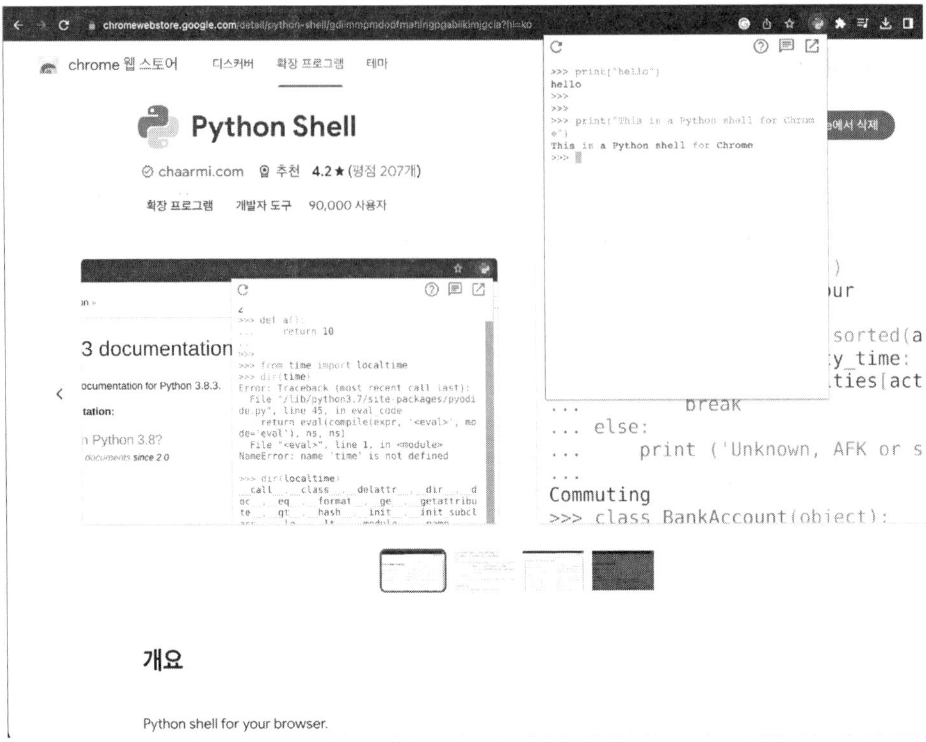

그림 21 Google Chrome의 Python Shell 확장 프로그램

이러한 IDE들은 사용 용도나 소프트웨어의 지원 범위와 성능에 따라 유료 버전도 존재하므로, 필요에 따라 선택하여 사용할 수 있습니다. 또한, 지금까지 언급되지 않은 다수의 무료 통합개발환경도 있으므로, 학습자, 개발자의 환경에 따라 선택하여 사용할 수 있습니다.

참고자료 및 문헌

[repl.it] https://replit.com/site/ide

[IDLE] https://docs.python.org/ko/3/library/idle.html

[PyCharm] https://www.jetbrains.com/ko-kr/pycharm/

[Visual Studio Code] https://code.visualstudio.com/

[Jupyter] https://jupyter.org/

[wikipedia replit] https://en.wikipedia.org/wiki/Replit

Chapter 03

Python 코딩 시작

3.1 코드 작성 및 실행 방법 : 인터프리터 모드 vs 스크립트 모드
3.2 들여쓰기(indentation)
3.3 주석(comments)
3.4 코드의 줄 구조
3.5 변수(variable) 작성

지금부터 Windows 운영체제의 명령 프롬프트와 IDLE shell에서 수행하는 Python 코딩을 중심으로 진행하겠습니다.

3.1 코드 작성 및 실행방법 : 인터프리터 모드 vs 스크립트 모드

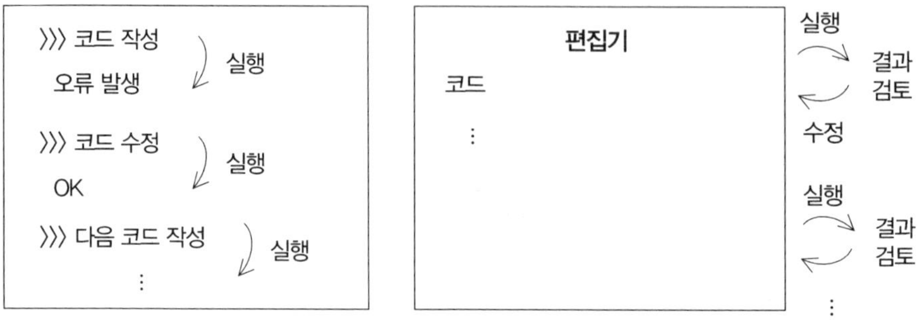

(a) 인터프리터 모드　　　(b) 스크립트 모드

그림 1 인터프리터 모드 vs 스크립트 모드

앞에서 설명하였던 코드 편집 방법 중 편리하다고 생각하는 방법을 선택하도록 합니다.

- **인터프리터 모드(interpreter mode)**: Python 코드를 Python 인터프리터 프롬프트 상에서 한 줄씩 직접 실행하고 결과를 확인해 가면서 코딩을 진행하는 방식입니다.

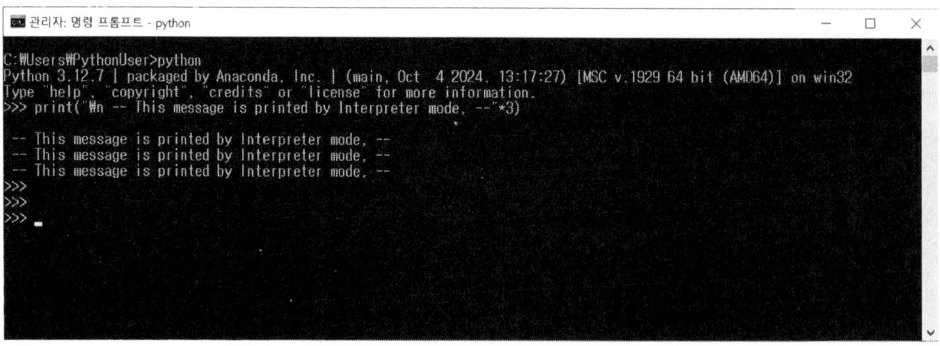

그림 2 인터프리터 모드에서 Python 코드를 한 줄씩 실행

- **스크립트 모드(script mode):** 한 줄씩 코드를 작성–실행하지 않고, 편집기에서 Python 코드를 작성하고, .py 확장자로 저장한 후, Python 인터프리터가 파일 전체를 한꺼번에 실행하는 방식입니다.

이렇게 작성한 파일을 Python 인터프리터가 파일을 읽어 실행하도록 하는 방식도 가능합니다. 예를 들어, simple.py을 작성한 후, 해당 파일이 존재하는 디렉터리에서 다음과 같은 명령을 실행합니다(그림 2).

```
>>> python simple.py
```

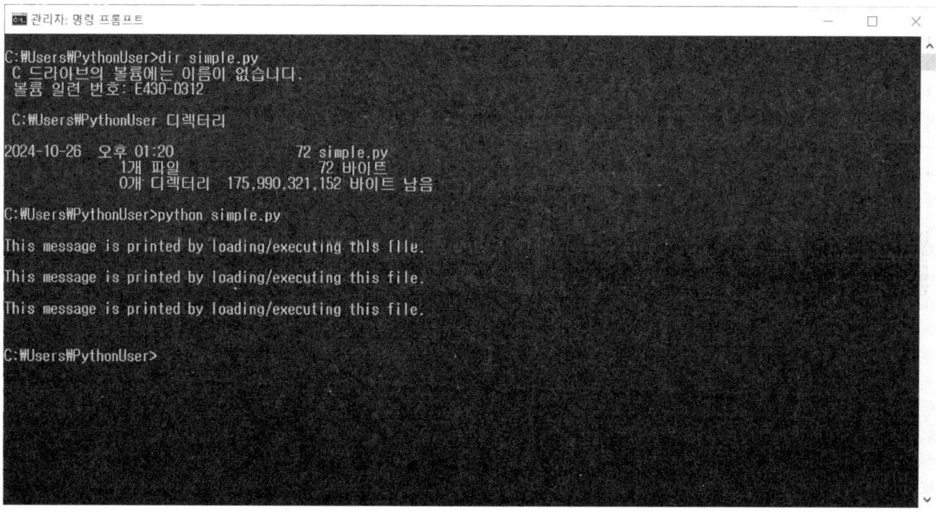

그림 3 스크립트 모드에서 한번에 실행

이런 방식으로 진행하는 경우, Python 인터프리터가 실행하고자 하는 .py 파일이 위치하는 디렉터리 또는 경로설정이 되어 있는 디렉터리에서 실행하면 됩니다. 이 방식은 simple.py를 수정하고 코드를 실행 때마다, 명령 프롬프트 상에서 >>> python simple.py를 실행하여야 하는 불편함이 있습니다. 이를 해결하기 위해, 별도의 편집기에서 "코드 작성–저장"을 수행하고, 통합 개발 환경의 메뉴를 통해 직접 파일을 실행할 수 있습니다.

운영체제에서 기본 제공하는 편집기를 사용하여도 되고, IDLE와 같은 통합 개발 환경에 포함된 편집기를 사용하여도 됩니다. 스크립트 모드 방식은 편집 작업과 별도로 코드 실행 메뉴를 선택–실행함으로써, 앞선 방식들에 비해 편리하게 코드 편집과 코드 실행을 병행할 수 있습니다.

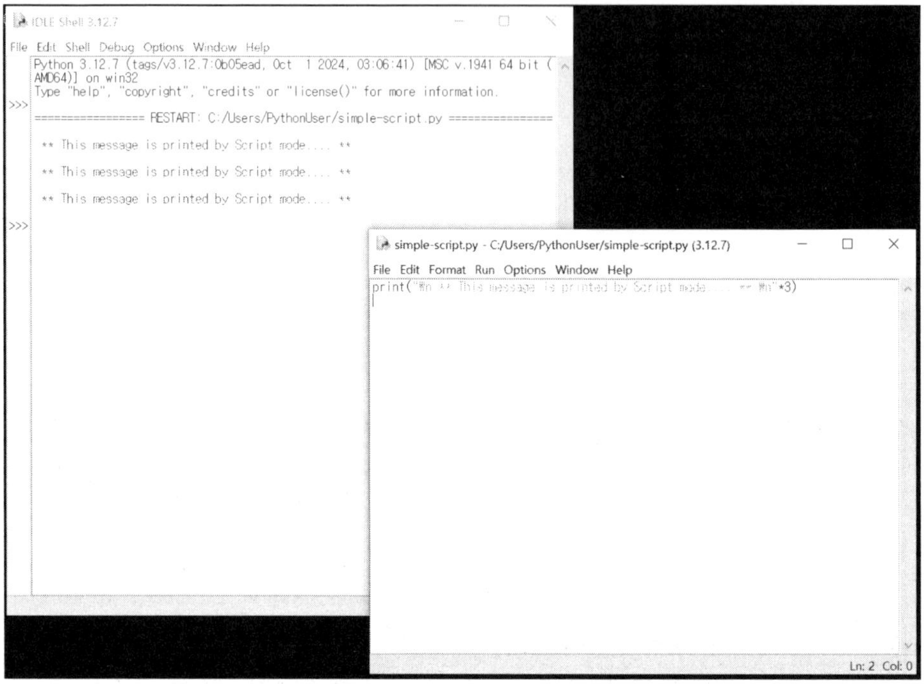

그림 4 IDLE 편집기의 Run Module 메뉴를 사용한 Python 코드 실행

앞에서 설명하였듯이, Python 코드 작성–실행–수정–공유–협업을 효율적으로 진행–관리할 수 있도록 도와주는 다양한 통합 개발 환경(IDE)이 제공되고 있으므로, 여러분은 필요에 따라 적절한 방식을 선택하여 사용할 수 있습니다.

3.2 들여쓰기(indentation)

일반적으로, 특정 기능을 수행하도록 프로그래밍 언어의 문법에 맞게 작성한 명령어들 및 데이터들의 집합을 **코드(code)**라고 부를 수 있습니다. Python 코드는 직전에 작성된 줄들(previous lines)로부터 같은 수준으로 들여쓰기(indentation) 된 코드 줄들(code lines)의 묶음들로 구성됩니다.

논리적 줄의 시작 부분에 나타나는 빈칸들(spaces)과 탭들(tabs)은 그 줄의 들여쓰기 수준(또는 단계)에 반영됩니다. 동일한 수준의 들여쓰기(indentation)로 구성된 줄들은 동일한 수준의 들여쓰기로 구성된 "코드들의 그룹"을 구성하게 되는데, 이렇게 동일한 들여쓰기 수준으로 구성되어 있는 명령의 집합을 **코드 스위트(code suite)** 또는 **코드 블록(code block)**이라고 합니다. Python에서 권장하는 들여쓰기 수준의 기본 단위는 4개의 빈칸입니다.

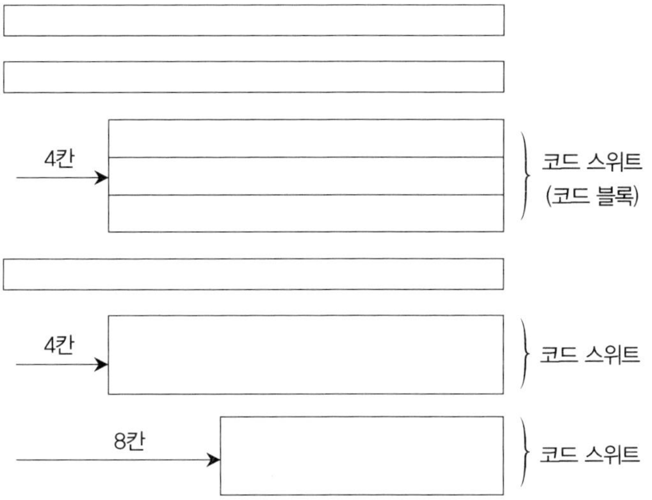

그림 5 들여쓰기와 코드 스위트

코드 스위트(code suite)는 하나 또는 그 이상의 구문들(statements)로 구성되어 있는 코드의 덩어리(묶음)로서, 일반적으로 동일한 들여쓰기로 구성되어 함수, 클래스, 제어 구조를 정의하게 됩니다.

예를 들어, Python에서 for loop 내에서 반복되는 부분은 동일한 들여쓰기 수준에 따라 그룹을 구성하게 되므로, 동일한 수준의 들여쓰기로 구성되어야 합니다. 다음 [그림 6]은 들여쓰기로 구성된 코드 스위트를 포함한 Python 코드의 작성 사례를 보여줍니다.

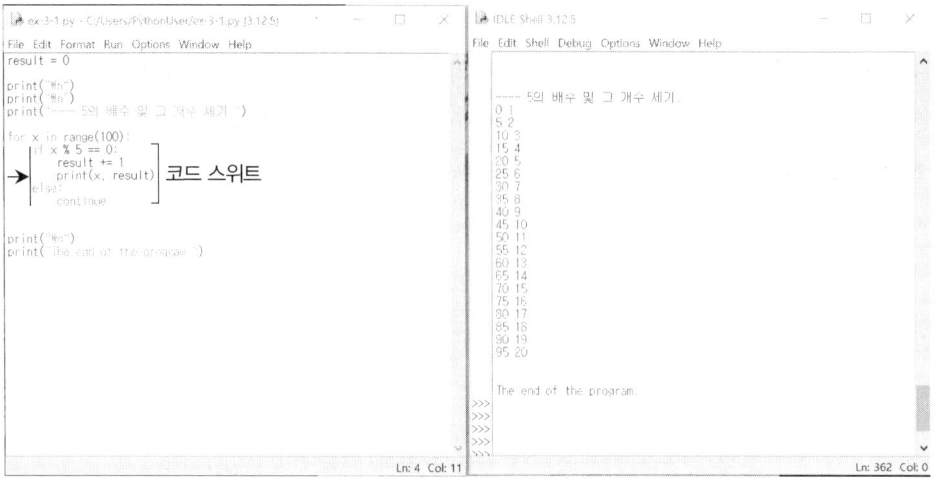

그림 6 들여쓰기된 코드 스위트의 예

for문 다음의 5줄은 4개의 빈칸이 들여쓰기 되어 for 루프와 연관된 코드 스위트(if 줄부터, continue 줄까지)를 구성합니다. 또한, if문 다음의 두 줄은 다시 4개의 빈칸이 들여쓰기되어 if 문과 연관된 코드 스위트(result 줄과 print줄)를 구성하며, else문 다음 줄은 다시 4개의 빈칸으로 들여쓰기 되어 else문과 연관된 코드 스위트(continue 줄)을 구성합니다.

3.3 주석(comments)

Python 코드 작성 시, 실행되지 않는 설명을 추가하고자 할 때 기록하는 내용을 "**주석(comments)**"이라고 합니다. 일반적으로 주석은, Python 코드에 대한 일반적인 설명 또는 보다 자세한 기술적 내용을 작성하는 데 사용합니다. 또한, 코드 개발 과정에서 코드를 테스트할 때, 일부 내용을 실행되지 않도록 제외하기 위해 사용하기도 합니다.

한 줄짜리 주석은 해시 문자(#)로 시작하고 물리적인 줄의 끝에서 끝나게 됩니다. 여러 줄로 작성된 주석은 연속된 작은따옴표 3개(' ' ') 또는 연속된 큰따옴표 3개(" " ")로 감싸주면 됩니다. Python 인터프리터는 주석 처리되어 있는 부분을 코드 해석 과정에서 무시하게 됩니다.

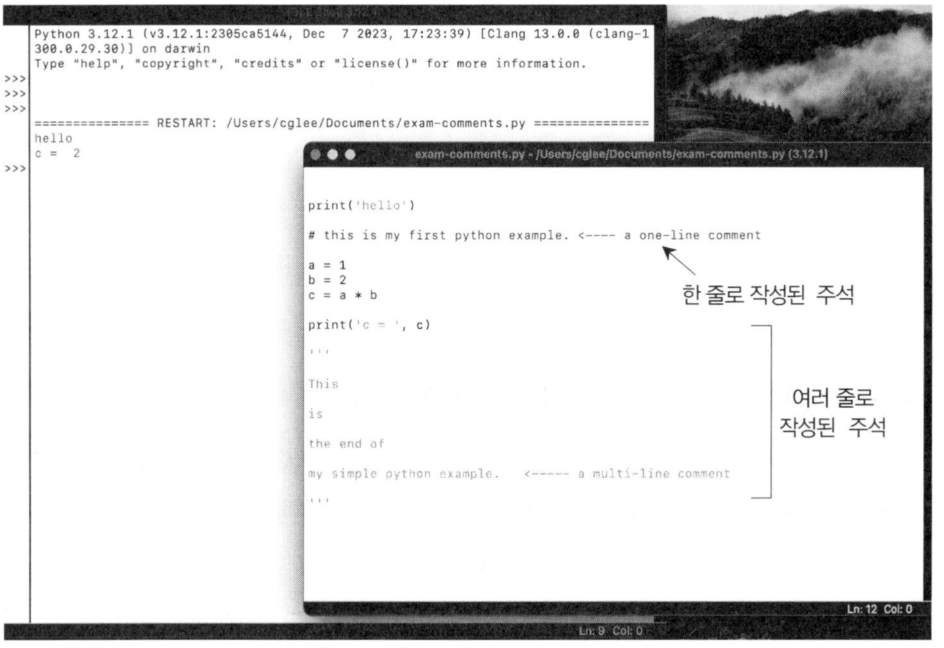

그림 7 주석을 포함하는 Python 코드

[그림 7]은 주석이 포함되어 있는 코드를 보여줍니다. 여러분이 작성하는 Python 코드가 길지 않다면, 주석이 없어도 코드를 이해하는 것이 쉬울 수 있습니다. 그러나, 여러분의 코딩 능력이 향상될수록 코드는 길어지고 복잡해지며, 프로젝트화되고 구성 모듈의 개수가 늘어나게 될 것입니다. 그리고, 프로젝트를 구성하는 모듈들이 상호 연결되어 동작하게 될 것입니다. 따라서, 여러분의 코드 수준이 높아지고 길어질수록, 코드 내에 적절한 설명을 충분히 자세히 기록하여 놓음으로써, 코드 작성자로서 여러분 스스로도 코드 작성-수정을 효율적으로 수행할 수 있을 뿐 아니라 여러분이 공유한 코드를 활용하는 사용자들에게도 매우 큰 도움을 줄 수 있습니다.

일반적으로 다음과 같은 내용들을 주석으로 기록하는 것이 권장됩니다.

- 해당 코드에서 해결하고자 하는 문제에 대한 설명
- 해당 코드를 작성하면서 가정한 내용들에 대한 설명
- 해당 코드와 관련된 중요 참고사항들에 대한 설명
- 중요 부분에 대한 세부 사항들에 대한 설명
- 향후 개선하고자 하는 내용들에 대한 설명
- 필요하다면 작성일자, 작성자 등 정보

여러분이 영어로 작성되어 공유된 코드를 사용하듯이, 여러분이 작성하여 공유하는 코드도 외국어를 사용하는 개발자들에게 활용될 가능성이 높습니다. 따라서, 주석도 영어로 작성하는 것이 권장됩니다.

3.4 코드의 줄 구조

3.4.1. 명령문(statements)과 표현식(expressions)

일반적으로 Python 코드에서 하나의 **명령문(statements, 실행문, 구문)**은 하나의 논리적 줄(line)로 작성됩니다. 앞에서 언급되었듯이, 동일한 들여쓰기 수준으로 이어진 여러 줄의 명령문들을 코드 스위트(또는 블록)을 구성합니다. 또한, 각각의 명령문(statement)은 표현식(expression)을 포함합니다. 이해를 돕기 위하여 아래의 예를 살펴보도록 합니다.

표현식(expressions)은 식별자, 리터럴, 연산자로 구성된 Python 코드의 구성요소로서 값을 평가(evaluate)할 수 있는 대상입니다. 따라서, 표현식은 그 자체가 명령문이 될 수 있으며, 명령문의 일부가 될 수도 있습니다.

```
>>> z = 2      # 구문
>>> z + 3      # 구문 = 표현식
5
```

첫 번째 구문은 식별자 z 에 리터럴 2를 할당하는 구문입니다.

두 번째 구문은 표현식 자체이며, 해당 표현식에서 z는 식별자, 3은 리터럴, +는 연산자입니다.

리터럴(literal)은 Python에서 값 자체를 설명하는 표현으로, 숫자, 문자열, 불리언(True/False)과 같은 기본 데이터 유형의 값을 코드에서 직접 입력할 때 사용합니다. 33, "여러분, 반갑습니다", True 등은 정수 리터럴, 문자열 리터럴, 부울(또는 불리언, Boolean) 리터럴의 예입니다. 리터럴 값은 고정되므로, 변수에 할당(x = 33)한 후, 값 자체(33)는 변경될 수 없습니다. 대신, 다른 리터럴 값을 다시 할당(x = 44)하는 것은 가능합니다.

명령문(statements)은 Python 코드의 동작을 기술합니다. 아래 코드에서 각각의 줄은 각각 명령문입니다.

```
>>> y = 2 + 5
>>> if x > 10:
...     print("x=", x)
```

데이터 값들과 표현식을 포함하는 명령문들을 조합하여, Python 코드를 작성하게 되는데, 효과적인 코드 작성을 위한 지침이 있습니다. 공식 Python 홈페이지에 "Style Guide for Python Code"라는 제목의 코드 작성 권장사항이 공지되어 있는데, 방대한 내용을 담고 있는데, 그 중 자주 사용되는 기본 내용들을 정리하면 다음과 같습니다.
[Python style guide]

- 한 수준의 들여쓰기는 공백 4칸을 권장
- 한 줄(행)은 최대 79자까지
- 한 줄에 하나씩의 명령문을 작성
- 최상위(top-level) 함수와 클래스 정의는 2줄씩 띄어 작성
- 클래스 내의 메소드 정의는 1줄씩 띄어 작성

3.4.2. 논리적 명령줄(logical lines)과 물리적 명령줄(physical lines)

논리적 명령줄(logical lines)은 Python 인터프리터가 실행하는 하나의 명령 단위를 의미합니다. 논리적 명령줄은 명시적이거나 묵시적인 줄 결합(line joining) 규칙에 따라 하나 이상의 물리적 명령줄(physical lines)들로 구성될 수 있습니다. 물리적 명령줄은 코드 내에 직접 작성된 코드 한 줄의 문자 시퀀스를 의미합니다.

예를 들어, 아래와 같이 실행되는 한 줄의 명령줄은 논리적 명령줄입니다.

```
>>> print("Good morning.")
```

한 줄의 물리적 명령줄이 두 개의 논리적 명령줄로 작성될 수 있는데, 이 경우 세미콜론(;)으로 두 개의 논리적 명령줄을 이어줄 수 있습니다.

```
>>> x = 1 + 2 ; print("x = ", x)
```

그러나 하나의 물리적 명령줄에 두 개 이상의 논리적 명령줄을 작성하는 것은 권장되는 방법은 아닙니다.

표 1 논리적 명령줄와 물리적 명령줄

Python 코드	논리적 명령줄	물리적 명령줄

>>> i = 5
>>> j = 7
>>> print(i * j)
	3개의 논리적 명령줄	3개의 물리적 명령줄

>>> i = 5 ; j = 7 ; print(i * j)	3개의 논리적 명령줄	1개의 물리적 명령줄

3.4.3. 줄 결합(line joining)

Python 코드 작성 중, 하나의 줄이 너무 길어져 여러 줄로 나누어 주는 것이 편리한 경우도 있습니다. 이런 경우, 백 슬래쉬(back slash) 문자(\ )를 사용하여 하나의 논리적 명령줄을 두 개 이상의 물리적 명령줄로 나눌 수 있는데, 이를 "**명시적 줄 결합(explicit line joining)**"이라고 합니다.

표 2 명시적 줄 결합의 사례

Python code	설명
long_string = "This is a long string."	1개의 논리적 명령줄 = 1개의 물리적 명령줄
long_string = \ "This is a long string. \ Therefore, it is good to divide it into two lines."	**명시적 줄 결합** 3개의 물리적 명령줄이 \ 로 결합되어 → 1개의 논리적 명령줄 구성

백 슬래쉬(\) 없이 줄을 결합할 수 있는 경우도 있습니다. 명령줄의 중간에 대괄호나 중괄호를 열어 코드를 작성하는 경우, 대괄호나 중괄호로 닫을 때까지 모두 같은 명령줄로 간주하게 되는데, 이를 "**묵시적 줄 결합(implicit line joining)**"이라고 합니다.

표 3 묵시적 줄 결합의 사례

Python code	설명
List_of_fruits = ['apple', 'avocado', 'orange', 'guava']	1개의 논리적 명령줄 = 1개의 물리적 명령줄
List_of_fruits = ['apple', 'avocado', 'pear', 'strawberry', 'grape', 'orange', 'guava']	**묵시적 줄 결합** 2개의 물리적 명령줄이 [ ]로 결합되어 → 1개의 논리적 명령줄 구성

다음 그림은 macOS의 IDLE shell에서 두 개의 물리적 명령줄이 "묵시적 줄 결합"된 예를 보여주고 있습니다.

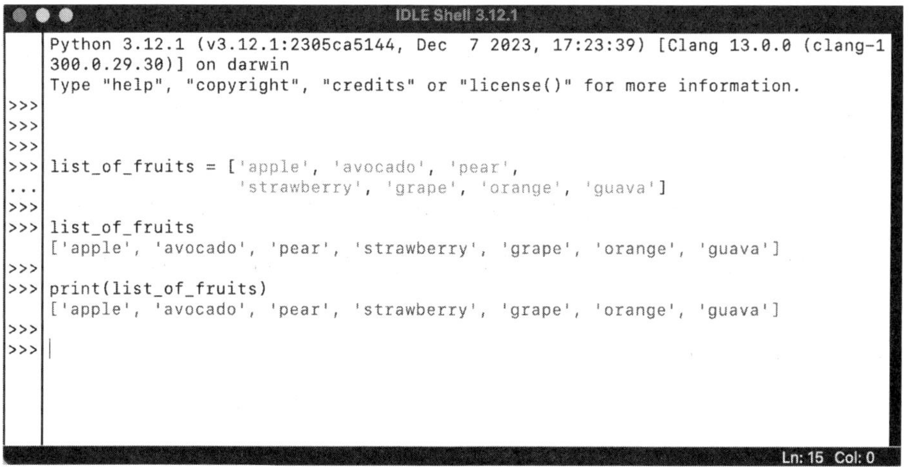

그림 8 묵시적 줄 결합(list_of_fruits)

3.5 변수(variable) 작성

변수(variable)는 데이터를 저장하고, 수정할 수 있는 메모리 공간을 일컫는 이름입니다. 즉, 어떤 값을 저장할 때 사용되는 컴퓨터 메모리의 한 부분에 적당한 이름을 붙인 것을 의미합니다. 이러한 공간에 저장된 값은 변화될 수 있으며, 어떤 값이든 저장될 수 있습니다.

식별자(identifier)는 변수를 포함하여 상수, 함수, 파일, 사용자 정의 타입(모듈, 클래스 등) 등에서 다른 것들과 구분하기 위해서 사용되는 이름을 의미합니다.

3.5.1. 변수 이름 작성 규칙

변수의 이름은 사용자가 임의로 지정할 수 있는데, 지켜야 할 규칙이 있습니다.

- 첫 문자는 반드시 알파벳 문자 또는 밑줄(_)
- 첫 문자를 제외한 나머지는 알파벳 문자, 밑줄, 숫자 가능
- 대문자와 소문자 구별(myname과 MyName은 다름)

- 빈칸과 특수문자 사용 불가
- 한글 사용 불가
- Python 키워드(또는 예약어) 사용 불가

변경되지 않는 리터럴 상수와 달리, 변수들은 프로그램 내에서 여러 방법을 통해 변경되고 사용되므로, 변수 이름을 통해 변수의 타입 또는 값을 이해하기 쉬운 이름으로 지정하는 것이 권장됩니다.

다음 표에 정리된 Python 키워드(또는 예약어)들은 변수 이름(또는 더욱 넓은 의미에서, 식별자 이름)으로 사용될 수 없습니다. [Python Language Reference]

표 4 Python 키워드와 예약어 목록

False	await	else	import	pass
None	break	except	in	raise
True	class	finally	is	return
and	continue	for	lambda	try
as	def	from	nonlocal	while
assert	del	global	not	with
async	elif	if	or	yield

Python 코드를 통해 자주 나타나는 잘못된 변수 이름 지정 사례들을 보겠습니다.

```
# 올바른 식별자 사용
>>> student_name = "Bob"       # 변수 이름이 의미를 잘 전달함
>>> age = 21                   # 변수 이름이 명확함
>>> student_grade = 88.5       # 부동소수점 변수

# 잘못된 식별자 사용 예시
>>> 1st_student = "Charlie"          # 1. 숫자로 시작하는 변수
>>> if = 34  # SyntaxError           # 2. 예약어 사용
>>> student name = "David"           # 3. 공백 포함
>>> Your-prog = 'abc'                # 4. 특수문자('-') 사용
>>> <<aaa = 1                        # 5. 특수문자('<')로 시작
```

3.5.2. Python의 동적 타이핑(dynamic typing)

많은 프로그래밍 언어들은 변수를 생성할 때, 데이터의 종류(integer, float, string, Boolean 등)를 먼저 정하여 명시적으로 선언해 주어야 합니다(예: int x). 이런 경우, 변수들의 값은 수정할 수 있지만, 변수들의 데이터 종류를 선언했을 때의 데이터 종류와 일치하여야 합니다. 이러한 입력 방식을 **정적 타이핑(static typing)**이라고 합니다.

다음은 정적 타이핑을 보여주는 C 프로그래밍 언어의 코드입니다.

```
#include <stdio.h>

int main() {
    int number = 10;          // 정수형(int) 변수 선언 및 초기화
    double pi = 3.14;         // 실수형(double) 변수 선언 및 초기화
    char letter = 'A';        // 문자형(char) 변수 선언 및 초기화

    printf("Number: %d\n", number);       // 출력: Number: 10
    printf("Pi: %.2f\n", pi);             // 출력: Pi: 3.14
    printf("Letter: %c\n", letter);       // 출력: Letter: A

    return 0;
}
```

변수 number를 정수형 변수로 선언하여 값 10을 할당하는 부분은 int number = 10입니다. 변수 pi를 실수형 변수로 선언하기 위해 double로 선언하였으며, 변수 letter를 문자형 변수로 선언하기 위해 char로 선언하였습니다.

함수 printf()를 통해 변수값을 출력할 때도, 각 변수의 데이터 종류에 따라 %d, %.2f, %c 등 출력 형식을 정확히 지정하여야 합니다. 각 변수가 선언될 때 지정했던 데이터 종류와 다른 데이터를 할당하는 경우, 컴파일 시 타입 불일치 오류(type mismatch error)가 발생하게 됩니다.

이와 달리, Python의 경우, Python 인터프리터가 변수에 할당되는 값으로부터 데이터형을 추론하므로, 변수의 타입에 대한 명시적 선언이 필요하지 않습니다. 또한, 현재 변수의 데이터형과 다른 변수의 값을 할당하는 경우, Python 인터프리터는 간단히 변수의 데이터형을 변경해 주므로, 개발자는 미리 선언된 데이터형을 고민하지 않아도 됩니다. 이런 입력 방식을 **동적 타이핑(dynamic typing)**이라고 합니다.

```
>>> p = 5          # 변수 p에 정수(integer) 할당
>>> type(p)
<class 'int'>
>>> p = p/4        # 변수 p에 p/4를 할당(p/4 = 5/4 = 1.25)
>>> p
1.25
>>> type(p)
<class 'float'>
>>> p = int(p)     # 변수 p를 정수형으로 변환하여, 다시 변수 p에 할당
>>> p
1
>>> type(p)
<class 'int'>
```

앞의 예제에서, p = 5를 실행하면, 변수 p는 int(정수형)으로 지정됩니다. p = p/4를 실행하여 결과가 1.25가 되고 이 값을 변수 p에 할당하면, 변수 p의 데이터형이 float(부동소수점형)로 변환됨을 확인할 수 있습니다. 다시, int(p)를 변수 p에 할당하면, 변수 p의 데이터형이 다시 int(정수형)으로 변환됨을 확인할 수 있습니다.

참고자료 및 문헌

[A Byte of Python] https://python.swaroopch.com/

https://byteofpython-korean.sourceforge.net/byte_of_python.html

[Python style guide] https://peps.python.org/pep-0008/

[Python language reference] https://docs.python.org/ko/3/reference

Chapter

04

기본 데이터형과 연산

Python의 기본 연산을 학습하겠습니다. 연산의 대상이 되는 데이터들의 종류, 즉, 데이터형(data type)과 연산(operation)의 종류, 연산의 우선순위, 진법과 변환, 데이터형의 변환에 대해 살펴보겠습니다.

Python의 데이터형을 내장 데이터형(built-in data types)과 사용자 정의 데이터형(user-defined data types)으로 크게 나눌 수 있습니다. Python에서 기본적으로 제공하는 데이터형을 내장 데이터형으로 분류할 수 있는데, 숫자형, 문자열형, 시퀀스형, 바이너리 시퀀스형, 집합형, 매핑형 등이 내장된 기본 데이터형에 포함되며, 별도의 모듈을 import하지 않고 사용할 수 있습니다.

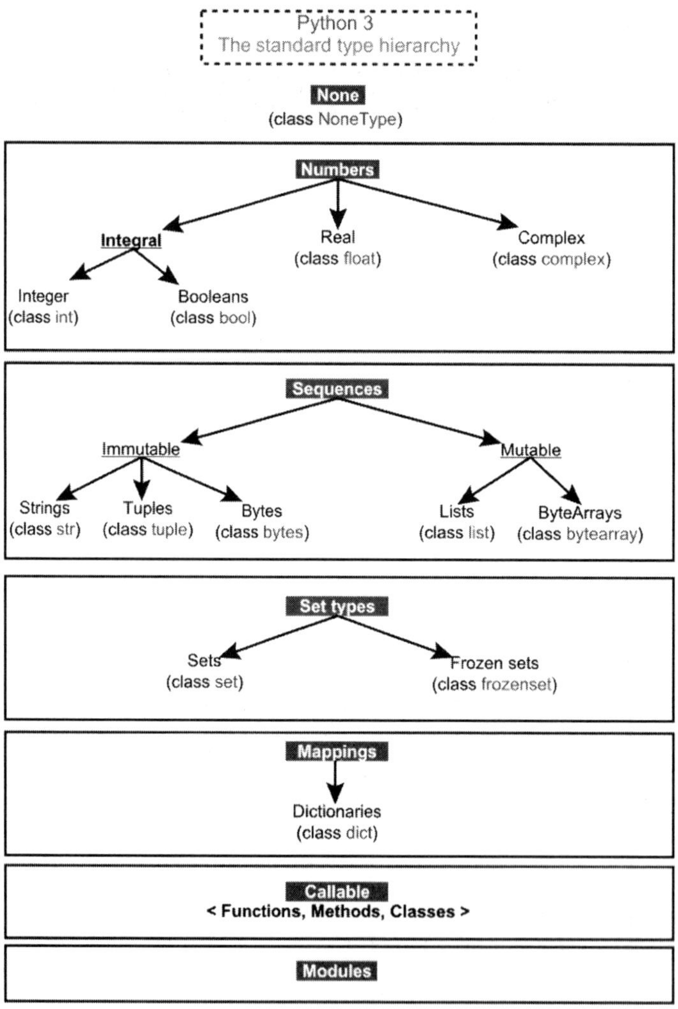

그림 1 Python 3 데이터형의 계층 구조

자료: wikipedia, Python 3 standard type hierarchy

4.1 내장 데이터형(built-in data types)

데이터형(자료형, data types)이란, Python 프로그래밍에 사용되는 데이터의 형태를 의미하며, 대표적으로 정수, 실수 등의 숫자(numeric) 데이터형, 문자(text) 데이터형, 부울(boolean) 데이터형, 리스트(list) 데이터형, 튜플(tuple) 데이터형, 집합(set) 데이터형, 사전(dict, 딕셔너리) 데이터형 등이 있습니다. 내장 기본 데이터형은 Python에 기본적으로 포함되어 있어 import할 필요 없이 즉시 사용가능한 데이터형입니다. [그림 1]은 Python 3 데이터형의 계층 구조를 보여줍니다.

> ※ Callable은 "호출 가능한 객체"를 의미하는데, 호출 가능한 객체 자체가 별도의 데이터형 이름은 아니지만, 특정한 데이터형으로 호출 가능하다는 의미에서 데이터형의 한 종류로 간주될 수 있습니다.

Python의 내장 데이터형을 [표 1]과 같이 분류할 수 있습니다. [Python standard types] **컬렉션 데이터형(collection data types)**은 여러 개의 항목을 하나의 객체로 그룹화할 수 있는 자료형을 의미하며, list, tuple, set, dict, range()가 해당됩니다. 즉, 컬렉션 데이터형의 객체는 여러 개의 항목들로 구성되어 있다는 뜻입니다. 데이터형 중에 항목들의 순서가 있는 데이터형이 있는데, list, range, tuple, str, bytes, bytearray, memoryview가 해당됩니다.

표 1 내장 데이터형 분류

<table>
<tr><th>분류</th><th colspan="2">데이터형</th></tr>
<tr><td>숫자형(Numeric Type)</td><td colspan="2">int, float, complex (불변)</td></tr>
<tr><td>부울형(Boolean Type)</td><td colspan="2">bool (불변)</td></tr>
<tr><td rowspan="2">시퀀스형(Sequence type)</td><td>list, range (가변)</td><td rowspan="5">순서 있음
(ordered)</td></tr>
<tr><td>tuple (불변)</td></tr>
<tr><td>텍스트 시퀀스형
(Text Sequence type)</td><td>str (불변)</td></tr>
<tr><td rowspan="2">바이너리 시퀀스형
(Binary Sequence type)</td><td rowspan="2">bytes (불변)
bytearray (가변)
memoryview (객체 의존)</td></tr>
<tr></tr>
<tr><td>집합형(Set type)</td><td colspan="2">set (가변)</td></tr>
<tr><td>매핑형(Mapping type)</td><td colspan="2">dict (가변)</td></tr>
<tr><td>특수형(Special type)</td><td colspan="2">None (불변)</td></tr>
</table>

* collection data types : list, tuple, set, dict
불변 : immutable, 가변 : mutable

가변(mutable) 특성을 가진 데이터형은 생성 후 값을 변경하는 것이 가능하므로, 가변 데이터형 객체(변수)의 항목에 새로운 값을 할당하면 됩니다.

```
>>> my_list = [1, 2, 3]
>>> my_list[0] = 111
>>> print(my_list)
[111, 2, 3]
```

이에 반해, 불변(immutable) 특성을 가진 데이터형은 생성 후 값을 변경(수정)하는 것이 불가능하므로, 새로운 값을 사용해야 될 경우 새로운 객체(변수)를 생성하는 방식으로 사용합니다. 다음 코드에서, 문자열 데이터형(str)인 text에 저장된 'Python'의 첫 번째 글자 'P'를 'G'로 수정하고자 했지만, str 객체인 text는 불변(immutable) 특성을 가지고 있기 때문에 TypeError가 발생합니다. 이런 경우, text = 'Gython'으로 새롭게 생성할 수 있습니다.

```
>>> text = 'Python'
>>> text[0] = 'G'
Traceback (most recent call last):
  File "<pyshell#9>", line 1, in <module>
    text[0] = 'G'
TypeError: 'str' object does not support item assignment
>>> text = 'Gython'
>>> print(text)
Gython
```

4.1.1. 숫자형(Numeric type) (int 정수, float 실수, complex 복소수)

데이터형 확인 type()

숫자 데이터형은 정수(int), 실수(float), 복소수(complex)를 포함합니다. 정수(integer)는 양수 또는 음수일 수 있고, 소수점을 포함하지 않으며, 길이에 제한이 없습니다. Python은 정수를 int로 표시합니다. 실수(float)는 부동 소수점 수(floating point number)로도 불리며, 양수 또는 음수일 수 있으며, 소수점을 포함합니다. Python은 소수점을 포함하는 실수를 float로 표시합니다. 복소수(complex number)는 실수 부분과 허수 부분으로 구성되어 있는 수를 의미합니다. 즉, a + bj 형태로 표시되며, a와

b는 각각 정수 또는 실수일 수 있습니다.

```
>>> x = 2          # int
>>> y = 3.4        # float
>>> z = 4 + 5j     # complex
>>>
>>> print(type(x))
<class 'int'>
>>> print(type(y))
<class 'float'>
>>> print(type(z))
<class 'complex'>
```

다양한 변수에 저장되어 있는 값들의 데이터형(data type)은 함수 type()을 사용하여 확인할 수 있습니다. 변수 x, y, z에 저장된 숫자형 데이터의 데이터형을 확인하면, 각각 int, float, complex임을 확인할 수 있습니다.

데이터형 지정 및 변환 int(), float(), complex()

Python 인터프리터는 동적 타이핑을 지원하므로, 변수의 데이터형을 지정하지 않아도 되지만, 보다 명확한 코딩을 위해 필요에 따라 변수에 저장되는 데이터형을 명시적으로 지정하는 것도 가능합니다.

```
>>> a = int(2)           # a = 2
>>> b = int(7.8)         # 7.8을 정수형으로 변환
>>> c = int("777")       # 문자열 "777"을 정수형으로 변환

>>> d = float(1)         # 정수형을 부동소수점형으로 변환
>>> e = float(88.8)
>>> f = float("5")       # 문자열 "5"를 부동소수점형으로 변환
>>> g = float("4.65")    # 문자열 "4.65"를 부동소수점형으로 변환
```

int(), float(), complex()를 사용하여 숫자 데이터형을 변환할 수도 있습니다.

```
>>> x = 2          # int
>>> y = 3.4        # float
>>> z = 4 + 5j     # complex
```

```
>>> a = float(x)              # convert from int to float
>>> print(a)
2.0
>>> b = int(y)                # convert from float to int
>>> print(b)
3
>>> c = complex(x)            # convert from int to complex
>>> print(c)
(2+0j)
```

변수 x에 정수 2가 저장되어 있을 경우, float(x)를 통해 정수형을 실수형으로 변환할 수 있습니다. float형으로 변환하면 2.0이 됨을 확인할 수 있습니다. 변수 y에 실수 3.4가 저장되어 있을 경우, int(y)를 통해 실수형을 정수형으로 변환할 수 있습니다. 결과는 정수 3입니다. 변수 x에 정수 2가 저장되어 있을 경우, complex(x)를 통해 정수형을 복소수형으로 변환할 수 있습니다. 결과는 (2+0j)임을 확인할 수 있습니다.

4.1.2. 텍스트 시퀀스형(Text Sequence type)

텍스트 시퀀스형은 각 문자들이 순서에 따라 구성되어 있는 문자열을 의미하며, Python에서 문자열(string)을 의미하는 str로 표시하며, 하나 또는 여러 개의 문자를 작은따옴표(' ') 또는 큰따옴표(" ")로 표시합니다. 단, 시작 따옴표와 동일한 따옴표로 끝나야 한다는 점을 유의해야 합니다.

여러 줄에 걸쳐 있는 문자열을 만드는 방법은 해당 문자열을 세 개의 작은따옴표로 감싸 주거나, 세 개의 큰따옴표로 감싸 주는 것입니다.

변수 x에 문자열(This is a Python book.)을 저장하고, 확인해 보도록 하겠습니다.

```
>>> x = 'This is a Python book.'
>>> print(x)
This is a Python book.
>>> type(x)
<class 'str'>
>>>
>>> y = '''This is a multi-line
Python string
example...'''
```

```
>>>
>>> print(y)
This is a multi-line
Python string
example...
>>> y
'This is a multi-line\nPython string\nexample...'
```

Q y = 2와 y = '2'의 차이는 무엇일까요?

A 정수형(2)과 문자열('2')의 차이입니다.

```
>>> y1 = 2      # int
>>> y2 = '2'    # str
>>> type(y1)
<class 'int'>
>>> print(y1)
2
>>> type(y2)
<class 'str'>
>>> print(y2)
2
>>> y1
2
>>> y2
'2'
```

인덱싱(indexing): 인덱스를 통한 문자열 항목 접근

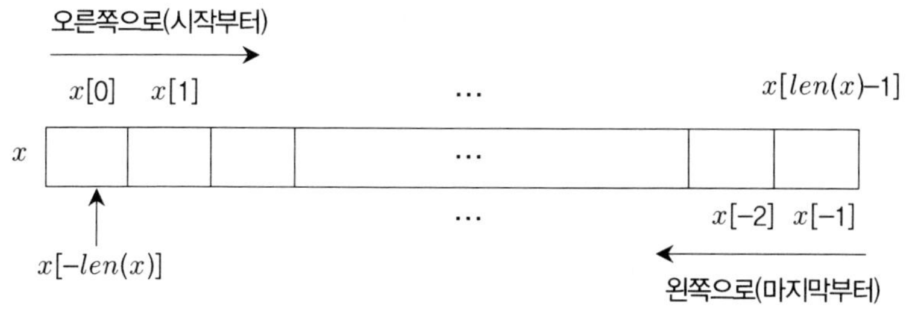

그림 2 시퀀스형 인덱싱(문자열 인덱싱)

[그림 2]는 문자열에서 각 문자에 접근하는 인덱싱(indexing) 방법을 설명합니다. 첫 번째 시작 항목부터 오른쪽으로 0번, 1번, 2번으로 순차적으로 인덱스가 증가합니다.

마지막 항목부터 왼쪽으로 인덱스를 지정하는 방식도 가능합니다. 이 경우엔, 인덱스가 −1번, −2번, −3번으로 순차적으로 감소합니다.

다음 문자열 'This is a Python book.'에서 첫 번째 항목 x[0]은 'T'이고, 두 번째 항목 x[1]은 'h'가 됩니다. 함수 len(x)는 x의 모든 항목들의 개수(모든 문자들의 개수)를 반환하므로, 22가 됩니다. 전체 항목들의 개수는 22지만, 0번째부터 계산을 시작하므로, 인덱스는 x[21]이 마지막 항목이 됩니다. 따라서, x[22]에 접근하면, 오류가 IndexError가 발생하게 됩니다.

```
>>> x = 'This is a Python book.'
>>> len(x)
22
>>> x[0]
'T'
>>> x[22]
Traceback (most recent call last):
  File "<pyshell#29>", line 1, in <module>
    x[22]
IndexError: string index out of range
>>> x[21]
'.'
>>> x[-1]
'.'
>>> x[-2]
'k'
```

문자열 x에서 마지막 항목의 인덱스는 언제나 len(x)−1 또는 −1이 되고, 시작하는 항목은 항상 x[0] 또는 x[−len(x)]이 된다는 점을 이해하면 매우 편리합니다.

텍스트시퀀스형으로 변환: str()

함수 str()을 사용하면, 숫자형(int, float, complex) 뿐 아니라 부울형도 텍스트시퀀스형으로 변환할 수 있습니다.

```
>>> type(3)
<class 'int'>
>>> a = str(3)
>>> a
'3'
>>> type(3)
<class 'str'>
>>> z = str(3.0)      # float 3.0을 문자열로 변환. z = '3.0'
>>> type(z)
<class 'str'>
>>> z
'3.0'
```

```
>>> t = True
>>> type(t)
<class 'bool'>
>>> tt = str(t)       # bool형 True를 문자열로 변환. tt = 'True'
>>> tt
'True'
>>> type(tt)
<class 'str'>
```

문자열 연결(concatenation)

Python은 문자열끼리의 덧셈을 허용하며, 결과는 문자열의 연결(concatenation)이 됩니다.

```
>>> y1 = "I am "
>>> y2 = "studying."
>>> y = y1 + y2
>>> print(y)
I am studying.
```

서로 다른 데이터형들의 덧셈은 오류를 발생시키게 됩니다. 다음 예제에서, x1은 문자열이고, x2는 정수형이므로, x1과 x2를 더할 수 없기 때문입니다.

```
>>> x1 = "I am "
>>> x2 = 3
>>> x = x1 + x2
Traceback (most recent call last):
  File "<pyshell#80>", line 1, in <module>
    x = x1 + x2
TypeError: can only concatenate str (not "int") to str
```

문자열 반복

다음과 같은 문자열의 반복도 가능합니다.

```
>>> x3 = "Hello, Python Users ! \n"
>>> print(x3 * 3)
Hello, Python Users !
Hello, Python Users !
Hello, Python Users !
```

문자열 내의 따옴표

문자열 내에 있는 작은따옴표를 표시하는 방법은 큰따옴표 안에 작은따옴표를 표시하는 것입니다. 반대로, 문자열 내에 있는 큰따옴표를 표시하는 방법은 작은따옴표 안에 큰따옴표를 표시하는 것입니다.

```
>>> print("This is an example for showing L'Hopital's Rule. ")
This is an example for showing L'Hopital's Rule.

>>> print('This is another example for showing L"Hopital"s Rule. ')
This is another example for showing L"Hopital"s Rule.
```

문자열과 이스케이프 문자

일반적으로 문자열 내에 포함된 문자들은 해당 문자 자체를 나타내지만, 이와 다르게 특별히 시스템에서 사용되는 특수한 문자들을 다른 방식으로 정해 놓았는데, 이러한 문자들을 **이스케이프 문자(escape characters)**라고 합니다.

표 2 이스케이프 문자

이스케이프 문자	의미
\\	백슬래시(\)
\'	작은따옴표(')
\"	큰따옴표(")
\n	줄바꿈(new line): 종이 위로 밀기
\t	탭(tab)
\b	백스페이스(backspace)
\f	폼피드(formfeed): 다음 페이지로 넘어감
\r	캐리지 리턴(carriage return): 종이 오른쪽으로 밀기

이스케이프 문자 \'는 작은따옴표를 의미하므로, 다음에 제시된 print() 출력을 보면 quote(')로 표시됨을 확인할 수 있습니다.

```
>>> print('This example shows a single quote(\').')
This example shows a single quote(').

>>> print(r'This example shows a single quote(\').')
This example shows a single quote(\').
```

만약, 이스케이프 문자를 무시하고, 보이는 그대로 출력하고자 하면, 문자열을 시작하는 따옴표 앞에 r을 추가하면 되는데, 이것은 raw string을 의미합니다. raw string을 사용한 문자열을 출력하는 두 번째 print()는 \'을 그대로 모두 출력하였음을 확인할 수 있습니다.

%s를 이용한 문자열 출력

문자열 내에 포함된 %s 위치에 출력할 값을 문자열 다음에 지정하여, 변수에 저장된 문자열을 출력할 수 있습니다.

```
>>> value = 'Python Programming'
>>> print("This class is %s." %value)

>>> print("This class is %s for %s." % (value, '1st-year students'))
This class is Python Programming for 1st-year students.
```

두 개 이상의 값을 전달할 경우, 문자열 안의 출력 위치마다 %s를 지정한 후, 전달할 값을 지정하는 %( ) 안에 %s의 개수만큼의 값을 쉼표로 구분하여 순서대로 지정합니다.

> ※ 여기에서는 문자열 출력 부분만 설명하였습니다. 문자열뿐만 아니라, int, float 등의 데이터형도 동일한 방식(int는 %d로, float는 %f로)으로 출력이 가능하며, 다양한 출력 형태 지정도 가능합니다.

4.1.3. 부울형(Boolean type)

부울형은 진리값을 표현하며, True와 False 중 하나의 값만을 갖습니다. 논리연산(and, or, not), 비교연산(관계연산, ==, !=, <, >, <=, >=), 소속연산(멤버십연산, in, not in), 식별연산(is, is not) 등의 결과들도 부울형의 값을 갖게 됩니다. 내장 함수인 bool()은 어떠한 값을 부울형으로 변환해 줍니다. 아래에 주어진 객체들은 False로 간주됩니다.

- False로 정의된 값: None, False
- 숫자형: 0, 0.0, 0j
- 비어있는 시퀀스와 컬렉션: " ", (), [], {}, set(), range(0), frozenset()

여러 가지 연산에 대한 내용은 다른 섹션에서 설명됩니다.

4.1.4. 리스트(list)

여러 개의 다양한 값을 모아 하나의 변수에 저장한 데이터형을 리스트(list)라고 합니다. 따라서, 컬렉션 데이터형에 해당됩니다. 리스트는 대괄호 [ ] 안에 쉼표(comma)로 구분된 항목들로 구성되며, 다음의 여러 가지 방법으로 생성할 수 있습니다.

- 대괄호를 사용하여 빈 리스트를 표시하기: [ ]
- 대괄호를 사용하여 쉼표로 항목 구분하기: [a], [a, b, c]
- 리스트 축약(list comprehension) 사용하기: [x for x in iterable]
- 내장 함수 list() 사용하기: list() 또는 list(iterable)

리스트는 필요에 따라 항목을 삭제, 교체할 수 있는 가변 시퀀스형(mutable sequence type)에 해당됩니다. 리스트도 시퀀스형이므로, 그림 2에서 설명한 텍스트 시퀀스형의 인덱싱 방식과 동일하게 특정 항목에 접근할 수 있는 성질을 가지고 있습니다.

```
>>> books = ['math', 'physics', 'music', 'language']
>>> print(books)
['math', 'physics', 'music', 'language']
>>> len(books)
4
>>> books[0]
'math'
>>> books[0] = 'chemistry'
>>> print(books)
['chemistry', 'physics', 'music', 'language']
>>> del books[3]
>>> print(books)
['chemistry', 'physics', 'music']
```

4.1.5. 튜플(tuple)

여러 개의 다양한 값을 모아 하나의 변수에 저장한 데이터형을 튜플(tuple)이라고 합니다. 따라서, 여러 개의 항목을 모아놓은 컬렉션 데이터형에 해당됩니다. 튜플은 소괄호 ( ) 안에 쉼표(comma)로 구분된 항목들로 구성되며, 리스트와 매우 비슷하지만, 불변 시퀀스형(immutable sequence type)에 해당된다는 점에서 다릅니다. 따라서, 생성된 후 항목을 수정, 할당, 추가할 수 없지만, 튜플도 시퀀스형이므로, 그림 2에서 설명한 텍스트 시퀀스형의 인덱싱 방식과 동일하게 특정 항목에 접근할 수 있는 성질을 가지고 있습니다.

다음의 여러 가지 방법으로 튜플을 생성할 수 있습니다.

- 괄호를 사용하여 빈 튜플 생성: ()
- 단일 항목 튜플 생성: a, 또는 (a,)
- 항목을 쉼표로 구분: a, b, c 또는 (a, b, c)
- 내장 함수 tuple() 사용: tuple() 또는 tuple(iterable)

앞에서 생성한 리스트 books로부터 튜플을 생성해 보겠습니다.

```
>>> books = ['math', 'physics', 'music', 'language']
>>> books_tuple = tuple(books)
>>> print(books_tuple)
('math', 'physics', 'music', 'language')
>>> len(books_tuple)
4
>>> books_tuple[0]
'math'
>>> books_tuple[-1]
'language'
>>> books_tuple[0] = 'history'
Traceback (most recent call last):
  File "<pyshell#137>", line 1, in <module>
    books_tuple[0] = 'history'
TypeError: 'tuple' object does not support item assignment
```

튜플은 항목 할당 등 변경이 불가능한(immutable) 데이터형이므로, books_tuple[0] = 'history'으로 항목을 할당하면, tuple은 항목 할당을 지원하지 않는다는 오류 메시지가 발생함을 확인할 수 있습니다.

4.1.6. 집합(set)

집합(set)은 수학 시간에 공부했던 바로 그 집합과 같습니다. 항목들을 중복되지 않도록 순서 없이 모아놓은 데이터형입니다. 집합은 항목들을 중괄호 { } 안에 쉼표로 구분된 항목들로 구성됩니다. 항목들을 모아 놓았으므로, 컬렉션 데이터형에 해당됩니다. 일반적인 용도는 소속 검사, 시퀀스에서 중복 제거, 그리고 교집합, 합집합, 차집합, 대칭 차집합과 같은 수학 연산을 수행하는 것입니다.

순서 없이 모아 놓았으므로, 집합은 원소의 위치나 삽입 순서를 기록하지 않습니다. 따라서 집합은 인덱싱, 슬라이싱 등 기타 시퀀스와 유사한 동작을 지원하지 않습니다.

집합 자체는 변경 가능(mutable)하여 항목을 추가, 삭제, 변경할 수 있지만, 집합의 원소들은 해시 가능(hashable)하고 불변적(immutable)이어야 합니다. 따라서, 리스트, 딕셔너리와 같은 가변 객체는 집합의 항목으로 사용할 수 없습니다.

다음 여러 가지 방법으로도 집합을 생성할 수 있습니다.

- 중괄호 안에 쉼표로 구분된 항목들로 구성됨: {'jack', 'sjoerd'}

• 집합 축약(set comprehension) 사용: {c for c in 'abracadabra' if c not in 'abc'}

• 내장 함수 set() 사용: set(), set('foobar'), set(['a', 'b', 'foo'])

```
>>> friends = {'kim', 'lee', 'park'}
>>> friends
{'kim', 'park', 'lee'}
>>> len(friends)
3
>>> friends[0]
Traceback (most recent call last):
  File "<pyshell#143>", line 1, in <module>
    friends[0]
TypeError: 'set' object is not subscriptable
```

집합은 순서가 없는 데이터형이므로, friends[0]과 같이 인덱싱(인덱스에 의한 접근)을 시도하면 오류가 발생함을 확인할 수 있습니다.

4.1.7. 딕셔너리(dictionary)

딕셔너리는 단어 그대로 사전을 의미합니다. 실제 사전에서 '표제어'와 '의미'를 기록하듯이, Python에서 딕셔너리는 '키(key)'와 '값(value)'을 하나의 쌍으로 하여 항목을 구성하고, 여러 개의 쌍들이 딕셔너리의 항목들을 구성합니다. 따라서, 딕셔너리는 컬렉션 데이터형에 해당됩니다.

딕셔너리의 키를 이용하여 값을 검색할 수 있고, 변경, 추가할 수 있습니다.

• 중괄호 안에 쉼표로 구분된 key: value 쌍으로 구성:

{'aaa': 1, 'bbb': 2} 또는 { 1 : 'aaa', 2 : 'bbb'}

• 딕셔너리 축약(dictionary comprehension) 사용:

{ x : x**2 for x in range(10)}

• 내장 함수 dict() 사용:

dict(), dict([('foo', 100), ('bar', 200)]), dict(foo=100, bar=200)

```
>>> a = dict(one=1, two=2, three=3)
>>> b = {'one': 1, 'two': 2, 'three': 3}
>>> c = dict(zip(['one', 'two', 'three'], [1, 2, 3]))
>>> c
{'one': 1, 'two': 2, 'three': 3}
>>> d = dict([('two', 2), ('one', 1), ('three', 3)])
>>> d
{'two': 2, 'one': 1, 'three': 3}

>>> e = dict({'three': 3, 'one': 1, 'two': 2})
>>> e
{'three': 3, 'one': 1, 'two': 2}
>>> f = dict({'one': 1, 'three': 3}, two=2)
>>> f
{'one': 1, 'three': 3, 'two': 2}
```

딕셔너리는 삽입 순서를 유지하여, 키를 중복하여 다시 입력하여도 순서에 영향을 미치지 않습니다. 그러나, 키를 삭제한 후 추가하면, 맨 마지막에 삽입됩니다.

```
>>> d = {"one": 1, "two": 2, "three": 3, "four": 4}
>>> d
{'one': 1, 'two': 2, 'three': 3, 'four': 4}
>>> d["one"] = 42                              # 딕셔너리 항목 추가
>>> d
{'one': 42, 'two': 2, 'three': 3, 'four': 4}
>>> del d["two"]
>>> d["two"] = None
>>> d
{'one': 42, 'three': 3, 'four': 4, 'two': None}
```

딕셔너리의 “키(key)”들로만 구성된 리스트를 생성할 수도 있고, 딕셔너리의 “값(value)”들로만 구성된 리스트를 생성하는 것도 가능합니다.

```
>>> list_k = list(d)    # list_k = list(d.keys())
>>> list_k
['one', 'two', 'three', 'four']
>>> list_v = list(d.values())
>>> list_v
[1, 2, 3, 4]
```

4.2 단항 연산자, 이항 연산자, 삼항 연산자, 표현식

연산(operation)은 하나의 데이터 또는 여러 개의 데이터들에 대하여 어떤 처리를 수행하는 것을 의미합니다. 우리에게 익숙한 수학 계산도 연산의 한 종류입니다. 수학 계산 과정으로 이해해 보면 다음과 같습니다.

두 값 7과 8에 대한 덧셈을 수행하는 경우를 생각해 봅니다. 7+8이라는 계산을 수행하는 것을 의미하는데, 7과 8에 덧셈(addition)이라는 연산(operation)을 수행하는 것입니다. 이 경우, +는 덧셈을 수행함을 표시하는 **연산자(operator)**이고, 그리고, 덧셈 연산의 대상이 되는 7과 8을 덧셈 연산자(+)에 대한 **피연산자(operand)**라고 합니다. 일반적으로, 연산자는 기호 또는 키워드로 표현됩니다.

연산(operation)의 대상이 되는 피연산자(operand)가 하나인 경우, 이를 **단항 연산자(unary operator)**라고 하고, 피연산자가 둘인 경우, 이를 **이항 연산자(binary operator)**라고 합니다. 여러분이 원하는 연산을 수행할 수 있도록 연산자와 피연산자로 작성한 식을 **표현식(expression)**이라고 합니다. 표현식은 연산의 수행 내용에 따른 결과를 주게 되는데, 이를 **표현식을 평가한다(evaluate an expression)**고 설명합니다.

다음은 **단항 연산(unary operation)**의 예입니다.

```
>>> a = True
>>> not a          # not 연산에 대한 피연산자는 a
False
```

다음은 **이항 연산(binary operation)**의 예입니다.

```
>>> 7 + 8
15
```

다음 코드를 통해 연산 과정을 살펴보겠습니다. 아래 코드에서 세 번째 줄은 변수 a에 저장된 값과 변수 b에 저장된 값을 더하여 변수 c에 할당하는 과정을 나타낸 명령줄입니다. 또한, Python 인터프리터가 세 번째 줄에서 수행하는 a+b 연산의 **표현식을 평가(evaluate an expression)**하여 c에 **할당(assign)**하는 과정으로 이해할 수 있습니다.

```
>>> a = 1
>>> b = 2
>>> c = a + b     # 평가 후 할당
>>> print(c)
3
```

삼항 연산(ternary operation)은 3개의 피연산자를 필요로 하는 연산을 의미하며, 이항 연산자를 조합하여 만들 수 있습니다.

변수 large에 x값을 할당하게 되는데, 만약 if 다음의 조건식이 만족되지 않으면, else 다음의 피연산자가 실행됩니다. 세 개의 피연산자 x, x > y, y를 사용하므로, 삼항 연산자로 볼 수 있습니다.

```
>>> x = 1
>>> y = 4
>>> large = x if x > y else y
>>> print(large)
4
```

4.3 다양한 연산들 및 연산자들

Python은 다양한 연산들 및 그에 해당하는 연산자들을 정의하고 있습니다. 각 연산들을 특징에 따라 분류하면, 산술연산(arithmetic operation), 논리연산(logical operation), 소속연산(membership operation), 관계연산 또는 비교연산(relational operation), 비트연산(bitwise operation), 할당연산(assignment operation) 등으로 나눌 수 있으며, 이들에 해당하는 다양한 연산자들을 사용하여 다양한 연산들을 수행할 수 있습니다.

4.3.1. 산술연산(arithmetic operation)

표 3. 산술연산

기호	연산	설명
+	덧셈	1 + 2 = 3
-	뺄셈	3 - 1 = 2
*	곱셈	2 * 3 = 6
/	나눗셈	3 / 2 = 1.5
//	내림 나눗셈 (floor division)	3 // 2 = 1
%	나머지	7 % 5 = 2
**	거듭제곱	3 ** 2 = 9 pow(3,2) = 9

```
>>> 1 + 2
3
>>> 5 - 3
2
>>> 3 * 4
12
>>> 3 / 4
0.75
>>> 5 / 2
2.5
>>> 5 // 2
2
>>> 5 % 2
1
>>> 2 ** 3
8
>>> pow(2,3)
8
```

4.3.2. 논리연산자 또는 부울연산자(logical operators or Boolean operators)

표 4. 논리연산

기호	연산	적용	설명
and	논리값이 모두 True인지 판별	a and b	a와 b가 모두 True이면, True >>> (2 > 1) and (3 > 1) True
or	논리값 중 하나가 True인지 판별	a or b	a와 b 둘 중 하나만 True이면, True >>> (2 > 1) or (3 < 1) True
not	논리 반전	not a	a가 True이면, False. a가 False이면, True >>> not (2 > 1) False

4.3.3. 소속연산 또는 멤버십연산(membership operation)

표 5 소속연산

기호	연산	적용	설명
in	소속 여부	a in b	a가 b에 포함되어 있으면, True >>> 2 in [1, 2, 3, 4] True
not in	소속 아님 여부	a not in b	a가 b에 포함되어 있지 않으면, True >>> 2 not in [1, 2, 3, 4] False

4.3.4. 관계연산 또는 비교연산(relational operators)

관계연산(비교연산)는 각 연산자 좌변과 우변 사이의 관계에 대한 것이며, 결과는 True 또는 False 중 하나입니다.

표 6. 관계연산

기호	연산	적용	설명
<	보다 작음	a < b	a가 b보다 작음
<=	보다 작거나 같음	a <= b	a가 b보다 작거나 같음
>	보다 큼	a > b	a가 b보다 큼
>=	보다 크거나 같음	a >= b	a가 b보다 크거나 같음
==	값이 같음	a == b	a의 값과 b의 값이 같음
!=	값이 다름	a != b	a의 값과 b의 값이 같지 않음
is	메모리 주소가 같음 (동일 객체 여부 식별)	a is b	a와 b의 메모리 주소가 같음 >>> 20 is 20 True
is not	메모리 주소가 다름 (상이한 객체 여부 식별)	a is not b	a와 b의 메모리 주소가 같지 않음 >>> 20 is not 19 True

Q 연산과 is 연산의 차이점을 설명하고, 이 차이점을 보여주는 예시를 제시하세요.

4.3.5. 비트연산(bitwise operation)

비트연산(bitwise operation)은 이진수·표현의 자리를 이동하는 연산입니다. 비트연산 과정을 쉽게 검토하기 위하여, 이진수 변환 함수에 대하여 살펴보도록 하겠습니다.

십진수를 이진수로 변환하는 함수는 bin()입니다. Python 프롬프트 상에 이진수를 직접 입력하면, 이진수를 10진수로 변환할 수 있습니다.

```
>>> bin(4)
'0b100'
>>> 0b100
4
```

표 7 비트연산

<table>
<tr><th>기호</th><th>연산</th><th>적용</th><th>예</th></tr>
<tr><td><<</td><td>비트 왼쪽으로 이동
(x를 y비트 수만큼 왼쪽으로 이동하고, 오른쪽을 0으로 채움)</td><td>x << y</td><td>4 (= 0b0100)
>>> 4 << 1
8 (=0b1000)
>>> 0b0100 << 1
8 (= 0b1000)</td></tr>
<tr><td>>></td><td>비트 오른쪽으로 이동
(x를 y비트 수만큼 오른쪽으로 이동하고, 왼쪽을 0으로 채움)</td><td>x >> y</td><td>8 (= 0b1000)
>>> 8 >> 1
4 (= 0b0100)
>>> 0b1000 >> 1
4 (= 0b0100)</td></tr>
<tr><td>&</td><td>비트 AND
(각 비트끼리 AND 연산 수행)</td><td>x & y</td><td>>>> 13 & 8
8
>>> 0b1101 & 0b1000
8 (= 0b1000)</td></tr>
<tr><td>|</td><td>비트 OR
(각 비트끼리 OR 연산 수행)</td><td>x | y</td><td>>>> 9 | 4
13
>>> 0b1001 | 0b0100
13 (= 0b1101)</td></tr>
<tr><td>^</td><td>비트 XOR
(각 비트끼리 XOR 연산 수행)</td><td>x ^ y</td><td>>>> a = 0b00010001 (=17)
>>> b = 0b00100000 (=32)
>>> a ^ b
49 (= 0b0011 0001)</td></tr>
<tr><td>~</td><td>비트 NOT
(비트 뒤집기)</td><td>~x</td><td>-(x+1) 반환
>>> ~1 # bin(~1) = -0b10
-2
>>> ~0 # bin(~0) = -0b01
-1</td></tr>
</table>

비트연산과 관련하여, 몇 가지 예제들을 살펴보겠습니다.

3을 2비트 왼쪽으로 이동시키면 12가 됨을 확인해 보겠습니다. 12를 이진수로 표현하면, 0b1100이 되는데, 십진수를 이진수로 변환해 주는 bin() 함수를 이용하여 확인할 수도 있습니다.

```
>>> 3 << 2    # 0b0011 << 2 --> 0b1100
12
>>> bin(12)
0b1100
```

```
>>> bin(3)     # 3의 이진수 표현은: 0b11
'0b11'
>>> bin(3<<2)
'0b1100'
>>> 0b1100
12
```

이 과정을 조금 더 자세히 살펴보도록 하겠습니다. 십진수 3의 이진수를 구하고, 2비트 왼쪽으로 이동(오른쪽에 2비트의 0을 채움)한 결과를 확인하여 비교해 보도록 하겠습니다.

십진수 3을 이진수로 변환하면 0b11이 됩니다. 0b11을 왼쪽으로 2비트 이동(오른쪽에 0을 2비트 채움)한 수는 0b1100가 됩니다. 0b1100의 10진수 표현은 12가 됨을 확인할 수 있습니다.

십진수 13을 1비트 오른쪽으로 이동시키면 6이 됨을 확인해 보겠습니다.

```
>>> bin(13)
'0b1101
>>> 13 >> 1
6
>>> bin(13 >> 1)
'0b110'
>>> 0b110
6
```

3과 1을 비트 AND 연산하면, 1이 됨을 확인해 보겠습니다.

```
>>> 3 & 1
1
>>> bin(3)
'0b11'
>>> bin(1)
'0b1'
>>> 0b011 & 0b001
1
```

~x 연산은 x에 비트 뒤집기를 수행하는 것으로, 비트 뒤집기를 사용하여 x의 음수를 2의 보수 방식으로 표현하게 됩니다. 2는 이진수 표현으로 0b0010이 됩니다. bin(−2)는 이진수로 표현한 2(=0b0010)의 앞에 부호 −를 더하여 출력합니다. 2의 보수 체계에서 −2는 2(=0b0010)에 대한 1의 보수인 0b1101에 1을 더한 값, 즉, 0b1110이 됩니다.

```
>>> ~1
-2
>>> ~(0b01)
-2
>>> bin(-2)
'-0b10'
```

2의 보수 체계에서 음수 표현 방식

1. 양수 x를 이진수로 표현합니다.
2. 이진수로 표현한 모든 비트를 반전하여 얻은 결과가 1의 보수로 표현된 음수입니다.
3. 비트 반전을 통해 얻은 1의 보수에 1을 더합니다. 이 결과가 2의 보수로 표현된 음수입니다.

4.3.6. 할당연산(assignment operation)

표 8. 할당연산

기호	연산	예	설명
=	할당(또는 대입)	a = 1	1을 a에 할당
+=	증가 할당	a += 1	a = a + 1
−=	감소 할당	a −= 1	a = a − 1
*=	곱하기 할당	a *= 2	a = a * 2
/=	나누기 할당	a /= 3	a = a / 3
%=	나머지 할당	a %= 4	a = a % 4
//=	몫 할당	a //= 5	a = a // 5
**=	거듭제곱값 할당	a **= 6	a = a ** 6
&=	비트 & 연산 결과 할당	x &= 3	x = x & 3
|=	비트 OR 연산 결과 할당	x |= 2	x = x | 2
^=	비트 XOR 연산 결과 할당	x ^= 1	x = x ^ 1

```
>>> a = 2
>>> a += 1
>>> a
3
>>> a -= 2
>>> a
1
>>> a *= 4
>>> a
4
>>> a /= 2
>>> a
2.0
>>> a /= 2.0
>>> a
1.0
>>> type(a)
<class 'float'>
```

4.4 연산 우선순위(precedence)

Python 연산의 우선순위는 일반적인 수학에서의 연산 우선순위와 같습니다. ( )를 가장 먼저 수행하고, 나머지 연산 순서는 다음 표의 내림 순서에 따릅니다.[1)]

표 9 연산 우선순위

연산 우선순위	연산자	설명
1	(expressions...), [expressions...], {key: value...}, {expressions...}	괄호로 감싸여진 표현식, 리스트 생성, 집합 생성
2	x[index], x[index:index], x(arguments...), x.attribute	서브스크립션, 슬라이싱, 호출, 속성 참조
3	await x	Await 표현식
4	**	거듭제곱
5	+x, -x, ~x	양수, 음수, 비트 NOT
6	*, @, /, //, %	곱, 행렬곱, 나눗셈, 내림 나눗셈(floor division), 나머지(remainder)
7	+, -	덧셈, 뺄셈
8	<<, >>	비트 이동
9	&	비트 AND
10	^	비트 XOR
11	|	비트 OR
12	in, not in, is, is not, <, <=, >, >=, !=, ==	소속연산, 식별연산, 관계연산
13	not x	부울 NOT
14	and	부울 AND
15	or	부울 OR
16	if - else	조건 표현식
17	lambda expression	람다 표현식
18	:=	할당 표현식(assignment expression)

같은 연산 우선순위를 갖는 연산자들은 왼쪽부터 오른쪽 순서로 수행됩니다.

1) Python reference manual

4.5 진법(number system) 및 진법 변환

4.5.1. 10진수를 2진수, 8진수, 16진수로 변환

Python에서 사용하는 기본 숫자 표현은 10진법에 기반합니다. 10진수 외의 경우는, 해당 진법을 표시하는 접두어를 붙여 표현합니다. 2진수 숫자는 0b로 시작하고, 8진수 숫자는 0o로 시작하며, 16진수 숫자는 0x로 시작합니다.

10진수를 bin(), oct(), hex()를 사용하여 각각 2진수로, 8진수로, 16진수로 변환할 수 있습니다.

```
>>> dec = 16
>>> bin(dec)
'0b10000'
>>> oct(dec)
'0o20'
>>> hex(16)
'0x10'
```

4.5.2. 2진수, 8진수, 16진수를 10진수로 변환

2진수, 8진수, 16진수를 Python 프롬프트에 직접 입력하거나, print()으로 출력하면, 10진수로 자동 변환됩니다.

```
>>> binnum = 0b100000          # 2진수 32
>>> octnum = 0o41              # 8진수 33
>>> hexnum = 0x22              # 16진수 34

>>> print(binnum)
32
>>> print(octnum)
33
>>> print(hexnum)
34
```

format 함수를 사용하여 10진수를 2진수, 8진수, 16진수로 변환하여 출력할 수도 있습니다.

```
>>> print('{:#b}'.format(10))
0b1010
>>> print('{:#o}'.format(10))
0o12
>>> print('{:#X}'.format(10))
0XA

>>> print(format(3, 'b'))      #2진수 변환
11
>>> print(format(10, 'o'))     #8진수 변환
12
>>> print(format(26, 'X'))     #16진수 변환
1A
```

4.6 데이터형 변환

4.6.1. 숫자를 문자열로 변환: str()

숫자를 문자열로 변환하는 간단한 방법은 함수 str()을 사용하는 것입니다. type(num)을 통해 변수 num은 int임을 확인하였습니다. str(num)을 저장한 변수 str_num은 str임을 확인할 수 있습니다.

```
>>> num = 33
>>> type(num)
<class 'int'>
>>> str_num = str(num)
>>> str_num
'33'
>>> type(str_num)
<class 'str'>
```

Q 다음의 Python 명령문을 실행하여 결과를 검토해 보세요.

```
>>> num = 3.141592
>>> str_num1 = "{}".format(num)
>>> str_num2 = f"{num}"
```

4.6.2. 문자열을 숫자로 변환: int(), float(), complex()

Python에서 문자열을 숫자로 변환하는 간단한 방법들은 주로 int() 함수와 float() 함수를 사용합니다.

```
>>> str_integer = "777"
>>> type(str_integer)
<class 'str'>
>>> i_num = int(str_num)
>>> i_num
777
>>> type(i_num)
<class 'int'>
```

```
>>> str_float = "2.718281828459045"
>>> type(str_float)
<class 'str'>
>>> f_num = float(str_float)
>>> f_num
2.718281828459045
>>> type(f_num)
<class 'float'>
```

```
>>> type('2 + 3j')
<class 'str'>
>>> c_num = complex('2+3j')
>>> c_num
(2+3j)
>>> type(c_num)
<class 'complex'>
```

설명한 과정 중, 정수로 변환 가능한 문자열 str_integer을 함수 float()로 전달하면, float로 변환됨을 확인할 수 있습니다. 그러나 int()는 정수로 변환 가능한 문자열만 전달받을 수 있으므로, str_float를 전달하면 ValueError 오류가 발생합니다.

```
>>> str_integer
'777'
>>> ff = float(str_integer)
>>> type(ff)
<class 'float'>
>>> ff
777.0
>>>
>>> str_float
'2.718281828459045'
>>> ii = int(str_float)
Traceback (most recent call last):
  File "<pyshell#267>", line 1, in <module>
    ii = int(str_float)
ValueError: invalid literal for int() with base 10: '2.718281828459045'
```

4.7 다양한 표현식의 예

Python에서 다양한 유형의 표현식이 있으며, 이들은 기본 표현식, 리터럴 표현식, 슬라이싱 표현식, 호출 표현식, 연산 표현식, 할당 표현식, 조건 표현식, 람다 표현식, 축약 표현식 등으로 분류할 수 있습니다.

- **기본 표현식(Basic Expressions):** 상수, 변수 등의 식별자와 리터럴과 같은 가장 간단한 표현식(예: 3, 4.5, "hello", x)
- **리터럴 표현식 (Literal Expressions):** 특정 타입의 객체를 직접 표현하여 생성하는 코드
  –정수 리터럴, 부동소수점 리터럴, 문자열 리터럴, 불리언 리터럴
  –리스트 리터럴: [1, 2, 3]
  –튜플 리터럴: (1, 2)

−딕셔너리 리터럴: {"a": 1, "b": 2}

−집합 리터럴: {1, 2, 3}

• **슬라이싱 표현식(Slicing Expressions):** 시퀀스의 일부를 반환하는 표현식(예: sliced = mylist[2:4] : mylist[2:4]는 mylist의 일부를 반환하는 표현식)

• **호출 표현식(Call Expressions):** 함수, 메서드, 클래스 등을 호출하여 특정 작업을 수행하는 표현식(예: max(1, 2) : 1과 2 중에서 큰 값을 반환하는 함수 호출 표현식)

−result=len('Python'): len('Python')은 'Python'의 길이를 구하는 함수 호출 표현식

−result='Python'.upper(): 객체의 메소드 upper() 호출

• **연산 표현식(Operation Expressions):** 산술, 논리, 비교 등 다양한 연산자가 포함된 표현식

−산술 표현식(Arithmetic Expressions): 수학적 계산 수행(예: a + b, x * y)

−비교 표현식(Comparison Expressions): 두 값의 크기나 동등성을 비교(예: a < b, x == y)

−논리 표현식(Logical Expressions): 논리연산 수행(예: a and b, x or y, not z)

−비트 표현식(Bitwise Expressions): 비트 단위 논리연산 수행(예: a & b, x | y)

−멤버십 표현식(membership Expressions)(예: s in x, s not in x)

−조건 표현식(Conditional Expressions): 조건에 따라 값을 선택(예: result = x if condition else y)

−문자열 표현식(String Expressions): 문자열 생성 및 조작(예: name + " World", f"{name} is {age}")

• **할당 표현식(Assignment Expressions, "walrus operator"):** 표현식 안에서 변수를 할당할 수 있게 해 주는 := 연산자를 사용하는 표현식(예: (n := len(data)) > 10)

• **조건 표현식(Conditional Expressions):** 조건에 따라 다른 값을 반환하는 삼항 연산자를 포함하는 표현식(형식: x if 조건 else y(예: a if a > b else b))

• **람다 표현식(Lambda Expressions):** 익명 함수를 생성하는 표현식(예: lambda x, y: x + y)

• **축약 표현식(Comprehension Expression):** 리스트, 딕셔너리, 집합의 항목을 간결하게 생성하는 표현식

−리스트 축약(List Comprehension)(예: [x**2 for x in range(10)])

−딕셔너리 축약(Dictionary Comprehension)(예: {x : x**2 for x in range(5)})

−집합 축약(Set Comprehension)(예: {x for x in range(7)})

표현식은 복합적으로 조합될 수 있으며, Python의 코드 실행에서 특정 기능을 수행하기 위한 기본 구성 요소로 사용되며, 일반적으로 구문(statements)의 일부가 됩니다.

참고자료 및 문헌

[Python standard types] https://docs.python.org/ko/3/library/stdtypes.html

[Python 3 standard type hierarchy] https://ko.wikipedia.org/wiki/파일:Python_3._The_standard_type_hierarchy.png

[Python reference manual] https://docs.python.org/3/reference/expressions.html #operator-precedence

Chapter

05

기본 입출력 : 화면 입출력

입출력(IO, input/output, 또는 입력출력)은 프로그램과 사용자 사이의 상호작용을 가능하게 해주는 과정을 의미합니다. 당연히, 입출력 장치는 프로그램과 사용자 사이의 상호작용을 가능하게 해주는 장치를 의미하며, 키보드가 기본 입력 장치로 활용되며, 컴퓨터 디스플레이(모니터)가 기본 출력 장치로 활용됩니다.

이번 장에서는 기본 입력 장치로부터 입력을 받고(input), 기본 출력 장치로 출력(print)을 수행하는 과정에 대해 살펴보도록 합니다.

5.1 키보드를 통한 기본 입력 : input()

키보드로부터 입력, 즉 키보드 자판 타이핑을 통해 문자를 입력받기 위해서, 컴퓨터는 입력값을 대기하는 중 타이핑된 자판에 대응하는 입력값을 읽어와 저장하게 됩니다. 이러한 역할을 수행하는 함수가 있는데, input() 함수입니다.
즉, input() 함수는 키보드로부터 문자열을 입력받는 함수로서, 다음과 같은 기본형식으로 사용할 수 있습니다.

```
변수_이름 = input('화면에 표시할 문자열')
```

위와 같은 Python 명령이 실행되면, '화면에 표시할 문자열' 부분이 모니터 화면에 출력되고, 사용자가 키보드를 통한 입력을 수행할 때까지 프로그램 수행이 중지됩니다. 사용자가 입력을 수행한 후 엔터(Enter)키를 누르면, 프로그램이 다시 시작되어 입력값이 변수 이름에 할당됩니다.

다음 예제는 input() 함수를 통해 문자열을 입력받아, 저장하고 출력해 보도록 하겠습니다.

```
>>> input_str = input('Input strings for display : ')
Input strings for display : hello, python!
>>> type(inout_str)
<class 'str'>
>>> input_str
'hello, python!'
>>> print(input_str)
```

```
hello, python!
>>> len(input_str)
14
```

내장 함수(built-in function)인 input()에 대한 보다 자세한 설명은 함수 help()를 사용하여 확인할 수 있습니다.

```
>>> help(input)

Help on built-in function input in module builtins:

input(prompt='', /)
    Read a string from standard input.  The trailing newline is stripped.

    The prompt string, if given, is printed to standard output without a
    trailing newline before reading input.

    If the user hits EOF (*nix: Ctrl-D, Windows: Ctrl-Z+Return), raise EOFError.
    On *nix systems, readline is used if available.
(END)
```

다음 예제에서 input() 함수를 통해 숫자를 입력받아, 저장하고 출력해 보도록 하겠습니다.

```
>>> in_value = input("숫자 하나를 입력해 주세요...: ")
숫자 하나를 입력해 주세요...: 3
>>> print(in_value)
3
>>> in_value + 5
Traceback (most recent call last):
  File "<pyshell#2>", line 1, in <module>
    in_value + 5
TypeError: can only concatenate str (not "int") to str
>>> type(in_value)
<class 'str'>
```

위 예에서, in_value + 5를 실행하면, str만을 str에 concatenate할 수 있다는 메시지와 함께 TypeError가 발생합니다. 즉, in_value가 str이기 때문에, 문자열에 수행하는 덧셈은 문자열 연결(concatenate, 또는 접합)을 수행할 것으로 예상했는데, + 다음에 다른 데이터형인 정수 5가 나타나므로, 더해준 정수 5를 concatenate할 수 없다는 의미입니다.

input() 함수는 기본적으로 입력값을 문자열(string)로 간주하기 때문에, 숫자를 입력받기 위해서 문자로 입력된 숫자(문자 상태의 숫자)를 정수형 숫자 또는 실수형 숫자로 변환해 주는 과정을 통해 숫자를 입력받는 것과 같은 효과를 얻을 수 있습니다.

```
>>> in_value = input("숫자 하나를 입력해 주세요...: ")
숫자 하나를 입력해 주세요...: 11
>>>
>>> in_value
'11'
>>>
>>> type(in_value)
<class 'str'>
>>>
>>> int_value = int(in_value)
>>>
>>> type(int_value)
<class 'int'>
>>>
>>> int_value
11
```

입력받은 값을, int() 함수를 사용하여 정수로 변환하여 저장하는 과정을 한 줄로 수행할 수 있습니다.

```
변수_이름 = int(input("화면에 표시할 문자열")
```

```
>>> n_value = int(input("숫자 하나를 입력해 주세요...: "))
숫자 하나를 입력해 주세요...: 11
>>>
>>> n_value
11
>>>
>>> type(i_value)
<class 'int'>
>>>
```

같은 방식으로, input() 함수를 사용하여 실수를 입력받아 저장하는 과정을 한 줄로 수행할 수 있습니다.

```
>>> f_value = float(input("실수 하나를 입력해 주세요...: "))
실수 하나를 입력해 주세요...: 22.33
>>>
>>> f_value
22.33
>>>
>>> type(f_value)
<class 'float'>
>>>
```

5.2 동시에 여러 개 입력받기 : split(), map()

기본적으로 input()은 한 번에 하나의 입력을 받습니다. 동시에 여러 개의 값을 입력받아야 할 경우엔 어떻게 해야 할까요?

5.2.1. split()을 통한 문자열 입력

함수 input()을 사용하면 쉼표 등으로 구분된 데이터를 입력받을 수 있으며, 함수 split()을 이용하여 여러 개의 변수로 바로 저장할 수 있습니다. 이렇게 하면, 동시에 여러 개의 입력값을 받는 방법이 됩니다. 여기에서 구분 가능한 정보를 구분자(separator)라고 부르며, 함수 split()은 아래와 같이 구분자에 의해 문자열을 분리해 주는데, 구분자의 예로 빈칸(space), 쉼표, 마침표, 콜론 등 다양하게 지정할 수 있습니다. 구분자를 생략하면, 빈칸(a space)으로 분리해 줍니다.

split()의 사용 형식은 다음과 같습니다.

```
split('구분자')
```

함수 input()과 함수 split()을 사용하여 동시에 여러 값을 입력받는 형식은 다음과 같습니다.

```
변수1, 변수2 = input("화면에 표시할 문자열").split("구분자")
```

변수들의 개수를 2개 이상으로 확장할 수도 있습니다.

```
>>> a, b, c = input('숫자 3개를 입력해 주세요. (쉼표로 분리) : ').split(',')
숫자 3개를 입력해 주세요. (쉼표로 분리) : 33,44,55
>>>
>>> a
'33'
>>> b
'44'
>>> c
'55'
```

이 경우, a, b, c는 문자열을 저장하고 있으므로, 숫자로 사용하기를 원한다면 int() 함수를 사용하여 정수형으로 변환해 주어야 합니다.

Q 하나의 값을 입력으로 받고자 할 때 int(input())를 사용했던 경우처럼, 아래의 코드를 실행하여 input() 결과를 int()로 변환하고, split(',') 수행하는 경우, 어떤 결과를 얻는지 확인하고, interpreter 메시지를 통해 이유를 설명해 보세요.

```
>>> a, b = int(input('숫자 2개를 입력해 주세요 : ')).split(',')
```

```
<실행 결과>
숫자 2개를 입력해 주세요 : 1,2
Traceback (most recent call last):
  File "<pyshell#400>", line 1, in <module>
    a, b = int(input('숫자 2개 입력 : ')).split(',')
ValueError: invalid literal for int() with base 10: '1,2'
```

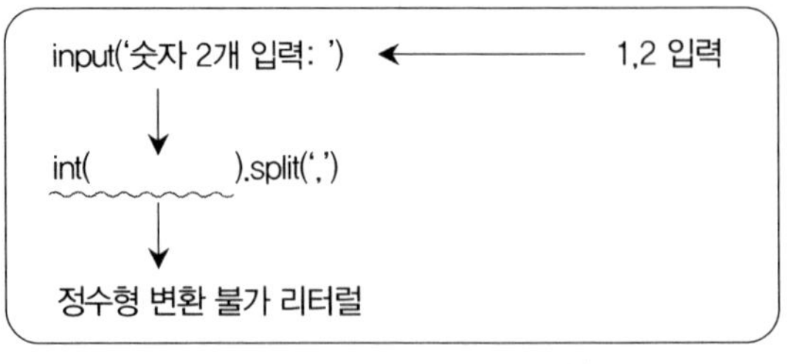

그림 1 int(input('숫자 2개 입력 : ')).split(',') 실행 과정

Q 아래의 코드를 실행하여 input() 결과에 split(',') 수행하여 int()로 변환하면, 어떤 결과를 얻는지 확인하고, interpreter 메시지를 통해 이유를 설명해 보세요.

```
>>> a, b = int(input('숫자 2개를 입력해 주세요 : ').split(','))
```

```
<실행 결과>
숫자 2개를 입력해 주세요 : 1,2
Traceback (most recent call last):
  File "<pyshell#401>", line 1, in <module>
    a, b = int(input('숫자 2개를 입력해 주세요 : ').split(','))
TypeError: int() argument must be a string, a bytes-like object or a real number, not
'list'
```

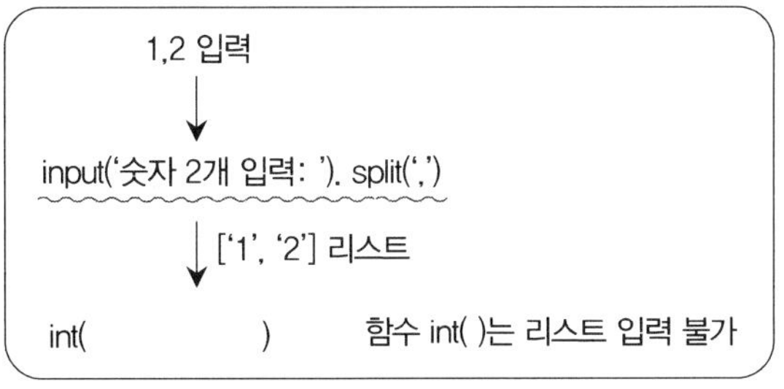

그림 2 int(input('숫자 2개를 입력해 주세요 : ').split(','))

(예제) input() 함수로 3개의 입력을 받아, 분리하여, 정수로 변환하는 코드

```
>>> aa, bb, cc = int(input("Input three numbers : ").split(","))
Input three numbers : 1, 2, 3
Traceback (most recent call last):
  File "<pyshell#13>", line 1, in <module>
    aa, bb, cc = int(input("Input three numbers : ").split(","))
TypeError: int() argument must be a string, a bytes-like object or a real number, not 'list'
```

5.2.2. map() 함수를 통한 입력

여러 개의 입력을 input() 함수로 입력받아 int() 함수로 변환하여 저장하고자 할 때 발생하는 문제를 map() 함수를 사용하여 해결할 수 있습니다. map() 함수는 반복가능한(iterable) 객체의 각 항목을 함수에 반복 적용해 줍니다. 사용 형식은 다음과 같습니다.

```
map(function, iterable)
```

사용 형식에서 function에 각 항목을 적용할 함수의 이름을 지정하고, iterable에 해당 함수의 동작을 적용할 반복가능한 객체를 지정해 줍니다.

함수 map()은 반복가능한(iterable) 객체의 각 항목을 function에 적용한 결과를 새로운 iterator로 반환해 줍니다. 이때, function 함수는 반복가능한 객체의 각 항목을 인자로 받아서 처리하며, 함수의 반환값이 새로운 이터레이터(iterator, 반복자)의 각 항목이 됩니다.

위의 코드에서 map() 함수의 실행 과정은 [그림 3]을 사용하여 설명할 수 있습니다.

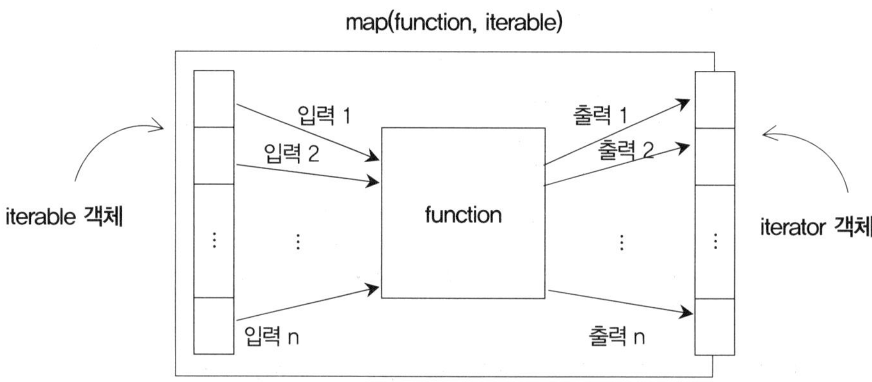

그림 3 함수 map()의 실행 과정

```
>>> num_three = map(int, input("숫자 3개를 입력해 주세요. (쉼표로 분리) : ").split(','))
숫자 3개를 입력해 주세요. (쉼표로 분리) : 11, 22, 33
>>> type(num_three)
<class 'map'>
>>> print(num_three)
<map object at 0x000001FAF0E3FB20>
>>> print(list(num_three))
[11, 22, 33]
```

앞의 코드에서 숫자 3개를 입력으로 받아, 함수 map()은 각각의 숫자를 정수로 변환하여 이터레이터를 반환하므로, type(num_theee) 결과에서 볼 수 있듯이

num_three는 클래스 map의 객체입니다. print(num_three)는 이터레이터 객체의 메모리 주소가 <map object at 0x000001FAF0E3FB20>임을 출력합니다. 이터레이터 객체 안의 값들을 확인하려면 list()를 통해 리스트로 변환하거나, 다음 코드와 같이 함수 map()의 결과를 언패킹하여 각 변수에 직접 할당해 줍니다.

```
>>> a, b, c = map(int, input("숫자 3개를 입력해 주세요. (쉼표로 분리) : ").split(','))
숫자 3개를 입력해 주세요. (쉼표로 분리) : 12, 23, 34
>>> a
12
>>> b
23
>>> c
34
```

input().split(',')는 세 개의 항목을 입력으로 받은 후 쉼표로 분리하였으므로, 입력값 12, 23, 34는 3개의 반복가능한(iterable) 항목으로 구성된 객체입니다. 이 항목들을 int() 함수에 항목별로 적용하게 하므로, 총 3개의 반복가능한 결과를 반환하여 a, b, c에 저장합니다. 이런 방식의 경우, 이터레이터가 반환하는 값과 값을 받는 변수의 개수가 정확히 일치하여야 합니다.

5.3 화면 출력 : print()

컴퓨터 화면에 문자를 출력하는 방법은 함수 print()를 사용하는 것입니다. 다음과 같은 기본 형태로 사용할 수 있습니다.

```
print(출력변수명)
print(출력변수명1, 출력변수명2)    # 서로 다른 데이터형일 경우에도 가능
print(출력변수명1 + 출력변수명2)   # 두 변수가 동일한 데이터형일 경우 가능
```

다음 코드에서 변수 out_value를 출력하면, abc가 출력됩니다. 변수명(out_value)과 값(12)을 동시에 출력하여도 됩니다. 데이터형이 달라도 출력이 됩니다.

```
>>> out_value = 'abc'
>>> print(out_value)
abc
>>>
>>> print(out_value, 12)
abc 12
```

동일한 데이터형에 대해 연산을 수행한 후, 결과를 출력할 수 있습니다.

```
>>> print('a'+'b')
ab
>>> print(1 + 3)
4
```

서로 다른 데이터형의 경우, + 연산을 수행할 수 없으므로, TypeError가 발생함을 확인할 수 있습니다.

```
>>> x = 1
>>> y = 'hello'
>>> print(x + y)
Traceback (most recent call last):
  File "<pyshell#24>", line 1, in <module>
    print(x+y)
TypeError: unsupported operand type(s) for +: 'int' and 'str'
```

사용자의 필요에 따라 이스케이프 문자들을 사용하여, 다양한 특수문자를 출력할 수 있습니다.

표 1 이스케이프 문자 목록

기호	동작 설명
\n	줄바꿈
\t	탭(TAP)
\r	\r 위치까지 이동하고, 그 앞의 문자들은 삭제
\\	'\' 출력
\'	작은따옴표 출력
\"	큰따옴표 출력
\b	백스페이스
r"문자열"	문자열 안에 포함된 이스케이프 문자를 보이는 대로 출력(raw string)

자주 사용되는 이스케이프 문자들에 대한 동작을 확인해 보겠습니다.

```
>>> print("Where's your home?")
Where's your home?
>>> print('Where's your home?')
SyntaxError: unterminated string literal (detected at line 1)
>>> print('Where\'s your home?')
Where's your home?
>>> print('Where\'s your\thome?')
Where's your	home?
>>> print('Where\'s yourhome?')
Where's yourhome?
>>> print(r'Where\'s your\thome?')
Where\'s your\thome?
>>> print("줄바\n꿈")
줄바
꿈
>>> print(" \"큰 따옴표 출력\" ")
 "큰 따옴표 출력"
>>> print(" \\ 역슬래쉬 출력")
 \ 역슬래쉬 출력
>>> print("마지막 문자는 골뱅이입니다 @")
마지막 문자는 골뱅이입니다 @
>>> print("마지막 \r문자는 골뱅이입니다 @")
문자는 골뱅이입니다 @
```

5.4 함수 print()의 옵션

먼저, 함수 print()에 대한 보다 상세한 내용은 help(print)를 통해 확인할 수 있습니다. 여러 개의 변수에 저장된 값들을 동시에 출력할 수 있으며, sep 옵션으로 표시된 구분자(separator), end 옵션으로 표시된 "종결자", "file" 옵션, "flush" 옵션을 지정하여 출력 형태를 조정할 수 있습니다. end 옵션의 기본값은 "줄바꿈"이고, sep 옵션의 기본값은 "공백(띄어쓰기)"입니다. file 옵션은 값이 출력될 파일 객체를 지정하는데, 기본값은 "화면(sys.stdout)"입니다. flush 옵션은 버퍼 내용 출력에 관한 것으로, flush가 "True"로 저정되면, 버퍼에 있는 내용을 강제적으로 출력합니다.

```
>>> help(print)

print(*args, sep=' ', end='\n', file=None, flush=False)
    Prints the values to a stream, or to sys.stdout by default.

    sep
      string inserted between values, default a space.
    end
      string appended after the last value, default a newline.
    file
      a file-like object (stream); defaults to the current sys.stdout.
    flush
      whether to forcibly flush the stream.
```

하나의 print() 안에서 여러 개의 객체를 출력할 때, 각각의 객체 사이에 지정된 구분자(sep)를 삽입하여 구분해 줄 수 있습니다.

```
>>> print(1, 2, 3, sep=' : ')
1 : 2 : 3
```

인터프리터 모드로 함수 print()를 사용하는 경우, 하나의 print()가 끝나면, 다음 print()는 새로운 줄에서 시작하게 됩니다.

편집기를 통해 Python 코드를 작성하여 .py 파일로 저장한 후, 파일 내의 여러 줄의 코드를 한 번에 실행하는 스크립트 모드로 코딩하는 경우, 여러 개의 print()를 사용할 때, end 옵션에 지정된 값을 설정하여, print()가 끝날 때 줄바꿈을 하지 않고, 다음에 오는 print()의 시작 지점을 지정해 줄 수 있습니다.

인터프리터 모드

```
>>> print("we are")
we are
>>> a = 2*4
>>> print("students.", end='')
students.
>>> print(a)
8
```

(a)

스크립트 모드 〈ex-print.py〉

```
print("we are")
a = 2*4
print("students.", end='')
print(a)
```

```
we are
students.8
```

(b)

그림 4 print() 실행 비교

[그림 4]에서 (a)는 인터프리터 모드에서 실행하는 과정을 보여줍니다. 이 모드에서는 print() 실행 때마다 새로운 줄에서 출력이 수행됩니다. (b)에서 a = 2*4 계산은 print("we are") 다음에 실행되지만, print()의 출력에 영향을 주지 않습니다. end 옵션이 공백으로 설정되어, print(a)는 students. 다음에 곧바로 출력됩니다.

```
>>> print("a", "b")                # "b" 출력 앞부분에 공백 추가됨
a b
>>> print("a", "b", sep=" ")
a b
>>> print("a", "b", sep="")        # sep="" 지정하여 공백 제거
ab
```

print("a", "b")를 통해, 쉼표 다음의 b를 출력할 때 기본적으로 공백이 하나 추가되는 것을 확인할 수 있습니다. sep 옵션을 설정하여, 확인할 수 있습니다. sep=""을 설정하면 a와 b 사이에 공백이 제거할 수 있습니다.

```
>>> print("a\n" , "b")                # "b" 출력 앞부분에 공백 추가됨
a
 b
>>> print("a\n" , "b", sep=" ")
a
 b
>>> print("a\n" , "b", sep="")        # sep="" 지정하여 공백 제거
a
b
```

이 내용을 escape 문자(\n)와 함께 적용해 볼 수 있습니다. print("a\n","b")을 수행하면, a와 줄바꿈이 하나의 출력으로 수행하고, b는 sep 기본옵션으로 구분되므로, 다음 줄의 앞부분에 공백이 하나 추가된 후 b가 출력됩니다. sep=" " 옵션을 추가해 보면, 동일함을 확인할 수 있습니다. sep="" 옵션(공백 제거)을 지정해 보면, b 앞의 공백이 사라짐을 확인할 수 있습니다.

다음 코드를 실행해 보면, 쉼표 다음의 출력대상 앞부분에 "\n"이 있는 경우, sep 옵션으로 공백 지정 여부와 관계없이 출력됨을 확인할 수 있습니다. 마지막 코드를 보면, 쉼표 다음의 출력대상 앞부분에 "\n"이 있는 경우, sep 옵션이 쉼표 앞부분의 출력대상에 연결됨을 확인할 수 있습니다.

```
>>> print("a" , "\nb")
a
b
>>> print("a" , "\nb", sep="")
a
b
>>> print("a" , "\nb", sep=" ")
a
b
>>> print("a" , "\nb", sep="- *")
a- *
b
```

5.4.1. 출력대상의 형식 지정: format(출력대상, 형식))

함수 print()를 통해 출력대상을 출력하고자 할 때, 형식을 지정하여 출력할 수 있습니다. 일반적인 사용 형식은 다음과 같습니다.

```
print(출력대상)
print(format(출력대상, 형식)
print("출력 문자열" , format(출력대상, 형식))
```

출력대상이 정수일 때, 형식 부분이 'd'이면 10진수, 'o'이면 8진수, 'x'이면 16진수로 출력합니다. 출력대상이 실수일 때, 형식 부분이 '7.3f'이면, 실수를 전체 7자리로 표시하고, 그중 소수점을 3자리로 표시하여 출력합니다. format() 앞에 쉼표(comma)가 있음에 유의하기 바랍니다.

이때 "출력 문자열"은 출력대상의 앞부분에 표시할 문자열이며, 생략해도 괜찮습니다.

```
>>> print("This is a number: " , format(456))
This is a number:  456
>>> print(456)
456
>>> print(format(456))
456
>>> print(format(456, 'd'))
456
```

표 2 형식 지정 옵션

구분	형식 지정
출력대상	s: 문자열, d: 10진수 정수, b: 2진수 o: 8진수, x(또는 X): 16진수, f: float e(또는 E): 지수 표기법, %: 백분율
정렬	<: 왼쪽 (기본값), >: 오른쪽, ^: 가운데 =: 부호를 첫 번째로 고정 후, 나머지 정렬
부호	-: 음수만 표시 (기본값) +: 양수, 음수 모두 표시 공백: 양수일 때 공백, 음수일 때 - 사용
자릿수 지정 및 구분	0: 남는 자리에 0 채움 , : 천 단위 구분기호 추가 .precision: 소수점 이하 자릿수 지정

[표 2]에 정리된 형식 지정 옵션을 다음 예제들과 같이 사용할 수 있습니다.

```
>>> print(format(456, '5d'))
  456
>>> print(format(456, '05d'))
00456
>>> print(format(255, "04X"))          # 16진수 대문자 포맷, 4자리 맞춤: '00FF'
00FF
>>> print(format(1234.5678, ".2e"))    # 소수점 이하를 2자리로 표현한 지수 표기법
1.23e+0
>>> print(format(-123, "=+010d"))
-000000123
```

형식 지정 "=+010d"는 정수를 부호 표시(+ 또는 - 기호)하되, 부호 표시의 위치를 고정하고, 전체를 10자리로 지정한 후, 비어있는 왼쪽을 0으로 채우는 내용입니다.

```
>>> print(format(12345.678, "+015,.5f"))
+0,012,345.67800
>>> print(format(-12345.678, "+015,.5f"))
-0,012,345.67800
```

형식 지정 "+015,.5f"는 부동소수점수를 양수 표시를 +로 앞에 추가하여 전체 15자리로 표시하는데, 그중 소수점을 5자리로, 1,000 단위를 ,로 구분하고, 왼쪽 빈자리를 0으로 채우는 내용입니다.

```
>>> print(format("We study Python", "0>20s"))
00000We study Python
```

형식 지정 "0>20s"는 문자열 전체를 20칸으로 설정하고, 오른쪽으로 정렬하고, 왼쪽 비어있는 자리를 0으로 채우는 내용입니다.

5.5 화면 출력을 위한 고급 형식 지정(formatting)

기본적으로 함수 print()는 고정된 수치값, 문자열, 변수 등을 단순히 빈칸(space, 공백)들로 구분된 값들로 출력합니다. 그러나, 문자열 내에 변수를 포함하거나, 특정한 형식으로 출력하여야 할 필요가 있습니다. 이 경우, print()를 이용한 화면 출력에 사용할 수 있는 고급 형식 지정 방식들이 있습니다. 첫 번째 방법은 %-형식문자, 두 번째 방법은 f-문자열(f-string), 세 번째 방법은 format 메소드입니다. 여러분의 코딩 능력이 향상될수록, 고급 형식 지정의 필요성이 커지는 것이 일반적이므로, 한 가지씩 살펴보도록 하겠습니다.

5.5.1. % - 형식문자

이 방식은 C언어 스타일의 형식 지정(formatting) 방식입니다. 출력대상에 따라 "%-형식문자"를 지정하여 사용하면, 출력대상, 자릿수, 여백의 위치 등을 명확하고 다양한 방식으로 출력이 가능합니다. 문자열이 길어지면, 표현이 복잡해지는 단점이 있습니다.

```
print("%-형식문자를 포함한 문자열" %출력대상)
```

"%-형식문자"의 종류들은 다음과 같습니다.

- %s: 문자열
- %c: 한 글자
- %d: 정수
- %x(%X): 16진수
- %f: 실수
- %o: 8진수

출력대상은 해당 값이 될 수도 있고, 해당 값을 포함한 변수가 될 수도 있습니다. 출력대상을 %1로 지정해도 되고, %(1)로 지정해도 됩니다.

```
>>> print("%d" %1)
1
```

%08d는 정수를 8칸에 출력하되, 앞부분을 0으로 채워 표시하는 것을 의미합니다.

```
>>> print("%08d" %(1))
00000001
```

%7.3f는 부동소수점 실수를 전체 7칸 중, 소수점 이하 3칸으로 표시하는 것을 의미합니다. 변수 a에 저장되어 있는 123.45를 123.450으로 출력합니다.

```
>>> a = 123.45
>>> print("%7.3f"  %a)
123.450
```

%10s는 문자열을 10칸의 오른쪽에 출력하는 것을 의미합니다. olympic이 7글자이므로, olympic 앞에 3개의 빈칸이 있습니다. 출력대상에 문자열을 직접 입력하는 경우, " "를 표시해야 합니다.

```
>>> v = "olympic"
>>> print("%10s" %v)
   olympic
>>> print("%10s" % "olympic")
   olympic
```

여러 개의 출력대상이 있는 경우, 여러 개의 %-형식문자는 문자열 안의 해당 위치에 작성하면 되고, 여러 개의 출력대상은 출력대상 위치에 ( )를 표시하고 그 안에 쉼표로 분리하여 작성합니다. 형식문자와 출력대상은 순차적으로 1대1 대응이 됩니다.

```
print("%-형식문자_1, %-형식문자_2를 포함한 문자열" %(출력대상_1, 출력대상_2))
```

```
>>> print("표시하고자 하는 %s는 %05d입니다." %("숫자", 25))
표시하고자 하는 숫자는 00025입니다.
```

서로 다른 종류의 출력대상들(문자열, 정수)을 하나의 출력문에 표시할 수 있음을 확인할 수 있습니다.

%-형식문자 지정 방법은 짧고 간결하여 단순한 출력을 지정할 때 편리하고, 따라서, 가독성도 좋습니다. 또한, 초기 버전부터 사용해 오던 방식이므로 버전 호환성 유지에 좋습니다.

5.5.2. f – 문자열(f-string): print(f" ")

포맷 문자열 리터럴(format string literal)이라고 부르는 이 방식은, 출력 문자열 앞에 f 또는 F를 붙이고 문자열의 표현식을 {출력대상 문자열 표현식} 형태로 작성합니다. "출력대상 문자열 표현식"은 변수 이름만을 포함할 수도 있고, 변수 이름 다음에 콜론(:)을 추가한 후 변수 이름을 표현할 선택적인 형식지정자를 추가할 수도 있습니다.

```
print(f"표시하고자 하는 문자열 {출력대상_변수 : 형식지정자}")
```

다음 코드는 형식지정자를 지정하지 않은 경우를 보여줍니다.

```
>>> import math
>>> print(f'The value of pi is approximately {math.pi}.')
The value of pi is approximately 3.141592653589793.
```

다음 코드는 형식지정자를 포함하는 경우입니다. 원주율 pi 값을 출력하되, 원주율을 소수점 이하 세 자리로 반올림하기 위해 변수 이름 뒤에 ':'를 추가하고 형식지정자(.6f)를 포함하였습니다.

```
>>> import math
>>> print(f'The value is {math.pi : .6f}.')
The value is  3.141593.
```

문자 폭을 지정하여, 열 맞춤에 활용할 수 있습니다. 형식지정자가 없는 경우, 출력대상의 길이에 따라 출력값이 변화됩니다.

```
>>> name_1 = 'Kim'
>>> age_1 = 15
>>> name_2 = 'Park'
>>> age_2 = 6
>>> print(f'{name_1} is {age_1} years old.')
Kim is 15 years old.
>>> print(f'{name_2} is {age_2} years old.')
Smith is 9 years old.
```

':' 뒤에 정수를 지정하면, 해당 필드의 최소 문자폭을 설정할 수 있습니다. 다음 코드에서 포맷 지정자로 정수가 설정된 경우, 이름, 나이 각각 정해진 문자열의 폭 내에서 왼쪽부터 출력되므로, is의 위치와 years old의 위치를 열맞춤할 수 있습니다. 해당 문자폭 내에서 왼쪽, 가운데, 오른쪽 정렬하는 방법이 있습니다. 포맷 지정자 앞에 <, ^, >를 넣어주면, 왼쪽 정렬, 가운데 정렬, 오른쪽 정렬이 됩니다. 정렬하지 않은 경우와 비교해 보면 이해하기 쉽습니다.

```
>>> print(f'{name_1:9} is {age_1:05} years old.')
Kim       is 00015 years old.
>>> print(f'{name_2:9} is {age_2:<05} years old.')
Park      is six00 years old.
```

앞의 코드에서 나이의 좌우 정렬을 확인하기 위해, 왼쪽과 오른쪽에 0을 추가하였습니다.

```
>>> name_3 = 'Lee'
>>> age_3 = '24'
>>> subject_3 = 'Python'
>>> print(f'{name_3:9} is {age_3:4} years old, and is studying {subject_3:10} .')
Lee       is  24 years old, and is studying Python     .
>>> print(f'{name_3:>9} is {age_3:^4} years old, and is studying {subject_3:<10} .')
      Lee is  24  years old, and is studying Python     .
```

f-문자열 방식은 문자, 정수, 실수 등의 여러 값을 동시에 출력할 때 유용합니다.

```
>>> classname = "Python"
>>> code = "EE7777"
>>> students = 88
>>> avg = 77.99
>>> print(f"교과목명: {classname:>10s}, 교과목 코드: {code:^10s}, 학생 수: {students:3d},
평균점수: {avg:.3f}")
교과목명:     Python, 교과목 코드:  EE7777   , 학생 수:  88, 평균점수: 77.990
```

딕셔너리 항목 및 객체 속성 접근

f-문자열 방식을 사용하면, 딕셔너리 항목 및 객체 속성에 직접 접근하여 형식 지정 출력이 가능합니다. 딕셔너리 항목 및 객체 속성에 접근하여 출력하는 내용은 **딕셔너리와 클래스에 대해 학습한 후, 다시 방문**하여 학습할 것을 권장합니다.

```
# 딕셔너리 항목에 직접 접근하여 출력
>>> person = {"name": "Park", "age": 24}
>>> print(f"Name: {person['name']:>010s}, Age: {person['age']:>+5}")
Name: 000000Park, Age:   +24
```

```
# 클래스 정의
class Person:
    def __init__(self, name, age):
        self.name = name
        self.age = age
```

```
>>> # 객체 생성
>>> person = Person("Lee", 27)
>>> # 객체 속성에 직접 접근하여 출력
>>> print(f"Name: {person.name:>010s}, Age: {person.age:>+5}")
Name: 0000000Lee, Age:   +27
```

f-문자열은 문자열 내에 여러 종류의 변수들과 표현식들을 직접 포함할 수 있어, 매우 직관적이고 간단하게 작성할 수 있으며, 가독성도 좋습니다. 다른 문자열 형식 지정 방식보다 속도가 빠른 특징이 있습니다.

5.5.3. 문자열.format() 메소드 방식: "{ }를 포함하는 문자열".format(출력대상 목록)

문자열.format() 메소드 방식, 또는 간단히, 문자열.format() 방식은 위치와 키워드 인자 등 여러 정보를 조합하여 문자열 생성을 가능하게 해줍니다. 이 방법은 여러 개의 값을 문자열 안에 형식들을 지정하여 삽입할 때 유용합니다.

```
print("{ }을 포함하는 출력 문자열".format(출력대상))
```

중괄호 { } 안에 작성되어 있는 문자열을 "**포맷 필드(format field)**"라고 부릅니다. 형식 지정을 위한 특별한 표시들이 포함된 포맷 필드를 만들고, 그 후에 format() 메소드에 기술되어 있는 출력대상 인자들이 { } 위치에 대응되어 치환됩니다. 여러 개의 출력대상들이 있는 경우, { } 안에 숫자 또는 키워드를 지정하여 출력대상들의 순서(위치)를 지정할 수 있습니다. { } 안에 숫자나 키워드를 지정하지 않았으므로, 2개의 포맷 필드가 'Lee'와 '24'에 순차적으로 대응됨을 확인할 수 있습니다.

```
>>> print('My name is { } and I am { } years old.'.format('Lee', '24'))
My name is Lee and I am 24 years old.
```

포맷 필드에서 { }의 순서를 0, 1, 2로 지정하는 방법을 다음 코드에서 확인할 수 있습니다. format() 메소드 내에 나열된 출력대상 변수들을 순서대로 0, 1, 2로 지정해 줍니다. 즉, MyName은 0번, Age는 1번, NumberBooks는 2번으로 지정됩니다. print() 내에서 {0}, {1}, {2}의 순서를 바꾸어 주면, 출력 결과도 {0}, {1}, {2}의 위치에 따라 달라짐을 확인할 수 있습니다. 포맷 필드에 형식 지정을 추가하여 다양한 출력 형식이 가능합니다. %-형식 지정 방식 및 f-문자열 방식에서 사용하였던 형식 지정 방식을 유사하게 적용할 수 있습니다. [str.format]

```
>>> MyName = "John"
>>> Age = "22"
>>> NumberBooks = "3"
>>>
>>> print("My name is {0:>010}. I am {1:^5} years old. I have read {2:<5} books this
month. ".format(MyName, Age, NumberBooks))
My name is 000000John. I am  22   years old. I have read 3     books this month.
>>>
```

```
>>> print("My name is {1:>010}. I am {2:^5} years old. I have read {0:<5} books this month. ".format(MyName, Age, NumberBooks))
My name is 0000000022. I am   3   years old. I have read John  books this month.
```

하나의 출력대상을 반복하여 출력하는 것도 가능합니다.

```
>>> print("나는 {0}을 좋아해서, {0} 책을 사서, {0} 문제를 풀었다.".format("수학"))
나는 수학을 좋아해서, 수학 책을 사서, 수학 문제를 풀었다.
```

출력할 대상이 많아지거나 출력할 대상의 순서를 수정하여야 할 경우, 변수들을 순서에 따라 번호로 지정하는 방식은 불편할 수 있습니다. 이런 경우, 번호 대신 키워드 인자를 사용하면 더 편리합니다.

```
>>> print("{bookname} is written by {author} in {year}.".format(bookname= "Pride and Prejudice", author="Jane Austin", year="1813"))
Pride and Prejudice is written by Jane Austin in 1813.
```

위와 같은 출력을 문자열.format() 방식을 사용하지 않고 print() 함수의 기본 출력 방식을 사용하여 동일하게 표현해 보면, 출력할 문자열이 길어지고, 변수의 개수가 많아질수록 작성이 매우 복잡해짐을 확인할 수 있습니다.

```
>>> print("My name is " + str(MyName) ". " + "I am "  +  str(Age) + " years old. I have read " + str(NumberBooks) + " books this month.")
My name is John. I am 22 years old. I have read 3 books this month.
```

딕셔너리 항목 및 객체 속성 접근

문자열.format() 방식을 사용하면, 딕셔너리 항목 및 객체 속성에 직접 접근하여 형식 지정 출력이 가능합니다. 딕셔너리 항목 및 객체 속성에 접근하여 출력하는 내용은 **딕셔너리와 클래스에 대해 학습한 후, 다시 방문**하여 학습할 것을 권장합니다.

```
>>> # 딕셔너리 항목에 직접 접근하여 출력
>>> person = {"name": "Alice", "age": 30}
>>> print("Name: {name:>010s}, Age: {age:>+5}".format(**person))
Name: 000000Park, Age:   +24
```

```
# 클래스 정의
class Person:
    def __init__(self, name, age):
        self.name = name
        self.age = age
```

```
>>> # 객체 생성
>>> person = Person("Lee", 27)
>>> # 객체 속성에 직접 접근하여 출력
>>> print("Name: {:>010s}, Age: {:>+5}".format(person.name, person.age))
Name: 0000000Lee, Age:   +27
```

• **과학적 숫자 표현**

문자열.format() 방식을 사용하여, 과학적 숫자 표현, 백분율 표현, 날짜–시간 표현에 대한 방식을 다양하게 적용할 수 있습니다.

```
>>> print("The answer is {:15.5e}.".format(4234523452356.4))
The answer is     4.23452e+12.
>>> print("The answer is {:^15.5e}.".format(4234523452356.4))
The answer is   4.23452e+12  .
>>> print("The answer is {:<15.5e}.".format(4234523452356.4))
The answer is 4.23452e+12
```

• **백분율 표현**

```
>>> print('Correct answers: {:.2%}'.format(3/4))
Correct answers: 75.00%
>>> 'Correct answers: {:.2%}'.format(3/4)
'Correct answers: 75.00%'
```

• **날짜–시간 표현**

```
>>> import datetime
>>> d = datetime.datetime(1988, 3, 1, 9, 15, 30)
>>> '{:%Y-%m-%d %H:%M:%S}'.format(d)
'1988-03-01 09:15:30'
```

- **명확한 위치 지정 및 순서 유연성:** 문자열.format() 메소드 방식은 포맷 필드 { } 안에 인덱스를 명시하여, 위치를 지정하거나 키워드로 특정 변수를 가리킬 수 있어, 다수의 값을 정확한 위치에 삽입하는 데 편리하고, 문자열 외에도 숫자, 객체 등 다양한 데이터형을 처리할 수 있는 장점이 있습니다. 또한, 문자열.format() 방식은 Python 2 및 Python 3 양쪽 버전 모두에서 호환되는 특징이 있습니다.

포맷 문자열 형식 지정에 대한 보다 자세한 문법은 [string format syntax]를 참고할 수 있습니다.

참고자료 및 문헌

[A Byte of Python] https://byteofpython-korean.sourceforge.net/byte_of_python.html
[string format syntax] https://docs.python.org/ko/3/library/string.html#format-string-syntax
[str.format examples] https://docs.python.org/ko/3/library/string.html#format-examples

Chapter

06

기본 입출력 : 파일 입출력

6.1 파일 개요

실행 중인 프로그램이 종료되면, 작업 중이던 데이터는 지워지게 됩니다. 이러한 데이터를 프로그램 종료 후에도 사용하고자 한다면, 파일(file) 형태로 저장하고, 읽어 올 수 있어야 합니다. 파일 형태로 저장하는 과정을 **파일 쓰기(파일 출력)**이라고 하고, 저장된 파일을 읽어 오는 과정을 **파일 읽기(파일 입력)**이라고 합니다.

파일이 저장되어 있는 데이터의 형식에 따라 **텍스트 파일(text file)**과 **이진 파일(binary file)**의 두 가지 종류로 구분할 수 있습니다. 우리가 작성한 프로그램 원본 파일을 열어 보면, 텍스트 문자들로 작성되어 있는 텍스트 파일임을 확인할 수 있으며, 직접 문자를 읽고 이해할 수 있습니다. 그에 반해, 이진 파일은 저장할 데이터를 텍스트 문자열로 변환하지 않고 지정된 규칙에 따라 이진 데이터(0과 1의 비트들)를 그대로 저장한 파일을 의미합니다. 따라서, 변환하지 않은 상태에서 사람이 그 내용을 곧바로 이해하기 쉽지 않으며, 특정 프로그램을 통해 컴퓨터로 읽어 온 후, 해당 파일의 내용을 이해할 수 있습니다. (예: 이미지 파일, 사운드 파일, 실행파일 등)

파일 종류와 무관하게, 파일을 사용하기 위한 기본 절차는 "**파일 준비(열기)-파일 사용(읽기 또는 쓰기)-파일 닫기**"의 3단계로 구성되어 있습니다. 파일 준비 단계에서 텍스트 파일과 이진 파일을 구분하는 옵션을 지정하는 과정이 필요합니다.

6.2 파일 사용 절차 : 열기-사용(읽기/쓰기)-닫기

파일을 사용하는 일반적인 과정을 보여주는 코드를 살펴보겠습니다. 파일을 사용하기 위해, 맨 처음 파일 객체를 생성해야 합니다. 첫 번째 줄은 함수 open()을 객체이름에 할당하는 과정을 통해 파일 객체를 생성하여, 파일을 준비하는 부분입니다. 그 다음, 파일을 사용하는 부분(코드 스위트)이 존재합니다. 파일 사용은 "파일 읽기"일 수도 있고 "파일 쓰기"일 수도 있습니다. 여러 줄로 작성될 경우, 동일한 수준의 들여쓰기로 구성된 코드 스위트(코드 블록)를 형성하게 됩니다. 마지막 줄에서 파일 객체를 닫아 줍니다.

```
파일객체이름 = open("경로/파일명", "사용모드", encoding=None):
    코드 스위트(블럭) : 파일을 사용하는 동작 코드
파일객체이름.close
```

6.2.1. 인코딩(encoding)

문자(열) 데이터를 컴퓨터에서 처리 가능한 바이트 데이터로 변환하는 방식을 **부호화(인코딩, encoding)**라고 합니다. 일반적으로, 문자(열)나 기호 등을 저장할 때 부호화(인코딩, encoding)를 수행하고, 인코딩되어 있는 문자(열)나 기호 등을 원래의 문자나 기호로 표현할 때 **복호화(디코딩, decoding)를** 수행하게 되는데, 이렇게 사용하는 규칙 또는 방식을 통칭하여 인코딩(encoding)이라고 합니다. 컴퓨터 운영체제 또는 파일의 사용 환경에 따라 다양한 인코딩 방식이 존재하는데, 그중 우리가 자주 사용하게 되는 인코딩 방식을 [표 1]에 정리하였습니다.

유니코드(Unicode)[1]의 정식 명칭은 The Unicode Standard이며, 전 세계의 모든 문자를 컴퓨터에서 일관되게 표현하고 다룰 수 있도록 설계된 텍스트 인코딩에 관한

표 1 주요 인코딩 방식들

인코딩 방식	설명
아스키(ASCII) 코드	• 미국표준협회(ANSI)에서 컴퓨터 간 정보 교환을 위해 만든 표준 코드 • 영문 알파벳 26자와 숫자, 기호, 특수문자 등 128자를 7비트의 이진수로 부호화함(나라별 언어를 표현할 수 없음)
확장 아스키 코드 (Extended ASCII)	• ASCII 코드 7비트를 8비트로 확장 • 256가지 문자를 나타낼 수 있음
UTF-8 (Unicode-Transformation -Format)-8	• 유니코드 문자 인코딩 방식 중 하나 • 가장 널리 사용되는 인코딩 • 가변 길이 문자 인코딩 방식으로 바이트를 가변적으로 조절해 가면서 아스키(ASCII) 코드의 길이에 맞춰 호환할 수 있음 • 영문과 숫자는 1바이트로, 한글과 한자 등은 3바이트로 가변적으로 저장하는 방식을 사용하여, 전 세계 모든 글자를 한꺼번에 표현할 수 있음
EUC-KR (Extended Unix Code Page)-KR	• 8비트 한글 완성형 코드 • 아스키(ASCII) 값은 그대로 1바이트로 표현하고 한글은 2 바이트로 표현함
CP949 (MSWIN949)	• EUC-KR의 확장 버전으로 하위 호환성이 있음

1) 전 세계의 모든 문자를 동일하게 표현하기 위한 국제표준코드로, 모든 문자를 2바이트(=16비트)를 사용하여 표현하고, 총 65,536개의 서로 다른 문자를 표현하는 것이 가능하다. 또한, 문자를 계속 추가할 수 있다(상대적으로 큰 데이터 용량 차지).

산업 표준입니다. [Unicode] 파일을 읽고 쓰고, 다른 컴퓨터와 정보를 주고받을 때 Unicode 문자열들을 변환하여 주는 형식의 이름을 **UTF-8**이라고 합니다.

파일을 읽을 때, 코덱(codec)이 파일을 디코드할 수 없다는 에러 메시지가 나오거나, 알아볼 수 없는 글자가 나타나는 경우가 있습니다. 이런 경우는 파일에 저장된 문자들의 인코딩 방식과 읽어 오는 인코딩 방식이 서로 다른 경우에 나타납니다. Python은 기본적으로 utf-8 인코딩을 사용하여 파일 읽기를 시도하는데, 다른 인코딩 방식으로 파일이 저장되어 있으면, 디코딩 에러가 발생할 수 있습니다. 이 경우, 함수 open()에서 encoding 옵션을 지정하여 해결할 수 있습니다.

아래와 같이 변수 text에 저장된 문자들을 utf-8 인코딩 방식으로, abc.txt 파일로 저장합니다.

```
>>> text = ' ' '
a
b
c
' ' '
>>> f = open('abc.txt','w', encoding='utf-8')
>>> f.write(text)
7
>>> f.close()
```

이제 UTF-8로 저장된 파일(abc.txt)을 다른 인코딩 방식으로 읽어오는 경우에 나타나는 결과를 확인해 보겠습니다. utf-16 인코딩으로 읽기를 수행합니다. 다음과 같은 UnicodeError 에러를 확인할 수 있습니다.

```
>>> ff = open('abc.txt','r', encoding='utf-16')
>>> aa = ff.readlines()
Traceback (most recent call last):
  File "<pyshell#239>", line 1, in <module>
    aa = ff.readlines()
  File "<frozen codecs>", line 322, in decode
  File  "C:\Program  Files\WindowsApps\PythonSoftwareFoundation.Python.3.12_3.12.
1520.0_x64__qbz5n2kfra8p0\Lib\encodings\utf_16.py", line 67, in _buffer_decode
    raise UnicodeError("UTF-16 stream does not start with BOM")
UnicodeError: UTF-16 stream does not start with BOM
```

어떤 인코딩 설정이 필요한지 잘 모른다고 가정하고, encoding="utf-8"로 설정하여 읽기를 수행해 보겠습니다. utf-8 인코딩 방식으로 많은 경우를 해결할 수 있습니다. 메소드 readlines()는 파일 객체의 내용을 한 줄씩 읽어 리스트로 반환해 줍니다. 따라서, bb는 text에 저장된 각 줄의 문자들을 하나의 항목으로 하는 리스트이며, 이를 확인할 수 있습니다.

```
>>> ff = open('abc.txt','r', encoding='utf-8')
>>> bb = ff.readlines()
>>> bb
['\n', 'a\n', 'b\n', 'c\n']
```

6.2.2. 파일 사용 모드(mode)

파일 객체를 생성할 때, 해당 파일 객체의 "사용 모드"를 설정해 주어야 합니다. 사용 모드 'r'은 읽기(read), 'w'는 쓰기(write), 'a'는 덧붙이기(append), 't'는 텍스트(text), 'b'는 이진(binary)을 의미합니다. 사용 모드를 지정하지 않을 경우, 기본값은 텍스트, 읽기 모드로 가정합니다. 파일 객체 생성과 관련된 사용 모드를 [표 2]에 정리

표 2 파일 사용 모드

사용 모드	동작 상세 설명	구분
'r'	• 파일을 읽기 전용으로 열기 • 파일이 존재해야 하고, 그렇지 않으면 에러 발생(default)	읽기 모드
'w'	• 쓰기 전용으로 새 파일을 생성 • 만약 파일이 있으면 내용을 덮어씀 • 이미 존재하는 같은 이름의 파일은 삭제됨	쓰기 모드
'x'	• 파일을 쓰기 모드로 생성 • 파일이 이미 존재하면 에러 발생	읽기/쓰기 모드
'a'	• 이미 존재하는 파일의 끝에 값을 덧붙임 • 만약 파일이 없으면 파일을 생성	덧붙이기 모드
'r+'	• 파일을 읽기/쓰기용으로 열기 • 파일이 존재해야 하고, 그렇지 않으면 에러 발생	
w+	• 파일을 읽기/쓰기용으로 열기 • 파일이 없으면 파일을 생성하고, 파일이 있으면 내용을 덮어씀	
x+	• 파일을 읽기/쓰기 모드로 생성 • 파일이 이미 있으면 에러 발생	
a+	• 파일을 열어 파일 끝에 값을 이어 씀 • 파일이 없으면 파일을 생성	
'b'	• 이진 모드(binary mode)	
't'	• 텍스트 모드 (default)	

하였습니다.

open() 함수에 대한 자세한 옵션 사항들은 help(open)을 통해 확인할 수 있습니다. 아래에 help(open) 결과로부터 열기 모드에 관한 일부 내용을 발췌하였습니다.

```
Help on built-in function open in module _io:

open(file, mode='r', buffering=-1, encoding=None, errors=None, newline=None,
closefd=True, opener=None)
    Open file and return a stream.  Raise OSError upon failure.

file is either a text or byte string giving the name (and the path
    if the file isn't in the current working directory) of the file to
    be opened or an integer file descriptor of the file to be
    wrapped. (If a file descriptor is given, it is closed when the
    returned I/O object is closed, unless closefd is set to False.)

    mode is an optional string that specifies the mode in which the file
    is opened.  It defaults to 'r' which means open for reading in text
    mode.  Other common values are 'w' for writing (truncating the file if
    it already exists), 'x' for creating and writing to a new file, and
    'a' for appending (which on some Unix systems, means that all writes
    append to the end of the file regardless of the current seek position).
    In text mode, if encoding is not specified the encoding used is platform
    dependent: locale.getencoding() is called to get the current locale encoding.

   (이하 생략)
```

6.2.3. 파일 열기/닫기(open/close)

다음 코드는 new_file을 읽기 모드로 읽어 ff 객체에 할당하는 코드입니다. ff 객체 내용의 한 줄('abc')을 읽어 변수 a에 저장하고, 내용을 출력합니다. 파일 객체 ff를 확인하여 new_file이 읽기 모드, utf-8 인코딩으로 할당되었음을 확인할 수 있습니다. 파일을 사용한 다음에는 반드시 파일을 닫아주는 과정이 필요합니다. ff.closed를 확인해 보면 False, 즉 파일 닫기가 수행되지 않았음을 알 수 있습니다. ff.close()를 실행한 후, 다시 ff.closed를 실행해 보면, True, 즉 파일 닫기가 수행되었음을 확인할 수 있습니다.

```
>>> ff = open('new_file', 'r', encoding='utf-8')
>>> a = ff.readline()
>>> print(a)
abc
>>> ff
<_io.TextIOWrapper name='new_file' mode='r' encoding='utf-8'>
>>> ff.closed    # close()가 수행되지 않았으면, False 반환
False
>>> ff.close()
>>> ff.closed    # close()가 수행되었으면, True 반환
True
```

6.3 파일 쓰기

파일에 데이터를 쓰기 위해서 파일 객체를 생성하는 방법은 파일을 읽기 위해서 파일을 준비하는 과정과 같습니다. open() 함수를 사용하며, 파일 사용 모드를 "w"로 지정해야 합니다. 동일한 이름의 파일이 이미 존재하면, 기존의 데이터는 삭제되며 새로운 데이터를 쓰게 됩니다.

표 3 파일 쓰기 메소드

메소드	설명
write('문자열')	파일에 단일 문자열을 씀
writelines(문자열리스트)	파일에 문자열 리스트를 씀 각 문자열 마지막에 \n을 추가해야 함

(예제) text에 할당되어 있는 단일 문자열을 파일 객체를 통해 파일로 저장

```
>>> text = '''
a
b
c
'''
>>> f = open('abc.txt', 'w')
>>> f.write(text)
7
>>> f.close()
```

위의 코드를 실행하여, abc.txt 파일을 생성한 후, f.write(text)를 통해 text에 저장되어 있는 문자열을 파일 객체 f로 저장하면, 저장된 문자의 개수 7을 반환합니다.

아래의 간단한 코드를 통해, text는 7개의 문자로 구성되어 있고, 각각, \n, a, \n, b, \n, c, \n 임을 확인할 수 있습니다.

```
>>> len(text)
7
>>> text
'\na\nb\nc\n'
```

메소드 write()를 사용하여 여러 개의 문자열을 쓰려면, 문자열마다 메소드 write()를 호출해야 합니다. 메소드 writelines()를 사용하면, 리스트에 저장된 문자열 항목들을 한 번에 저장할 수 있습니다.

```
f1 = open("ex_write1.txt", "w")

f1.write("Hello!\n")                              # 단일 문자열 쓰기
f1.write("An example for file writing.\n")        # 단일 문자열 쓰기
f1.write("The last line.\n")                      # 단일 문자열 쓰기
f1.close()

list_lines = ["1st line !\n", "2nd line !", "3rd line....\n"]

f2 = open("ex_write2.txt", "w")
f2.writelines(list_lines)     # 여러 줄의 문자열을 한번에 쓰기
f2.close()
```

<실행 결과>

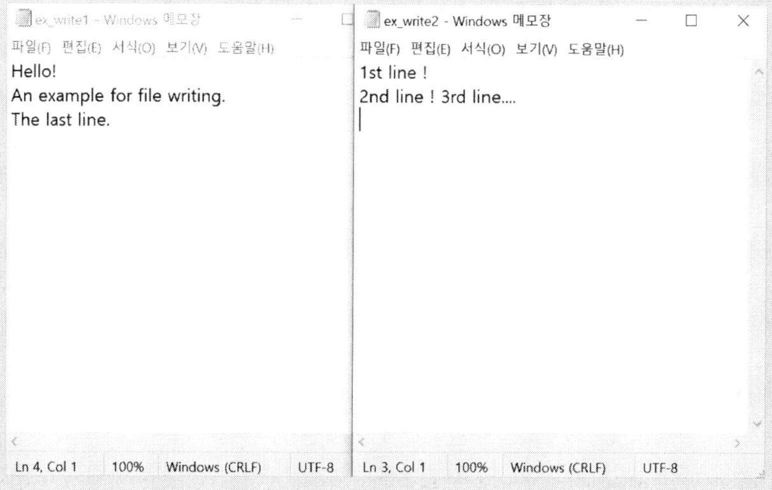

writelines()를 사용한 코드에서 list_lines의 두 번째 항목에는 '\n'이 없으므로, 두 번째 항목 옆에 세 번째 항목이 저장되었음을 확인할 수 있습니다.

파일을 사용할 때, 잊지 말아야 할 중요한 점은 파일을 사용한 후 반드시 "파일객체.close()"를 호출하여 **파일 닫기를 수행**해야 한다는 점입니다.

파일 닫기를 수행하지 않는 실수를 줄이는 방법은 with open()을 사용하는 것입니다.

```
with open("파일명", "사용모드") as 파일객체이름:

    파일을 사용하기 위한 코드 스위트
```

다음 코드에서 객체 이름 f로 new_file을 쓰기 모드로 열고, 인코딩은 utf-8로 설정한 후, 텍스트 문자 'abc'를 쓰기(저장) 실행합니다. 3글자가 저장되었음을 확인하고, 해당 디렉터리에 생성된 new_file을 열어 보면 텍스트 문자열 abc가 저장되었음을 확인할 수 있습니다.

```
>>> with open('new_file', 'w', encoding="utf-8") as f:
        f.write('abc')
3
>>> f.closed
True
```

파일 객체 f의 닫기가 잘 수행되었는지, f.closed를 실행하여 확인합니다. f.closed를 실행하였을 때, True가 반환되면, 파일 객체의 닫기가 완료된 것입니다.

이처럼 with open() 구문을 사용하면, "파일 객체.close()"를 수행하지 않아도 자동으로 파일 닫기가 수행되므로, 파일이 계속 열려 있는 상태로 방치되지 않습니다. 또한, with open() 구문 다음에 나오는 파일 사용에 대한 코드 스위트는 들여쓰기를 수행하게 되므로, 코드 읽기와 유지보수가 수월해질 수 있습니다.

6.4 파일 읽기

파일에 데이터를 읽기 위해서 파일 객체를 생성하는 방법은 파일을 쓰기 위해서 파일을 준비하는 과정과 같습니다. open() 함수를 사용하며, 파일 사용 모드를 "r" (읽기 전용), "r+" (읽기/쓰기 모드), "w+" (쓰기/읽기 모드)로 지정하면, 읽기가 가능합니다.

Q 앞에서 설명한 파일 사용 모드 "r", "r+", "w+"의 차이점을 확인하고, 설명해 보세요.

표 4 파일 읽기 메소드

메소드	설명
read()	파일 객체로부터 문자 한 개를 읽음. 이진 파일도 읽을 수 있음
read(n)	파일 객체로부터 문자 n개를 읽음
readline()	한 줄의 문자열을 읽어 문자열 반환('\n'까지)
readlines()	파일 전체를 읽어 한 줄씩 list로 반환
tell()	현재 커서 위치를 반환
seek()	해당 위치로 파일 커서를 이동. 맨 처음 위치는 0

(예제) 저장되어 있는 파일을 한 줄씩 읽어 출력

```
txt = '''
This is the start line.
bb
ccc
'''
```

```
f = open('ex-read.txt', 'w')          # "쓰기" 모드로 열기
f.write(txt)                          # 파일 쓰기
f.close()
f = open('ex-read.txt', 'r')          # "읽기" 모드로 열기
while True:
    line = f.readline()               # 한 줄 읽어오기
    if len(line) == 0:
        break
    print(line)
f.close()
```

〈실행 결과〉

```
This is the start line.

bb

ccc
```

(예제) 저장되어 있는 파일을 읽어 내용 추가

```
txt = '''
This is the start line.
bb
ccc
'''

f = open('ex-read2.txt', 'w')
f.write(txt)
f.close()

f = open('ex-read2.txt', 'a')
closing = 'This was excerpted from the book "Harry Potter."'
f.write(closing)
f.close()
```

사용모드 'a'는 append(덧붙이기)를 수행하므로, ex-read2.txt 파일의 마지막 줄을 추가하게 됩니다. 파일을 열어서, 저장된 내용을 확인하면 다음과 같습니다.

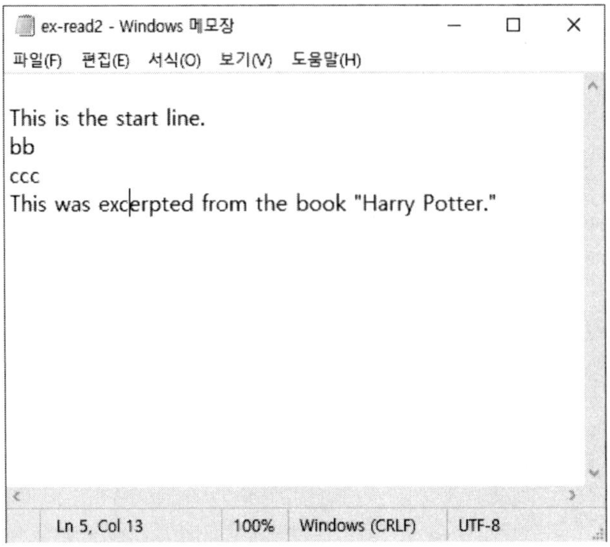

그림 1 파일 쓰기 후, 덧붙이기(append) 모드 실행

6.5 이진 파일 읽기

Python에서 이진 파일을 다루기 위해, 사용 모드에 'b'로 지정("rb", "wb", "ab", "xb") 하여, 이진 데이터를 읽고 쓸 수 있습니다. 이진 파일을 읽어 오는 과정을 연습해 보기 위해, 이진 파일(example.bin)을 준비하여 해당 디렉터리에 복사해 넣습니다.

사용 모드를 "rb"로 설정합니다. 입력 파일로부터 1바이트씩 읽어올 때, read() 메소드를 사용합니다.

(예제) 이진 파일 읽기

```
with open("example.bin", "rb") as file:
    data = file.read()
    print("binary data : ", data)
```

<실행 결과>

```
이진 데이터 :  b'\x01\x02\x03\x04\x05'
```

[참고] 이진 파일(example.bin) 생성

```
h_data = bytes([0x01, 0x02, 0x03, 0x04, 0x05])
with open("example.bin", "wb") as file:
   file.write(h_data)
```

실행 결과에서 b'문자열'은 문자열이 바이트 문자열임을 뜻하며, \x는 16진수임을 뜻합니다. 따라서 실행 결과로부터 파일 "example.bin"은 16진수 1, 2, 3, 4, 5를 바이트로 표현한 데이터를 포함하고 있음을 확인할 수 있습니다. 이 파일은 이진 데이터를 포함하고 있으므로 Windows 메모장에서 UTF-8 인코딩으로 읽어보면, 읽는 과정 중 오류는 발생하지 않았지만, 다음 그림과 같이 읽을 수 없는 문자들로 표현됨을 확인할 수 있습니다.

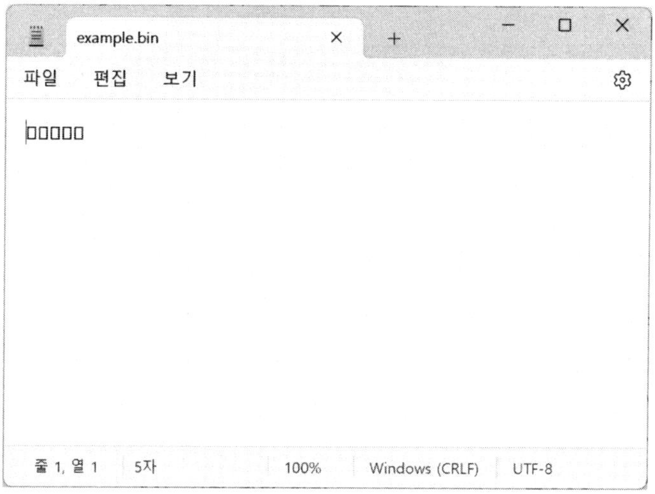

그림 2 이진 파일(example.bin)을 UTF-8 인코딩으로 읽은 결과

6.6 pickle 모듈을 사용한 객체 저장 : 객체 영속화(persistence)

코드 실행 중, 현재 메모리가 임시로 가지고 있는 값 자체를 영구적으로 저장해 놓았다가 다시 재사용해야 하는 경우들이 있습니다. 이런 경우들은 저장해야 할 대상이 메모리에 저장되어 있는 값들인 경우들로서, 코드가 실행되며 생성되는 리스트, 딕셔너리 등의 객체, 또는 특정 전처리가 완료된 데이터에 대해 연산이 진행된 데이터 등이 해당됩니다. 이런 경우엔, 텍스트로 작성된 소스 코드를 파일로 저장하는 것과 다른 방식의 저장 방법이 필요하게 됩니다.

이런 경우들처럼, pickle 모듈은 코드를 실행하며 생성되는 리스트, 딕셔너리 등의 데이터 객체를 포함하여 코드 실행 중 메모리에 로딩된 객체를 저장하여 다시 사용할 수 있도록 해줍니다(영속화). 특히, pickle 모듈은 객체 종류를 구분하지 않고 파일로 출력, 저장하고, 나중에 파일로 불러와서(파일 입력, 읽기) 사용할 수 있도록 해주는 모듈입니다.

pickle 모듈을 사용하여 객체의 내용을 저장하는 과정을 **피클링(pickling)**이라고 하고, pickle 모듈을 사용하여 파일 객체에 저장된 내용을 불러오는(load) 과정을 **언피클링(unpickling)**이라고 합니다.

표 5 피클링(pickling) vs 언피클링(unpickling)

메소드	메소드	설명
피클링	pickle.dump(객체, 파일 객체)	"객체"의 내용을 "파일 객체"에 저장함
언피클링	pickle.load(파일 객체)	"파일 객체"를 읽어옴

6.6.1. 피클링(pickling)

먼저, 피클링을 수행하는 과정을 살펴보도록 하겠습니다. pickle을 사용하기 위해, 먼저 모듈 pickle을 import 해야 합니다. 쓰기/바이너리 모드로 파일을 열기 위해 사용모드를 'wb'로 지정합니다. 작성하고자 하는 프로그램의 내용에 따라, 저장할 대상 객체를 생성하는 코드 스위트는 open() 전에 존재할 수도 있습니다. pickle.dump( )를 호출하여 파일객체이름을 통해 객체를 저장하고, 파일 객체를 닫습니다.

```
import pickle
파일객체이름 = open('pickle_파일이름', 'wb')
저장할 객체들을 생성하는 코드 스위트  # pickle.dump() 호출 전, 다른 위치에 존재 가능
pickle.dump(저장할 객체들의 목록, 파일객체이름)
파일객체이름.close()
```

6.6.2. 언피클링(unpickling)

다음으로, 언피클링을 수행하는 과정을 살펴보도록 하겠습니다. pickle을 사용하기 위해, 먼저 모듈 pickle을 import 해야 합니다. 읽기/바이너리 모드로 파일을 열기 위해 사용모드를 'rb'로 지정합니다. pickle.load()를 호출하여 "파일객체이름"을 통해

pickle 파일을 읽어와, "데이터객체이름"으로 저장합니다. 마지막으로 파일 객체를 닫습니다.

```
import pickle

파일객체이름 = open('pickle_파일이름', 'rb')

데이터객체이름 = pickle.load(파일객체이름)

파일객체이름.close()
```

6.6.3. 예제: 리스트형 데이터 객체 영속화

다음 예제는 리스트형 데이터 객체(shoppinglist)를 pickle 모듈을 사용하여 객체를 저장(영속화)하는 과정을 보여줍니다.

```
import pickle

shoppinglist = ['smartphone', 'earphone', 'notebook', 'bread', 'milk'] # 저장할 객체

f_shoppinglist = 'f_pickle.data'

f_list = open(f_shoppinglist, 'wb')
pickle.dump(shoppinglist, f_list)
f_list.close()
```

f_list는 shoppinglist에 저장되어 있는 리스트를 저장하기 위한 파일객체이름입니다. shoppinglist에 저장되어 있는 리스트를 피클링을 통해 f_pickle.data 파일로 저장합니다. 위의 코드를 실행한 후, 작업 중인 디렉터리에서 f_pickle.data 파일이 생성되었음을 확인할 수 있습니다.

다음 예제를 통해, pickling한 리스트형 데이터 객체 'f_pickle.data'를 pickle.load( ) 함수를 호출하여 불러오는 과정을 수행해 보겠습니다.

```
import pickle

f_read = open('f_pickle.data', 'rb')
pickle_data = pickle.load(f_read)
f_read.close()

print("type(pickle_data) --> ", type(pickle_data))
print("len(pickle_data)  -->", len(pickle_data))
print(pickle_data)
```

<실행 결과>

```
type(pickle_data) --> <class 'list'>
len(pickle_data)  --> 5
['smartphone', 'earphone', 'notebook', 'bread', 'milk']
```

실행 결과를 통해 pickle_data 객체를 확인하여 보면, 리스트임을 확인할 수 있습니다. 앞에서 영속화한 pickle 파일(f_pickle.data)을 파일객체이름(f_read)으로 지정하여 읽어 온 후, 데이터 객체인 pickle_data에 저장해 줍니다.

파일 객체를 닫은 후, pickle_data에 저장된 값을 확인해 보면, pickle_data의 데이터 타입은 리스트(list)이고, 항목의 개수는 5개이며 'smartphone', 'earphone', 'notebook', 'bread', 'milk'임을 확인할 수 있습니다.

6.7 파일 저장과 pickling의 차이

일반적인 문자열 파일 저장과 pickling의 차이점을 예제를 통해 구체적으로 비교해 보도록 하겠습니다. 앞에서 작성했던 pickling 예제를 바탕으로 동일한 리스트를 문자열로 저장하는 부분을 추가합니다.

```
import pickle

shoppinglist = ['smartphone', 'earphone', 'notebook', 'bread', 'milk']

#1 피클링 : shoppinglist의 리스트를 f_pickle.data로 저장
```

```
f_shoppinglist = 'f_pickle.data'
f_list = open(f_shoppinglist, 'wb')
pickle.dump(shoppinglist, f_list)
f_list.close()

#2 문자열 파일 저장 : shoppinglist의 리스트를 f_no_pickle.data로 저장

f_n = open('f_no_pickle.data', 'w')

for i in shoppinglist:
    print(str(i))
    f_n.write(str(i)+' ')
f_n.close()
```

먼저 피클링 부분(#1)을 살펴 보도록 하겠습니다.

f_list는 shoppinglist에 저장되어 있는 리스트를 pickling으로 저장하기 위한 객체이름입니다. 결국, shoppinglist에 저장되어 있는 리스트를 피클링을 통해 f_pickle.data 파일로 저장합니다.

다음으로, 문자열 저장 부분(#2)을 살펴 보도록 하겠습니다.

f_n은 shoppinglist에 저장되어 있는 리스트를 문자열로 저장하기 위한 객체이름입니다. shoppinglist의 항목들을 하나씩 빈 칸을 더하여 f_no_pickle.data 파일로 저장합니다. 위의 코드를 실행한 후, 작업중인 디렉토리에서 f_pickle.data 파일과 f_no_pickle.data이 생성되었음을 확인할 수 있습니다.

이제, 두 파일의 차이점을 비교해 보도록 하겠습니다.

먼저, f_pickle.data 파일과 f_no_pickle.data 파일을 Windows 메모장 프로그램으로 열어 보면, 그림 3과 같은 결과를 얻을 수 있습니다.

Windows 메모장은 텍스트 파일 형태의 파일을 열어 간단한 편집이 가능한 텍스트 편집기 프로그램입니다. 따라서, 이진 파일(binary file)인 f_pickle.data 파일을 Windows 메모장에서 열면, ANSI 또는 UTF 계열의 인코딩으로 파일 내용을 해석하기 때문에, 원래의 글자가 아닌 깨진 형태의 글자들로 보이게 됩니다.

Windows 메모장의 열기 옵션에서 인코딩을 "자동검색" 또는 "UTF-8"을 선택하여 f_no_pickle.data 파일을 열어보면, 리스트의 5개 항목들이 제대로 표시되었음을 확인할 수 있습니다.

리스트형인 shoppinglist는 직접 파일저장이 되지 않으므로, 리스트의 항목들을 하나씩 불러와 문자열로 변환하여 저장합니다(pickle은 **객체 형태와 관계없이** 파일 형태로 저장이 가능하며, 읽기도 가능합니다). f_no_pickle.data 파일을 열어보면, shoppinglist를 문자열화하여 저장한 목록이 저장되었음을 확인할 수 있습니다.

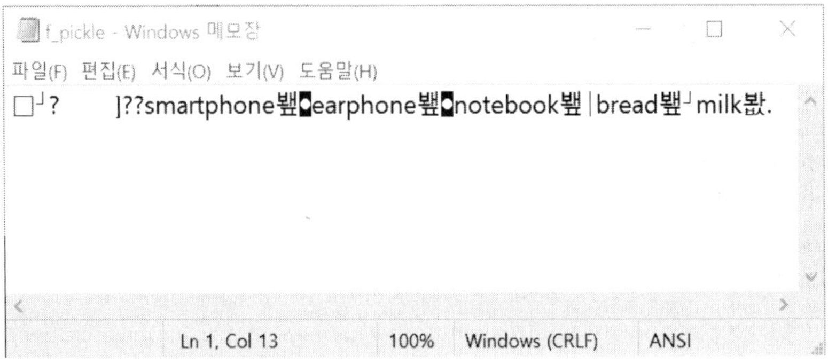

(a)

(b)

그림 3 (a) 피클링 파일(f_pickle.data)을 읽은 결과, (b) 문자열 저장 파일(f_no_pickle.data)을 읽은 결과

pickle 모듈에 대한 보다 자세한 설명을 Python 공식 문서로부터 참고할 수 있습니다. [pickle]

6.8 파일 종류 : 이진 파일, 일반 텍스트 파일, 구조화된 텍스트 파일

Python 프로그래밍과 관련하여 자주 사용하게 되는 파일들의 종류에 대해 정리해 보도록 하겠습니다.

6.8.1. 이진 파일(바이너리 파일, binary file)

이진 파일들은 연속된 1byte(=8bits)들의 집합으로 구성되어 있습니다. 즉, 이진 파일 내엔 8bits로 표시할 수 있는 256개(2^8=256)의 숫자들(0~255)이 기록되어 있습니다.

이런 방식으로 구성되어 있는 일반적인 파일을 이진 파일(바이너리 파일, binary file)이라고 합니다. 이미지 파일, 오디오 파일, 실행 파일 등이 이진 파일에 해당됩니다.

6.8.2. 일반 텍스트 파일(plain text file, unstructured text file)

일반적으로 텍스트 파일은 줄 단위로 구분되어 있으며, 파일 내에 문자(또는, 숫자, 기호)들이 기록되어 있습니다. 파일 내에 기록되어 있는 값이 어떤 문자인지 확인할 수 있는 규칙을 알고 있으면, 텍스트 파일에 기록된 내용을 책 읽듯이 읽을 수 있습니다. 텍스트 파일도 이진 숫자들로 기록되어 있지만, 텍스트 파일을 읽을 수 있는 편집 프로그램(예: Windows 메모장 등의 편집기 프로그램)을 사용하여 해당 파일을 열면, 파일 내의 이진 숫자들이 작성 규칙에 따라 해당되는 문자로 나타나게 됩니다. 예를 들어, ASCII 코드로 작성되었다면, 이진 숫자 65는 대문자인 'A'로 나타나고, 이진 숫자 97은 소문자 'a'로 나타납니다. 바꿔 이야기하면, 파일 내에 저장되어 있는 숫자가 65이고, 편집기 소프트웨어가 ASCII 방식으로 파일이 작성되었다고 판단하면, 65에 해당하는 'A'를 표시하는 것입니다. 이렇게 ASCII는 7 bits를 이용하여, 33개의 제어문자와 95개의 출력 가능한 문자, 총 128개(2^7=128)의 문자를 정해 놓았습니다. [ASCII]

이와 같이, 어떤 문자집합을 나타내기 위해 적절한 byte 수를 할당하여 지정한 방식을 **문자 인코딩(또는 인코딩)**이라고 합니다. UTF-8은 유니코드를 위한 가변길이 문자 인코딩 방식 중 하나이며, Universal Coded Character Set + Transformation Format – 8-bit의 줄임말입니다. ASCII 인코딩은 영문, 숫자, 기호 등은 1byte로 표현되고, 한글, 한자는 2bytes로 표현하며, 더욱 많은 글자를 표현할 수 있는 UTF-8 인코딩은, 영문, 숫자, 한글, 한자 등 대부분의 글자는 2bytes로 표현합니다.

이러한 텍스트 문자들을 특정한 규칙이나 특정 형식에 맞추지 않아 구조화하지 않고 기록한 파일을 **일반 텍스트 파일(plain text file)**이라고 합니다.

6.8.3. 구조화된 텍스트 파일(structured text file): CSV, JSON

텍스트 파일 중에서 일반 텍스트 파일과 다르게, 특정한 규칙이나 특정 형식에 맞추어 구조화하여 기록한 파일을 **구조화된 텍스트 파일(structured text file)**이라고 합니다. 많이 사용되는 구조화된 텍스트 파일로 CSV와 JSON이 있습니다.

CSV(Comma Separated Values) 파일은 공학 분야에서 많이 사용되는 데이터 파일의 형식입니다. 실험을 수행하는 계측기에서 측정하여 생성된 데이터를 저장하는 경우, CSV 형식을 선택하여 저장할 수 있습니다. CSV 파일은 사용자가 파일을 열어서 직접 내용을 확인할 수도 있고, EXCEL, origin 등과 같은 스프레드쉬트 소프트웨어를 통해 그래프 등 데이터 후처리(post-processing)에도 편리합니다. 오실로스코프를 통해 측정하여, 시간에 따른 전압의 변화를 측정하여 저장한 CSV 파일의 예시를 보면, 이해가 쉽습니다.

```
Frequency (MHz), Amplitude (dBm)
   100,              -75.3
   150,              -67.8
   200,              -60.5
   250,              -55.7
   300,              -52.3
   350,              -48.1
   400,              -62.9
   450,              -74.1
   500,              -79.6
```

그림 4 CSV 파일의 예시(saved_data.csv)

CSV 파일을 편리하게 다룰 수 있도록, csv 모듈이 제공됩니다. 다음 코드는 csv 모듈을 사용하여 CSV 파일을 읽고 출력하는 코드입니다. saved_data.csv라는 파일을 'rt' (텍스트/읽기) 모드로 열고, csv.reader 객체를 생성하여 파일을 CSV 형식으로 읽어 reader에 저장합니다. reader의 항목들을 한 줄씩 출력해 줍니다.

```
import csv

filename = 'saved_data.csv';

f = open(filename, 'rt')
reader = csv.reader(f, delimiter=',')

for line in reader:
    print(line)

f.close()
```

```json
{    "instruments": [
        {
            "name": "Oscilloscope",
            "model": "MSO58",
            "manufacturer": "Tektronix",
            "purpose": "Waveform Analysis",
            "specifications": {
                "bandwidth": "500 MHz",
                "channels": 8,
                "sample_rate": "6.25 GS/s",
                "memory_depth": "125 Mpts"
            }
        },
        {
            "name": "Function Generator",
            "model": "AFG31000",
            "manufacturer": "Tektronix",
            "purpose": "Signal Generation",
            "specifications": {
                "frequency_range": "1 µHz to 250 MHz",
                "waveform_types": ["Sine", "Square", "Triangle", "Ramp", "Pulse"],
                "amplitude_range": "1 mVpp to 10 Vpp",
                "output_channels": 2
            }
        },
        {
            "name": "Power Supply",
            "model": "E36312A",
            "manufacturer": "Keysight",
            "purpose": "DC Power Supply",
            "specifications": {
                "output_voltage": "0 to 30 V",
                "output_current": "0 to 10 A",
                "power": "160 W",
                "channels": 3
            }
        }
    ]
}
```

그림 5 json 파일의 예시(instruments.json)

JSON(JavaScript Object Notation)은 웹 프로그래밍 언어인 JavaScript의 데이터 객체 표현 방식을 의미합니다. 간결한 특성과 함께 데이터 용량이 작고 코드 전환도 쉬워 XML(eXtensible Markup Language)의 대체 방식으로 많이 활용되고 있습니다. 이러한 이유로, 웹에 기반한 시스템에서 기간 정보 교환에 JSON에 기반한 정보 교환이 많이 사용되고 있습니다.

[그림 5]는 JSON 파일의 예시입니다. JSON 데이터는 "키-값"이 쌍으로 구성된 집합 형태이며, Python 딕셔너리형과 유사합니다. 웹 응용 프로그램에서 서버와 클라이언트 사이의 데이터를 교환하거나 저장하는 데 널리 사용되고 있습니다.

JSON 데이터 처리를 쉽게 도와주는 json 모듈이 Python 표준 라이브러리에 포함되어 있습니다. json 모듈은 JSON 데이터 파싱(parsing) 기능을 제공하고, JSON 형식의 문자열을 Python 데이터 구조로 변환하거나 그 반대 변환 기능을 제공합니다.

```
import json

# JSON 파일 읽기
with open("instruments.json", "r") as file:
    data = json.load(file)

# 각 계측 장비의 정보 출력
for instrument in data["instruments"]:
    print(f"Name: {instrument['name']}")
    print(f"Model: {instrument['model']}")
    print(f"Manufacturer: {instrument['manufacturer']}")
    print(f"Purpose: {instrument['purpose']}")
    print("Specifications:")

    for spec, value in instrument["specifications"].items():
        print(f"  {spec}: {value}")
    print("\n" + "-" * 40 + "\n")
```

보다 자세한 내용은 Python 공식 문서의 json 부분을 참고할 수 있습니다. [json]

참고자료 및 문헌

[ASCII] https://ko.wikipedia.org/wiki/ASCII

[Unicode] https://en.wikipedia.org/wiki/Unicode

[pickle] https://docs.python.org/ko/3/library/pickle.html#module-pickle

[csv] https://docs.python.org/ko/3/library/csv.html#module-csv

[json] https://docs.python.org/ko/3/library/json.html#

Chapter

07

내장 컬렉션 데이터형

4장에서 데이터형(자료형, data types)과 연산에 대해 살펴보았습니다. 데이터형은 내장 데이터형과 사용자 정의 데이터형으로 구분하고, 다시 내장 데이터형을 기본 데이터형과 컬렉션 데이터형(또는 컬렉션형)으로 구분할 수 있습니다.

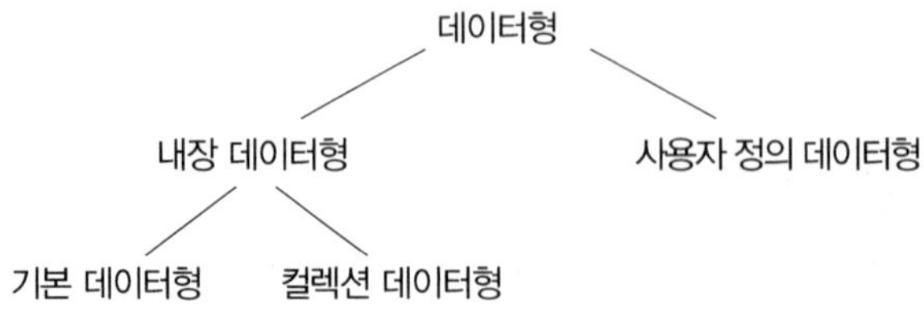

그림 1 데이터형 분류

이번 장에서는 컬렉션 데이터형에 대해 더 자세히 공부해 보겠습니다. **컬렉션 데이터형**은 숫자형, 문자(열)형, 논리형 등 **기본 데이터형**을 구조화하여 묶어 놓은 자료형을 의미하며, 컬렉션형(collection types), 컨테이너형(container types)이라고 부르기도 합니다. Python은 리스트형(list types), range(), 튜플형(tuple types), 딕셔너리형(dictionary types), 집합형(set types) 등 구조화된 내장 컬렉션 데이터형을 포함하고 있습니다.

7.1 리스트(list)

리스트는 대괄호 [ ] 내에 쉼표(,)로 구분되어 순서대로 정렬된 항목(또는 요소)들을 포함한 데이터형 구조로서 다음과 같은 특징을 가지고 있습니다.

```
리스트이름 = [ 항목1, 항목2, ... ]
```

- 내장 시퀀스형(builtin sequence type)
- 각 항목은 기본 데이터형일 수도 있고, 또 다른 컬렉션 데이터형일 수도 있음
- 각 항목은 쉼표(,)로 구분됨
- 생성 후 변경 가능(mutable): 새로운 항목 추가 가능, 기존 항목 삭제 가능
- 특정 항목의 소속 여부 검사 가능(membership test)

- 인덱스를 사용하여 각 항목 접근 가능
- 리스트의 길이는 가변적임

7.1.1. 리스트 기본연산

리스트에 적용할 수 있는 기본 연산에 대해 살펴봅니다.

덧셈 또는 연결(Concatenation)

두 개의 리스트를 더하여 새로운 리스트를 만듭니다.

```
>>> list_1 = [1, 2, 3]
>>> list_2 = ['a', 'b', 'c', 1]
>>> new_list = list_1 + list_2
>>> print(new_list)
```

<실행 결과>

```
[1, 2, 3, 'a', 'b', 'c', 1]
```

곱셈 또는 반복(Repetition)

리스트를 여러 번 반복하여 새로운 리스트를 생성합니다.

```
>>> list_3 = [1, 2, 3]
>>> new_list = list_3 * 3
>>> print(new_list)
```

<실행 결과>

```
[1, 2, 3, 1, 2, 3, 1, 2, 3]
```

소속 검사(Membership Test)

리스트에 특정 항목이 포함되어 있는지 확인합니다.

```
>>> list_4 = [1, 2, 3, 4, 5]
>>> print(3 in list_4, '-', 10 in list_4)
```

<실행 결과>

```
True - False
```

길이 확인(Length)

리스트를 구성하는 항목의 개수를 반환합니다.

```
>>> list_5 = [1, 2, 3, 4, 5]
>>> print(len(list_5))
```

<실행 결과>

```
5
```

리스트 비교

비교 연산자를 사용하여 2개의 리스트를 비교해 볼 수 있습니다. 리스트에 대해 비교 연산을 수행할 경우, 동일한 인덱스의 항목들끼리 비교를 수행하여, 모든 인덱스에 대해 True이면, 전체 결과를 True로 반환합니다.

```
>>> list1 = [1, 2]
>>> list2 = [2, 3]
>>> list3 = [1, 'hello']
>>> list1 == list2
False
>>> list1 != list2
True
>>> list1 != list3
True
>>> list1 > list2
False
>>> list1 < list2
True
>>> list1 > list3
Traceback (most recent call last):
  File "<pyshell#182>", line 1, in <module>
    list1 > list3
TypeError: '>' not supported between instances of 'int' and 'str'
```

list1과 list2는 같지 않으므로, list1 == list2의 수행 결과는 False가 되고, list1 != list3의 수행 결과는 True가 됩니다. list1 > list2를 수행하면, 인덱스마다 1 > 2, 2 > 3을 수행하고, 각각 False이므로, 전체 False를 반환합니다.

list1 > list3과 같은 비교연산을 수행하면 오류가 발생합니다. 오류 메시지는

"TypeError: '>' not supported between instances of 'int' and 'str'"인데, list1의 두 번째 항목인 정수 2와 list3의 두 번째 항목인 문자열 'hello'를 비교할 수 없다는 의미입니다.

항목 중 최댓값, 최솟값 찾기: 내장함수 max(), min()

리스트 내의 항목 중 최댓값은 함수 max(), 최솟값은 함수 min()로 찾아 반환해 줍니다.

```
>>> m_list = [6, 1, 4, 5, 2, 3, 0, 9]
>>> max(m_list)
9
>>> min(m_list)
0
>>> m_list.max()       # max()는 list 객체의 메소드가 아님
Traceback (most recent call last):
  File "<pyshell#200>", line 1, in <module>
    m_list.max()
AttributeError: 'list' object has no attribute 'max'
```

문자로 이루어진 a_list에 max() 함수와 min() 함수를 수행하면, 알파벳 순서에 따라 결과를 반환합니다. 문자열로 이루어진 c_list에 max() 함수와 min() 함수를 수행하면, 문자열의 길이에 따라 결과를 반환합니다.

```
>>> a_list = ['a', 'b', 'c']
>>> max(a_list)
'c'
>>> min(a_list)
'a'
>>> c_list = ['aa', 'asd', 'bbbb']
>>> max(c_list)
'bbbb'
>>> min(c_list)
'aa'
```

7.1.2. 리스트 인덱싱(indexing)과 슬라이싱(slicing)

문자열을 포함한 다른 내장 시퀀스형들(sequence types)과 마찬가지로 인덱싱과 슬라이싱이 가능합니다. **인덱싱(indexing)**은 특정 항목을 해당 항목이 리스트 내에서 존재하는 위치를 나타내는 숫자(인덱스, index)로 접근하는 방법을 의미합니다.

5개의 문자를 항목으로 갖는 리스트인 list_alphabet를 통해 인덱스를 설명합니다.

```
>>> list_alphabet = [ 'a', 'b', 'c', 'd', 'e' ]
```

인덱스(index)는 순서를 나타내는 정수이며, 첫 번째 항목부터 시작할 수도 있고, 마지막 항목부터 시작할 수도 있습니다. 첫 번째 항목부터 시작하여 오른쪽으로 진행하는 경우, **양수 인덱스(positive index, 순방향 인덱스)라고 하며, 양수 인덱스는 0부터 시작**한다는 점이 매우 중요합니다(**1부터 시작하지 않음에 주의**). 마지막 항목부터 시작할 경우, **음수 인덱스(negative index, 역방향 인덱스)**라고 부르며, 마지막 항목의 인덱스는 -1이 됩니다.

표 1 양수 인덱스와 음수 인덱스

	'a'	'b'	'c'	'd'	'e'	
첫 번째 항목부터 ⇨ (양수 인덱스)	0	1	2	3	4	
	−5	−4	−3	−2	−1	⇦ 마지막 항목부터 (음수 인덱스)

항목 end개를 포함하는 list_a이라는 이름을 갖는 리스트를 생각합니다(표 2).

len(list_a)은 list_a에 포함되어 있는 항목의 개수를 알려 주며, 값은 end입니다. 이 값을 list_a의 **길이(length)**라고 합니다. 첫 번째 항목을 0번 인덱스부터 시작하므로, 마지막 항목의 인덱스는 end−1 입니다. 따라서, 리스트 list_a의 인덱스 범위는 0~end−1입니다.

표 2 일반화된 인덱싱

	len(list_a) = end							
	1번째 항목	2번째 항목	3번째 항목	…	m번째 항목	…	마지막 항목	
첫 번째 항목부터 ⇨ (양수 인덱스)	0	1	2	→	m−1	→	end−1	
	−end	1−end	2−end	←	(m−1)−end	←	−1	마지막 항목부터 ⇦ (음수 인덱스)

음수 인덱스를 사용하면, 마지막 항목의 인덱스는 −1이고, 첫 번째 항목의 인덱스는 −end입니다. m번째 항목에 대한 양수 인덱스는 m−1, 음수 인덱스는 (m−1)−end가 됩니다. 이 내용을 일반화하면 다음과 같은 식이 됩니다.

```
음수 인덱스 = 양수 인덱스  - len(list_a)

양수 인덱스 = 음수 인덱스  + len(list_a)
```

인덱싱(indexing)

리스트에서 특정 위치에 있는 요소에 접근(참조)할 수 있습니다.

```
>>> my_list = [10, 20, 30, 40, 50]
>>> my_list[0]
10
>>> my_list[-1]
50
>>> my_list[len(my_list)-1]
50
>>> my_list[len(my_list)]
Traceback (most recent call last):
  File "<pyshell#3>", line 1, in <module>
    my_list[len(my_list)]
IndexError: list index out of range
```

my_list[len(my_list)]에서 len(my_list)는 5이므로, my_list[len(my_list)]=my_list[5]는 6번째 인덱스를 갖는 항목을 의미하므로, my_list 내에 존재하지 않는 항목입니다. 따라서, "IndexError: list index out of range"라는 오류 메시지가 발생하게 됩니다.

항목 할당(assignment)

인덱스를 통해 리스트의 특정 위치에 새로운 값을 할당할 수 있습니다.

my_list는 0번째, 1번째, 2번째 인덱스 항목들로 구성되어 있습니다. my_list[1] = 10을 통해 1번째 인덱스 항목을 10으로 할당하여, 수정하였습니다. my_list를 확인해 보면, [1, 10, 3]으로 수정되었음을 확인할 수 있습니다.

```
>>> my_list = [1, 2, 3]
>>> my_list[1] = 10
>>> my_list
[1, 10, 3]
>>> my_list[3] = 5
Traceback (most recent call last):
  File "<pyshell#11>", line 1, in <module>
    my_list[3]=5
IndexError: list assignment index out of range
```

그런데, 3번째 인덱스를 통해 my_list에 값을 할당하면 어떻게 될까요? 리스트를 생성할 때 길이를 벗어나는 인덱스에 해당하는 항목은 할당할 수 없으며, 따라서, "IndexError: list assignment index out of range"라는 오류 메시지가 발생하게 됩니다.

리스트에 항목을 추가하기 위해 메소드 append() 등, 다른 방법을 사용할 수 있습니다.

항목 삭제(deleting elements)

인덱스를 통해 리스트로부터 항목을 삭제할 수 있습니다. "del 리스트 이름[인덱스]"의 형태로 사용할 수 있습니다. 예제에서, 인덱스 2인 항목(세 번째 항목, 3)을 삭제하였고, my_list를 확인해 보면, [1, 2, 4]임을 확인할 수 있습니다.

```
>>> my_list = [1, 2, 3, 4, 5]
>>> del my_list[2]
>>> my_list
[1, 2, 4, 5]
```

리스트로부터 하나의 항목을 삭제하는 방법으로 메소드 pop()을 사용하는 방법도 있고, 메소드 remove()를 사용하는 방법도 있습니다. (7.1.3. 리스트 메소드 참고)

두 개 이상의 항목을 한 번에 삭제하는 방법을 생각해 보겠습니다. "del my_list[2,3]"

처럼 del 명령과 함께 여러 개의 인덱스를 쉼표로 구분하여 사용하면 오류가 발생하는 것을 확인할 수 있습니다.

```
>>> my_list = [1, 2, 3, 4, 5]
>>> del my_list[2, 3]
Traceback (most recent call last):
  File "<pyshell#24>", line 1, in <module>
    del my_list[2, 3]
TypeError: list indices must be integers or slices, not tuple
```

del 명령과 슬라이싱(slicing)을 사용하면, 여러 개의 항목은 한 번에 삭제할 수 있습니다.

슬라이싱(Slicing)

리스트로부터 인덱스의 범위를 지정하여 선택할 수 있습니다.

지금까지 항목 할당, 항목 삭제 등 하나의 인덱스에 대해 수행하였던 연산들과 달리, 슬라이싱은 리스트의 인덱스 범위에 대해 수행됩니다. 그 형식은 다음과 같습니다.

```
list_name[start : end]

- start : 시작 인덱스
- end : 마지막 인덱스
```

list_name[start : end]는 list_name이라는 이름의 리스트에 대해 start 인덱스부터 end−1 인덱스까지 해당되는 항목들을 선택한다는 의미입니다. start를 생략하면, 인덱스 0부터 시작함을 의미하며, end를 생략하면, 마지막 항목까지를 의미(end = len(list_name))합니다. list_name[:]은 원본 리스트를 의미합니다.

다음 예제를 살펴보면 쉽게 이해할 수 있습니다.

```
>>> my_list = [10, 20, 30, 40, 50]
>>> my_list[1:4]
[20, 30, 40]
>>> my_list[:3]
[10, 20, 30]
>>> my_list[2:]
[30, 40, 50]
```

기억해야 하는 점은 my_list[1:4]는 my_list로부터 인덱스 1부터 3까지의 항목에 해당하는 새로운 리스트([20, 30, 40])를 반환한다는 점입니다. 즉, 해당되는 인덱스의 항목들로 구성된 "리스트"를 생성할 수 있습니다. 이런 방식으로 슬라이싱을 이용하여 새로운 리스트를 생성할 수도 있고, 원본 리스트의 일부를 삭제할 수도 있고, 원본 리스트의 일부를 변경할 수도 있으며, 원본 리스트의 내용 전체를 삭제할 수도 있습니다.

```
>>> my_list = [10, 20, 30, 40, 50, 60, 70]

>>> new_list = my_list[0:4]    # 새로운 리스트 new_list 생성
>>> new_list
[10, 20, 30, 40]

>>> my_list[:4]
[10, 20, 30, 40]
>>> my_list[4:]
[50, 60, 70]
>>> my_list[3:5] = [4,5]       # 리스트의 일부를 대체
>>> my_list
[10, 20, 30, 4, 5, 60, 70]
>>> my_list[:] = [ ]           # 리스트의 모든 항목을 [ ]으로 대체
>>> my_list
[]
>>> len(my_list)
0
```

my_list[:4]는 해당 항목들만 선택하였으므로, my_list에서 my_list[4:]에 해당하는 항목들을 삭제한 것과 같습니다. 마찬가지로, my_list[4:]는 my_list에서 my_list[:4]에 해당하는 항목들을 삭제한 것과 같습니다. my_list[3:5] = [4, 5]는 my_list[3]에 4를 할당(my_list의 4번째 항목에 4를 할당)하고, my_list[4]에 5를 할당(my_list의 5번째 항목에 5를 할당)하는 것과 같습니다.

my_list[:] = [ ]은 my_list의 모든 항목을 비어있는 항목([ ], 공백 리스트)으로 할당하므로, my_list의 길이는 0이 됩니다. 즉, my_liist 리스트의 모든 항목을 공백 리스트로 대체하여 my_list 전체 항목들을 삭제하는 것과 같습니다.

다음 3가지 Python 구문들은 동일한 결과를 줍니다.

표 3 리스트 전체 항목의 삭제 방법들

	방법	코드	설명
항목 전체 삭제	항목 할당	my_list[:] = []	모든 인덱스의 항목들에 공백 할당
	항목 삭제	del my_list[:]	모든 인덱스의 항목들을 삭제
	clear() 메소드	my_list.clear()	리스트를 clear

del 명령과 슬라이싱을 조합하여, 리스트에서 연속된 여러 항목을 동시에 삭제(일부 항목들을 슬라이싱으로 선택하여 del 실행)할 수도 있고, 항목 전체를 삭제(전체 항목들을 슬라이싱으로 선택하여 del 실행)할 수도 있습니다.

7.1.3. 리스트 메소드

앞에서 작성했던 리스트 my_list의 데이터형을 확인해 보면, my_list는 리스트 클래스에 정의된 객체임을 알 수 있습니다.

```
>>> type(my_list)
<class 'list'>
```

my_list는 Python의 내장 클래스(built-in class)인 리스트의 속성을 가지고 있으며, 리스트 클래스에 정의된 함수(메소드)들을 사용할 수 있습니다. 아직, 클래스에 대하여 자세히 학습하지 않았지만, **메소드는 해당 클래스에 대해 정의된 일종의 함수**로 생각하면 편리하며, "객체 이름.메소드 이름"의 형태로 사용하므로 그 사용법이 어렵지 않습니다.

리스트 클래스에서 사용 빈도가 높은 메소드들을 정리하였습니다.

- append(): 리스트의 마지막에 항목을 추가
- extend(): 다른 리스트의 모든 항목을 현재 리스트에 추가
- insert(): 지정된 인덱스에 항목을 삽입
- remove(): 리스트에서 첫 번째로 나오는 지정된 값의 항목을 제거
- pop(): 지정된 인덱스에 있는 항목을 제거하고 반환
- clear(): 리스트의 모든 항목을 제거
- index(): 지정된 값이 처음으로 나타나는 인덱스를 반환
- count(): 지정된 값이 나타나는 횟수를 반환
- sort(): 리스트의 항목을 정렬

- reverse(): 리스트의 순서를 뒤집어 줌
- copy(): 리스트의 얕은 복사본을 반환
- len(): 리스트의 길이(항목의 수)를 반환
- max(): 리스트의 최댓값을 반환
- min(): 리스트의 최솟값을 반환
- sum(): 리스트의 모든 항목의 합을 반환
- any(): 리스트의 요소 중 하나라도 True인 경우 True를 반환
- all(): 리스트의 모든 요소가 True인 경우 True를 반환
- enumerate(): 리스트의 각 항목과 인덱스를 반복하여 (인덱스, 값)의 쌍을 객체로 반환
- zip(): 여러 리스트를 병렬로 순회할 때 사용하며, 각 리스트의 동일한 인덱스의 항목을 묶어서 튜플로 반환
- map(): 반복가능한 객체인 리스트의 각 항목을 함수에 적용하여 결과를 반환

7.1.4. list 메소드 예제

메소드 append()를 사용하여 리스트의 마지막 항목을 추가할 수 있으며, 메소드 pop()을 사용하여, 리스트의 마지막 항목을 삭제할 수 있습니다. 이런 방식으로 리스트를 **스택(stack, 나중에 추가된 항목이 먼저 나가는 구조, "last-in, first-out")**으로 사용할 수 있습니다(그림 2).

```
>>> stack = [3, 4, 5]
>>> stack.append(6)
>>> stack.append(7)
>>> stack
[3, 4, 5, 6, 7]
>>> stack.pop()
7
>>>stack
[3, 4, 5, 6]
>>> stack.pop()
6
>>> stack
[3, 4, 5]
```

위의 예제에서, 원본 리스트 [3, 4, 5]에 메소드 append()를 사용하여 6이 추가되고, 다음에 7이 추가되어, [3, 4, 5, 6, 7]이 되었습니다. 그 후, 메소드 pop()을 사용하여, 7이 삭제되고, 6이 삭제되어, [3, 4, 5]가 되었습니다.

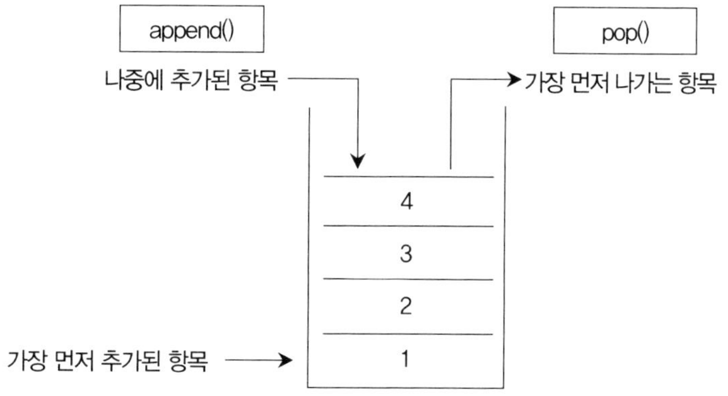

그림 2 append()와 pop()를 사용한 스택(stack)

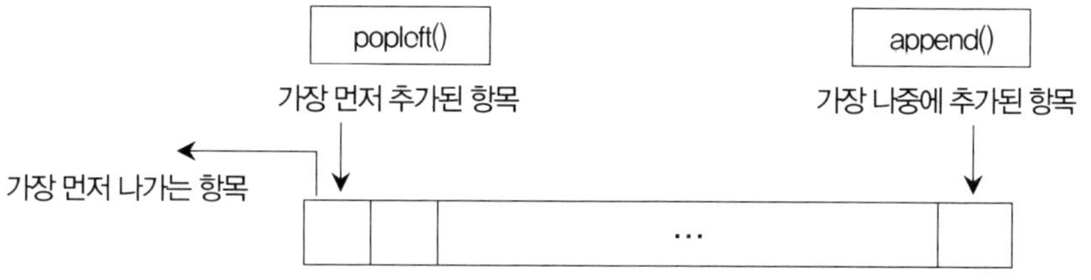

그림 3 append()와 popleft()를 사용한 큐(queue)

모듈 deque를 import하여, 리스트를 **큐(queue, 먼저 추가된 항목이 먼저 나가는 구조, "first-in, first-out")**로 사용하는 것도 가능합니다(그림 3). 이 경우, 첫 번째 인덱스의 항목이 지워진 후, 나머지 항목들이 한 칸씩 왼쪽 이동하여야 하므로(나머지 항목들의 인덱스가 모두 하나씩 감소하여야 하므로), 스택 구조에 비해 처리시간 측면에서 비효율적일 수 있습니다.

```
>>> from collections import deque
>>> queue = deque(["Eric", "John", "Michael"])
>>> queue.append("Terry")
>>> queue.append("Graham")
>>> queue
deque(['Eric', 'John', 'Michael', 'Terry', 'Graham'])
```

```
>>> queue.popleft()
'Eric'
>>> queue.popleft()
'John'
>>> queue
deque(['Michael', 'Terry', 'Graham'])
```

항목 삽입: insert()

```
>>> original = [1, 2, 3, 4, 5]
>>> original.insert(3, "inserted value")
>>> original
[1, 2, 3, 'inserted value', 4, 5]
>>> original.append("last value")
>>> original
[1, 2, 3, 'inserted value', 4, 5, 'last value']
```

항목 인덱스 확인: index()

```
>>> original = [10, 20, 30, 40, 50]
>>> 30 in original
True
>>> index_30 = original.index(30)
>>> index_30
2
```

항목 삭제: pop(), remove()

리스트로부터 하나의 항목을 삭제하는 방법으로 2가지가 있습니다. 메소드 pop()은 () 내에 인덱스값을 지정할 경우, 해당 인덱스의 항목을 반환하며 삭제해 줍니다. 인덱스값을 지정하지 않을 경우, 마지막 항목을 반환하며 삭제해 줍니다.

```
>>> original = [10, 20, 30, 40, 50]
>>> original
[10, 20, 30, 40, 50]
>>> original.pop()
50
```

```
>>> original
[10, 20, 30, 40]
>>> original.pop(1)
20
>>> original
[10, 30, 40]
```

리스트로부터 항목을 삭제하는 다른 방법은 메소드 remove()를 사용하는 것인데, 메소드 pop()과 다른 점이 2가지 있습니다. 첫 번째, pop()은 해당 인덱스의 항목을 삭제하지만, remove()는 동일한 값의 항목을 찾아 삭제한다는 점입니다. 두 번째, pop()은 실행하면서 해당 위치의 항목값을 반환해 주지만, remove()는 항목값을 반환하지 않는다는 점입니다.

```
>>> original = [10, 20, 30, 40, 50, "날씨", "태양"]
>>> original
[10, 20, 30, 40, 50, '날씨', '태양']
>>> original.remove(20)
>>> original
[10, 30, 40, 50, '날씨', '태양']
>>> original.remove('날씨')
>>> original
[10, 30, 40, 50, '태양']
>>> original.remove(100)
Traceback (most recent call last):
  File "<pyshell#154>", line 1, in <module>
    original.remove(100)
ValueError: list.remove(x): x not in list
```

리스트 original로부터 항목값 20과 "날씨"를 삭제해 보았습니다. 리스트를 확인해 보면, [10, 30, 40, 50, '태양']임을 확인할 수 있습니다. 다음으로, remove(100)을 실행해 보면, 오류 메시지 "ValueError: list.remove(x): x not in list"가 발생합니다. 리스트 original 내에 항목값 100이 존재하지 않기 때문입니다.

항목 정렬: sort(), sorted() 내장함수

리스트 내의 항목들을 정렬하는 방법에 대해 살펴보도록 하겠습니다. 먼저, 리스트 클래스에 정의된 메소드 sort()를 사용하는 방법입니다. 메소드 sort()는 리스트의 항목들을 제자리에서 정렬해 주며, 원본 리스트가 변경됩니다.

```
>>> original = [10, 30, 20, 70, 50, 60]
>>> original.sort()
>>>original
[10, 20, 30, 50, 60, 70]
```

내장함수 sorted()를 사용하면, 원본 리스트는 유지된 채로, 정렬된 리스트를 할당함으로써 새로운 리스트를 생성할 수 있습니다. 리스트 original(=[10, 30, 20, 70, 50, 60])을 sorted() 함수의 인수로 실행하면, 정렬된 리스트를 반환합니다. 이때 리스트 original을 확인해 보면, 원본 리스트 그대로임을 확인할 수 있습니다. 이제 sorted(original)을 b에 할당해 줌으로써 정렬된 새로운 리스트를 생성할 수 있습니다.

```
>>> original = [10, 30, 20, 70, 50, 60]
>>> sorted(original)
[10, 20, 30, 50, 60, 70]
>>> original
[10, 30, 20, 70, 50, 60]
>>> b = sorted(original)
>>> b
[10, 20, 30, 50, 60, 70]
```

함수 sorted()의 매개변수들(key, reverse)을 지정하여, 항목들을 정렬하기 전에 수행되는 함수를 지정할 수 있고, 정렬 방향을 순방향, 역방향으로 지정할 수 있습니다.

7.1.5. 리스트 생성

리스트를 생성하는 방법은 매우 다양한데, 일부 방법들을 다음 표에 정리하였습니다.

표 4 리스트 생성 주요 방법들

<table>
<tr><th colspan="2">생성 방법</th><th>설명</th></tr>
<tr><td colspan="2">항목 직접 입력</td><td>모든 항목을 직접 입력</td></tr>
<tr><td colspan="2">원본 리스트 슬라이싱</td><td>원본 리스트 항목 중 선택
new_list = original_list[a:b]</td></tr>
<tr><td colspan="2">반복가능 객체로부터 생성</td><td>반복가능 객체를 변환
list(문자열), list(range()), list(튜플 객체), list(딕셔너리 객체.values()), split(문자열 객체) 등</td></tr>
<tr><td rowspan="3">원본 복사</td><td>얕은 복사</td><td>새로운 리스트 이름에 할당
new_list = original_list</td></tr>
<tr><td rowspan="2">깊은 복사</td><td>new_list = list(original_list)</td></tr>
<tr><td>new_list = deepcopy(original_list)</td></tr>
<tr><td colspan="2">리스트 축약
(list comprehension)</td><td>반복가능 객체를 기반으로 조건 추가
new_list = [항목 for x in 반복가능 객체 if 조건]</td></tr>
</table>

항목 직접 입력

```
>>> original = ['This', 'list', 'created', 'by', 'typing', 'each element']
['This', 'list', 'created', 'by', 'typing', 'each element']
```

원본 리스트를 이용하여 생성(슬라이싱을 이용하여 생성)

```
>>> original = [10, 30, 20, 70, 50, 60]
>>> original
[10, 30, 20, 70, 50, 60]
>>> new = original[0:4]
>>> new
[10, 30, 20, 70]
```

다른 반복가능 객체로부터 생성: list()

list()를 사용하여 튜플, 문자열, range(), 집합, 딕셔너리 객체들을 리스트로 변환할 수 있습니다.

```
>>> a_tuple = (1, 3, 5, 7, 9)
>>> new_list = list(a_tuple)
>>> print(new_list)
[1, 3, 5, 7, 9]
```

다른 객체들도 같은 방식으로 변환할 수 있습니다. 딕셔너리 객체는 키와 값이 존재하므로, 각각 리스트로 변환이 가능하다는 특징이 있습니다. 다음 코드를 통해 딕셔너리의 키로 구성된 리스트 생성 및 딕셔너리의 값으로 구성된 리스트 생성을 수행해 보겠습니다.

```
>>> my_dict = {'key1': 1, 'key2': 2, 'key3': 3, 'key4': 4}
>>> my_key_list = list(my_dict)
>>> my_key_list
['key1', 'key2', 'key3', 'key4']
>>>
>>> my_value_list = list(my_dict.values())
>>> my_value_list
[1, 2, 3, 4]
```

문자열이 공백으로 구분되어 있는 경우, 문자열 메소드 split()을 사용하여 리스트를 생성할 수 있습니다.

```
>>> sentence = "We swear. We will take part in the Olympic Games in a spirit of chivalry,
for the honour of our country and for the glory of sport."
>>> sentence.split()
['We', 'swear.', 'We', 'will', 'take', 'part', 'in', 'the', 'Olympic', 'Games', 'in',
'a', 'spirit', 'of', 'chivalry,', 'for', 'the', 'honour', 'of', 'our', 'country',
'and', 'for', 'the', 'glory', 'of', 'sport.']
>>> words = sentence.split()
>>> words
['We', 'swear.', 'We', 'will', 'take', 'part', 'in', 'the', 'Olympic', 'Games', 'in',
'a', 'spirit', 'of', 'chivalry,', 'for', 'the', 'honour', 'of', 'our', 'country',
'and', 'for', 'the', 'glory', 'of', 'sport.']
```

원본 리스트를 복사: 얕은 복사 vs 깊은 복사

- **얕은 복사(shallow copy)**

```
>>> num = [1, 3, 5, 7]
>>> shallow_num = num
>>> shallow_num
[1, 3, 5, 7]
>>> num[0] = 111
>>> num
[111, 3, 5, 7]
>>> shallow_num
[111, 3, 5, 7]
```

얕은 복사를 수행하면, 얕은 복사로 생성된 리스트 객체 shallow_num은 원본 객체 num의 참조를 공유합니다. 이런 이유로, 원본 객체 num의 항목 num[0]을 '111'로 수정하였는데, shallow_num[0]도 '111'로 변경됩니다.

- **깊은 복사(deep copy): 내장함수 list(), 함수 deepcopy()**

깊은 복사는 두 가지 방식으로 가능합니다. 먼저, 내장함수 list()를 사용하여 깊은 복사를 확인해 보겠습니다. 원본 리스트 num의 항목이 변경(num[0] = 222)되어도, list()를 사용하여 생성된 리스트 deep_num_1은 변경되지 않았음(deep_num_1[0] = 1)을 확인할 수 있습니다.

```
>>> num = [2, 4, 6, 8]
>>> deep_num_1 = list(num)
>>> num[0] = 222
>>> num
[222, 4, 6, 8]
>>> deep_num_1
[2, 4, 6, 8]
```

패키지 copy의 모듈 deepcopy를 import하여 깊은 복사를 수행할 수 있습니다. 원본 리스트 num의 항목이 변경(num[0] = 10000)되어도, deepcopy()를 사용하여 생성된 리스트 deep_num_2는 변경되지 않았음(deep_num_2[0] = 10)을 확인할 수 있습니다.

```
>>> from copy import deepcopy
>>> num = [10, 20, 30, 40]
>>> deep_num_2 = deepcopy(num)
>>> num[0] = 10000
>>> num
[10000, 20, 30, 40]
>>> deep_num_2
[10, 20, 30, 40]
```

리스트 축약(list comprehension)

range() 객체와 리스트 축약을 사용하여 각 숫자의 세제곱을 구하는 리스트를 생성해 보겠습니다.

```
>>> cubics = [x**3 for x in range(10) if x % 3 == 0]
>>> print(cubics)
[0, 27, 216, 729]
```

if-조건을 추가하여, 3의 배수들을 항목으로 하는 리스트를 생성해 보겠습니다.

```
>>> multiples_3 = [x for x in range(20) if x % 3 == 0]
>>> print(multiples_3)
[0, 3, 6, 9, 12, 15, 18]
```

7.2 튜플(tuple)

소괄호 ( ) 내에 쉼표로 구분된 항목들을 포함하고 있으며, list와 유사하지만, 생성 후 항목 수정이 불가능(immutable)하다는 점이 큰 차이점입니다.

```
튜플이름 = ( 항목1, 항목2, …)
```

- 내장 시퀀스형(builtin sequence type)
- 인덱스를 통한 항목 접근 가능

- 여러 종류의 데이터형 포함
- 특정 항목의 소속 검사 가능(membership test)
- 생성 후 수정 불가(immutable)

위와 같은 특징으로 인해, 변경이 필요하지 않은 값들의 목록을 처리할 경우에 많이 사용됩니다.

7.2.1. 튜플 기본 연산

리스트와 마찬가지로 어떠한 데이터형이든 튜플의 항목이 될 수 있습니다. 리스트가 항목들을 [ ]로 감싸주듯이, 튜플은 항목들을 ( )로 감싸주어 쉼표로 구분하는 형태로 구성됩니다. n_tuple은 정수 항목들로 구성된 튜플, s_tuple은 두 개의 문자열 항목들로 구성된 튜플, c_tuple은 정수, 문자열, 리스트, 부울 항목들로 구성된 튜플입니다. 또한, 튜플은 다른 튜플을 항목으로 가질 수도 있습니다.

```
>>> n_tuple = (1, 3, 5)
>>> s_tutple = ('hello', 'python')
>>> c_tutple = (1, 'hello', [1,4,'bye'], True)
>>>
>>> c_tutple
(1, 'hello', [1, 4, 'bye'], True)
>>> type(c_tutple)
<class 'tuple'>
>>> type(c_tutple[1])
<class 'str'>
>>> type(c_tutple[2])
<class 'list'>
```

괄호( ) 없이 항목들만 나열할 경우, 튜플로 간주하게 됩니다.

```
>>> a = 1, 3, 5, 7, 9
>>> a
(1, 3, 5, 7, 9)
>>> type(a)
<class 'tuple'>
```

리스트와 튜플은 모두 시퀀스 데이터형(sequence data types)이며, 시퀀스에 공통으로 적용할 수 있는 함수들은 모두 사용이 가능합니다. 대표적인 것으로 len(), max(), min(), sum(), any(), all(), sorted(), reversed(), enumerate(), index(), count() 등이 있습니다.

덧셈 연결(concatenation)

기존 튜플들 t_1과 t_2를 더하여(연결하여), 새로운 튜플 t_3에 할당하여 튜플을 생성할 수 있습니다.

```
>>> t_1 = (10, 9, 8)
>>> t_2 = ('a', 'b', 'c')
>>> t_3 = t_1 + t_2
>>> t_3
(10, 9, 8, 'a', 'b', 'c')
```

곱셈 반복

```
>>> a = (1, 3)
>>> d = a * 3
>>> d
(1, 3, 1, 3, 1, 3)
```

소속 확인: 항목의 소속 여부

튜플 내에 특정 항목이 있는지 확인하여 True/False를 반환하여 줍니다.

```
>>> a = (1, 3, 5, 7, 9)
>>> 5 in a
True
>>> 10 in a
False
```

길이 확인: len()

```
>>> a = (1, 3, 5, 7, 9)
>>> len(a)
5
```

비교 연산

```
>>> a
(1, 3, 5, 7, 9)
>>> b
(1, 3, 5, 7, 9)
>>> a == b
True
>>> c = 5, 10, 10, 10, 10
>>> c
(5, 10, 10, 10, 10)
>>> b != c
True
>>> b < c
True
```

항목 중 최댓값, 최솟값 찾기: 내장함수 max(), min()

튜플 내의 항목 중 최댓값은 max(), 최솟값은 min() 메소드로 찾아 반환해 줍니다.

```
>>> m_tuple = (6, 1, 4, 5, 2, 3, 0, 9)
>>> max(m_tuple)
9
>>> min(m_tuple)
0
```

튜플 패킹(packing), 언패킹(unpacking)

( )를 사용하지 않고, 단순히 항목을 나열하여 변수에 할당함으로써 튜플을 생성하는 방식을 **튜플 패킹(tuple packing)**이라고 합니다. 다음 코드에서 12345, 54321, 'Python!'은 함께 튜플로 패킹됩니다. 튜플의 항목의 개수와 같은 변수들에 튜플을 할당해 주면, 튜플 패킹과 반대로, 각각의 변수에 튜플의 항목들이 할당되는데, 이러한 방식을 **튜플 언패킹(tuple unpacking)**이라고 합니다.

```
>>> t = 12345, 54321, 'Python!'        # 튜플 패킹(tuple packing)
>>> t
(12345, 54321, 'Python!')
>>>
```

```
>>> x, y, z = t                          # 튜플 언패킹(tuple unpacking)
>>> x
12345
>>> y
54321
>>> z
'Python!'
```

7.2.2. 인덱싱/슬라이싱

리스트와 마찬가지로 튜플도 인덱스를 통한 항목 접근이 가능하지만, 원본 튜플의 항목을 수정할 수는 없습니다. 항목 할당도 안 되고, 항목 추가 및 항목 삭제도 불가능합니다. 인덱스는 0부터 시작하고, 음수 인덱스 지정도 가능합니다.

```
>>> i_tuple = (1, 3, 'hello', 5, 7)
>>> i_tuple
(1, 3, 'hello', 5, 7)
>>> i_tuple[0:4]
(1, 3, 'hello', 5)
>>> i_tuple[-1]
7
>>>
>>> i_tuple[0] = 100
Traceback (most recent call last):
  File "<pyshell#325>", line 1, in <module>
    i_tuple[0] = 100
TypeError: 'tuple' object does not support item assignment
```

기존 튜플을 변경하는 것은 불가능(immutable)하지만, 인덱싱과 슬라이싱을 통해 새로운 튜플을 생성하는 것은 가능합니다.

7.2.3. 튜플 메소드

튜플은 리스트와 마찬가지로 시퀀스 자료형이므로, 다양한 메소드들을 공유합니다. 그러나, 가변(mutable) 데이터형인 리스트와 달리, 튜플은 불변(immutable) 데이터형이므로, 항목의 추가, 삭제, 정렬 등과 관련된 메소드는 존재하지 않습니다.

항목의 반복 횟수: count()

튜플 안에서 특정 값이 나타나는 횟수를 반환합니다.

```
>>> (1, 22, 3, 4, 5, 22, 6).count(22)
2
```

인덱스 반환: index()

튜플 안에서 특정 값이 처음 나타나는 인덱스를 반환합니다.

```
>>> (1, 22, 3, 4, 5, 22, 6).index(22)
1
```

정렬: sorted()

리스트에서 적용할 수 있었던 sort() 메소드는 튜플에서 사용할 수 없습니다. sort() 메소드는 원본을 변경하는 메소드이기 때문에, 튜플 자료형에서 정의되지 않습니다. 튜플 t_4에 sort() 메소드를 적용해 보면, 속성 오류(AttributeError) 메시시 "'tuple' object has no attribute 'sort'"가 발생함을 확인할 수 있습니다. 하지만, Python 내장함수인 sorted()는 사용할 수 있습니다. sorted(t_4)를 실행하면, 원본 튜플은 변경되지 않은 상태에서 정렬된 리스트를 반환해 줍니다. 원본 튜플인 t_4는 변경되지 않습니다. 따라서, 정렬된 리스트를 저장하기 위해서, sorted(t_4)를 t_5에 할당합니다.

```
>>> t_4 = (1, 4, 2, 10, 7)
>>> t_4.sort()
Traceback (most recent call last):
  File "<pyshell#343>", line 1, in <module>
    t_4.sort()
AttributeError: 'tuple' object has no attribute 'sort'
>>> sorted(t_4)
[1, 2, 4, 7, 10]
>>> t_4
(1, 4, 2, 10, 7)
>>> t_5 = sorted(t_4)
>>> t_5
[1, 2, 4, 7, 10]
```

```
>>>
>>> t_4.append(77)
Traceback (most recent call last):
  File "<pyshell#353>", line 1, in <module>
    t_4.append(77)
AttributeError: 'tuple' object has no attribute 'append'
>>> t_5.append(777)
>>> t_5
[1, 2, 4, 7, 10, 777]
>>> t_6 = tuple(t_5)
>>> t_6
(1, 2, 4, 7, 10, 777)
```

여기서 기억해야 할 점은 sorted() 메소드를 적용하여 저장한 t_5는 튜플이 아닌 리스트라는 점입니다. 튜플 t_4는 append() 메소드가 적용되지 않지만, t_5는 정렬되면서 리스트로 저장되었기 때문에, append() 메소드를 사용하여 항목을 덧붙일 수 있습니다. t_5에 777을 추가한 후, t_6에 튜플로 저장하였습니다.

help(tuple)를 통해 tuple 클래스에 정의되어 있는 메소드 등 tuple 자료형에 대한 보다 상세한 설명을 참고할 수 있습니다.

7.2.4. 튜플 생성

튜플을 구성하는 항목들은 ( ) 내에 쉼표로 구분되어 위치합니다. 튜플이 하나의 항목만을 포함하고 있다면, 해당 항목 다음에 쉼표를 붙여야 튜플로 지정됩니다. 쉼표가 없이 (1)을 a_1에 할당하면, a_1은 정수('int')임을 확인할 수 있습니다. 따라서, a_2 = (1,)처럼 ( ) 안에 쉼표를 추가해 줌으로써 하나의 항목을 갖는 튜플임을 확인할 수 있습니다. 튜플의 항목이 문자열로 구성되어 있는 경우도 마찬가지입니다.

```
>>> a_1 = (1)
>>> type(a_1)
<class 'int'>
>>> a_2 = (1,)
>>> type(a_2)
<class 'tuple'>
>>>
```

```
>>> b_1 = ('hello')
>>> type(b_1)
<class 'str'>
>>> b_2 = ('hello',)
>>> type(b_2)
<class 'tuple'>
```

항목 직접 입력

a_tuple = (1, 2, 3)과 같이 항목들을 직접 입력하여 튜플을 생성할 수 있습니다.

리스트로부터 튜플 생성: tuple() 메소드

이미 생성되어 있는 원본 리스트에 tuple() 메소드를 사용하여 튜플로 변환하는 방식으로 튜플을 생성할 수 있습니다. 리스트 a_list가 있습니다. tuple(a_list)를 새로운 변수 a_tuple에 할당합니다. a_list의 항목들을 튜플로 변환하여 a_tuple에 저장하게 됩니다. a_tuple의 데이터형과 항목들을 확인하여, 튜플임을 확인할 수 있습니다.

```
>>> a_list = [1, 3, 5, 7, 9]
>>> type(a_list)
<class 'list'>
>>> a_tuple = tuple(a_list)
>>> type(a_tuple)
<class 'tuple'>
>>> a_tuple
(1, 3, 5, 7, 9)
```

튜플은 리스트로부터 생성할 수 있으므로, 리스트 부분에서 학습하였던 4가지 생성 방법들을 사용하여 리스트를 생성하는 방법들이 곧 튜플 생성 방법과 동일하다고 볼 수 있습니다.

기존 튜플의 일부 복사

기존 튜플의 인덱스 범위를 지정하여 새로운 튜플에 할당함으로써 튜플을 생성할 수 있습니다. 이 방식을 이용하면, 일부 복사뿐만 아니라, 튜플 전체 항목들을 복사하는 것도 가능합니다.

```
>>> o_tuple = (2, 4, 6, 8, 10)
>>> new_tuple = a_tuple[1:5]
>>> new_tuple
(3, 5, 7, 9)
>>> type(new_tuple)
<class 'tuple'>
```

기존 튜플을 복사하여 튜플 생성: 깊은 복사

기존 튜플 a_tuple로부터 튜플을 생성해 보겠습니다. b_tuple은 전체 항목을 할당하는 방식으로 생성하고, c_tuple은 tuple() 메소드를 사용하여 생성하고, c_tuple은 deepcopy() 함수를 사용하여 생성합니다. 각각의 방법 모두, (1, 3, 5, 7, 9)의 튜플로 생성된 것을 확인할 수 있습니다.

```
>>> from copy import deepcopy
>>> a_tuple = (1, 3, 5, 7, 9)
>>> b_tuple = a_tuple[:]
>>> b_tuple
(1, 3, 5, 7, 9)
>>> c_tuple = tuple(a_tuple)
>>> c_tuple
(1, 3, 5, 7, 9)
>>> d_tuple = deepcopy(a_tuple)
d_tuple
(1, 3, 5, 7, 9)
>>>
>>> a_tuple = (1, 3, 5, 7, 9, 10)
>>> a_tuple
(1, 3, 5, 7, 9, 10)
>>>
>>> b_tuple
(1, 3, 5, 7, 9)
>>> c_tuple
(1, 3, 5, 7, 9)
>>> d_tuple
(1, 3, 5, 7, 9)
```

이제 a_tuple을 (1, 3, 5, 7, 9, 10)으로 수정한 후, b_tuple, c_tuple, d_tuple을 확인해 보면, 리스트와 달리 각 튜플을 먼저 생성하였던 항목들(1, 3, 5, 7, 9)이 그대로 유지되는 것을 확인할 수 있습니다. b_tuple 생성 방법은 얕은 복사에 해당하지만, 튜플은 변경 불가 객체(immutable object)이므로, 얕은 복사도 깊은 복사와 다름없이 수행되는 것입니다.

7.2.5. 튜플 내의 리스트 항목 수정

튜플은 변경 불가(immutable) 객체이므로 튜플의 항목들은 생성 후 수정될 수 없지만, 튜플의 항목을 구성하는 리스트 내부의 항목은 수정이 가능합니다.

다음의 코드에서, 튜플 tu는 인덱스 0인 항목으로 정수, 인덱스 1인 항목으로 리스트 [1, 3, 5]를 가지고 있습니다. 리스트 내의 항목 3은 리스트 내에서 인덱스 1에 해당됩니다. 이 경우, tu[1, 1]로 접근하면, 오류가 발생하며, tu[1][1]로 접근하여야 합니다. 리스트 내의 항목 3을 4로 수정하기 위해, tu[1][1] = 4를 수행한 후, 결과를 확인해 보면, tu = (1, [1, 4, 5])로 수정되었습니다.

```
>>> tu = (1, [1, 3, 5])
>>> tu[0]
1
>>> tu[1]
[1, 3, 5]
>>> tu[1,1]
Traceback (most recent call last):
  File "<pyshell#387>", line 1, in <module>
    tu[1,1]
TypeError: tuple indices must be integers or slices, not tuple
>>> tu[1][1]
3
>>> tu[1][1] = 4
>>> tu
(1, [1, 4, 5])
```

이 과정과 관련된 코드를 하나 더 살펴보겠습니다. 튜플 tt는 (1, [3])이며, tt[0] = 1, tt[1] = [3]이므로, tt[1]은 리스트임을 확인할 수 있습니다. 여기서 곧바로 tt[1]에 값을 할당하면, "'tuple' object does not support item assignment"라는 오류 메시지가 발생합니다. tt[1]이 하나의 항목으로 구성된 리스트이므로, tt[1]을 직접 수정하는 것은 튜플의 항목을 수정하는 것이므로 실행되지 않습니다. 따라서, 리스트 내의 항목을 수정하는 방법임을 상기하여, 튜플 tt의 두 번째 항목인 리스트 tt[1]의 0번째 항목인 3을 수정해야 합니다. tt[1][0] = 'changed'를 실행하면, 튜플 내의 리스트 항목이 수정되었음을 확인할 수 있습니다.

```
>>> tt = (1, [3])
>>> tt[0]
1
>>> tt[1]
[3]
>>> type(tt[1])
<class 'list'>
>>> tt[1] = 'changed'
Traceback (most recent call last):
  File "<pyshell#412>", line 1, in <module>
    tt[1] ='changed'
TypeError: 'tuple' object does not support item assignment
>>> tt[1][0]
3
>>> tt[1][0] = 'changed'
>>> tt
(1, ['changed'])
```

7.3 딕셔너리(dict)

dict 데이터형은 키(key)와 값(value)의 쌍(키–값 쌍)을 이루어 하나의 항목을 구성하고, 중괄호{ } 내에 각 항목을 쉼표로 구분하여 모아놓은 구조화된 데이터형입니다. 키는 값을 찾는 인덱스 역할을 합니다.

```
딕셔너리_이름 = { key1 : value1, key2 : value2,  ... }
```

- 키(key)는 해당 dict 객체 내에서 유일해야 함
- 키(key)는 문자열과 같은 변경 불가능한(immutable) 정적 객체여야 함(단순 객체여야 함)
- 값(value)은 정적 객체, 비정적 객체 모두 가능함

- 특정 쌍의 존재 여부 검사가 가능함(membership test)
- 키-값 쌍들을 추가/삭제할 수 있음

키는 딕셔너리 객체 내의 항목들로부터 특정 값을 찾는 역할을 하므로, 해당 객체 내에서 중복되지 않도록 고유하여야 하고, 변경 불가능한(immutable) 값이어야 합니다. 따라서, 키로 사용할 수 있는 자료형은 "문자열" 또는 "숫자"입니다. 값은 어떠한 데이터형이든 가능합니다.

7.3.1. 딕셔너리 기본 작업 [python-doc]

딕셔너리 생성

{ } 내에 키-값 쌍을 입력하여, 딕셔너리 이름에 할당함으로써 딕셔너리 객체를 생성할 수 있습니다. 이후, "딕셔너리 이름['키'] = 값"의 형태로 키-값 쌍을 새로운 항목으로 추가할 수 있습니다.

```
>>> numbers1 = {'kim': 4098, 'park': 4139}
>>> numbers1['lee'] = 4127
>>> numbers1
{'kim': 4098, 'park': 4139, 'lee': 4127}
```

내장함수인 dict()는 키-값 쌍들의 시퀀스로부터 직접 딕셔너리를 구성하는 데 사용할 수 있습니다.

```
>>> numbers2 = dict([('park', 4139), ('lee', 4127), ('kim', 4098)])
>>> print(numbers2)
{'park': 4139, 'lee': 4127, 'kim': 4098}
```

키가 간단한 문자열일 때, 때로 키워드 인자들을 사용해서 쌍을 지정하기가 편리합니다. 이 경우, 키에 ' ' 또는 " "를 사용하지 않습니다.

```
>>> numbers3 = dict(park=4139, lee=4127, kim=4098)
>>> print(numbers3)
{'park': 4139, 'lee': 4127, 'kim': 4098}
```

항목 추가/수정/삭제

'kim'과 'lee'라는 키에 1111, 1122를 할당하여 딕셔너리 numbers를 생성합니다. "numbers['park'] = 4123"의 형태로 새로운 항목을 추가할 수 있습니다. del numbers['lee']를 통해 키 lee에 해당하는 딕셔너리 항목을 삭제할 수 있습니다.

```
>>> numbers = {'kim': 1111, 'lee': 1122}
>>> numbers['park'] = 4123
>>> numbers
{'kim': 1111, 'lee': 1122, 'park': 4123}
>>> numbers['kim']
1111
>>> del numbers['lee']
>>> numbers['choi'] = 4321
>>> numbers
{'kim': 1111, 'park': 4123, 'choi': 4321}
>>> list(numbers)
['kim', 'park', 'choi']
>>> sorted(numbers)
['choi', 'kim', 'park']
```

딕셔너리의 특정 항목을 삭제하기 위해 해당 항목의 키와 메소드 pop()을 사용할 수 있습니다.

numbers.pop('lee')를 실행하면, 키 'lee'에 해당하는 값 1122를 반환하며, 'lee':1122 쌍은 딕셔너리에서 삭제되었음을 확인할 수 있습니다.

```
>>> numbers = {'kim': 1111, 'lee': 1122, 'park': 4123, 'choi': 4321, 'jeong': 3333}
>>> numbers.pop('lee')
1122
>>>> numbers
{'kim': 1111, 'park': 4123, 'choi': 4321, 'jeong': 3333}
>>> del numbers['kim']
>>> numbers
{'park': 4123, 'choi': 4321, 'jeong': 3333}
>>> numbers.clear()
>>> numbers
{}
```

del 키워드를 사용하여 항목을 삭제할 수도 있음을 확인하였습니다. 메소드 clear()를 사용하면, 딕셔너리의 모든 항목을 삭제할 수 있습니다.

소속 검사(membership test)

딕셔너리 객체 내에 'key' 항목이 존재하는지 확인하기 위해, "'key' in 딕셔너리 이름"을 실행합니다. 해당 'key' 항목이 딕셔너리 이름 안에 존재하면 True를 반환합니다. 마찬가지 방식으로, not in 연산을 수행하면, 존재하지 않을 때 True를 반환합니다.

```
>>> numbers = {'kim': 1111, 'lee': 1122, 'park': 4123}
>>> 'kim' in numbers
True
>>> 'park' not in numbers
False
```

7.3.2. 딕셔너리 항목 접근

항목 접근

딕셔너리 이름['key'] 형태로 'key' 항목의 값에 접근할 수 있습니다. 해당 key가 존재하지 않을 경우, KeyError가 발생합니다.

```
>>> numbers = {'kim': 1111, 'lee': 1122, 'park': 4123, 'choi':4321}
>>> numbers['lee']
1122
>>> numbers['smith']
Traceback (most recent call last):
  File "<pyshell#503>", line 1, in <module>
    numbers['smith']
KeyError: 'smith'
```

메소드 get()를 사용하여 항목 내용에 접근할 수 있습니다. "딕셔너리 이름.get('key')"의 형태로 사용합니다. get()을 사용할 때, 해당 key 항목이 존재하지 않으면 None을 반환합니다. "딕셔너리 이름.get('key', 디폴트값)"의 형태로 get()의 두 번째 인수를 지정하면, 해당 key가 존재하지 않을 때 디폴트값을 반환합니다. 해당 key가 존재하면, 지정된 값과 상관없이, 해당 key에 대한 값이 반환됩니다.

```
>>> numbers = {'kim': 1111, 'park': 4123, 'choi': 4321, 'jeong': 3333}
>>> numbers.get('park')
4123
>>> numbers.get('smith')
>>> a = numbers.get('smith')
>>> a
>>> type(a)
<class 'NoneType'>
>>>
>>> numbers.get('smith', 9999)
9999
>>> numbers.get('park', 8888)
4123
```

항목 정렬

딕셔너리 내의 key-value 쌍들은 특정한 순서로 자동 정렬되지 않고, 입력 순서에 따라 정렬되지 않을 수도 있으므로 필요에 따라, 직접 정렬을 수행하여야 합니다. list(numbers)를 실행하여 딕셔너리 numbers를 리스트로 변환하면, key로 구성된 리스트를 생성할 수 있습니다. sorted(numbers)를 실행하면, 딕셔너리 numbers의 key들을 정렬한 리스트를 반환해 줍니다. 이것은 sorted(numbers.keys())와 같은 결과를 줍니다. 같은 방식으로, sorted(numbers.values())를 실행하면 딕셔너리 numbers의 value들을 정렬한 리스트를 반환해 줍니다.

```
>>> numbers
{'lee': 7321, 'ppp': 1234, 'kim': 1111, 'park': 4123, 'choi': 4321, 'jeong': 3333}
>>> list(numbers)
['lee', 'ppp', 'kim', 'park', 'choi', 'jeong']
>>> sorted(numbers)
['choi', 'jeong', 'kim', 'lee', 'park', 'ppp']
>>> sorted(numbers.keys())
['choi', 'jeong', 'kim', 'lee', 'park', 'ppp']
>>> sorted(numbers.values())
[1111, 1234, 3333, 4123, 4321, 7321]
>>>
>>> sorted(numbers, key=numbers.__getitem__)
['kim', 'ppp', 'jeong', 'park', 'choi', 'lee']
```

sorted() 함수 내에 key=numbers.__getitem__를 지정하면, 딕셔너리 numbers의 "값"을 기준으로 key들을 정렬하게 됩니다. 함수 sorted()를 실행하여도 원본 딕셔너리는 변하지 않습니다.

반복문에 의한 항목 접근

딕셔너리 전체에 대해 반복문을 수행할 때, 메소드 items()를 사용하면 key;value 쌍에 동시에 접근하여 (key, value) 튜플을 반환합니다.

```
>>> for item in numbers.items():
    print(item)
```

<실행 결과>

```
('lee', 7321)
('ppp', 1234)
('park', 4123)
('choi', 4321)
('jeong', 3333)
>>> print(item)            # for 반복과정 중 마지막 item 출력
('jeong', 3333)
>>> type(item)
<class 'tuple'>
```

각 반복마다 numbers의 key:value 쌍이 튜플로 item에 할당되어 출력되는 것을 확인할 수 있습니다.

help(dict)를 통해 dict 자료형에서 정의된 메소드 등 보다 상세한 설명을 참고할 수 있습니다.

7.3.3. 딕셔너리 메소드

딕셔너리 객체에 다양한 메서드를 적용할 수 있습니다. 딕셔너리에서 항목을 삽입, 삭제, 조회, 수정 및 조작할 수 있도록 도와주는 여러 유용한 메서드가 있습니다.

키-값 쌍 추가: update()

다른 딕셔너리를 추가하거나 키-값 쌍을 딕셔너리에 추가합니다. 기존에 같은 키가 있으면 값이 덮어씌워집니다.

```
>>> my_dict = {'lee': 7321, 'ppp': 1234, 'park': 4123, 'choi': 4321}
>>> a_dict = {'jeong': 3333}
>>> my_dict.update(a_dict)
>>> print(my_dict)
{'lee': 7321, 'ppp': 1234, 'park': 4123, 'choi': 4321, 'jeong': 3333}
```

얕은 복사: copy()

```
>>> new_dict = my_dict.copy()
>>> print(new_dict)
{'lee': 7321, 'ppp': 1234, 'park': 4123, 'choi': 4321, 'jeong': 3333}
```

지정한 키에 해당하는 값 반환: get(key)

```
>>> my_dict.get('ppp')
1234
```

모든 키 포함하는 객체 반환: keys()

```
>>> my_dict.keys()
dict_keys(['lee', 'ppp', 'park', 'choi', 'jeong'])
>>> a = my_dict.keys()
>>> type(a)
<class 'dict_keys'>
>>> print(a)
dict_keys(['lee', 'ppp', 'park', 'choi', 'jeong'])
```

모든 값을 포함하는 객체 반환: values()

```
>>> my_dict.values()
dict_values([7321, 1234, 4123, 4321, 3333])
>>> b = my_dict.values()
>>> type(b)
<class 'dict_values'>
>>> print(b)
dict_values([7321, 1234, 4123, 4321, 3333])
```

지정한 키에 해당하는 (키, 값) 쌍을 삭제하고 그 값을 반환: pop(key)

```
>>> new_dict = my_dict.copy()
>>> print(new_dict)
{'lee': 7321, 'ppp': 1234, 'park': 4123, 'choi': 4321, 'jeong': 3333}
>>> new_dict.pop('park')
4123
>>> print(new_dict)
{'lee': 7321, 'ppp': 1234, 'choi': 4321, 'jeong': 3333}
```

마지막 (키, 값) 쌍을 삭제하고 그 쌍을 반환: popitem()

```
>>> print(new_dict)
{'lee': 7321, 'ppp': 1234, 'choi': 4321, 'jeong': 3333}
>>> new_dict.popitem()
('jeong', 3333)
>>> print(new_dict)
{'lee': 7321, 'ppp': 1234, 'choi': 4321}
>>> new_dict.popitem()
('choi', 4321)
```

모든 항목 삭제: clear()

```
>>> n_dict = my_dict.copy()
>>> print(n_dict)
{'lee': 7321, 'ppp': 1234, 'park': 4123, 'choi': 4321, 'jeong': 3333}
>>> n_dict.clear()
>>> print(n_dict)
{}
>>> len(n_dict)
0
```

키-값 쌍을 포함하는 반복가능한 객체 반환: items()

```
>>> my_dict = {'lee': 7321, 'ppp': 1234, 'park': 4123, 'choi': 4321, 'jeong': 3333}
>>> iter = my_dict.items()
>>> iter
dict_items([('lee', 7321), ('ppp', 1234), ('park', 4123), ('choi', 4321), ('jeong', 3333)])
>>> type(iter)
<class 'dict_items'>
>>> for k, v in iter:
    print(k, v)
```

<실행 결과>

```
lee, 7321
ppp, 1234
park, 4123
choi, 4321
jeong, 3333
```

Q 위 코드에서 마지막 for-문을 다음과 같이 수정하여 실행한 후, 결과를 비교하여 차이점을 이해해 보세요.

```
>>> for item in iter:
    print(item)
```

7.3.4. 딕셔너리 축약(dictionary comprehension)

딕셔너리 축약을 사용하여 임의의 키와 값 표현식들로부터 규칙적인 항목들을 갖는 딕셔너리를 생성할 수 있습니다. 다음 코드는 (2, 4, 6) 시퀀스로부터 x값을 2, 4, 6으로 변경하면서, x를 키, x**2를 값으로 하는 딕셔너리를 생성해 줍니다.

```
>>> n_1 = {x: x**2 for x in (2, 4, 6)}
>>> n_1
{2: 4, 4: 16, 6: 36}
```

딕셔너리 축약을 수행할 때, if 조건을 추가할 수 있습니다.

```
>>> n_2 = {x: x**2 for x in (1,2,3,4,5,6,7,8,9,10) if x % 3 == 0}
>>> n_2
{3: 9, 6: 36, 9: 81}
```

이와 유사한 방식으로, 시퀀스 (1, 2, 3)으로부터 키(x)를 하나씩 할당하면서, 값에 문자열 표현식 ' hello '*x를 할당하여, 응용할 수 있습니다.

```
>>> n_2 = {x: ' hello '*x for x in (1, 2, 3)}
>>> n_2
{1: ' hello ', 2: ' hello  hello ', 3: ' hello  hello  hello '}
>>>
>>> keys = ('greeting', 'subject', 'verb', 'name')
>>> sentence = ('hello', 'my name', 'is', 'Jack')
>>> dict_3 = {keys[x] : sentence[x] for x in (0, 1, 2, 3)}
>>> dict_3
{'greeting': 'hello', 'subject': 'my name', 'verb': 'is', 'name': 'Jack'}
```

7.4 집합(set)

집합(set)은 정렬되지 않은 항목들을 중괄호{ }로 모아놓은 구조화된 데이터형입니다. 집합은 다음과 같은 특징을 갖습니다.

- 포함된 항목들의 중복을 허용하지 않음
- 포함된 항목들의 순서가 없음
- 변경가능(mutable)하여, 항목을 추가하거나 삭제 가능
- 인덱스가 존재하지 않음
- 두 개의 집합 사이의 부분집합 여부 검사

• 합집합, 교집합, 차집합, 대칭 차집합 등의 수학 연산을 지원

```
집합이름 = { 항목1, 항목2, …, 항목n }
```

중괄호 안에 항목들을 쉼표(comma)로 분리하여 집합이름을 할당함으로써 집합을 생성할 수 있습니다. 집합의 항목들은 숫자, 문자열, 부울, 튜플, None 등 **해시 가능한 (hashable) 데이터형**이어야 합니다. 다른 방식으로 설명하면, 집합은 변경가능한 (mutale) 객체를 항목으로 가질 수 없습니다. 즉, 집합 안에 리스트, 딕셔너리, 집합이 포함될 수 없다는 의미입니다.

```
>>> set_a = {1, 2, 3, [1,2]}
Traceback (most recent call last):
  File "<pyshell#618>", line 1, in <module>
    set_a = {1, 2, 3, [1,2]}
TypeError: unhashable type: 'list'
>>>
>>> set_a = {1, 2, 3, {'kim':123}}
Traceback (most recent call last):
  File "<pyshell#619>", line 1, in <module>
    set_a = {1, 2, 3, {'kim':123}}
TypeError: unhashable type: 'dict'
>>>
>>> set_a = {1, 2, 3, {1,3}}
Traceback (most recent call last):
  File "<pyshell#620>", line 1, in <module>
    set_a = {1, 2, 3, {1,3}}
TypeError: unhashable type: 'set'
```

7.4.1. 집합 기본 연산

소속 검사: in

```
>>> office = {'desk', 'chair', 'desk', 'tumbler', 'PC', 'picture', 'notebook', 'desk',
'chair'}
>>> office
{'desk', 'chair', 'tumbler', 'picture', 'notebook', 'PC'}
```

```
>>> 'tumbler' in office
True
>>> 'coffee machine' in office
False
```

항목 개수 확인: len()

```
>>> office = {'desk', 'chair', 'desk', 'tumbler', 'PC', 'picture', 'notebook', 'desk',
'chair'}
>>> len(office)
6
```

합집합(union, |), 교집합(intersection, &), 대칭 차집합(symmetric difference, ^)

합집합(union)은 두 집합에 포함되는 모든 항목을 포함하는 집합을 반환하는 연산이고, 교집합(intersection)은 두 집합 모두에 포함되는 항목들의 집합을 반환하는 연산입니다. 대칭 차집합(symmetric difference)은 두 집합에서 서로 중복되지 않는 요소의 집합을 반환하므로, 두 집합 중 하나에는 포함되지만, 양쪽 모두에 포함되지 않는 요소들을 포함합니다.

```
>>> a = set('ganadaramabasa')
>>> b = set('this summer is very hot')
>>> a                          # unique letters in a
{'n', 'm', 'b', 's', 'r', 'g', 'a', 'd'}
>>> b                          # unique letters in b
{'m', 'i', 't', 'h', 'v', 'u', 'o', 'e', 'y', 's', 'r', ' '}
>>>
>>> a | b                      # letters in a or b or both
{'n', 't', 'b', 'y', 's', 'r', 'g', 'a', 'm', 'i', 'h', 'v', 'u', 'o', 'e', ' ', 'd'}
>>> a & b                      # letters in both a and b
{'s', 'r', 'm'}
>>> a ^ b                      # letters in a or b but not both
{'n', 'i', 't', 'a', 'h', 'v', 'u', 'o', 'b', 'e', 'y', 'g', ' ', 'd'}
```

7.4.2. 집합의 인덱싱/슬라이싱: 정의되지 않음

집합은 인덱스를 가지고 있지 않으므로, 인덱스에 의한 항목 접근 및 슬라이싱 연산이 정의되지 않습니다.

```
>>> set_test = {3, 4, 5, 1, 2}
>>> set_test
{1, 2, 3, 4, 5}
>>> set_test[0]
Traceback (most recent call last):
  File "<pyshell#643>", line 1, in <module>
    set_test[0]
TypeError: 'set' object is not subscriptable
>>> set_test[1:3]
Traceback (most recent call last):
  File "<pyshell#644>", line 1, in <module>
    set_test[1:3]
TypeError: 'set' object is not subscriptable
```

7.4.3. 집합 메소드

항목 추가: add(), update()

메소드 add()를 이용하여 하나의 항목을 추가할 수 있습니다. 메소드 update()를 이용하는 경우, 리스트를 인수로 하여 두 개 이상의 항목을 추가할 수 있으며, 하나의 항목을 갖는 리스트에 대해서도 사용할 수 있습니다.

```
>>> set_test.add(10)
>>> set_test
{1, 2, 3, 4, 5, 10}
>>> set_test.update(111, 222)
Traceback (most recent call last):
  File "<pyshell#648>", line 1, in <module>
    set_test.update(111, 222)
TypeError: 'int' object is not iterable
>>> set_test.update([111, 222])    # 리스트를 인수로 하여 두 개 이상의 항목을 추가
>>> set_test
{1, 2, 3, 4, 5, 10, 222, 111}
```

항목 지정 삭제: discard(), remove()

메소드 discard()를 사용하여 하나의 항목을 삭제할 수 있습니다. 집합 내에 존재하지 않는 항목이어도 오류 없이 무시하게 됩니다. 다른 방법으로 메소드 remove()를 사용할 수 있는데, remove()는 집합에 존재하는 항목만 삭제하며, 존재하지 않는 경우 KeyError를 발생시킵니다.

```
>>> set_test = {1, 2, 3, 4, 5, 10, 222, 111}
>>> set_test.discard(1)
>>> set_test
{2, 3, 4, 5, 10, 222, 999, 111}
>>> set_test.discard(1000)
>>> set_test
{2, 3, 4, 5, 10, 222, 999, 111}
>>> set_test = {1, 2, 3, 4, 5, 10, 222, 111}
>>> set_test.discard(1)
>>> set_test
{2, 3, 4, 5, 10, 111, 222}
>>> set_test.discard(999)
>>> set_test
{2, 3, 4, 5, 10, 111, 222}
>>>
>>> set_test.remove(10)
>>> set_test
{2, 3, 4, 5, 111, 222}
>>> set_test.remove(999)
Traceback (most recent call last):
  File "<pyshell#670>", line 1, in <module>
    set_test.remove(999)
KeyError: 999
```

임의의 항목 삭제: pop()

pop() 메소드는 집합 내의 임의의 항목 하나를 삭제하여 반환해 줍니다. 리스트에 메소드 pop()를 적용하면서 인수를 지정하지 않으면, 마지막 항목을 삭제하여 반환하지만, 집합은 인덱스를 지원하지 않으므로 순서를 결정할 수 없습니다.

a_set = {'a', 'b', 'c', 'd', 'e'}을 실행한 후, 순차적으로 pop()을 실행해 보면, 'b', 'e', 'c', 'a', 'd'가 삭제되어 반환되므로, 순서와 무관함을 확인할 수 있습니다. 여러분이 직접 실행해 보면, 예제 코드와 다른 항목이 삭제될 수도 있습니다.

```
>>> a_set = {'a', 'b', 'c', 'd', 'e'}
>>> a_set.pop()
'b'
>>> a_set.pop()
'e'
>>> a_set.pop()
'c'
>>> a_set.pop()
'a'
>>> a_set.pop()
'd'
>>> a_set.pop()
Traceback (most recent call last):
  File "<pyshell#704>", line 1, in <module>
    a_set.pop()
KeyError: 'pop from an empty set'
```

집합 내에 항목이 더 이상 존재하지 않을 때, pop() 메소드를 실행하면, KeyError가 발생합니다.

집합 전체 삭제: clear()

집합의 전제 항목을 삭제하는 방법은 메소드 clear()를 사용하는 것입니다.

```
>>> set_test
{2, 3, 4, 5, 111, 222}
>>> set_test.clear()
>>> set_test
set()
>>> len(set_test)
0
```

부분집합 여부: issubset(), issuperset()

부분집합 여부를 확인하기 위해 메소드 issubset()와 메소드 issuperset()를 사용할 수 있습니다.

다음 코드에서 집합 b_set은 집합 a_set에 포함되므로 집합 a_set의 부분집합(subset)이 됩니다. b_set.issubset(a_set)은 b_set이 a_set의 부분집합인지 확인하여 True를 반환합니다. 또한, 집합 a_set은 집합 b_set을 포함하므로 집합 b_set의 상위집합(superset)이 됩니다. a_set.issubset(b_set)은 a_set이 b_set의 부분집합인지 확인하여, True를 반환합니다.

```
>>> a_set = {'a', 'b', 'c', 'd', 'e'}
>>> b_set = {'a', 'b'}
>>> b_set.issubset(a_set)
True
>>> a_set.issuperset(b_set)
True
```

교집합 여부: isdisjoint()

메소드 isdisjoint()를 사용하여 두 집합 사이에 교집합이 없는지 여부를 확인할 수 있습니다. a_set.isdisjoint(b_set)는 집합 a_set와 집합 b_set 사이에 교집합이 없어야, True를 반환합니다. 본 예제에서 교집합이 존재하므로({'a', 'b'}), False가 반환됩니다.

```
>>> a_set = {'a', 'b', 'c', 'd', 'e'}
>>> b_set = {'a', 'b'}
>>> a_set.isdisjoint(b_set)
False
```

help(set)를 통해 집합 자료형에 대한 보다 상세한 설명을 참고할 수 있습니다.

7.4.4. 집합 생성

비어있는 집합 생성

비어있는 집합을 만들 경우 set()을 사용할 수 있습니다. { }는 비어있는 딕셔너리 생성에 사용됩니다.

```
>> aa = { }
>> aa
{}
>> type(aa)
<class 'dict'>
>>>
```

```
>>> bb = set()
>>> bb
set()
>>> type(bb)
<class 'set'>
```

직접 입력: 리터럴 방식

집합의 항목들을 직접 { } 안에 기록하여 집합 데이터형을 생성할 수 있습니다.

```
>>> my_set = {1, 2, 'a', 'b', 3, 4, 'b', 'c', 3, 3, 4}
>>> print(my_set)
{1, 2, 3, 4, 'a', 'b', 'c'}
```

중복으로 입력된 값들은 자동으로 제거되었음을 확인할 수 있습니다.

반복가능 객체로부터 집합 생성: set()

반복가능한 객체(리스트, 튜플, 문자열 등)를 set()의 인자로 사용하여 집합 생성이 가능합니다. 리스트로부터 생성해 보겠습니다.

```
>>> my_list
[1, 2, 'a', 'b', 3, 4, 'b', 'c', 3, 3, 4]
>>> len(my_list)
11
>>> new_set = set(my_list)
>>> len(new_set)
7
>>> print(new_set)
{1, 2, 3, 4, 'b', 'c', 'a'}
```

문자열로부터 집합을 생성할 수도 있습니다. set() 함수 안에 문자열을 넣어주면, 문자열을 각 문자로 분리하여 집합을 생성해 줍니다. 집합 a와 b를 확인해 보면, 중복이 제거되었음을 확인할 수 있습니다. 이어서, 집합 a와 집합 b의 합집합 (a | b), 집합 a로부터 집합 b를 제거한 차집합(a - b), 집합 a와 집합 b의 교집합 (a & b), 집합 a와 집합 b 중 한 곳만 속하는 집합(대칭 차집합)을 확인할 수 있습니다. 그리고,

union(), deffference(), intersection, symmetric_difference() 등 각 집합에 대한 연산을 수행하는 집합 메소드를 이용한 결과도 확인할 수 있습니다.

```
>>> a = set('ganadaramabasa')
>>> b = set('this summer is very hot')
>>> a                                  # unique letters in a
{'n', 'm', 'b', 's', 'r', 'g', 'a', 'd'}
>>> b                                  # unique letters in b
{'m', 'i', 't', 'h', 'v', 'u', 'o', 'e', 'y', 's', 'r', ' '}
>>> a | b                              # letters in a or b or both
{'n', 't', 'b', 'y', 's', 'r', 'g', 'a', 'm', 'i', 'h', 'v', 'u', 'o', 'e', ' ', 'd'}
>>> a.union(b)
{'n', 't', 'b', 'y', 's', 'r', 'g', 'a', 'm', 'i', 'h', 'v', 'u', 'o', 'e', ' ', 'd'}
>>> a - b                              # letters in a but not in b
{'n', 'b', 'g', 'a', 'd'}
>>> a.difference(b)
{'n', 'b', 'g', 'a', 'd'}
>>> a & b                              # letters in both a and b
{'s', 'r', 'm'}
>>> a.intersection(b)
{'s', 'r', 'm'}
>>> a ^ b                              # letters in a or b but not both
{'n', 'i', 't', 'a', 'h', 'v', 'u', 'o', 'b', 'e', 'y', 'g', ' ', 'd'}
>>> a.symmetric_difference(b)
{'n', 'i', 't', 'a', 'h', 'v', 'u', 'o', 'b', 'e', 'y', 'g', ' ', 'd'}
```

7.5 해시 가능(hashable) 객체

객체가 딕셔너리의 키나 집합의 요소로 사용되기 위해, 해시 가능(hashable)한 특성을 가져야 합니다. 해시 가능한 객체(hashable object)는 불변(immutable)해야 하며, 문자열, 튜플, 정수 및 부동 소수점 숫자 등이 해시 가능 객체에 해당됩니다. 해당 객체의 고유한 식별자로 사용되는 해시값이 변경되지 않는 해시 가능한 객체이어야, 그 객체를 키로 사용하는 딕셔너리나 집합에서 해당 객체를 검색할 수 있습니다.

표 5 해시 가능(hashable) 객체와 해시 불가능(unhashable) 객체

	해시 가능(hashable)한 객체	해시 불가능(unhashable)한 객체
변경 가능 여부	immutable	mutable
객체 종류	문자열: "python"	리스트: [1, 2, 3]
	정수: 42	딕셔너리: {"a": 1, "b": 2}
	부동소수점: 3.14	집합: {2, 4, 8}
	튜플: (1, 3, 5)	
	fset = frozenset([1, 2, 3])	

리스트 a_list를 집합 a의 항목으로 포함하여 집합을 생성하고자 하면, "리스트가 해시 불가능"하다는 메시지와 함께 TypeError가 발생합니다. 또한, 집합 a_set을 집합 a의 항목으로 포함하여 집합을 생성하고자 해도, "집합이 해시 불가능"하다는 메시지와 함께 TypeError가 발생합니다. 집합 a_set을 frozenset()을 통해 변경 불가능(immutable)한 frozenset으로 변환한 후, 다시 집합 b의 항목으로 포함하면 집합 생성이 가능함을 확인할 수 있습니다.

```
>>> a_list = [1, 2]
>>> a_set = {3, 4}
>>>
>>> a = {2, 3, a_list}
Traceback (most recent call last):
  File "<pyshell#135>", line 1, in <module>
    a = {2,3, a_list}
TypeError: unhashable type: 'list'
>>>
>>> a = {2, 3, a_set}
Traceback (most recent call last):
  File "<pyshell#145>", line 1, in <module>
    a = {2, 3, a_set}
TypeError: unhashable type: 'set'
>>>
>>> fs = frozenset(a_set)
>>> type(fs)
<class 'frozenset'>
>>> print(fs)
frozenset({3, 4})
>>> b = {2, 3, fs}
>>> print(b)
{frozenset({3, 4}), 2, 3}
```

참고자료 및 문헌

[Python-doc, List-1] https://docs.python.org/ko/3/tutorial/introduction.html#lists

[Python-doc, List-2] https://docs.python.org/ko/3/tutorial/datastructures.html#more-on-lists

[Python-doc, Tuples] https://docs.python.org/ko/3/tutorial/datastructures.html#tuples-and-sequences

[Python-doc, Dictionaries] https://docs.python.org/ko/3/tutorial/datastructures.html#dictionaries

[Python-doc, Sets] https://docs.python.org/ko/3/tutorial/datastructures.html#sets

Chapter

08

제어 흐름 구조 : 조건과 반복

Python 코드는 기본적으로 윗줄부터 아랫줄로 순차적으로 실행됩니다. 실제 프로그램은 항상 윗줄부터 순차적으로 실행될 수는 없습니다. 당연히, 프로그램의 동작에 따라 이런 흐름에 변화를 줄 수 있는 제어문이 필요합니다. Python은 if, for, while의 반복문, 그리고 반복 과정을 제어할 수 있는 break, continue을 지원합니다.

- if: 조건에 따라 프로그램 흐름에 선택 분기점을 만들어 줌
- for: 시퀀스의 항목을 하나씩 할당해 가면서 (항목의 수만큼) 루프 반복
- while: 조건을 만족하는 동안 코드 스위트를 반복
- break: 현재의 반복 루프를 즉시 종료하고 루프 바깥으로 이동
- continue: 현재 반복 루프의 나머지 코드를 건너뛰고 다음 반복으로 이동

이러한 다섯 가지 흐름 제어문에 기반하여 코드의 실행 흐름을 제어할 수 있습니다.

8.1 if-조건문(conditional statements)

if-조건문은 키워드 if 다음에 조건을 판단하는 표현식을 작성하고 콜론(:)으로 끝나게 됩니다.

```
if 조건표현식:
```

조건표현식을 평가하여, 값에 따라 True와 False를 판단하게 되는데, 조건표현식의 결과 자체가 True 또는 False인 부울 객체일 수도 있고, 다른 값이 될 수도 있습니다. 조건판단에 사용되는 조건표현식은 다양하게 표현될 수 있습니다.

8.1.1. 조건판단

if-조건문과 관련된 조건표현식의 결과에 대해 생각해 보겠습니다. 조건판단에 사용되는 객체들이 다음과 같이 나열되어 있습니다.

- bool 객체: True 또는 False
- 관계(비교)연산: 관계(비교)연산의 결과가 True 또는 False

• 논리연산: 논리연산의 결과가 True 또는 False
• 숫자, 문자, 리스트, 튜플, 딕셔너리, 집합: 값이 0 또는 None에 상응하는 값이면, False. 그 외의 값이면 True

비교연산과 논리연산은 앞에서 학습한 기본연산에 관한 내용들과 같습니다. bool 타입 객체인 False뿐 아니라, 숫자 0을 의미하는 값들, 비어있는 문자열(''), None 등은 False로 간주되는 객체들입니다.

```
>>> type(False)
<class 'bool'>
>>> bool(False)
False
>>> bool(0)
False
>>> bool(0.0)
False
>>> bool()
False
>>> bool('')
False
>>> bool(0x0)
False
>>> bool(None)
False
```

False로 간주되는 객체 외의 모든 객체들은 True로 간주됩니다.

```
>>> bool(1)
True
>>> bool(5)
True
>>> b = 3
>>> bool(b)
True
>>> bool('a')
True
>>> bool(' ')
True
```

8.1.2. 조건문의 기본 구조: if-else

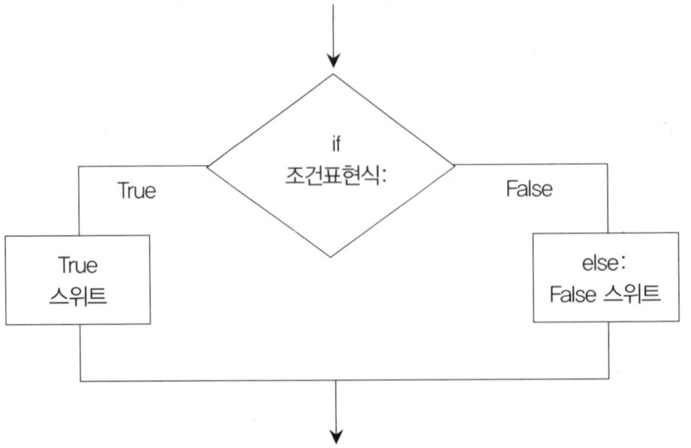

그림 1 if-else 구문 동작 흐름도

```
if 조건표현식:
    조건표현식이 True일 경우, 실행되는 코드 스위트(True 스위트)
else:
    조건표현식이 False일 경우, 실행되는 코드 스위트(False 스위트)
```

if-else 구문은 위와 같은 구조로 동작합니다. 조건표현식은 bool 객체, 관계(비교)연산 및 논리연산의 결과, 숫자, 문자(열), 리스트, 튜플, 딕셔너리, 집합 등의 값들이 될 수 있습니다. 조건표현식의 결괏값이 True이면, if 다음에 들여쓰기 되어 있는 코드 스위트가 실행됩니다. True일 때 실행되는 코드 스위트를 **"True 스위트"**라고 부르겠습니다. 조건표현식의 결괏값이 False이면, else 다음에 들여쓰기 되어 있는 코드 스위트가 실행됩니다. 같은 방식으로, False일 때 실행되는 코드 스위트를 **"False 스위트"**라고 부르겠습니다. 즉, 조건표현식의 결과가 True인지, False인지에 따라 실행되는 True 스위트와 False 스위트 중 하나를 선택하여 실행하게 됩니다.

실행되는 코드 스위트는 한 줄에 해당하는 구문일 수도 있고, 여러 줄에 해당하는 코드 블럭일 수도 있습니다. 여러 줄에 해당하는 경우, 동일하게 들여쓰기 되어야 합니다.

a에 3을 저장하고, if-문을 실행하면, a == 3은 True가 되어, True 스위트를 실행하므로 "a==3 is True"에 이어 "This line is for True"가 출력됩니다.

```
>>> a = 3
>>> if a == 3:
    print("a==3 is True")
    print("This line is for True")
else:
    print("a==3 is False")
    print("This line is for False)
```

<실행 결과>

```
a==3 is True
This line is for True
```

a에 0을 저장하고, if문을 실행하면, a == 3은 False가 되어, False 스위트를 실행하므로 "a==3 is False"에 이어 "This line is for False"가 출력됩니다.

```
>>> a = 0
>>> if a == 3:
    print("a==3 is True")
    print("This line is for True")
else:
    print("a==3 is False")
    print("This line is for False)
```

<실행 결과>

```
a==3 is False
This line is for False
```

다음과 같이 else문을 생략하여 사용할 수 있습니다.

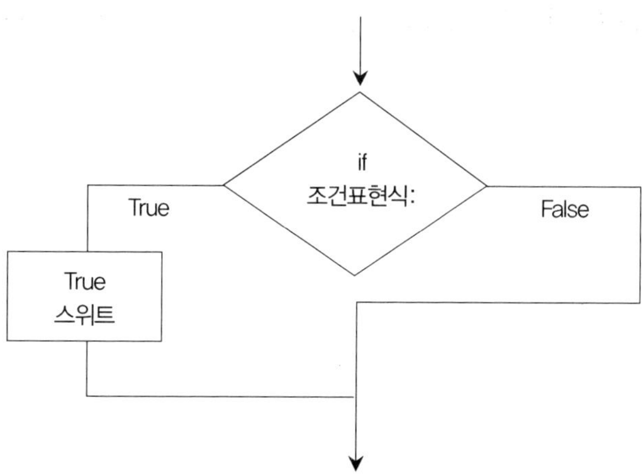

그림 2 if 구문 (else 생략) 동작 흐름도

```
if 조건표현식:
    조건표현식이 True이면 실행되는 코드 스위트(True 스위트)

if 구문 바깥의 코드
```

조건표현식이 True이면, True 스위트가 실행되고 if문이 종료되어, if문 바깥의 코드로 진행됩니다. else문이 존재하지 않으므로, 조건표현식의 False이면 실행되는 False 스위트가 존재하지 않아, 곧바로 if문 바깥의 코드로 진행됩니다.

다음 코드를 스크립트 모드로 실행해 보겠습니다. 변수 a에 1이 할당되었습니다. 조건표현식 a == 1은 True가 되어, "a==1 is True"가 출력되고, if문이 종료됩니다. 이후, "The test was over..."가 출력됩니다.

표 1 else문이 없는 if문의 동작

a = 1
if a == 1:
    print("a==1 is True!")
print("The test was over...")
	a = 2
	if a == 1:
	    print("a == 1 is True")
	print("The test was over...")

〈실행 결과〉 a==1 is True! The test was over... >>>	**〈실행 결과〉** The test was over... >>>

변수 a에 2를 할당한 후, 동일한 if문을 실행하면, 조건표현식 a == 1은 False가 되어, True 스위트는 실행되지 않고, if문이 종료되어, if문 바깥의 print("The test was over...")가 실행됩니다.

8.1.3. if-elif-else

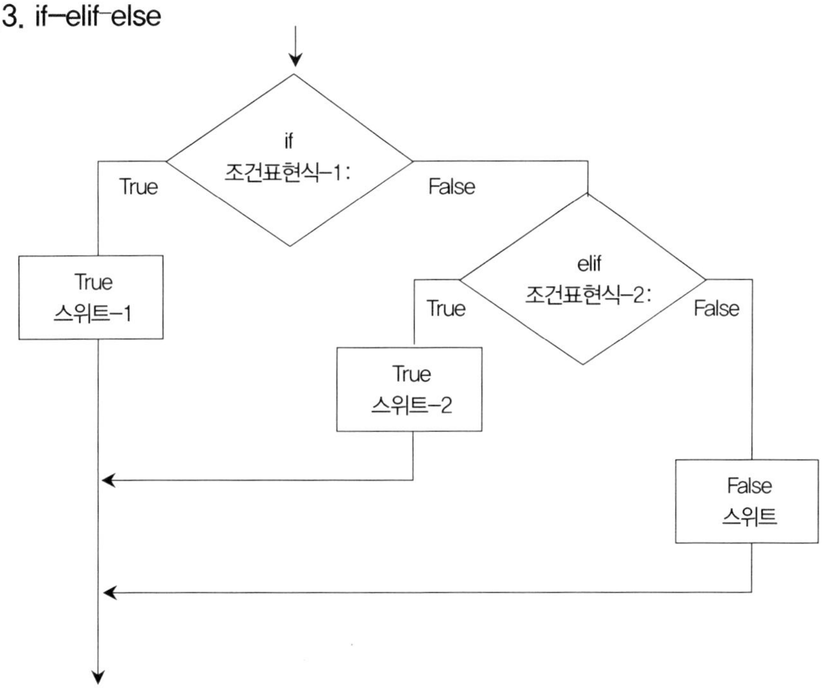

그림 3 if-elif-else 구문의 동작 흐름도

```
if 조건표현식-1:
    조건표현식-1이 True일 경우, 실행되는 코드 스위트(True 스위트-1)
elif 조건표현식-2:
    조건표현식-2가 True일 경우, 실행되는 코드 스위트(True 스위트-2)
else:
    앞의 조건표현식들이 모두 False일 경우, 실행되는 코드 스위트(False 스위트)

if-elif-else 구문 바깥의 코드
```

if문에 이어 elif문을 사용하면, 조건표현식-1이 False일 경우 elif문의 조건표현식-2가 수행됩니다. 조건표현식-2의 결과가 False이면, else문 다음의 코드 스위트가 수행됩니다.

if, elif, else와 동일한 들여쓰기 수준으로 작성된 명령문은 if-elif-else문이 종료된 후 항상 실행됩니다

다음의 코드를 스크립트 모드로 실행하기 위해, IDLE를 통해 파일작성 후, Run Module 메뉴를 실행합니다. 인터프리터 모드에서 실행할 때, 마지막의 항상 실행되는 문장을 else문과 함께 작성하여 실행하면, "SyntaxError: invalid syntax"가 발생하므로

작성하지 않습니다.

(예제) if–elif–else

```
a, b = map(int, input("Input a and b : ").split(','))

if a == 1:
    print("a==1 is True")
elif b == 1:
    print("b==1 is True")
else:
    print("a==1 False & b==1 False")

print("-- This line is always executed after if-elif-else!! --")
```

<실행 결과-1>

```
Input a and b : 1, 0
a==1 is True
-- This line is always executed after if-elif-else!! --
```

<실행 결과-2>

```
Input a and b : 0, 1
b==1 is True
-- This line is always executed after if-elif-else!! --
```

<실행 결과-3>

```
Input a and b : 0, 0
a==1 False & b==1 False
-- This line is always executed after if-elif-else!! --
```

8.1.4. 다중 if

if문만으로 구성되어 있는 다중 if문의 조건을 살펴보겠습니다.

```
if 조건표현식-1:
    조건표현식-1이 True이면 실행되는 코드 스위트(True 스위트-1)
if 조건표현식-2:
    조건표현-2가 True이면 실행되는 코드 스위트(True 스위트-2)
```

위 구조에서 코드의 실행 순서에 따라 조건표현식–1 다음에 이어 반드시 조건표현식-2가 실행되므로, 조건표현식들을 모두 만족하는 조건일 경우 True 스위트-1이 실행되고, 이어서 True 스위트-2도 실행되므로 선행 조건의 실행 결과가 후행 조건의 실행 결과로 대체될 수 있음에 유의해야 합니다.

조건표현식-2를 만족하는 범위가 조건표현식-1의 범위보다 좁아지거나, 조건표현식-1과 조건표현식-2의 조건이 상호 배타적인 경우에 사용하는 것이 혼란을 줄일 수 있어 편리합니다.

조건표현식의 조건들이 겹치는 경우

다음의 두 코드를 비교하여 보도록 하겠습니다. 먼저, 점수를 정수로 입력받아 값이 해당되는 범위를 출력하는 코드입니다.

각 if문의 조건들이 겹치게 되어, 입력값 80에 대해 v_range의 값은 차례대로 >= 80, >= 70, >= 60이 되는데, 코드 실행 순서에 따라 최종적으로 v_range ='>= 60'이 되어 최종 출력 결과는 The value range : >= 60입니다. v_range가 성적 등급을 나타내는 경우라면 낮은 등급으로 결정되는 문제가 발생할 수 있습니다.

(예제) 조건들의 범위가 겹치는 다중 if문

```
score = int(input("Input your score : "))

if score >= 90:
    v_range = '>= 90'
if score >= 80:
    v_range = '>= 80'
if score >= 70:
    v_range = '>= 70'
if score >= 60:
    v_range = '>= 60'
if score < 60:
    v_range = '< 60'

print("The value range : ", v_range)
```

<실행 결과>

```
Input your score : 80
The value range :  >= 60
```

앞의 예제로부터 조건표현식의 순서를 바꾸어 줌으로써 문제를 해결할 수 있음을 다음 [표 2]의 결과를 비교하여 확인할 수 있습니다.

이렇게 조건들의 범위가 겹치는 다중 if문을 사용할 경우, 넓은 범위의 조건으로부터 좁은 범위의 조건 순서로 if문을 배치해야 합니다.

표 2 조건이 겹치는 다중 if문

score = int(input("Input your score : "))
 	
if score >= 90:
    v_range = '>= 90'
if score >= 80:
    v_range = '>= 80'
if score >= 70:
    v_range = '>= 70'
if score >= 60:
    v_range = '>= 60'
if score < 60:
    v_range = '< 60'
 	
print("\nThe value range : ", v_range)
	score = int(input("Input your score : "))
	
	if score < 60:
	    v_range = '< 60'
	if score >= 60:
	    v_range = '>= 60'
	if score >= 70:
	    v_range = '>= 70'
	if score >= 80:
	    v_range = '>= 80'
	if score >= 90:
	    v_range = '>= 90'
	
	print("\nThe value range : ", v_range)

〈실행 결과-1〉 Input your score : 97 The value range : >= 60 **〈실행 결과-2〉** Input your score : 77 The value range : >= 60 **〈실행 결과-3〉** Input your score : 55 The value range : < 60	**〈실행 결과-1〉** Input your score : 97 The value range : >= 90 **〈실행 결과-2〉** Input your score : 77 he value range : >= 70 **〈실행 결과-3〉** Input your score : 55 The value range : < 60

조건표현식의 조건들이 상호 배타적인 경우(조건들이 겹치지 않는 경우)

다중 if문과 관련하여 한 가지 더 생각해 보도록 하겠습니다. 다음 예제에서 주어진 문제처럼, 상호 배타적인 조건들로 이루어진 경우는 어떻게 될까요? 범위가 겹치지 않으므로, if문이 계속 수행되더라도 오직 하나의 조건만 참(True)이 되므로, 80에 대해 'B'를 출력함을 확인할 수 있습니다. 즉, 상호 배타적인 조건들에 대해서 한 가지 경우를 선택하는 것과 같은 방식으로 동작함을 확인할 수 있습니다.

(예제) 상호 배타적인 조건들로 이루어진 다중 if문

```
score = int(input("Input your score : "))

if score == 90:
    grade = 'A'
if score == 80:
    grade = 'B'
if score == 70:
    grade = 'C'
if score == 60:
    grade = 'D'

print("The exact (exclusive) value : ", grade)
```

<실행 결과>

```
Input your score : 80
The exact (exclusive) value :  B
```

8.1.5. 중첩(nested) if-else

if-else문 내부에 다른 if-else문이 위치하는 방식을 중첩 if-else문이라고 합니다. 조건표현식이 False일 때, 다음에 오는 조건표현식을 판단하는 경우가 해당됩니다.

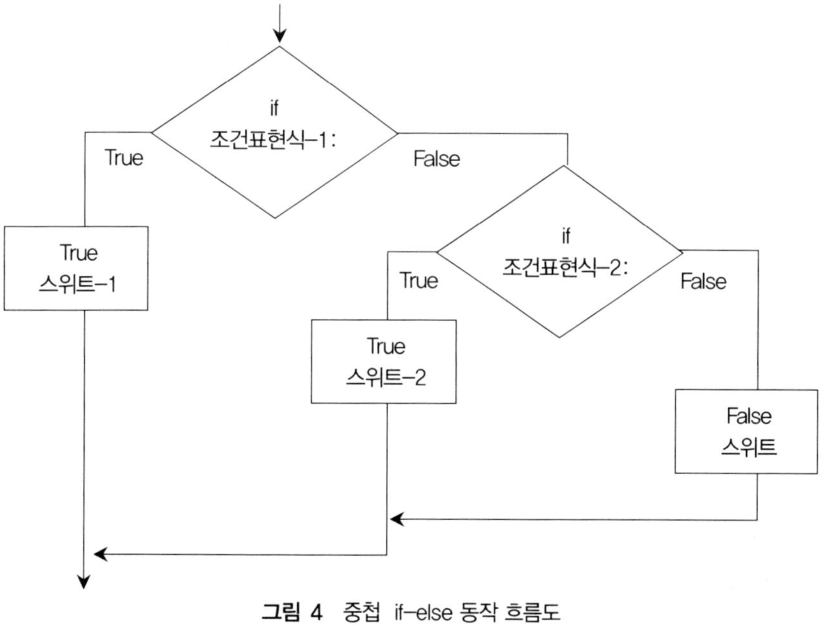

그림 4 중첩 if-else 동작 흐름도

```
if 조건표현식-1:
    조건표현식-1이 True일 경우, 실행되는 코드 스위트(True 스위트-1)

else:
    if 조건표현식-2:
        조건표현식-2가 True일 경우, 실행되는 코드 스위트(True 스위트-2)
    else:
        조건표현식-2가 False일 경우, 실행되는 코드 스위트(False 스위트)
```

중첩 if-else 구문의 동작이 if-elif-else 구문과 동등해지도록 만들 수 있지만, if 구문이 중첩되어 가독성이 낮아지므로 권장되지 않습니다. if-elif-else 구문을 사용하면, 조건들이 순차적으로 평가되므로 혼동의 여지가 적으므로, if-elif-else 구문을 사용할 것을 권장합니다.

8.2 반복문(loop statements)

일정 부분의 코드를 반복실행해야 할 경우, 반복문을 사용할 수 있습니다. Python은 반복실행과 관련하여 for문과 while문을 제공합니다. for문은 시퀀스형에 포함된 항목들을 하나씩 할당하면서 정해진 횟수(=시퀀스형 항목들의 개수)만큼 반복 작업을 수행하고, while문은 조건이 만족되는 동안 계속하여 반복 작업을 수행합니다.

반복 작업 도중, continue 또는 break를 사용하여 특정 조건에 따라 반복문을 중지하고 루프 바깥으로 빠져나올 수 있습니다.

8.2.1. for-반복문

```
for 변수 in 시퀀스형:
    반복 실행되는 코드 스위트(반복실행 스위트)
```

- for-반복문 안에 있는 변수는 루프 변수(loop variable)라고 하며, 시퀀스형의 항목들이 순차적으로 할당됩니다.
- for-반복문의 시퀀스형은 반복 범위와 횟수를 지정합니다.

• 반복 실행되는 코드 스위트를 루프 몸체(loop body)라고 하며 들여쓰기해야 합니다.

• 시퀀스형의 모든 항목을 할당하고, 반복실행이 끝나면, 반복이 종료됩니다.

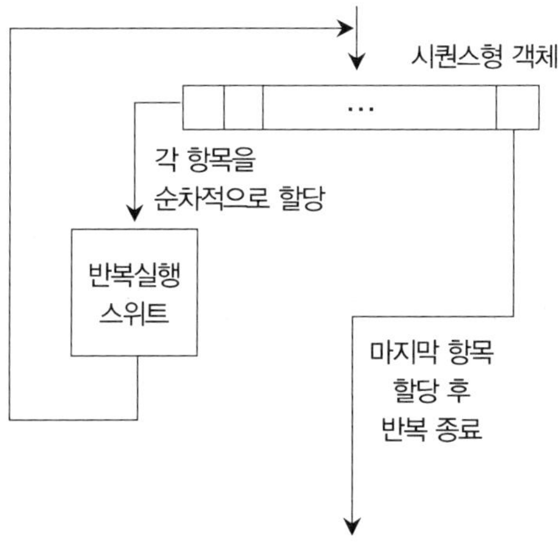

그림 5 for–반복문 동작 흐름도

for–반복문에 사용가능한 시퀀스형(sequence type)을 아래에 정리하였습니다.

• 리스트: [1, 2, 3, 4]

• 튜플: (1, 2, 3)

• 문자열: 'abcdefg'

• range() 함수: range(1,5)

for–반복문의 시퀀스형으로 리스트 [1, 2, 3]을 사용하는 경우, 루프 변수 i에 1, 2, 3이 차례대로 할당되어 루프 반복마다 i**2를 계산하여 출력합니다.

```
>>> for i in [1, 2, 3]:
        print(i**2)
```

<실행 결과>

```
1
4
9
```

for–반복문의 시퀀스형으로 튜플 [1, 2, 3]을 사용하는 경우, 튜플의 항목들 1, 2, 3이 차례대로 루프 변수 i에 할당되어, 루프 반복마다 'a'가 i번 출력됩니다.

```
>>> for i in (1, 2, 3):
    print('a'*i)
```

<실행 결과>

```
a
aa
aaa
```

for-반복문의 시퀀스형으로 문자열을 사용하는 경우, 문자열의 문자들이 차례대로 루프 변수 i에 할당되어 루프 반복 때마다 한 글자씩 출력됩니다.

```
>>> for s in 'NewYear2025!':
    print(s)
```

<실행 결과>

```
N
e
w
Y
e
a
r
2
0
2
5
!
```

range() 함수를 사용하여 특정 범위 내에 존재하는 정수들의 시퀀스를 생성할 수 있습니다. for-반복문의 시퀀스형으로 range(1, 10, 2)를 사용하는 경우, range() 범위에 해당하는 값들(1, 3, 5, 7, 9)이 차례대로 루프 변수 r에 할당되어, 루프 반복마다 r에 저장되어 있는 값이 출력됩니다. range()를 사용하면, 범위와 무관하게 항상 같은 양의 메모리를 사용하게 됩니다. 또한, 범위가 클 경우, 리스트나 튜플에 비해 편리할 수 있습니다.

```
>>> for r in range(1, 10, 2):
    print(r)
```

```
<실행 결과>
1
3
5
7
9
```

```
r = range(시작값, 끝값, 간격)
```

시퀀스 range()는 숫자들에 대한 불변 시퀀스를 나타내며, r의 범위는 r[i] = 시작값 + 간격 * i입니다. 이때, i는 range()에 의해 생성된 리스트의 인덱스를 의미하므로, i >= 0이고, r[i] < 끝값(간격 > 0인 경우) 또는 r[i] > 끝값(간격 < 0인 경우)입니다.

```
>>> i = 0
>>> for r in range(0, 30, 5):
    print('r[{ }] = { }'.format(i, r))
    i += 1
```

```
<실행 결과>
r[0] = 0
r[1] = 5
r[2] = 10
r[3] = 15
r[4] = 20
r[5] = 25
```

```
>>> i = 0
>>> for r in range(30, 0, -4):
    print('r[{ }] = { }'.format(i, r))
    i += 1
```

```
<실행 결과>
r[0] = 30
r[1] = 26
r[2] = 22
r[3] = 18
r[4] = 14
r[5] = 10
r[6] = 6
r[7] = 2
```

8.2.2. for ~ else문

```
for 변수 in 시퀀스형:
    시퀀스형의 항목을 하나씩 변수에 할당하며 실행되는 코드 스위트
else:
    for 루프를 완료한 후, 항상 실행되는 코드 스위트

for-반복문 바깥의 코드
```

시퀀스형의 모든 항목들에 대해 반복을 수행하고 난 후, for-반복은 종료되고, else: 다음의 코드 스위트가 실행됩니다. for-반복문 바깥의 코드는 순서에 따라 실행되므로, else문을 사용하지 않아도 당연히 실행됩니다.

(예제)

```
for i in [1, 2, 3, 4]:
    print(i)
print("All items are printed!")
```

<실행 결과>

```
1
2
3
4
All items are printed!
```

(예제)

```
for i in [1, 2, 3, 4]:
    print(i)
else:
    print("Else : All items are printed!")
```

<실행 결과>

```
1
2
3
4
Else : All items are printed!
```

그러나, for 루프 내에 위치하는 break문을 통해 for 루프 밖으로 빠져나오는 경우, else문은 실행되지 않습니다. else문에 적절한 print() 함수와 확인 문구를 사용하는 경우, for–반복문 내에 있는 break문이 실행되지 않고 완전하게 종료되었는지 명확하게 확인할 수 있습니다.

8.2.3. while–반복문

```
while 조건표현식:
    조건표현식이 True인 동안 무한 반복되는 코드 스위트(True 스위트)
```

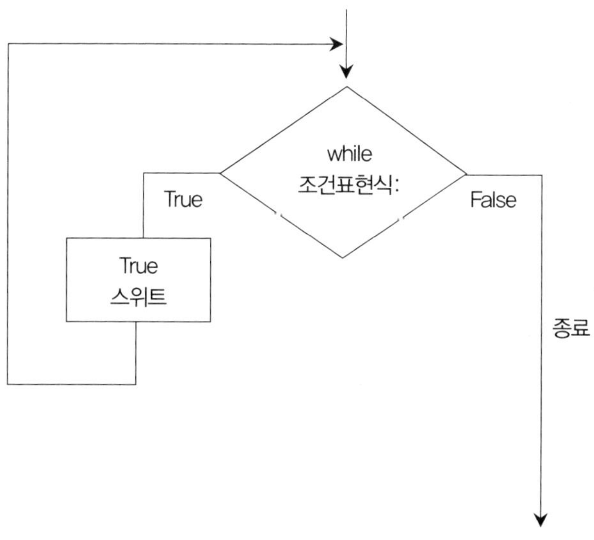

그림 6 while–루프 동작 흐름도

while–반복문은 조건표현식이 True인 동안, 루프 몸체를 구성하는 코드 스위트(True 스위트)가 계속 반복(iteration)됩니다. 코드 스위트는 들여쓰기 되어 있으며, 한 줄 또는 여러 줄로 구성될 수 있습니다.

while–반복문에서 주의해야 할 점은 실제로 무한 반복을 하도록 코드를 조건을 구성한 것인지, 특정 조건 동안만 반복하도록 구성할 의도였는데 의도와 다르게 무한 루프에 빠진 것은 아닌지 확인해야 한다는 점입니다.

연속된 숫자를 출력하는 간단한 코드를 for–반복문과 while–반복문으로 구현하여 동작시켜 보도록 하겠습니다.

```
i = 0
while i < 6:
    print("{ }".format(i))
    i += 1
```

```
for i in range(0, 6):
    print(i)
```

```
<실행 결과>
0
1
2
3
4
5
```

8.3 반복 제어

8.3.1 break문

break문은 for 루프 또는 while 루프의 반복 수행 중, 루프의 실행을 강제로 정지시키고 루프 바깥으로 빠져나오도록 해 줍니다.

break문의 실행을 다음 코드의 동작으로 확인해 보겠습니다.

```
for i in range(50):
    print(i)

    if i == 4:
        break
    print("This line is after <break>. \n")

print("\n")
print(" - - - -"*5)
print("The loop was broken with i = ", i)
print("The END.....")
```

실행 결과를 보면, 5번째 반복(i = 4)일 때, if i == 4:에서 i가 4이므로 True가 되어 break문이 실행됩니다. 그래서 다음 줄의 "This line is after <break>."는 출력되지 않고, 코드 스위트를 빠져나와 for문 바깥의 print() 함수들이 실행되며 프로그램 실행이 끝나게 됩니다.

```
while 조건표현식-1:

    <조건표현식-1이 True인 동안 무한 반복되는 코드 스위트>

    if 조건표현식-2:

        break

else:
    조건표현식-1이 False이면 while 루프를 빠져나와 실행되는 코드 스위트
    (break문이 실행되면, 이 else 블럭은 실행되지 않음)
```

break문이 실행되면, while 루프에 연결되어 있는 else 코드 스위트는 실행되지 않습니다.

(예제) break문이 실행되는 경우

```
i = 0
while True:
    print(i)
    i += 1

    if i == 5:   # break 구문 실행 조건
        break

else:
    print("This is a code suite below else:")

print("The END of the program")
```

```
<실행 결과>
0
1
2
3
4
The END of the program
```

while문의 조건표현식이 True인 경우, 무한 루프로 동작하므로, if문의 조건표현식을 만족하는 경우에만 break문이 수행되어 while 루프를 빠져나올 수 있습니다.

(예제) break문이 실행되지 않고, else문에 연결된 코드 스위트 실행

```
i = 0
while i < 4:
    print(i)
    i += 1

    if i == 5:
        break
else:
    print("This is a code suite below else.")

print("The END of the program")
```

<실행 결과>

```
0
1
2
3
This is a code suite below else:
The END of the program
```

while문의 i < 4의 조건이 실행되어, break문이 실행되지 않고 while 루프를 빠져나오게 되므로 else문의 코드 스위트가 실행되어 “This is a code suite below else.”가 출력됩니다.

다음 코드에서 if문의 조건표현식이 i == 3이 되면, for문이 종료되기 전에 break문이 반드시 실행되게 됩니다. 이처럼 break문이 실행되면, else 코드 블럭을 실행하지 않고 for loop 밖으로 빠져나오므로 else 다음의 “This is a code suite below else.”는 출력되지 않고 마지막 print문을 통해 "After Else!"가 실행됨을 확인할 수 있습니다.

```
for i in [1, 2, 3, 4];
    print(i)
    if i == 3:
        break
else:
```

```
    print("This is a code suite below else.")

print("After Else!")
```

```
<실행 결과>
1
2
3
After Else!
```

8.3.2. continue문

for 루프 또는 while 루프의 반복 수행 중, continue문을 만나면 해당 반복 회차의 나머지 명령문들을 실행하지 않고, 다음 회차의 반복 회차(사이클)로 건너뛰어 반복 루프 실행을 계속(continue)하도록 해 줍니다. 특정 조건에 대하여 해당 회차를 건너뛰는 것이 일반적이므로 if문의 코드 스위트에 continue문을 위치시킵니다.

(예제) 20 이하의 짝수만 출력

```
for i in range(20):
    if i % 2 == 1:    # i가 홀수이면, continue구문 실행 - print() 무시
        continue
    print(i)

print("We have find all even numbers < 20.")
```

```
<실행 결과>
0
2
4
6
8
10
12
14
16
18
We have find all even numbers < 20.
```

8.4 조건 반복 : 반복문 내에 위치하는 조건

if문을 for문 또는 while문 안에 위치시키면, if문의 조건표현식을 반복하는 구조를 구성할 수 있습니다.

```
while 조건표현식-1:

    <조건표현식-1이 True인 동안 무한반복되는 코드 스위트>

    if 조건표현식-2:
        ...
    elif 조건표현식-3:
        ...
    else:
        ...

else:
    조건표현식-1이 False이면 while 루프를 빠져나와 실행되는 코드 스위트
```

while의 조건표현식-1이 True인 동안, while 루프 블럭 내에 위치하는 if-elif-else문은 무한 반복되는 구조입니다.

8.5 중첩된 반복문

중첩된 반복문(nested loop)은 반복문 내에 또 다른 반복문이 포함되는 경우를 의미합니다. 예를 들어, while문 안에 for문이 존재하는 경우 for문 안에 또 다른 for문이 존재하는 경우 등이 해당됩니다.

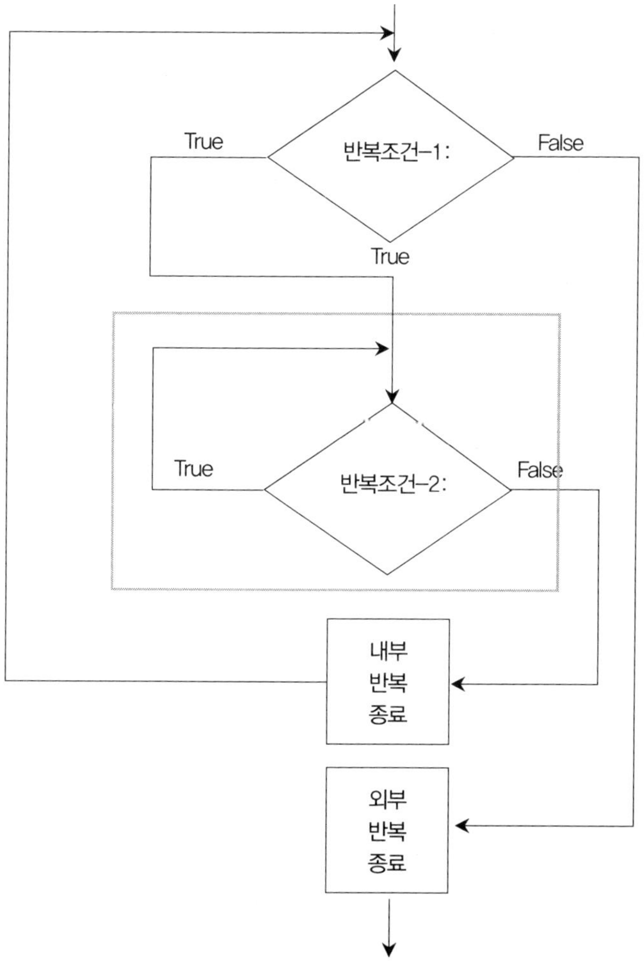

그림 7 중첩된 반복문 동작 흐름도

[그림 7]은 반복조건-1에 의한 반복문(외부 반복) 안에 반복조건-2에 의한 반복문(내부 반복)이 존재하는 경우의 동작 흐름도를 보여줍니다. 반복조건-2가 False가 되면, 반복조건-2에 의한 내부 반복이 종료되고, 반복조건-1로 돌아가서 외부 반복을 계속하게 됩니다. 이 과정을 반복하며, 반복조건-1이 False가 될 때, 외부 반복이 종료

되어 최종적으로 중첩된 반복문이 종료됩니다.

중첩된 반복문을 활용하여 구구단을 출력하는 코드를 다음 예제와 같이 작성할 수 있습니다.

(예제) 구구단 출력

```
for i in range(1, 10):   # 1부터 9까지 반복

    print('- - - This is {}-th dan for Gu-GU-DAN - - - \n'.format(i))

    for j in [1, 2, 3, 4, 5, 6, 7, 8, 9]:  # 1부터 9까지 반복

        # .format 메소드를 사용하여 결과를 포맷
        result = "{} x {} = {}".format(i, j, i * j)
        print(result, end="\t")  # 결과를 탭으로 구분하여 출력

    print()  # 다음 줄로 이동
    print()
```

<실행 결과>

```
IDLE Shell 3.12.6
File  Edit  Shell  Debug  Options  Window  Help
============ RESTART: C:/Users/test/Desktop/ex-mmulti-for-gugudan.py ===========
- - - This is 1-th dan for Gu-GU-DAN - - -

1 x 1 = 1	1 x 2 = 2	1 x 3 = 3	1 x 4 = 4	1 x 5 = 5
1 x 6 = 6	1 x 7 = 7	1 x 8 = 8	1 x 9 = 9

- - - This is 2-th dan for Gu-GU-DAN - - -

2 x 1 = 2	2 x 2 = 4	2 x 3 = 6	2 x 4 = 8	2 x 5 = 10
2 x 6 = 12	2 x 7 = 14	2 x 8 = 16	2 x 9 = 18

- - - This is 3-th dan for Gu-GU-DAN - - -

3 x 1 = 3	3 x 2 = 6	3 x 3 = 9	3 x 4 = 12	3 x 5 = 15
3 x 6 = 18	3 x 7 = 21	3 x 8 = 24	3 x 9 = 27

- - - This is 4-th dan for Gu-GU-DAN - - -

4 x 1 = 4	4 x 2 = 8	4 x 3 = 12	4 x 4 = 16	4 x 5 = 20
4 x 6 = 24	4 x 7 = 28	4 x 8 = 32	4 x 9 = 36

- - - This is 5-th dan for Gu-GU-DAN - - -

5 x 1 = 5	5 x 2 = 10	5 x 3 = 15	5 x 4 = 20	5 x 5 = 25
5 x 6 = 30	5 x 7 = 35	5 x 8 = 40	5 x 9 = 45

- - - This is 6-th dan for Gu-GU-DAN - - -

6 x 1 = 6	6 x 2 = 12	6 x 3 = 18	6 x 4 = 24	6 x 5 = 30
6 x 6 = 36	6 x 7 = 42	6 x 8 = 48	6 x 9 = 54

- - - This is 7-th dan for Gu-GU-DAN - - -

7 x 1 = 7	7 x 2 = 14	7 x 3 = 21	7 x 4 = 28	7 x 5 = 35
7 x 6 = 42	7 x 7 = 49	7 x 8 = 56	7 x 9 = 63

- - - This is 8-th dan for Gu-GU-DAN - - -

8 x 1 = 8	8 x 2 = 16	8 x 3 = 24	8 x 4 = 32	8 x 5 = 40
8 x 6 = 48	8 x 7 = 56	8 x 8 = 64	8 x 9 = 72
Ln: 162 Col: 87
```

8.6 Python에서 사용하지 않는 흐름제어 : switch, elseif

Python은 여러 가지 옵션 중에서 하나를 선택하는 switch문을 제공하지 않습니다. 다른 프로그래밍 언어에서 제공하는 방식의 switch문은 없지만, 동일한 동작을 수행하도록 구현이 가능합니다.

먼저, Matlab에서 구현되는 switch문의 동작을 살펴보겠습니다. 다음의 Matlab 프로그램은 여러 가지 옵션들(1, 2, 3, 4, 5) 중에서 명령 프롬프트로부터 입력받은 하나의 값을 비교하여 조건부로 선택하여 다른 텍스트를 표시합니다.

```
dest = input('Which bus do you want to take ? (1 - 5): ');

switch dest
    case 1
        disp('Your destination is Seoul')
    case 2
        disp('Your destination is Busan')
    case 3
        disp('Your destination is Daegu')
    case 4
        disp('Your destination is Incheon')
    case 5
        disp('Your destination is Gwangju')
    otherwise
        disp('We cannot go to your destination')
end
```

같은 기능을 Python에서 구현하기 위해 if-elif-else문을 활용할 수 있는데, 입력받은 dest의 값과 일치하는 옵션을 실행하여야 하므로, if와 elif의 조건표현식을 ==로 사용하면 됩니다. 앞의 예제와 동일한 동작을 Python으로 구현해 보겠습니다.

```
dest = int(input('Which bus do you want to take ? (1 - 5): '))

if dest == 1:
    print('Your destination is Seoul')
elif dest == 2:
    print('Your destination is Busan')
```

```
elif dest == 3:
    print('Your destination is Daegu')
elif dest == 4:
    print("Your destination is Incheon")
elif dest == 5:
    print("Your destination is Gwangju")
else:
    print('We cannot go to your destination')
```

<실행 결과>

```
========= RESTART: C:/Users/test/Desktop/ex-for-switch.py ========
Which bus do you want to take ? (1 - 5): 1
Your destination is Seoul

========= RESTART: C:/Users/test/Desktop/ex-for-switch.py ========
Which bus do you want to take ? (1 - 5): 5
Your destination is Gwangju

========= RESTART: C:/Users/test/Desktop/ex-for-switch.py ========
Which bus do you want to take ? (1 - 5): 6
We cannot go to your destination
```

Python에서 사용하지 않는 흐름제어가 하나 더 있습니다. elseif입니다. Python은 elseif를 줄여 elif로 사용하며 사용법은 동일합니다. 다만, if문의 코드 스위트와 마찬가지로, elif문의 코드 스위트도 들여쓰기에 주의해야 합니다.

참고자료 및 문헌

[Matlab switch] https://kr.mathworks.com/help/matlab/ref/switch.html

Chapter

09

시퀀스데이터형 (Sequence data types)

9.1 공통된 시퀀스 연산

9.2 내장 시퀀스형(built-in sequence types) 분류 : 불변 시퀀스 vs 가변 시퀀스

9.3 문자열(string)을 통한 시퀀스 연산 이해

지금까지 문자열, 리스트, 튜플, range(), 집합, 딕셔너리 등 다양한 데이터형(data types)을 학습하였습니다. 또한, 4장에서 내장 데이터형을 표로 정리하였는데, 그중 시퀀스형에 해당하는 데이터형들에 대해 조금 더 상세히 학습하겠습니다.

표 1 시퀀스 데이터형의 세부 분류

<table>
<tr><th colspan="2">분류</th><th colspan="2">데이터형</th></tr>
<tr><td colspan="2">숫자형(Numeric Type)</td><td colspan="2">int, float, complex(불변)</td></tr>
<tr><td colspan="2">부울형(Boolean Type)</td><td colspan="2">bool(불변)</td></tr>
<tr><td rowspan="4">시퀀스형
(Sequence type)</td><td rowspan="2">시퀀스형
(Sequence type)</td><td>list, range(가변)</td><td rowspan="4">순서 있음
(ordered)</td></tr>
<tr><td>tuple(불변)</td></tr>
<tr><td>텍스트 시퀀스형
(Text Sequence type)</td><td>str(불변)</td></tr>
<tr><td>바이너리 시퀀스형
(Binary Sequence type)</td><td>bytes(불변)
bytearray(가변)
memoryview(객체 의존)</td></tr>
<tr><td colspan="2">집합형(Set type)</td><td colspan="2">set(가변)</td></tr>
<tr><td colspan="2">매핑형(Mapping type)</td><td colspan="2">dict(가변)</td></tr>
<tr><td colspan="2">특수형(Special type)</td><td colspan="2">None(불변)</td></tr>
</table>

* collection data types: list, tuple, set, dict
** 불변: immutable, 가변: mutable

Python에서 사용하는 객체들을 데이터형들의 특징을 기준으로 한 분류 중, 시퀀스형(sequence type)에 대해 정리해 보도록 합니다. 순서를 갖는 객체들의 집합을 **시퀀스 데이터형, 시퀀스타입,** 또는 **시퀀스형**이라고 합니다. Python에 내장되어 있는 시퀀스형으로 다음 7가지 데이터형(data types)이 존재합니다: **문자열(string), 리스트(list), 튜플(tuple), range() 객체, 바이트열(bytes), 바이트어레이(bytearrays), 메모리뷰(memoryview)**

시퀀스형 중에서 문자열을 텍스트 시퀀스형, bytes, bytearray, memoryview를 바이너리 시퀀스형으로 세부적으로 구분하여, 다음 3가지로 분류할 수 있습니다.

- 시퀀스형: 리스트(list), 튜플(tuple), range() 객체
- 텍스트 시퀀스형: 문자열(string)
- 바이너리 시퀀스형: bytes, bytearray, memoryview

여기서 문자열, 리스트, 튜플, range() 객체의 4가지를 기본 시퀀스형으로 분류할 수 있습니다. 또한, 바이너리 데이터를 다루기 위한 시퀀스형으로 바이트열(bytes), 바이

트어레이(bytearray), 메모리뷰(memoryview)가 있습니다.

[그림 1]은 시퀀스형 객체를 다루는데 가장 기본이 되는 인덱싱(indexing)과 슬라이싱(slicing)을 보여줍니다.

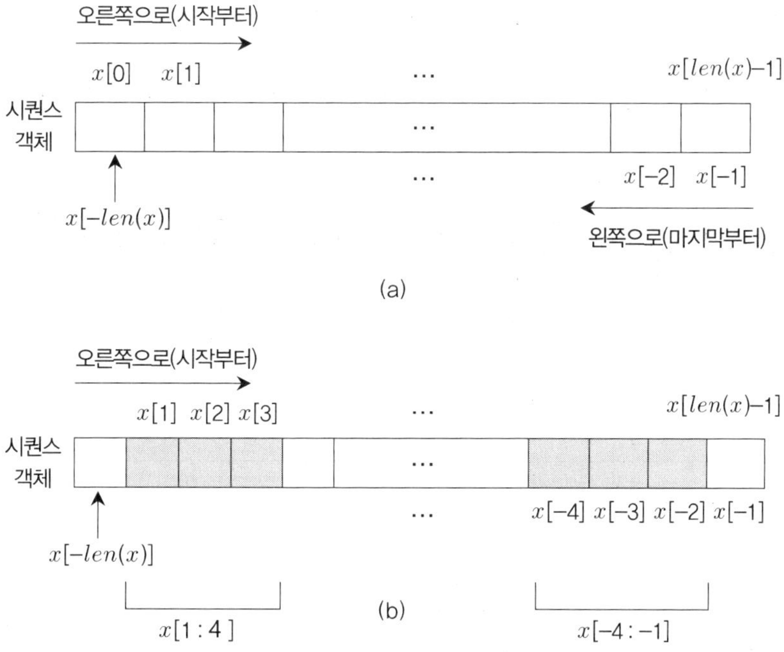

그림 1 시퀀스 데이터형 객체의 (a) 인덱싱과 (b) 슬라이싱

9.1 공통된 시퀀스 연산

시퀀스형 객체들은 다음과 같은 특징들을 공유하고 있습니다.

- 시퀀스 길이: 포함되어 있는 항목의 개수를 내장함수 len()을 통해 확인 가능
- 인덱싱: 각 항목은 순서를 가지고 있어, 인덱스를 통한 항목 접근(인덱싱)이 가능합니다. 즉, 시퀀스 seq에 대해, seq[i]를 통해 항목 접근이 가능합니다. 증가하는 인덱스(양수 인덱스) 방식으로, 0번째 항목부터 seq[0], seq[1], … 또는 감소하는 인덱스(음수 인덱스) 방식으로, 마지막 항목부터 seq[−1], seq[−2], …
- 슬라이싱(slicing): 인덱싱을 통해 시퀀스의 부분집합을 복사 또는 삭제 가능

• 소속 검사(membership test): 특정 항목의 시퀀스 포함여부 검사 가능
• 항목 순회: for-반복문을 통해 시퀀스의 각 항목 순회
• 시퀀스의 연결(concatenation), 반복(repetition) 가능
• 시퀀스 항목의 최댓값(max), 최솟값(min)
• 시퀀스 정렬: 메소드 sorted()를 사용하여 정렬된 시퀀스를 새로운 시퀀스로 반환

시퀀스형 객체들에 공통으로 적용되는 연산들을 [표 2]에 정리하였습니다.

표 2 시퀀스 데이터형 공통 연산

연산	설명
x in s	x가 s의 항목에 포함되어 있으면 True, 그렇지 않으면 False
x not in s	x가 s의 항목에 포함되어 있으면 False, 그렇지 않으면 True
s + t	s와 t연결 (concatenation)
s*n 또는 n*s	s를 n번 반복 (repeat)
s[i]	s의 인덱스 i의 항목 선택, 0부터 시작
s[i:j]	s의 인덱스 i부터 j 항목까지 선택. 슬라이싱(slicing)
s[i:j:k]	s의 인덱스 i부터 j까지 간격 k로 선택
len(s)	s의 길이(항목의 개수) 반환
min(s)	s에서 가장 작은 항목 반환
max(s)	s에서 가장 큰 항목 반환
s.index(x)	s의 첫 번째 x의 인덱스 반환
s.count(x)	s에 등장하는 x의 개수 반환

[표 2]에 포함된 연산들 외에도 sum(), any(), all(), sorted(), reversed(), enumerate(), count(), slice() 등이 대부분의 시퀀스 데이터형에 적용 가능합니다. 단, sum()은 숫자를 포함하는 시퀀스형에 적용 가능한 것처럼 일부는 특정 시퀀스형에만 적합할 수 있습니다.

9.2 내장 시퀀스형(built-in sequence types) 분류 : 불변 시퀀스 vs 가변 시퀀스

내장 시퀀스형을 불변 시퀀스(immutable sequence)와 가변 시퀀스(mutable sequence)로 구분할 수 있습니다.

9.2.1. 불변 시퀀스(immutable sequence)

불변 시퀀스 형의 객체는 생성된 후, 변경 불가능합니다. 문자열, 튜플, bytearray, range() 객체, memoryview는 불변 시퀀스형에 해당됩니다.

문자열(Strings)

Python의 문자열은 유니코드(Unicode)로 인코딩되며, 유니코드를 통해 다양한 언어와 기호를 포함한 광범위한 문자집합을 다룰 수 있습니다. 유니코드에서 각 문자는 고유한 코드 포인트(code point)를 갖는데, 각 문자는 유니코드 값에 대응하는 유니코드 코드 포인트를 갖습니다. (예: 'A'의 유니코드 값은 65, 'A'의 유니코드 코드 포인트는 U+0041, 0x0041) Python 문자열은 이러한 코드 포인트를 이용해 각 문자를 저장하고 표현합니다.

내장함수 chr()는 0x0000 - 0x10FFFF 범위 내에 있는 하나의 정수를 이에 대응하는 길이 1인 문자열 객체로 변환해 줍니다. 내장함수 ord()는 특정 문자의 유니코드 코드 포인트값을 10진수로 변환해 줍니다.

```
>>> code_point = 0x0041
>>> char = chr(code_point)
>>> print("유니코드 코드 포인트 {}는 문자 {}에 해당됩니다.".format(hex(code_point),
char))
유니코드 코드 포인트 0x41는 문자 A에 해당됩니다.
>>> ord('A')
65
```

문자열은 유니코드 코드 포인트(Unicode code point)를 표현하는 값들이며, 불변 시퀀스입니다. U+0000 – U+10FFFF 범위 내에 있는 모든 코드 포인트들은 문자열로 표시될 수 있는데, 아직 사용되지 않는 영역도 포함되어 있습니다. 문자열의 각각의 코드 포인트(U+0041)는 길이 1(한 글자)인 문자열 객체('A')로 표현됩니다.

표 3 알파벳 문자의 유니코드 코드 포인트

문자	유니코드 코드 포인트		문자	유니코드 코드 포인트	
	Hex	Decimal		Hex	Decimal
A	U+0041	65	a	U+0061	97
B	U+0042	66	b	U+0062	98
C	U+0043	67	c	U+0063	99
D	U+0044	68	d	U+0064	100
E	U+0045	69	e	U+0065	101
F	U+0046	70	f	U+0066	102
G	U+0047	71	g	U+0067	103
H	U+0048	72	h	U+0068	104
I	U+0049	73	i	U+0069	105
J	U+004A	74	j	U+006A	106
K	U+004B	75	k	U+006B	107
L	U+004C	76	l	U+006C	108
M	U+004D	77	m	U+006D	109
N	U+004E	78	n	U+006E	110
O	U+004F	79	o	U+006F	111
P	U+0050	80	p	U+0070	112
Q	U+0051	81	q	U+0071	113
R	U+0052	82	r	U+0072	114
S	U+0053	83	s	U+0073	115
T	U+0054	84	t	U+0074	116
U	U+0055	85	u	U+0075	117
V	U+0056	86	v	U+0076	118
W	U+0057	87	w	U+0077	119
X	U+0058	88	x	U+0078	120
Y	U+0059	89	y	U+0079	121
Z	U+0060	90	z	U+007A	122

다음 문자열 'Abcde'에 대한 유니코드 정보를 확인해 보겠습니다.

```
>>> uni_str = 'Abcde'
>>> type(uni_str)
<class 'str'>
>>> uni_str[0]
'A'
>>> ord(uni_str[0])
65
>>> ord('b')
98
>>> ord('c')
99
>>> chr(99)
'c'
>>> chr(98)
'b'
>>> chr(65)
'A'
```

'A'의 유니코드 코드 포인트는 U+0041입니다. 이때 ord('A')는 65를 반환하며, 이는 U+0041의 10진수 표현입니다. chr(65)는 'A'를 반환합니다.

str.encode()는 문자열을 주어진 텍스트 인코딩을 사용해서 바이트열(bytes) 객체로 변환하는데 사용될 수 있고, bytes.decode()는 바이트열(bytes) 객체를 문자열 객체로 변환하는 데 사용될 수 있습니다.

```
>>> bb = 'abc'.encode()
>>> bb
b'abc'
>>> type(bb)
<class 'bytes'>
>>>
>>> aa = bb.decode()
>>> aa
'abc'
>>> type(aa)
<class 'str'>
```

튜플(Tuples)

튜플의 항목으로 어떠한 종류의 Python 객체도 가능합니다. 튜플은 리스트와 유사하지만, 인덱싱 및 슬라이싱을 통해 항목(들)을 할당, 변경할 수 없는 불변 시퀀스형입니다. 튜플이 두 개 이상의 항목을 포함하면, 각 항목을 쉼표로 분리합니다.

괄호로 표현식을 묶을 수 있지만, 하나의 항목(표현식)만을 괄호로 감싸주면, 표현식만으로는 튜플이 생성되지 않고, 정수형 또는 문자열이 될 수 있습니다.

```
>>> s = (1)
>>> type(s)
<class 'int'>
>>> s
1
>>> s = ('a')
>>> s
'a'
>>> type(s)
<class 'str'>
```

하나의 항목만으로 구성된 튜플을 **싱글톤(singleton)**이라고 합니다. 싱글턴을 만드는 방법은 표현식에 쉼표(comma)만 붙여주는 것입니다.

```
>>> ss = 1,                # ss = (1,)
>>> ss
(1,)
>>> type(ss)
<class 'tuple'>
>>>
>>> ss = 'a',
>>> ss
('a',)
>>> type(ss)
<class 'tuple'>
```

빈 튜플은 한 쌍의 빈 괄호로 만들 수 있습니다.

```
>>> empty = ()
>>> empty
()
>>> type(empty)
<class 'tuple'>
```

바이트열(Bytes)

바이트열 객체는 단일 바이트들의 불변 시퀀스입니다. 많은 주요 바이너리 프로토콜은 ASCII 텍스트 인코딩을 기반으로 합니다. 바이트열 객체의 각 값은 8비트로 구성되며, 0 <= x < 256 범위에 해당하는 정수로 표현됩니다. 또한, 바이트열 객체를 decode() 메소드를 사용하여 문자열로 디코드할 수 있습니다.

바이트열 객체를 리터럴 형식으로 생성할 수 있고, 아래의 다른 방법으로 생성할 수도 있습니다.

- 바이트열 리터럴 형식: b'abcdefg'
- 지정된 길이의 0으로 채워진 바이트열 객체: bytes(10)
- 정수의 반복가능한 객체(iterables)로부터: bytes(range(20))
- 버퍼 프로토콜을 통해 기존 바이너리 데이터 복사: bytes(obj)

```
>>> a = b'abcdefg'
>>> type(a)
<class 'bytes'>
>>> len(a)
7
>>>
>>> b = bytes(3)
>>> type(b)
<class 'bytes'>
>>> len(b)
3
>>>
>>> c = bytes(range(5))
>>> type(c)
<class 'bytes'>
>>> print(c)
b'\x00\x01\x02\x03\x04'
```

```
>>>
>>> d = bytes(a)
>>> type(d)
<class 'bytes'>
>>> print(d)
b'abcdefg'
>>>
>>> for i in c:
	print(i)
```

<실행 결과>

```
0
1
2
3
4
```

```
>>> a = b'abcdefg'
>>> a
b'abcdefg'
>>> type(a)
<class 'bytes'>
>>>
>>> aa = a.decode()
>>> type(aa)
<class 'str'>
>>> a
b'abcdefg'
>>> aa
'abcdefg'
```

range() 객체

range() 객체는 숫자들로 구성된 불변 시퀀스이며, for 루프에서 특정 횟수만큼 반복하거나, 특정 규칙으로 생성된 숫자 리스트를 생성하는 데 흔히 사용됩니다.

range() 객체의 사용 형식과 내용은 다음과 같습니다.

```
range(start, stop, step)
```

- start: 시작값(또는 값이 제공되지 않으면 0)
- stop: 끝값(포함되지 않음)
- step: 증가 간격(또는 값이 제공되지 않으면 1)

리스트 또는 튜플에 비해 range() 객체는 표현하는 범위의 크기에 관계없이 항상 같은(작은) 양의 메모리를 사용한다는 점이 장점입니다. range()는 이어 붙이기와 반복을 제외한 공통 시퀀스 연산을 적용할 수 있습니다.

```
>>> list(range(10))
[0, 1, 2, 3, 4, 5, 6, 7, 8, 9]
>>> list(range(1, 11))
[1, 2, 3, 4, 5, 6, 7, 8, 9, 10]
>>> list(range(0, 30, 5))
[0, 5, 10, 15, 20, 25]
>>> list(range(0, 10, 3))
[0, 3, 6, 9]
>>> list(range(0, -10, -1))
[0, -1, -2, -3, -4, -5, -6, -7, -8, -9]
>>> list(range(0))
[]
>>> list(range(1, 0))
[]
```

메모리뷰(memoryview)

memoryview 객체는 Python 코드가 버퍼 프로토콜을 지원하는 객체의 내부 데이터를 실제로 복사하지 않고 참조(view)하여 접근할 수 있게 합니다. 이런 방식으로 메모리 접근을 효율적으로 처리할 수 있어, 대용량 데이터를 다룰 때 매우 유용한 객체입니다. memoryview 는 슬라이싱과 인덱싱을 지원하여 데이터를 노출합니다. (버퍼 프로토콜에 대한 보다 자세한 사항들을 확인하기 위하여 Python 공식 문서 페이지를 참고할 수 있습니다.)

```
>>> m_view = memoryview(b'abcefg')
>>> m_view
<memory at 0x000001893BAE7C40>
>>> m_view[0]
97
>>> m_view[1]
```

```
98
>>> m_view[5]
103
>>> m_view[-1]
103
>>> m_view[1:4]
<memory at 0x000001893BAE7B80>
>>> bytes(m_view[1:4])
b'bce'
>>> m_view[1] = 99
Traceback (most recent call last):
  File "<pyshell#129>", line 1, in <module>
    m_view[1] = 99
TypeError: cannot modify read-only memory
>>> for i in m_view:
    print(i, chr(i))
```

<실행 결과>

```
97 a
98 b
99 c
101 e
102 f
103 g
```

m_view 객체는 bytes 객체로부터 생성되어 변경이 불가능하지만, bytearray 객체로부터 생성되는 경우에는 변경할 수 있습니다.

```
>>> m_view2 = memoryview(bytearray(b'abcefg'))
>>> m_view2[0] = 99
>>> for i in m_view2:
    print(i, chr(i))
```

<실행 결과>

```
99 c
98 b
99 c
101 e
102 f
103 g
```

Q Python 공식 문서를 참고하여 bytes 객체와 bytearray 객체의 차이점에 대해 정리해 봅시다.

9.2.2. 가변 시퀀스(mutable sequence)

리스트, 바이트배열(bytearray)은 가변 시퀀스형에 해당되며, 가변 시퀀스는 생성된 후 변경될 수 있습니다. 할당문 및 del 명령에 인덱싱(indexing)과 슬라이싱(slicing)을 사용하여 시퀀스를 변경할 수 있습니다.

리스트(Lists)

어떠한 종류의 Python 객체든지 리스트의 항목이 될 수 있습니다. 리스트는 쉼표로 분리된 표현식을 대괄호 안에 넣어서 만들 수 있습니다.

바이트 배열(Bytearrays)

바이트 배열(bytearray) 객체는 가변 배열입니다. 내장 bytearray() 생성자를 사용하여 생성할 수 있습니다. 가변이라는 점(따라서, 해시 불가능함)을 제외하고, 바이트 배열은 불변 바이트열(bytes) 객체와 같은 인터페이스와 기능을 제공합니다.

```
>>> a = b'abcdefg'
>>> a
b'abcdefg'
>>> type(a)
<class 'bytes'>
>>> a[0]
97
>>> a[0] = 98              # bytes는 불변(immutable)
Traceback (most recent call last):
  File "<pyshell#61>", line 1, in <module>
    a[0] = 98
TypeError: 'bytes' object does not support item assignment
```

이제 바이트 배열(bytearray) ab를 수정하고, 디코드하여 문자열을 확인해 보도록 합니다.

```
>>> ab = bytearray(a)
>>> type(ab)
<class 'bytearray'>
>>> ab
bytearray(b'abcdefg')
>>> ab[0]
97
>>> ab[1]
98
>>> ab.decode()
'abcdefg'
>>> ab[0] = 98            # bytearray는 가변(mutable)
>>> ab
bytearray(b'bbcdefg')
>>> ab.decode()
'bbcdefg'
>>> cc = ab.decode()
>>> type(cc)
<class 'str'>
>>> cc
'bbcdefg'
```

표 3. 바이트열(bytes)과 바이트 배열(bytearray)의 비교

특성	bytes	bytearray
가변성	불변 (immutable)	가변 (mutable)
용도	읽기 전용 데이터	수정 가능한 데이터
예시	b'python'	bytearray(b'python')

[표 4]의 연산들은 가변 시퀀스형에 정의되어 있습니다. s는 가변 시퀀스형으로 정의된 객체(예: 리스트)이고, t는 임의의 반복가능한 객체(예: 리스트)이며, x는 s가 요구하는 형(타입) 및 값에 대한 제한을 충족시키는 임의의 객체입니다.

표 4 가변 시퀀스형에 적용가능한 연산들

연산	설명
s[i] = x	s의 인덱스 i 항목에 x를 할당
s[i:j] = t	s를 인덱스 i부터 j까지 슬라이싱하여 t의 내용을 할당
del s[i:j]	s의 인덱스 i부터 j까지 항목을 삭제. s[i:j] = [] 와 동일
s[i:j:k] = t	s[i:j:k]의 항목들에 t의 항목들을 할당
del s[i:j:k]	s에서 s[i:j:k] 의 항목들을 삭제
s.append(x)	s의 끝에 항목 x를 추가. s[len(s):len(s)+1] = [x]와 동일
s.clear()	s에서 모든 항목을 삭제. del s[:]와 동일
s.copy()	s의 얕은 복사본 생성. s[:]와 동일
s.extend(t) 또는 s += t	s에 t를 추가하여 확장. s[len(s):len(s)+len(t)] = t 와 동일
s *= n	s의 내용이 n번 반복되도록 s 를 갱신
s.insert(i, x)	s의 인덱스 i에 항목 x를 삽입. s[i:i] = [x]
s.pop()	s의 마지막 항목을 삭제하며 반환
s.pop(i)	인덱스 i의 항목을 삭제하며 반환
s.remove(x)	s에서s[i]가 x와 같은 첫 번째 항목을 삭제함
s.reverse()	s 의 항목들의 순서를 뒤집어 s에 저장함

* s: 가변 시퀀스(mutable sequency)형 객체를 의미
** t: 반복가능한 객체(iterable)를 의미

9.3 문자열(string)을 통한 시퀀스 연산 이해

문자열(string) 시퀀스는 문자들이 순서에 의해 구성된 텍스트 시퀀스를 의미하며, 우리가 쉽게 이해할 수 있는 텍스트 자체이며 매우 자주 사용하는 Python 객체이므로, 문자열을 통해 시퀀스 연산에 대해 자세히 살펴보도록 하겠습니다.

9.3.1. 문자열 생성 및 인덱싱

Python의 텍스트 데이터는 문자열(strings) 객체로 인식되며, 작은따옴표 또는 큰따옴표로 문자열 리터럴을 감싸 줍니다. 여러 줄에 걸쳐있는 문자열은 세 개의 작은따옴표 또는 세 개의 큰따옴표로 감싸줍니다. 작은따옴표와 큰따옴표는 같은 역할을 수행하며 동등하므로, 편의상 선택하여 사용하면 됩니다.

```
>>> a1 = 'Python String'
>>> b1 = " " " We live in the Republic of Korea. We are studying Python programming
language. " " "
>>> type(a1)
<class 'str'>
>>> len(a1)
13
>>> type(b1)
<class 'str'>
>>> len(b1)
78
>>> a1[0]
'P'
>>> type(a1[0])
<class 'str'>
```

문자열의 형(타입)을 확인하기 위해 type() 함수를 사용해 보면, 'str'로 표시됩니다. 별도의 "문자"형이 없으므로 문자열을 인덱싱하면 길이가 1인 문자열이 생성됩니다. 문자열 a1으로부터 인덱싱하여 a1[0]을 확인해 보면, 저장된 값 'P' 역시 문자열('str')임을 확인할 수 있습니다.

```
>>> a = '123'
>>> a[0]
1
>>> a[0] == a[0:1]
True
>>> empty = ''
>>> empty[0]
Traceback (most recent call last):
  File "<pyshell#118>", line 1, in <module>
    empty[0]
IndexError: string index out of range
```

비어있지 않은 문자열 a의 경우, a[0] == a[0:1]이 항상 성립하여 True를 반환합니다. 그러나, 비어있는 문자열 empty의 경우, empty[0]이 존재하지 않으므로 인덱스 범위를 벗어나는 것으로 간주하게 되고 'IndexError'가 발생합니다.

```
>>> em1 = b[n:n]
>>> em1
''
>>> type(em1)
<class 'str'>
>>> em2 = ''
>>> em1 == em2
True
```

문자열은 생성자 str()을 사용하여 다른 객체들, 예를 들어 숫자, 리스트, 튜플, 딕셔너리, 부울 등의 객체로부터 만들어질 수도 있습니다.

```
>>> str_result = str(12345)
>>> str_result
'12345'
>>> type(str_result)
<class 'str'>
>>>
>>> mylist = [1, 3, 5]
>>> str_result2 = str(mylist)
>>> str_result2
'[1, 3, 5]'
>>> print(str_result2)
[1, 3, 5]
>>> type(str_result2)
<class 'str'>
```

Q 위 예제에서 문자열 시퀀스 str_result와 str_result2의 각 항목들을 확인해 보세요.

9.3.2. 소속 검사(membership test)

소속 검사 과정을 문자열에 적용해 보도록 하겠습니다. 전체 문자열 내에 포함된 일부 문자열의 소속을 검사하는 것이므로, 변수명을 검사하면 오류가 발생하게 됩니다.

```
>>> test_str = "abcdefg"
type(test_str)
<class 'str'>
>>> test_str
```

```
'abcdefg'
>>> print(test_str)
abcdefg
>>>
>>> a in test_str          # a는 문자열이 아님. 'a'로 검사 필요.
Traceback (most recent call last):
  File "<pyshell#125>", line 1, in <module>
    a in tst_str
TypeError: 'in <string>' requires string as left operand, not int
>>>
>>> 'a' in test_str
True
>>> int('a' in test_str)
1
>>> 'a' not in test_str
False
>>> int(True)
1
>>> 'b' in test_str
True
>>> 'ac' in test_str
False
>>> 'abc' in test_str
True
```

9.3.3. 시퀀스 인덱싱과 슬라이싱

인덱스를 통한 항목 접근(인덱싱)과 슬라이싱 과정을 문자열에 적용해 보도록 하겠습니다. Python에서 항목의 인덱스는 0부터 시작합니다. 인덱스 0인 항목은 첫번째 항목 'a'입니다. 본 예제의 문자열은 a부터 g까지 7개의 문자로 되어 있습니다. 따라서 len(test_str)의 결과도 7입니다. 마지막 항목은 인덱스 6으로 접근할 수 있습니다.

Python에서 마지막 인덱스부터 거꾸로 인덱스를 설정(음수 인덱스)할 수 있다는 것입니다. 마지막 인덱스는 −1, 그 전 인덱스는 −2가 되는 방식입니다. test_str[−1]은 마지막 항목인 'g'가 되고, test_str[−2]는 'f'가 됩니다.

```
>>> test_str = "abcdefg"
>>> test_str[0]
'a'
```

```
>>> len(test_str)
7
>>> test_str[6]
'g'
>>> test_str[-1]
'g'
```

슬라이싱(slicing)은 부분집합을 선택하는 과정으로, 슬라이싱 시작 인덱스, 슬라이싱 마지막 인덱스, 인덱스 간격을 콜론(:)으로 구분하여 설정하여 수행할 수 있습니다.

```
test_str[start : stop : step]
test_str[start : stop]
```

- start: 시작 인덱스(또는 시작 인덱스가 제공되지 않으면 0)
- stop: 마지막 인덱스(또는 마지막 인덱스가 제공되지 않으면, 해당 문자열의 길이)
- step: 인덱스 증가 간격(또는 인덱스 증가 간격이 제공되지 않으면 1)

시작 인덱스(start)만 생략하면, 시작 인덱스를 0으로 간주하여, 첫 번째 항목부터 "마지막 인덱스-1" 번째 항목까지 슬라이싱하여 반환합니다. 시작 인덱스와 마지막 인덱스를 모두 생략하면, 전체 항목을 반환합니다.

```
>>> test_str[1:2]
'b'
>>> test_str[1:4]
'bcd'
>>> test_str[:]
'abcdefg'
```

슬라이싱할 때, 마지막 인덱스(stop)를 생략하면 마지막 항목까지 슬라이싱하여 반환합니다.

```
>>> test_str[1:]
'bcdefg'
```

문자열 순서 뒤집기(reversing)

슬라이싱을 이용하여 문자열의 순서를 반대로 만들 수 있습니다(문자열 뒤집기). "::-1" 부분은 첫 번째 항목부터 마지막 항목까지 -1씩 증가시키면서(즉, 거꾸로) 슬라이싱하는 과정으로 이해할 수 있습니다.

```
>>> test_str[::-1]
'gfedcba'
```

내장함수 reversed()와 메소드 join()을 이용하여 시퀀스를 역순으로 뒤집는 것도 가능합니다.

```
>>> test_str = "abcdefg"
>>> reversed_text = ''.join(reversed(test_str))
>>> reversed_text
'gfedcba'
```

reversed(test_str)은 test_str을 뒤집은 이터레이터(iterator, 반복자)를 반환하고, ''.join()을 통해 이터레이터를 문자열로 결합해 줍니다.

다음 코드와 같이 for-반복문을 사용하여 시퀀스를 뒤집는 방법도 가능합니다.

```
>>> reversed_str = ''
>>> for i in reversed(test_str):
    reversed_str += i
>>> reversed_str
'gfedcba'
```

9.3.4. 문자열 메소드

문자열 시퀀스 데이터형은 매우 다양한 메소드를 지원합니다. 각 메소드들의 기능을 간단히 정리하였습니다.

- count(): 부분 문자열의 발생 횟수를 셈
- encode(): 문자열을 바이트 객체로 인코딩
- replace(): 부분 문자열을 새 문자열로 교체
- center(): 문자열을 가운데 정렬

- zfill(): 문자열을 0으로 채워서 주어진 너비에 맞춤
- partition(): 구분자를 기준으로 문자열을 3개의 부분으로 나눔
- join(): 이터레이터 객체의 항목들을 연결하여 새로운 문자열 반환
- split(): 구분자를 기준으로 문자열을 나누어 리스트로 반환
- splitlines(): 줄 단위로 문자열을 나누어 리스트로 반환
- expandtabs(): 탭 문자를 공백으로 바꿈
- index(): 부분 문자열의 첫 번째 인덱스 반환
- find(): 부분 문자열의 첫 번째 인덱스 반환
- rfind(): 오른쪽부터 부분 문자열을 찾아 첫 번째 인덱스 반환
- rindex(): 오른쪽부터 부분 문자열을 찾아 첫 번째 인덱스 반환

문자열 클래스의 메소드 reversed( ), join( )를 이용하여 문자열 뒤집기를 수행할 수 있습니다. reversed()를 이용하여 문자열 'abcdefg'를 뒤집은 반복가능객체를 반환하여 변수 rr에 할당합니다. 그리고, '구분자'.join(문자열) 형태로 메소드 join()를 사용하여, 문자열로 구성되어 있는 리스트를 빈칸으로 구분하여 연결해 줍니다.

```
>>> rr = reversed('abcdefg')
>>> print(rr)
<reversed object at 0x000001F43501F070>
>>> type(rr)
<class 'reversed'>
>>> for i in rr:
    print(i)


g
f
e
d
c
b
a
>>> rr = reversed('abcdefg')
>>> tt = ' '.join(rr)
>>> print(tt)
'g f e d c b a'
>>> type(tt)
<class 'str'>
```

메소드 split()을 사용하면 문자열을 단어로 분리하여 리스트로 반환합니다. split()의 인자를 작성하지 않으면 빈칸을 기준으로 분리하게 되고, 분리의 기준으로 삼고 싶은 문자가 있으면 해당 문자를 split()의 인자로 전달하면 됩니다.

```
>>> aa = 'Python is an object-oriented programming language....'
>>> aa.split()
['Python', 'is', 'an', 'object-oriented', 'programming', 'language....']
>>> aa.split('n')
['Pytho', ' is a', ' object-orie', 'ted programmi', 'g la', 'guage....']
```

다음 목록에 문자열 확인과 관계된 메소드를 정리하였습니다.

- startswith(): 접두사로 시작하는지 확인
- endswith(): 접미사로 끝나는지 확인
- isalpha(): 문자열이 알파벳으로만 구성되어 있으면, True 반환
- isalnum(): 문자열이 알파벳과 숫자로만 구성되어 있으면, True 반환
- isdigit(): 문자열이 숫자로만 구성되어 있으면, True 반환
- isascii(): ASCII 문자만 포함하는지 확인
- isdecimal(): 문자열이 10진수 숫자만 포함하는지 확인
- isidentifier(): 유효한 Python 식별자인지 확인
- islower(): 모든 문자가 소문자인지 확인
- isnumeric(): 문자열이 숫자 문자로만 이루어졌는지 확인
- isprintable(): 모든 문자가 출력 가능한지 확인
- isspace(): 공백 문자로만 이루어졌는지 확인
- istitle(): 제목 형식(단어 첫 글자 대문자)인지 확인
- isupper(): 모든 문자가 대문자인지 확인

대문자-소문자 사이의 변환에 관한 메소드들은 다음과 같습니다.

- casefold(): 모든 문자를 소문자로 변환(대소문자 구분 제거)
- capitalize(): 문자열의 첫 글자가 대문자이고 나머지가 소문자인 문자열의 복사본 반환

• lower(): 문자열에서 알파벳 문자를 소문자로 변환한 문자열 반환
• upper(): 문자열에서 알파벳 문자를 대문자로 변환한 문자열 반환
• swapcase(): 대문자는 소문자로, 소문자는 대문자로 변환
• title(): 각 단어의 첫 글자를 대문자로 변환

```
>>> a = 'Republic of Korea'
>>> b = '12345abcde'
>>> c = '012345'
>>> a.isalpha()
False
>>> b.isalnum()
True
>>> c.isdigit()
True
>>> a.capitalize()
'Republic of korea'
>>> a.lower()
'republic of korea'
>>> a.upper()
'REPUBLIC OF KOREA'
>>> dd = '0123 abcd'
>>> dd
'0123 abcd'
>>> dd.upper()
'0123 ABCD'
```

• ljust(): 문자열을 왼쪽으로 정렬하고 지정된 문자로 채움
• rjust(): 문자열을 오른쪽으로 정렬하고 지정된 문자로 채움
• strip(): 문자열의 맨 앞과 맨 뒤 공백을 제거한 문자열 반환
• rstrip(): 문자열의 맨 뒤 공백을 제거한 문자열 반환
• lstrip(): 문자열의 맨 앞 공백을 제거한 문자열 반환

strip(), rstrip(), lstrip() 메소드 모두 문자열 중간에 위치한 공백에 영향을 미치지 않습니다.

```
>>> a = 'Republic of Korea'
>>> dd = '   '+a[0:5]
>>> dd
'   Republic '
>>> dd.strip()
'Republic'
>>> dd.lstrip()
'Republic '
>>> dd.rstrip()
'   Republic'
```

메소드 find()는 find()의 인자로 주어진 문자열의 인덱스를 반환합니다. 해당 문자열이 존재하지 않으면 −1을 반환합니다.

```
>>> a
'Republic of Korea'
>>> a.find('e')
3
>>> a.find('t')
-1
```

동작에 따라, 각각 다양한 옵션들이 존재합니다. help(str)에서 참고하거나, 보다 상세한 각 메소드의 사용 방법을 help(str.메소드 이름)을 통해 참고할 수 있습니다.

참고자료 및 문헌

[Python doc, sequences]
https://docs.python.org/ko/3/reference/datamodel.html#sequences

[sequence types list tuple range] https://docs.python.org/ko/3/library/stdtypes.html#sequence-types-list-tuple-range

[sequence type string] https://docs.python.org/ko/3/library/stdtypes.html#text-sequence-type-str

[binary sequence types bytes bytearray]
https://docs.python.org/ko/3/library/stdtypes.html#binary-sequence-types-bytes-bytearray-memoryview

Chapter

10

코드 재활용 : 함수

Part A. 함수 기초

10.1 함수의 개념, 필요성 및 분류

함수(function)는 일정한 형식을 갖추어 작성한 코드의 단위로서, 해당 함수의 이름을 호출함으로써 그 코드 내에 포함된 명령어들을 재사용 가능하도록 작성한 것입니다. [그림 1]에 표현된 바와 같이 동일한 작업에 해당되는 특정 기능을 함수로 정의하여 구현해 놓으면, 동일한 작업을 반복하기 위해 동일한 코드를 복사할 필요 없이 해당 함수만 호출하여 결과만 받아서 사용하면 됩니다. 따라서 중복되는 코드를 추가 작성할 필요가 없어 코드가 간결해지므로 이해하기도 쉬워지고 수정하기도 쉬워집니다.

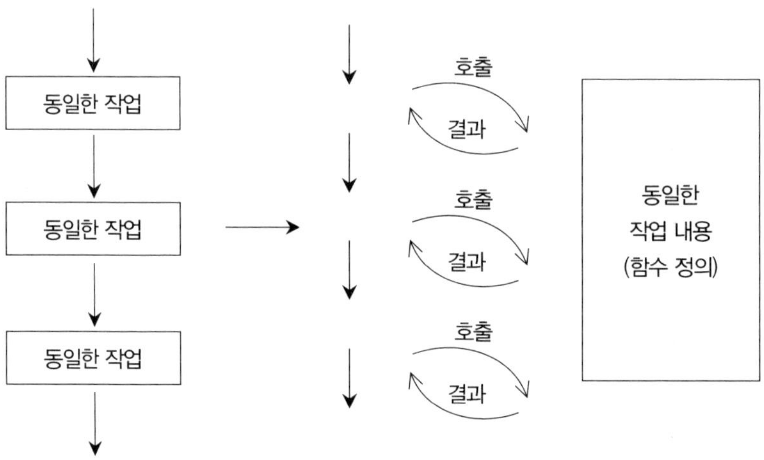

그림 1 함수의 동작 및 필요성

당연히 거대한 프로그램을 여러 부분으로 나누어 작성할 수 있도록 해 주므로 프로그램의 구조를 관리하기 쉬워집니다. 게다가 작성해 놓은 함수를 다른 프로그램에서도 사용할 수 있으므로 개발자의 생산성도 높아질 수 있습니다.

이러한 함수는 **내장 함수(built-in function)**와 **사용자 정의 함수(user-defined function)**로 분류됩니다. 내장 함수는 Python을 설치할 때 기본적으로 설치되어 있으므로 언제든 함수 이름만 호출하여 곧바로 사용할 수 있습니다. 사용자 정의 함수는 사용자가 함수 작성 규칙에 따라 정의하여 사용하게 됩니다.

함수 정의(function definition)는 함수 작성 규칙에 따라 함수의 기능을 코드로 작성하는 과정을 의미합니다. 그리고 작성되어 있는 함수를 사용할 수 있도록 함수를 불러오는 (또는 함수 이름을 부르는) 과정을 **함수 호출(function call)**이라고 합니다.

함수를 실행하는 방법은 간단합니다. 함수의 이름을 기록(호출)하고, 함수에 정의된 작업에 필요한 데이터(인수)를 괄호 안에 매개변수로 전달하면 됩니다.

문자열 'python'의 길이를 구하는 함수 len()을 통해 함수를 이해해 보도록 하겠습니다. 길이를 구하기 위해 len() 함수를 호출하는 len('python')은 len() 함수를 호출하여 인수 'python'를 전달하는 과정이 됩니다. len('python')은 문자열 'python'의 글자 수를 세어 6을 반환해 줍니다. a = len('python')을 통해 반환되는 값 6을 a라는 변수에 저장해 줍니다. 이렇게 저장된 값 a를 확인해 보면, 6임을 확인할 수 있습니다.

```
>>> len('function')
6
>>> a = len('function')
>>> print(a)
6
```

10.2 함수 정의와 함수 호출

함수를 정의하는 형식은 다음과 같습니다. 식별자 작성 규칙에 따라 함수의 식별자 이름을 정하고, 함수의 동작에 필요한 매개변수_목록을 기록해 줍니다. 함수의 동작을 코드 스위트에 작성하고, 반환값의 필요 여부에 따라 return 문을 작성합니다.

```
def 함수_식별자_이름(매개변수_목록):

    함수의 기능을 정의한 코드 스위트
    return 반환값
```

- 함수_식별자_이름은 식별자 작성 규칙을 따름(15.2절 참고)
- 매개변수(parameters)는 함수를 호출할 때, 전달받아야 하는 값들(인자들)을 전달하는 변수로서, 전달받아야 하는 값(인자)이 없을 경우 생략될 수 있음
- 함수 기능에 필요한 인수들이 있으면, 코드 스위트는 매개변수를 포함하여 작성됨

- 함수 실행을 완료할 때, 반환값을 설정하는 return 구문이 있음(생략 가능)
- 반환값의 데이터형으로 None, 하나의 값, 수식, 튜플, 및 리스트, 딕셔너리 등 모든 데이터형이 가능함

함수를 호출하는 방법은 다음 형식에 따라 수행됩니다. 함수를 해당 위치에서 실행만 할 수도 있고, 반환되는 값을 변수로 받아 저장하는 것도 가능합니다.

```
>>> 함수_식별자_이름(인수_목록)
또는
>>> 변수 = 함수_식별자_이름(인수_목록)
```

함수 호출(function call)은 함수_식별자_이름을 기록하고, 매개변수에 전달할 인수_목록을 작성하는 것으로 수행됩니다. 함수를 호출(function call)하는 것(함수의 이름과 적절한 인수들을 기록하는 것)이 함수를 사용하는 것이며, 함수 호출은 함수를 호출한 해당 위치에 호출한 함수 전체 코드를 복사해 넣은 것과 같은 효과를 줍니다. 반환값이 있는 경우엔 함수 이름을 통해 반환값이 전달되어, 변수에 저장할 수 있습니다.

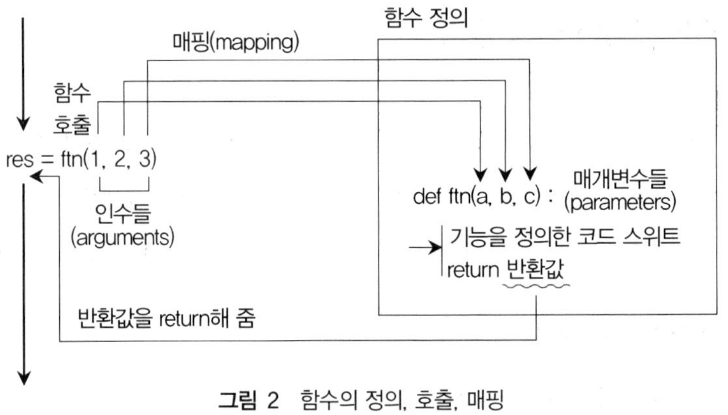

그림 2 함수의 정의, 호출, 매핑

이 과정을 [그림 2]에 정리하였습니다. 왼쪽의 세로 화살표 방향으로 코드를 수행하는 과정 중 res = ftn(1, 2, 3)을 만나면, ftn() 함수를 호출하여 인수 1, 2, 3을 매개변수 a, b, c로 매핑(mapping)하여 전달합니다. 함수 정의에 기술된 코드 스위트를 실행하고 호출한 함수 ftn()으로 반환값을 전달(return)하면, 반환값이 변수 res에 할당되어 저장됩니다.

10.3 인수를 매개변수로 매핑하고, 결과를 반환

[그림 2]를 참고하여, 인수와 매개변수, 결괏값 반환에 대해 구체적으로 살펴 보도록 하겠습니다.

함수를 정의할 때, 규칙에 따라 함수 이름 다음에 나오는 괄호 안에 매개변수들(parameters)의 목록을 기록하여 줍니다. 매개변수는 설계된 함수의 기능 및 동작 방식에 따라 없을 수도 있고, 하나일 수도 있으며, 여러 개일 수도 있습니다.

10.3.1. 인수(arguments)와 매개변수(parameters)

함수를 호출할 때, 함수의 동작에 필요하여 함수로 전달되는 값을 **인수(argument)**라고 합니다. 함수를 정의할 때, 그리고 함수를 호출할 때, 함수로 전달되는 값을 전달받아 저장하는 변수를 **매개변수(parameter)**라고 합니다.

함수는 반복호출될 수 있으며, 호출될 때마다 인수값들이 매개변수들로 1대1 방식으로 전달됩니다. 정의된 함수의 매개변수들의 목록을 순서대로 기록하여 매개변수에 상응하는 인수들을 호출된 함수로 전달하게 됩니다. 이렇게 인수들이 매개변수들로 대응되는 과정을 **매핑(mapping)**이라고 합니다.

매개변수는 함수 안에서 일반적인 변수와 같이 다루어지며, 매개변수의 값들은 함수를 호출할 때 전달되는 값들(인수들, arguments)로 매핑됩니다. 여러 개의 매개변수와 인수들은 각각 괄호 내에서 쉼표로 구분됩니다.

인수들과 매개변수들은 1대1로 순서대로 매핑되므로 개수와 데이터형, 그리고 순서가 반드시 일치해야 합니다. 예외적으로 키워드 인수로 지정하는 경우엔 순서가 바뀌어도 문제가 없지만, 그 경우에도 인수들과 매개변수의 개수와 데이터형은 반드시 일치해야 합니다. 키워드 인수 지정에 대해서는 나중에 학습하도록 합니다.

10.3.2. 결괏값을 반환(return)

함수가 호출되어 정의된 기능을 수행한 후, 함수의 결괏값이 생성됩니다. 함수를 호출한 지점에서 이 결괏값을 사용할 수 있도록 함수가 값을 반환(return)해 줍니다. 즉, 정의된 함수 내부에서 생성된 결괏값을 함수 바깥으로 보내주는 과정을 반환(return)으로 이해할 수 있습니다.

return 다음에 표현식 목록이 있으면 표현식들의 값을 계산하고, 표현식 목록이 없으면 None으로 치환되어 표현식의 값, 표현식 목록의 값 또는 None을 반환하여 해당 함수 호출을 종료합니다.

함수 작성자의 필요에 따라, 반환하는 결괏값이 없을 수도 있고(None일 수도 있고), 하나일 수도 있고, 여러 개일 수도 있고, 튜플, 리스트, 집합, 딕셔너리 등 여러 개로 구성된 컬렉션 데이터형일 수도 있습니다.

이제 함수 정의와 관련하여 매개변수와 반환값의 여부에 따라 함수의 형태를 조금 더 자세히 살펴보도록 하겠습니다.

return 구문은 함수의 코드 스위트를 실행한 후, 함수를 호출했던 원래 위치로 되돌아가도록 해 주는 명령문입니다. return 다음에 반환할 변수들을 기록함으로써, 함수가 종료될 때 해당 값(들)을 반환하도록 설정할 수 있습니다.

값을 반환하지 않는 함수

함수의 마지막에 return문을 작성하지 않거나, return문 뒤에 아무 값도 지정하지 않는 것은 return None과 같은 의미입니다.

```
>>> def pass_ftn():
    pass                        # 함수 동작 → pass문
>>>
>>> pass_ftn()
>>> a = pass_ftn()
>>> a
>>> print(a)
None
>>> type(a)
<class 'NoneType'>

>>> def none_ftn():
    return None                 # None을 반환
>>>
>>> b = none_ftn()
>>> b
>>> print(b)
None
>>> type(b)
```

```
<class 'NoneType'>

>>> a == b
True
```

하나의 값을 반환하는 함수

밑변의 길이가 a이고, 높이가 b인 사각형의 면적을 구하는 사용자 정의 함수를 작성합니다. 매개변수 a, b를 통해 값을 전달받고, 함수 내에서 계산한 면적을 반환하는 함수입니다.

```
>>> def area(a, b):
        area = a * b
        return area                # 반환값은 하나의 값 area

>>> area(2,3)
6
```

동질적인 두 값의 튜플을 반환하는 함수

길이 a를 입력받아, a를 한 변으로 하는 정사각형의 면적과 a를 한 변으로하는 정육면체의 부피를 구하는 사용자 정의 함수를 작성합니다. 매개변수 a를 통해 값을 전달받고, 함수 내에서 계산한 면적과 부피를 튜플로 반환하는 함수입니다.

```
>>> def area_volume(a):
        area = a * a
        volume = a ** 3
        return (area, volume)     # 반환값은 튜플(area, volume)

>>> area_volume(2)
(4,8)
```

이질적인 두 값의 튜플을 반환하는 함수

두 개의 값 a, b를 입력받아, a, b를 두 변으로 하는 직사각형의 면적과 a부터 b까지 1씩 증가시킨 값들의 list를 구하는 사용자 정의 함수를 작성합니다. 매개변수 a, b를 통해 값을 전달받고, 함수 내에서 계산한 면적과 list를 튜플로 반환하는 함수입니다.

```
>>> def area_list(a,b):
        area = a * b
        ll = range(a,b)
        return (area, ll)          # 반환값은 튜플(area, ll)

>>> area_list(2,10)
(20, range(2,10))
>> aa, bb = area_list(2,10)
>> aa
20
>> bb
range(2, 10)
>>
>> for t in bb:
       print(t)


2
3
4
5
6
7
8
9
```

딕셔너리를 반환하는 함수

```
>>> def ftn_dict(name, age):
    """이름과 숫자(나이)를 전달받아 딕셔너리를 생성하여 반환하는 함수."""
    return {name : age}

>>> result = ftn_dict('Park', 20)
>>> print(result)
{'Park': 20}
>>> type(result)
<class 'dict'>
```

표 1 매개변수와 반환값에 따른 함수의 형태

매개변수	반환값 여부	함수 형태	설명
X	X	def 함수_이름(): 코드 스위트 return None	return문이 없거나, None을 반환함
O	X	def 함수_이름(a, b): 코드 스위트 return None	매개변수 a, b를 통해 두 개의 인수를 전달받음 return문이 없거나, None을 반환함
X	O	def 함수_이름(): 코드 스위트 return result	result에 저장된 값을 반환함
O	O	def 함수_이름(a, b): 코드 스위트 return result	매개변수 a, b를 통해 두 개의 인수를 전달받음 result에 저장된 값을 반환함

* cf-1. 편의상 매개변수 개수를 2개로 한정함

** cf-2. 코드 스위트는 함수의 기능을 정의한 함수 몸체 코드에서 return문을 제외한 나머지 부분을 의미함

10.3.3. 매개변수를 포함하지 않는 함수(전달받는 인수가 없음)

먼저, 매개변수가 없는 함수를 정의하는 경우가 있습니다. 다음의 두 가지 예제들은 함수를 호출할 때 전달받는 인수가 없는 경우입니다.

```
>>> def greeting( ):
        print("Good morning. Good afternoon. Good evening!!")
>>>
>>> greeting()
Good morning. Good afternoon. Good evening!!
```

함수 just_say_hello()는 매개변수 없이 정의되어 있으며, 따라서 호출 시 전달되는 인수도 없습니다. 단지, print() 함수 부분을 수행할 뿐이며, return문도 없어 반환하는 값도 없습니다. 반환되는 값이 없으므로 함수의 결과를 변수 tt에 할당해도 저장되는 값이 없습니다. 즉, NoneType임을 확인할 수 있습니다.

```
>>> def just_say_hello( ):
    print("I am just saying HELLO !!!")
>>> just_say_hello()
I am just saying HELLO !!!
>>> tt = just_say_hello()
```

```
I am just saying HELLO !!!
>> tt
>> type(tt)
<class 'NoneType'>
```

```
>>> def just_say_hello_1( ):
    print("I am just saying HELLO !!!")
    return
>>> t_1 = just_say_hello_1()
I am just saying HELLO !!!
>>> t_1
>>> type(t_1)
<class 'NoneType'>
>>>
>>> def just_say_hello_2( ):
    print("I am just saying HELLO !!!")
    return None
>>> t_1 = just_say_hello_2()
I am just saying HELLO !!!
>>> t_2
>>> type(t_2)
<class 'NoneType'>
```

return문을 작성하지만 값을 생략하는 경우, 그리고 return문의 값이 None인 경우, 모두 저장되는 값이 없으므로 return문을 생략하는 경우와 동일함을 확인할 수 있습니다.

10.3.4. 매개변수를 포함하는 함수(전달받는 인수가 있음)

앞의 예제 코드를 수정하여 반환값이 존재하도록 만들어 보겠습니다. 'greeting'이라는 문자열을 반환하도록 return 'greeting'을 추가해 보겠습니다. tt = just_say_hello()를 실행하면, print문은 동일하게 수행되어 "I am just saying HELLO !!!"이 화면에 출력되는데, return값이 존재하므로 변수 tt에 'greeting'이 할당되어 저장됩니다. tt에 저장된 값을 확인해 보면 return값인 문자열 'greeting'이 저장되어 있음을 확인할 수 있습니다.

```
>>> def just_say_hello( ):
    print("I am just saying HELLO !!!")
    return 'greeting'           # 반환값은 'greeting'

>>> just_say_hello()
I am just saying HELLO !!!
'greeting'
>>> tt = just_say_hello()
I am just saying HELLO !!!
>>> tt
'greeting'
>>> type(tt)
<class 'str'>
```

인수(매개변수로 전달되는 값) 입력 방법

함수를 호출할 때 인수를 전달할 때, 두 가지 방법이 가능합니다. 한 가지 방법은 인수의 값을 직접 입력하는 방법이고, 다른 방법은 인수의 값이 입력되어 있는 변수를 입력하는 방법입니다.

리스트를 인수로 하여 리스트의 각 항목을 출력하는 함수 print_elements()를 작성하고, 두 가지 인수 입력 방법을 비교해 보겠습니다.

```
>>> def print_elements(a):
    for element in a:
        print(element)

>>> print_elements([1, 2, 3])      # 인수를 직접 입력
1
2
3


>>> my_list = [1, 3, 5, 7]
>>> print_elements(my_list)        # 인수를 변수 형태로
1
3
5
7
```

인수를 값으로 입력하는 방법은 함수를 호출할 때, 리스트 [1, 2, 3]을 직접 입력해 줍니다. 인수를 변수로 입력하는 방법은 리스트 [1, 3, 5, 7]을 저장하고 있는 변수 my_list를 함수의 인수로 입력해 줍니다.

반환값이 없는 함수

(예제) 매개변수를 포함하는 함수

```
>>> def greeting(n):
        print("Good morning. Good afternoon. Good evening!!\n" * n)
>>>
>>> greeting(2)
Good morning. Good afternoon. Good evening!!
Good morning. Good afternoon. Good evening!!

>>> greeting(3)
Good morning. Good afternoon. Good evening!!
Good morning. Good afternoon. Good evening!!
Good morning. Good afternoon. Good evening!!
```

(예제) 매개변수 2개를 포함하고 반환값이 없는 함수

```
>>> def function_without_return(x, y):
    print("Two values through parameters : ", x, " and ", y)
    print("There is no return value in this function !!!")

>>> function_without_return(10, 20)
Two values through parameters :  10  and  20
There is no return value in this function !!!
>>>
>>> tt = function_without_return(10, 20)
Two values through parameters :  10  and  20
There is no return value in this function !!!
>>>
>>> tt
>>>
>>> type(tt)
<class 'NoneType'>
```

반환값이 있는 함수

(예제) 매개변수 2개를 포함하고, 반환값이 있는 함수

```
>>> def add_two_values(x, y):
    return x + y                # 반환값은 하나의 값 x+y

>>> x = 10
>>> y = 20
>>> add_two_values(x, y)
30
>>> add_two_values(10, 20)
30
>>> print(add_two_values(10,20))
30
>>> print('5+6= ', add_two_values(5,6))
5+6= 11
>>> result = add_two_values(7, 8)
>>> print('7+8= ', result)
7+8= 15
```

(예제) 매개변수 2개를 포함하고, 반환값이 튜플인 함수

```
>>> def add_minus_two_values(x, y):
    return (x + y, x - y)       # 반환값은 튜플(x+y, x-y)

>>> x = 20
>>> y = 10

>>> add_minus_two_values(20, 10)
(30, 10)
>>>
>>> t = add_minus_two_values(20, 10)
>>>
>>> t
(30, 10)
>>>
>>> type(t)
<class 'tuple'>
```

반환값이 튜플 타입인 함수를 만들었습니다. return문 다음에 두 개의 값을 튜플 (x + y, x − y) 형태로 작성하였습니다. 이 예제의 return문은 return x + y, x − y로 작성해도 동일한 결과를 줍니다.

10.4 변수의 적용 범위 : 지역 변수와 전역 변수

10.4.1. 지역 변수(local variable)

함수 안에서 정의되고 사용되는 변수들은 함수 밖에 존재하는 같은 이름의 변수들과 관계가 없으며, 따라서 함수 안에서만 유효하게 사용되는 이유로 **지역 변수(local variable)**라고 부릅니다. 즉, 지역 변수의 적용 범위는 함수 내부로 제한되어 함수 내부에서만 지역적으로 사용됨을 의미합니다.

이렇게 해당 변수가 적용되는 영역을 **변수의 범위(scope)**라고 합니다. 지역 변수에 적용해 보면, 지역 변수의 범위는 해당 변수가 선언된 함수 내부입니다.

```
>>> x = 100
>>>
>>> def ftn(x):                    # 함수 정의
    print("x is ", x).             # 함수를 호출할 때 전달받은 인수값 출력(x = 100)
    x = 5                          # 함수 내부에서 x = 5로 선언(지역 변수)
    print("x in this function is ", x)

>>> ftn(x)                     # 함수를 호출하면서, 상위 코드에서 할당된 값 x = 100 전달
x is  100                      # 함수를 호출할 때 전달받은 인수값 출력(x = 100)
x in this function is  5       # 함수 내부에서 x = 5로 선언(지역 변수)
>>>
>>> print("x is ", x)          # 함수 외부에서 x값을 확인
x is  100
```

앞의 예제에서 함수 내부에서 선언된 x = 5는 지역 변수이며, 함수 밖에서 실행한 print("x is ", x)의 x는 상위 블록의 x = 100임을 확인하여 지역 변수는 (변수 이름이 같더라도) 함수 외부로 효력이 미치지 않음을 확인하였습니다.

앞의 코드에서 함수 내에서 선언된 지역 변수 x와 동일한 이름의 변수 x를 사용하여 함수 외부에서 확인한 x의 값은 지역 변수의 값(=5)이 아닌 함수 외부에서 저장되었던 x의 값(=100)임을 확인하였습니다. 이제 지역 변수를 다른 이름으로 선언하여 함수 외부에서 확인해 보도록 하겠습니다.

```
>>> x = 100
>>>
>>> def ftn(x):                # 함수 정의
    print("x is ", x)          # 함수를 호출할 때 전달받은 인수값 출력(x = 100)
    n_local = 5                # 함수 내부에서 n_local = 5로 선언(지역 변수)
    print("n_local inside this function is ", n_local)

>>> ftn(x)                     # 함수를 호출하면서, 상위 코드에서 할당된 값 x = 100 전달
x is  100                      # 함수를 호출할 때 전달받은 인수값 출력(x = 100)
x in this function is  5  # 함수 내부에서 x = 5로 선언(지역 변수)
>>>
>>> print("n_local inside this function is ", n_local)  # 함수 외부에서 n_local값을 확인
Traceback (most recent call last):
  File "<pyshell#229>", line 1, in <module>
    print(n_local)
NameError: name 'n_local' is not defined
```

함수 ftn() 내부에서 정의된 지역 변수 n_local은 함수 안에서만 사용이 가능하며, 함수 외부에서 사용될 수 없습니다. 따라서 함수의 외부에서 함수 내부의 변수 n_local을 출력하도록 print("n_local inside this function is ", n_local)을 실행해 보면, 변수 n_local이 정의되어 있지 않음을 설명하는 오류 메시지(NameError)가 발생함을 확인할 수 있습니다.

10.4.2. 전역 변수(global variable)

앞의 예제에서 맨 처음 x = 100으로 선언된 변수는 상위 블록(함수 외부)에서 선언된 변수입니다. 이처럼 함수 외부에서 정의된 변수를 **전역 변수(global variable)**라고 합니다.

함수의 내부에서 변수를 선언하거나 변수에 값을 저장하면 그 변수는 지역 변수가 됩니다. 여러분이 전역 변수라고 생각하고 있는 변수를 함수 내부에서 값을 변경하면(저장하면), 지역 변수로 변경되며 코드 실행에 오류를 발생시킬 수 있습니다. 또한, 함수의 내부에서 하나의 변수가 지역 변수와 전역 변수로 동시에 사용될 수는 없습니다.

표 2 지역 변수와 전역 변수

	지역 변수	전역 변수

함수 정의	>>> a = '1'
	>>> def print_num():
	    a = '2' # 지역 변수
	    print(a) # 지역 변수 출력
		>>> a = '1'
		>>> def print_num2():
		    print(a) # 지역 변수 출력(그러나 선언된 지역 변수 없음)
		    a = '2'
		    print(a)

	↓	↓

함수 실행	>>> print_num()
	2 #지역 변수 출력
	>>> print(a)
	1
		>>> print_num2()
		Traceback (most recent call last):
		  File "<pyshell#252>", line 1, in <module>
		    print_num2()
		  File "<pyshell#251>", line 2, in print_num2
		    print(a)
		UnboundLocalError: cannot access local variable 'a' where it is not associated with a value
		>>> print(a)
		1

	↓	↓

설명	>>> print_num()는 함수 내부에서 선언된 지역 변수 a(='2') 출력
	
	>>> print(a)는 전역 변수 a = '1' 출력
		print_num2()에서 처음 나오는 print(a) 실행 시 지역 변수 a가 선언되지 않고 값이 저장되지 않아 오류 발생
		
		>>> print(a)는 전역 변수 a = '1' 출력
		
		함수 print_num2()의 코드 스위트 첫 번째 줄에 global a 명령문을 추가함으로써, 변수 a를 전역 변수로 선언하여 오류 해결 가능

전역 변수의 값을 함수(또는 클래스) 내부에서 변경하고자 경우, 전역 변수(global variable)로 선언함으로써 변경이 가능합니다. global문을 사용하면, 해당 변수가 선언된 위치를 명시해 주게 되어 보다 명확한 프로그램 작성에 도움이 될 수 있습니다.

```
>>> a = '1'
>>> def print_num3():
    global a            # 변수 a를 전역 변수로 선언
    print(a)
    a = '2'             # 전역 변수 a값 변경
    print(a)

>>> print_num3()
1
2
>>> print(a)
2
```

함수 print_num3()를 실행한 결과, 1은 전역 변수로 선언한 a의 값(='1')을 출력한 것이고, 이후에 함수 내부에서 a = '2'로 저장한 값이 출력됩니다. 이미 전역 변수로 선언하였으므로 함수 외부에서 print(a)를 실행해도 전역 변수로 저장된 값 a = '2'가 출력됩니다.

Part B. 함수 고급

10.5 디폴트 인수 정의 : 함수 정의 시 "매개변수 = 인수의 기본값" 설정

함수를 정의할 때, 해당 매개변수에 기본인수값(또는 초깃값)을 설정하여 일부 인수의 값을 설정하지 않아도 자동으로 기본값이 전달되도록 하는 방식을 **디폴트 인수(default arguments, 기본인수)**라고 합니다. 디폴트 인수로 정의할 매개변수들을 "매개변수 = 기본인수값"의 형태로 정의하는데, 기본인수값은 상수값으로 설정되어야 하며 전체 매개변수 중 일부에 기본인수값을 적용할 경우(전체 매개변수 중 일부를 디폴트 인수로 설정할 경우), 디폴트 인수를 갖는 매개변수들은 매개변수 목록에서 뒤쪽 부분에 위치해야 합니다.

이런 방식으로 매개변수에 디폴트 인수를 설정하면, 함수를 호출할 때 해당 매개변수의 인수값을 설정하지 않아도 기본인수값이 매핑됩니다. 함수 호출 시 디폴트 인수에 인수값을 설정해 주면, 기본인수값을 무시하고 설정된 인수값이 매핑됩니다.

표 3 디폴트 인수 정의

디폴트 인수를 포함한 함수 정의	정의 방법	설명
def ftn_default(a, b, c=123):	O	ok
def ftn_default(a, b, c=[]):	△, X	가변 객체 사용 자체는 가능하지만, 여러 번 호출될 경우 문제 발생 가능성 높음
def ftn_default(a, b=2, c):	X	매개변수 b는 마지막으로 이동해야 함
def ftn_default(a, b, c=123, d=None):	O	기본값을 설정하고, 함수 내부에서 필요한 값을 할당
def ftn_default(a, b, c=None, d=None):	O	기본값을 설정하고, 함수 내부에서 필요한 값을 할당

디폴트 인수를 정의하여 사용할 때 몇 가지 주의 사항이 있습니다. 첫째, 디폴트 인수로 사용한 값이 함수 실행 중에 변경되지 않도록 주의해야 합니다. 둘째, 디폴트 인수에 기본값을 함수로 정의하면, 함수 정의 시점에 평가되어 불필요한 반복이 수행될 수 있으므로 주의해야 합니다. 디폴트 인수의 값이 함수 정의 시 평가되지 않고 함수 내부에서 실행될 때만 평가되도록 함수를 정의하면, 디폴트 인수값이 존재할 경우 함수 호출 시 평가 과정 없이 기본값이 사용되어 불필요한 반복을 줄일 수 있습니다. 셋째, 디폴트 인수가 다른 함수의 결과에 의존하게 되면, 해당 함수 결과가 바뀔 경우 디폴트 인수의 기본값이 바뀔 수 있습니다. 따라서 디폴트 인수의 기본값은 독립적인 값으로 지정되어야 합니다.

10.6 키워드 인수 전달 : 함수 호출 시 "키워드 = 인수값" 설정

함수를 호출할 때, 매개변수로 전달되어 대입되는 값을 **인수(arguments)**라고 부릅니다. 일반적으로 함수를 호출할 때, 함수_이름(인수값_1, 인수값_2, …)의 형식으로 호출하게 됩니다. 이 경우, 각 인수값들은 위치에 따라 순차적으로 동일한 순서의 매개변수들에 각각 매핑됩니다. 이런 방식으로 위치에 따라 순서대로 인수값이 전달되는 방식을 **위치 인수(positional argument)**라고 합니다.

그러나 "매개변수 이름_1 = 인수값_1"의 형식으로 함수를 정의할 때 사용했던 매개변수의 이름을 키워드로 설정하여, 전달할 인수값을 지정하여 전달할 수 있는데, 이 방식을 "**키워드 인수(keyword argument, named argument)**"라고 합니다.

키워드 인수를 사용하면 각각의 매개변수의 이름에 인수를 지정하여 전달할 수 있습니다. 따라서, 함수를 정의할 때 지정된 매개변수 순서와 다르게 키워드 인수를 지정하여도 되므로 인수들의 순서로부터 자유롭게 됩니다.

10.7 함수 정의 및 함수 호출 예제

함수를 호출할 때, 일부 인수값을 지정하지 않으면 일반적인 함수 정의 방식은 오류를 발생하게 됩니다. 두 개의 매개변수 first와 second에 대해 어느 하나만 지정하지 않아도 오류가 발생합니다.

```
>>> def print_first_second(first, second):
    print(first, second)

>>> print_first_second(first = "aa")  # 두 개의 매개변수 중 하나(first)만 지정
Traceback (most recent call last):
  File "<pyshell#473>", line 1, in <module>
    print_first_second(first = "aa")
TypeError: print_first_second() missing 1 required positional argument: 'second'

>>> print_first_second(second = "aa") # 두 개의 매개변수 중 하나(second)만 지정
Traceback (most recent call last):
  File "<pyshell#474>", line 1, in <module>
    print_first_second(second = "aa")
TypeError: print_first_second() missing 1 required positional argument: 'first'
```

10.7.1. 디폴트 인수 정의

디폴트 인수를 사용하는 방법이 일부 인수가 지정되지 않아 발생하는 오류를 줄이는 데 도움을 줄 수 있습니다.

두 개의 매개변수 first, second 중에서 second를 디폴트 인수로 정의합니다. 함수를 호출할 때, second를 다른 값으로 지정(second = "zzz")하면 지정된 값이 매핑되고, 생략하면 기본인수값("xxx")으로 매핑됨을 확인할 수 있습니다.

```
>>> def print_first_second_d(first, second = "xxx"):
    print(first, second)          # 함수정의(매개변수를 디폴트 인수로 정의)

>>> print_first_second_d("aa")
aa xxx
>>> print_first_second_d("aa", "zzz")
aa zzz
>>>
>>> print_first_second_d("aa", second = "cc")
aa cc
>>>
>>> print_first_second_d(second = 'cc', first = 'aa') # 함수호출(키워드 인수로 전달)
aa cc
```

디폴트 인수로 정의되어 있더라도 함수를 호출할 때 키워드가 지정된 매개변수(이 예제에서는 second="www")는 항상 뒤쪽에 위치해야 합니다. 키워드가 지정된 매개변수가 앞쪽에 위치하기 때문에 SyntaxError가 발생하였습니다.

```
>>> print_first_second_d(second = "www", "aaa")
SyntaxError: positional argument follows keyword argument
```

매개변수에 인수값이 전달되지 않으면, 해당 인수값을 사용하지 않도록 None을 설정하는 것도 가능합니다.

```
>>> def print_def(first, default_v=None):
    print(first, default_v)
    return (first, default_v)

>>> (a,b) = print_def(1)  # 두 번째 매개변수에 대응하는 인수값이 전달되지 않음
1 None
>>> a
1
>>> b
>>> type(a)
<class 'int'>
>>> type(b)
<class 'NoneType'>
>>>
>>> a+b                   # 'int'와 'NoneType'을 더할 수 없음
Traceback (most recent call last):
  File "<pyshell#507>", line 1, in <module>
    a+b
TypeError: unsupported operand type(s) for +: 'int' and 'NoneType'
>>> int(b)
Traceback (most recent call last):
  File "<pyshell#509>", line 1, in <module>
    int(b)
TypeError: int() argument must be a string, a bytes-like object or a real number, not
'NoneType'
```

10.7.2. 키워드 인수 전달

키워드 인수가 지정되는 경우 위치 인수는 키워드 인수보다 앞서야 합니다.

```
>>> print_first_second(first = "aa", "bb")
SyntaxError: positional argument follows keyword argument
>>>
>>> print_first_second("aa", second="bb")
aa bb
```

3개의 매개변수를 갖는 함수에 대해 키워드 인수와 관련된 다양한 경우에 대해 검토해 보겠습니다.

```
>>> def print_123(first, second, third):
    print("first - ", first, " second - ", second, "third - ", third)
```

키워드 인수 미지정할 경우: 순서대로 매핑됨

```
>>> print_123("a", "b", "c")
first -  a  second -  b  third - c
```

키워드 인수를 지정할 경우: 순서와 무관하게 매핑 가능

```
>>> print_123(second="2", first = "1", third = "3")
first -  1  second -  2  third - 3
```

키워드 인수를 일부 지정할 경우: 순서에 따라 다름

```
>>> print_123("1", second = "2", third = "3")
first -  1  second -  2 third -  3
>>>
>>> print_123("1", "2", third = "3")
first -  1  second -  2 third -  3
>>>
>>> print_123(first = "1", "2", third = "3")
SyntaxError: positional argument follows keyword argument
>>>
>>> print_123("2", first = "1", third = "3")
Traceback (most recent call last):
  File "<pyshell#460>", line 1, in <module>
    print_123("2", first = "1", third ="3")
TypeError: print_123() got multiple values for argument 'first'
```

```
>>>
>>> print_123(second = "2", first = "1", "3")
SyntaxError: positional argument follows keyword argument
```

Q print_123("2", first="1", third="3")에서 오류가 발생하는 이유를 자세히 설명해 보세요.

10.8 가변길이 인수 정의 : 매개변수 개수가 정해지지 않은 경우(*varargs)

함수를 작성할 때 매개변수의 개수가 확정되지 않고 프로그램 실행 중 매개변수 개수가 변하는 경우가 있습니다. 예를 들어, 전달된 인수값들을 모두 합산하는 함수에 대해 인수의 개수가 결정되지 않았을 수 있습니다. 이러한 경우, **가변길이 인수 (variable length arguments)**를 설정하여 함수를 정의할 수 있습니다. 매개변수를 통하여 인수값의 개수가 변화할 수 있다는 의미이며, 매개변수이름 앞에 한 개의 별표(*, asterisk)를 추가해 주면 됩니다. 주의해야 할 점은 가변길이 인수는 매개변수 목록의 맨 마지막에 위치해야 한다는 것입니다.

가변길이 인수 varargs를 포함하는 함수 sum()을 다음 코드와 같이 정의하고 실행해 보겠습니다.

```
def sum(initial, *varargs):
    additional = 0
    print("The initial value was ", initial)
    print("The number(s) to be added to the initial value is/are : ", varargs)
    print("The number of elements in varargs is : ", len(varargs))
    print(" - - - - - - - - ")
    j = 0
    for i in varargs:
        print('varargs[{}] = {}'.format(j, i), end=',      ')
        j += 1
        additional += i
        print('i =', i, '\tadditional = ', additional)
    total = initial + additional
    return total
```

```
>>> sum(0,1)
The initial value was  0
The number(s) to be added to the initial value is/are :  (1,)
The number of elements in varargs is :  1
 - - - - - - - -
varargs[0] = 1,     i = 1   additional =  1
1
>>>
>>> sum(0, 1, 2)
The initial value was  0
The number(s) to be added to the initial value is/are :  (1, 2)
The number of elements in varargs is :  2
 - - - - - - - -
varargs[0] = 1,     i = 1   additional =  1
varargs[1] = 2,     i = 2   additional =  3
3
>>>
>>> sum(0, 1, 2, 3)
The initial value was  0
The number(s) to be added to the initial value is/are :  (1, 2, 3)
The number of elements in varargs is :  3
 - - - - - - - -
varargs[0] = 1,     i = 1   additional =  1
varargs[1] = 2,     i = 2   additional =  3
varargs[2] = 3,     i = 3   additional =  6
6
```

sum() 함수를 호출할 때, 첫 번째 인수는 0으로 initial에 매핑되고 나머지 인수들은 varargs에 tuple 자료형으로 매핑됨을 확인할 수 있습니다.

함수를 sum(0, 1)로 호출하면, initial에 0이 매핑되고 varargs에 (1,)이 매핑됩니다. varargs의 항목이 1개이므로 for문이 한번 실행되며, 반환되는 total에 저장된 값은 1이 됩니다.

함수를 sum(0, 1, 2)로 호출하면, initial에 0이 매핑되고 varargs에 (1, 2)가 매핑됩니다. varargs의 항목이 2개이므로 for문이 2번 실행되며, 반환되는 total에 1과 2가 더해지므로 저장된 값은 3이 됩니다.

함수를 sum(0, 1, 2, 3)으로 호출하면, initial에 0이 매핑되고 varargs에 (1, 2, 3)이 매핑됩니다. varargs의 항목이 3개이므로 for문이 3번 실행되며, 반환되는 total에 1, 2, 3이 더해지므로 저장된 값은 6이 됩니다.

이런 방식으로 인수의 길이가 가변적이어도 함수를 정의할 수 있습니다. 가변길이 인수 varargs는 tuple 자료형이므로 각 항목은 varargs[index]로 접근 가능합니다.

Q 함수 내에서 varargs 의 데이터형을 확인하는 코드를 삽입하여 확인해 봅니다. 또, varargs[0], varargs[1]의 값들을 확인해 보기 바랍니다.

```
def sum(initial, *varargs):
    additional = 0
    print("The initial value was ", initial)
    print("The number(s) to be added to the initial value is/are : ", varargs)
    print("The number of elements in varargs is : ", len(varargs))
    print(" - - - - - - - - ")

    j = 0
    for i in varargs:
        # 데이터형 확인
        print('Type of varargs[{}] = {}'.format(j, type(i)), end=',     ')
        print('varargs[{}] = {}'.format(j, i), end=',     ')
        j += 1
        additional += i
        print('i =', i, '\tadditional = ', additional)

    total = initial + additional
    print()
    print('varargs[0] = ', varargs[0], ', and varargs[1] = ', varargs[1])
    print()
    return total
```

<실행 결과>

```
>>> sum(0, 11, 22, 33, 44, 55)
The initial value was  0
The number(s) to be added to the initial value is/are :  (11, 22, 33, 44, 55)
The number of elements in varargs is :  5
 - - - - - - - -
Type of varargs[0] = <class 'int'>,     varargs[0] = 11,     i = 11
additional =  11
Type of varargs[1] = <class 'int'>,     varargs[1] = 22,     i = 22
additional =  33
Type of varargs[2] = <class 'int'>,     varargs[2] = 33,     i = 33
additional =  66
Type of varargs[3] = <class 'int'>,     varargs[3] = 44,     i = 44
additional =  110
Type of varargs[4] = <class 'int'>,     varargs[4] = 55,     i = 55
additional =  165

varargs[0] =  11 , and varargs[1] =  22

165
```

10.9 키워드 가변길이 인수 : 매개변수의 이름을 지정하지 않고 인수 입력 (**kwargs)

매개변수의 이름을 지정하지 않고 인수를 입력하는 방법을 **키워드 가변길이 인수 (keyword variable-length arguments)**라고 합니다. 이 방법으로 매개변수를 설정하면, 함수의 인수값들은 튜플이 아닌 딕셔너리 자료형으로 매핑되어 전달됩니다. 키워드 가변길이 인수는 매개변수 목록에서 가장 마지막에 위치해야 하며, 매개변수이름 앞에 두 개의 별표(**)를 추가해 주면 됩니다.

키워드 가변길이 인수를 포함하는 함수 kw_function()를 다음과 같이 정의하고, 실행해 보겠습니다.

```
def kw_function(**kwargs):
    print(kwargs)
    for key, value in kwargs.items():
        print(type(kwargs.items()))
        print("The capital of %s is : %s" %(key, value))
        print()
```

〈실행 결과〉

```
>>> kw_function(Korea = "Seoul")
{'Korea': 'Seoul'}
<class 'dict_items'>
The capital of Korea is : Seoul

>>>
>>> kw_function(Korea = "Seoul", US = "Washington, D.C.")
{'Korea': 'Seoul', 'US': 'Washington, D.C.'}
<class 'dict_items'>
The capital of Korea is : Seoul

<class 'dict_items'>
The capital of US is : Washington, D.C.
```

함수 kw_function(Korea = "Seoul")를 호출하여, 키워드 가변길이 인수로 전달받은 kwargs를 print(kwargs)를 통해 출력해 보면, 인수값이 딕셔너리 {'Korea': 'Seoul'} 형태로 저장되었음을 확인할 수 있습니다. items() 메소드는 딕셔너리 객체의 키-값 쌍을 튜플로 묶어 dict_items 객체로 반환해 줍니다.

인수가 2개로 변경되었을 때도 키워드 가변길이 인수로 전달받을 수 있습니다. kw_function(Korea = "Seoul", US = "Washington, D.C.")로 호출하면, 인수값들이 두 개의 항목으로 구성된 딕셔너리 {'Korea': 'Seoul', 'US': 'Washington, D.C.'} 형태로 저장되었음을 확인할 수 있습니다.

10.10 가변길이 인수와 키워드 가변길이 인수 혼합

위치 인수, 가변길이 인수, 및 키워드 가변길이 인수가 혼합된 경우, 위치 인수들은 매개변수 목록의 앞쪽에, 다음으로 가변길이 인수, 마지막에 키워드 가변길이 인수가 배치되어야 합니다.

다음 예제에서 show_arguments() 함수를 정의합니다. a, b는 위치 인수, varargs는 가변길이 인수, kwargs는 키워드 가변길이 인수입니다.

```
def show_arguments(a, b, *varargs, **kwargs):
    print("<Positional arguments> :")
    print('a = ', a)
    print('b = ', b)
    print()
    print("<Variable-length arguments> :")
    for arg in varargs:
        print(arg)
    print()
    print("<Keyword variable-length arguments> :")
    for key, value in kwargs.items():
        print(f"{key}: {value}")
```

5개의 항목으로 구성된 리스트 list_a와 4개의 항목으로 구성된 딕셔너리 cities를 작성한 후, show_arguments(111, 222, list_a, cities, country = "Republic of Korea", capital = 'Seoul', airport = 'Gimpo')를 실행하여 결과를 확인하겠습니다.

show_arguments() 함수를 호출하면, 각각의 인수들이 전달됩니다.

```
>>> list_a = [1, 2, 3, 4, 5]
>>> cities = {
    "South Korea": "Seoul",
    "United States": "Washington, D. C.",
    "United Kingdom": "London",
    "Canada": "Ottawa"
}
>>> show_arguments(111, 222, list_a, cities, country = "Republic of Korea", capital
= 'Seoul', airport = 'Gimpo')

<Positional arguments> :
a =  111
b =  222

<Variable-length arguments> :
[1, 2, 3, 4, 5]
{'South Korea': 'Seoul', 'United States': 'Washington, D. C.', 'United Kingdom':
'London', 'Canada': 'Ottawa'}

<Keyword variable-length arguments> :
country: Republic of Korea
capital: Seoul
airport: Gimpo
```

실행 결과를 살펴보면 111, 222는 위치 인수 a와 b로 전달되었고, list_a, cities는 가변길이 인수 2개로 나누어 전달되었습니다. 또한, country="Republic of Korea", capital='Seoul', airport='Gimpo' 인수들은 키워드 가변길이 인수로 전달되었음을 확인할 수 있습니다.

10.11 설명문 작성 : 주석과 문서화 문자열

어떠한 종류의 코드든 그 코드에 대한 설명을 상세히 기록하는 것은 여러 가지 측면에서 중요합니다. 코드 작성자는 개발 과정에서 코드의 개요 및 나중에 수정하기 위한 내용을 기록함으로써 단순히 기억에 의존하지 않고 나중에 수행할 작업에 대한 내용을 쉽고 빠르게 시작할 수 있습니다. 코드의 사용자는 작성자가 기록한 설명문을 이해하여 해당 코드를 빠르게 이해하여 활용할 수 있습니다.

이처럼 코드에 대한 설명문을 작성하는 것은 두 가지 방법으로 가능합니다. 하나는 **주석(comment)**을 추가하는 것이고, 다른 하나는 **문서화 문자열(DocString)**을 사용하는 것입니다. 첫 번째 방법으로 주석(comment)에 대한 것입니다. 한 줄짜리 주석문은 #으로 시작하거나 두 개의 작은따옴표(' ') 또는 두 개의 큰따옴표(" ") 안에 위치합니다. 여러 줄에 걸쳐 있는 주석문은 ''' ''' 또는 """ """ 안에 위치하도록 작성할 수 있으며, Python 코드 어느 곳에서나 적절히 사용 가능합니다. 일반적으로 주석은 특정 위치의 코드에 대한 간단한 설명을 추가하는 데 사용되며 Python 인터프리터가 실행하지 않습니다.

두 번째 방법은 문서화 문자열(Docstring)을 사용하는 것인데, 주석보다 더 정형화된 형식을 갖추어 작성됩니다. 보통 함수, 클래스, 또는 모듈의 첫 번째 문장으로 정의되며, 세 개의 큰따옴표(" " ") 또는 작은따옴표(' ' ')로 감싸여 있습니다. 함수의 경우, 일반적으로 매개변수와 반환값에 대한 정보를 포함합니다. 함수 help() 또는 문서 생성 도구(pydoc, sphinx 등)를 통해 자동으로 추출되어 해당 함수에 대한 문서화 문자열을 확인할 수 있습니다. help() 함수는 해당 함수 객체의 doc 속성을 화면에 보여주는 역할을 수행했던 것입니다.

```
관리자: 명령 프롬프트 - pydoc math
Microsoft Windows [Version 10.0.19045.5011]
(c) Microsoft Corporation. All rights reserved.

C:\Users\PythonUser>pydoc math
Help on built-in module math:

NAME
    math

DESCRIPTION
    This module provides access to the mathematical functions
    defined by the C standard.

FUNCTIONS
    acos(x, /)
        Return the arc cosine (measured in radians) of x.

        The result is between 0 and pi.

    acosh(x, /)
        Return the inverse hyperbolic cosine of x.

    asin(x, /)
        Return the arc sine (measured in radians) of x.

        The result is between -pi/2 and pi/2.

    asinh(x, /)
        Return the inverse hyperbolic sine of x.

    atan(x, /)
        Return the arc tangent (measured in radians) of x.

        The result is between -pi/2 and pi/2.
```

그림 3 pydoc을 사용한 DocString 출력

10.11.1. 문서화 문자열(DocString)

문서화 문자열에 대한 Python glossary의 주요 설명은 다음과 같습니다.

> 클래스, 함수 또는 모듈의 첫 번째 표현식으로 나타나는 문자열 리터럴입니다. 코드 스위트가 실행될 때 무시되지만, Python 인터프리터에 의해 인식되어 해당 클래스, 함수 또는 모듈의 __doc__ 속성에 저장됩니다.

문서화 문자열은 함수, 모듈, 클래스 또는 메서드를 정의할 때, 첫 번째 논리적 명령 행에 서술되는 문자열 리터럴로서, 3개의 작은따옴표(' ' ') 또는 3개의 큰따옴표(" " ")로 둘러싸입니다. Python의 문서화 문자열을 작성할 때, PEP 257에서 권장하는 스타일을 따르는 것이 좋습니다.

- 첫 번째 줄의 첫 글자는 대문자로 시작
- 두 번째 줄은 비워둠
- 세 번째 줄부터 해당 객체의 기능에 대해 내용을 구분하여 상세히 기록함
- 설명 문자열의 앞과 뒤에 비어 있는 줄을 넣지 않음
- 마지막 문자는 마침표(.)로 끝남

이렇게 권장되는 규칙으로 작성된 설명 문자열은 해당 객체의 __doc__특수 속성이 되며, 함수 객체가 가지고 있는 기본 속성입니다.

문서화 문자열은 소스 코드 내에서 해당 코드에 대한 설명, 사용 방법, 매개변수, 반환값 및 예제 코드 등을 기술하여, 다른 개발자들이 코드를 이해하는 데 도움을 줄 수 있습니다.

help( ) 함수를 통해 builtins 모듈에 포함된 len( ) 함수의 __doc__ 속성과 math 모듈에 포함된 sin( ) 함수의 __doc__ 속성을 확인해 보도록 하겠습니다. len() 함수는 내장 함수, 즉, builtins 모듈에 포함되어 있으므로, 곧바로 help(len)을 실행하여도 문제없이 문서화 문자열을 확인할 수 있습니다.

```
>>> help(len)
Help on built-in function len in module builtins:

len(obj, /)
    Return the number of items in a container.

>>> len.__doc__
'Return the number of items in a container.'
```

그러나, math모듈에 포함된 sin() 함수에 대해 help(math.sin)을 실행하면, 오류가 발생하게 됩니다. math 모듈을 먼저 import 한 후, help(math.sin)을 실행하여 문서화 문자열을 확인할 수 있습니다.

```
>>> help(math.sin)
Traceback (most recent call last):
  File "<pyshell#404>", line 1, in <module>
    help(math.sin)
NameError: name 'math' is not defined. Did you forget to import 'math'?
>>>
>>> import math
>>> help(math.sin)
Help on built-in function sin in module math:

sin(x, /)
    Return the sine of x (measured in radians).

>>> math.sin.__doc__
'Return the sine of x (measured in radians).'
```

greeting() 함수를 정의하여 문서화 문자열을 작성해 보겠습니다. help(greeting)과 greeting.__doc__ 동작을 확인하였습니다. greeting() 함수가 인터프리터 모드에서 직접 실행되었기 때문에 “Help on function greeting in module __main__:” 문구가 확인되었습니다.

```
>>> def greeting( ):
    """
    이 함수는 인사말을 출력하는 함수입니다.
    함수의 실행에 필요한 인수 : 없음
    함수 결과에 따른 반환값 : 없음.
    """
    print("Good morning. Good afternoon. Good evening!!")

>>> help(greeting)
Help on function greeting in module __main__:

greeting()
    이 함수는 인사말을 출력하는 함수입니다.
    함수의 실행에 필요한 인수 : 없음
    함수 결과에 따른 반환값 : 없음.

>>>
>>> greeting.__doc__
'\n    이 함수는 인사말을 출력하는 함수입니다.\n    함수의 실행에 필요한 인수 : 없음\n
함수 결과에 따른 반환값 : 없음.\n\n    '
```

앞에서 작성한 greeting() 함수를 포함하는 파일을 greet.py로 저장한 후, import하여 실행할 수도 있습니다. greeting() 함수가 greet 모듈에서 import되어 실행되었기 때문에 "Help on function greeting in module greet:" 문구가 확인됩니다.

```
>>> from greet import greeting
>>> help(greeting)
Help on function greeting in module greet:

greeting()
    이 함수는 인사말을 출력하는 함수입니다.
    함수의 실행에 필요한 인수 : 없음
    함수 결과에 따른 반환값 : 없음.

>>>
>>> greeting.__doc__
'\n    이 함수는 인사말을 출력하는 함수입니다.\n    함수의 실행에 필요한 인수 : 없음\n
함수 결과에 따른 반환값 : 없음.\n\n    '
```

DocString에 대한 보다 자세한 내용은 PEP257에서 참고할 수 있습니다. [PEP257]

참고자료 및 문헌

[Function Definitions] https://docs.python.org/3/reference/compound_stmts.html#function

[Type parameter lists] https://docs.python.org/3/reference/compound_stmts.html#type-params

[PEP 257 - Docstring Conventions] https://peps.python.org/pep-0257/

Chapter

11

코드 재활용 : 람다 표현식과 람다 함수

11.1 람다 표현식

람다 표현식(lambda expression)은 lambda 키워드를 사용하여 즉석에서 생성하여 한 줄로 작성된 표현식의 결과를 반환해 주는 Python 표현식입니다.

```
lambda 매개변수_목록 : 표현식

(lambda 매개변수_목록 : 표현식) (인수_목록)
```

람다 표현식은 위와 같은 형식으로 사용하며, 매개변수_목록에 대응되는 인수들의 목록을 맨 마지막 괄호 내에 기록하여 표현식을 평가하여 결괏값을 반환합니다.

```
>>> (lambda x : x) (1)
1
>>>
>>> (lambda x : x) (2)
2

>>> (lambda x : x + 2) (3)
5
```

매개변수를 통해 표현식에 인수를 전달하여 표현식을 평가(evaluate)하여 결괏값을 반환할 수 있으므로 일종의 일회성 함수로 볼 수 있습니다. 람다 표현식은 여러 개의 매개변수를 가질 수 있지만, 표현식은 하나만 허용되어 결괏값은 항상 하나이므로 반환값도 하나입니다. 그러나 생성하는 즉시 사용한 후, 나중에 다시 불러 사용할 수 없습니다.

람다 표현식의 특징을 정리하면 다음과 같습니다.

- 일종의 함수
- 매개변수는 여러 개 가능함
- 결괏값(반환값)은 하나
- return문 불필요
- 생성하는 즉시 사용하며 재사용 불가

Python 인터프리터에서 동일한 람다 표현식을 입력하여도 저장되는 주소가 달라짐을 확인할 수 있습니다. 즉석에서 람다 표현식의 평가(evaluation)를 수행하기 위해 람다 표현식을 괄호로 감싸 준 후, 마지막에 대응되는 인수값을 괄호 안에 포함해 줍니다.

```
>>> lambda x : x*5
<function <lambda> at 0x00000265F4A40040>
>>> lambda x : x*5
<function <lambda> at 0x00000265F4A40680>
>>>
>>> (lambda x : x*5) (2)
10
>>> (lambda x, y: x**y) (2, 3)
8
```

11.1.1. 람다 표현식은 Python 객체

람다 표현식 자체도 Python 객체입니다. 람다 표현식이 Python 객체임을 확인하는 방법 세 가지를 소개합니다.

첫 번째 방법으로, 함수 type()을 사용하는 것입니다. 람다 표현식을 type()의 인수로 전달해 보면, 람다 표현식 "lambda x : x+2"이 클래스 function에 속한 객체임을 확인할 수 있습니다. 두 번째 방법으로, 함수 isinstance()를 통해 람다 표현식이 object 클래스를 상속받는지 확인하는 것입니다. "isinstance(lambda x : x+2, object)"의 결과를 출력하면, True임을 확인할 수 있습니다. 세 번째 방법으로, 모듈 types가 제공하는 FunctionType과 isinstance()를 사용하여, FunctionType의 객체인지 확인하는 것인데, True임을 확인할 수 있습니다.

```
>>> type(lambda x : x+2)
<class 'function'>
>>>
>>> print(isinstance(lambda x : x+2, object))
True
>>> import types
>>> print(isinstance(lambda x: x+2, types.FunctionType))
True
```

소개한 방법 외에도 함수 id()을 사용하는 방법, 함수 dir()을 사용하는 방법 등을 통해 Python 객체임을 확인할 수 있습니다.

11.2 람다 함수(lambda function)

앞에서 학습했던 방식으로 람다 표현식을 작성하면, 결괏값을 사용할 때마다 람다 표현식과 인수를 작성해야 합니다. 람다 표현식을 변수에 할당하면 람다 표현식을 함수 객체처럼 사용할 수 있습니다. 다른 방식으로 설명하면, 람다 표현식으로 함수 객체를 생성하여 변수에 할당하여 사용할 수 있습니다.

```
변수_이름 = lambda 매개변수_목록 : 표현식
```

이런 방식으로 작성한 함수 객체는 함수 계산을 정의한 함수 몸체는 있지만, 이름은 없는 함수가 되어 **이름 없는 함수**라는 뜻으로 **익명 함수(anonymous function, 또는 무명 함수)**라고도 합니다. 이렇게 정의한 이름 없는 함수 객체는 정의된 함수처럼 동작합니다.

다음 코드와 같이, 람다 함수를 구성하는 람다 표현식이 다른 함수를 포함할 수 있습니다. title() 메소드는 문자열의 첫 글자를 대문자로 변환해 줍니다. 람다 함수의 매개변수는 first와 last이고, 함수 print()가 표현식이 됩니다.

```
>>> name = lambda first, last : print("Hello, ", first.title(), last.title())
>>> name('charles', 'Lee')
Hello,  Charles Lee
```

11.2.1. 람다 함수의 이름 확인

```
>>> mul_1 = lambda x, y : x * y
>>> mul_1(2, 3)
6
>>>
>>> mul_1
<function <lambda> at 0x00000265F4A40A40>
>>> type(mul_1)
<class 'function'>
```

동일한 기능을 일반적인 함수 정의 방식으로 구현해 보겠습니다.

```
>>> def mul_2(x, y):
    return x * y
>>> mul_2(2,3)
6
>>>
>>> mul_2
<function mul_2 at 0x00000265F4A409A0>
>>> type(mul_2)
<class 'function'>
```

print(mul_1)을 실행해 보면, <function **<lambda>** at 0x00000265F4A40A40>로부터 람다 함수로 구현한 함수 mul_1은 해당 메모리 주소에 저장된 function <lambda>로 표시됩니다. 람다 함수는 이름이 없는 함수이므로 함수 이름 부분에 <lambda>가 표시된 것입니다.

반면, 함수 정의 방식으로 구현한 함수 mul_2에 대해 print(mul_2)를 실행해 보면, <function **mul_2** at 0x00000265F4A409A0>로부터 해당 메모리 주소에 저장된 function mul_2로 함수 이름 mul_2가 표시되는 차이점을 발견할 수 있습니다.

11.2.2. 람다 함수는 구문 포함 불가

람다 함수는 단일 표현식만 포함하게 되므로, 구문(statements)을 포함할 수 없음에 주의해야 합니다.

이 내용을 이해하기 위해 if-조건문을 적용하여 람다 함수를 정의해 보겠습니다. 다음 코드를 작성하면, SyntaxError가 발생하며 함수 자체가 정의되지 않습니다.

```
>>> mul_3 = lambda x, y:
    if x > y:
        return x**y
    else:
        return y**x

SyntaxError: invalid syntax
>>>
>>> print(mul_3)
Traceback (most recent call last):
  File "<pyshell#128>", line 1, in <module>
    print(mul_3)
NameError: name 'mul_3' is not defined.
```

if-조건문을 다음과 같이 단일 표현식으로 구성할 수 있으면, 람다 함수에 적용이 가능합니다.

```
>>> mul_4 = lambda x, y : x**y if x > y else y**x
>>> mul_4(2, 3)
9
```

11.2.3. 람다 함수는 어노테이션 포함 불가

람다함수는 어노테이션(annotations)을 포함할 수 없습니다. 이 내용을 이해하기 위해 일반적인 함수 정의 방식과 람다 함수를 비교해 보겠습니다.

먼저, 함수 정의 방식을 통해 어노테이션을 포함하여 간단한 곱셈을 정의하고, 실행하여 확인해 보겠습니다.

```
>>> def divide(x: int, y: int) -> float:
    return x / y

>>> print(divide)
<function divide at 0x000001CE76A4F880>
>>> divide(3,4)
0.75
>>> print(divide.__annotations__)
{'x': <class 'int'>, 'y': <class 'int'>, 'return': <class 'float'>}
```

어노테이션을 포함하여 람다 함수를 정의해 보겠습니다. 결괏값 divi : float를 시도하여 divi(1, 2)의 계산은 수행되지만, __annotations__ 속성을 확인해 보면 어노테이션이 포함되지 않았음을 알 수 있습니다. 다른 방식으로 지정을 시도해 보면, 오류가 발생함을 확인할 수 있습니다.

```
>>> divi = lambda x, y : x / y
>>> divi(1, 2)
0.5
>>> divi : float = lambda x, y : x/y    # : float 추가(어노테이션)
>>> divi(1,2)
0.5
```

```
>>> print(divi.__annotations__)
{}
>>> divi : float = lambda x, y : x/y -> float:  # : float, → float 추가(어노테이션)
SyntaxError: invalid syntax
```

11.3 람다 함수와 내장 함수의 응용 : map(), filter()

11.3.1. map()

기본적으로 람다 함수는 하나의 표현식에 대한 인수들을 한 번 적용한 결과를 반환하여 줍니다. 즉시 생성하고 한 번만 사용할 수 있는 람다 함수의 특성입니다. 그런데, 람다 함수와 map() 함수를 함께 사용하면, 람다 함수에 여러 인수를 반복하여 적용한 결과를 얻을 수 있습니다.

map() 함수는 시퀀스형의 객체들, 즉 반복가능한 객체(iterable objects)를 받아서 각 항목을 하나씩 적용해 주는 함수로 아래와 같은 형식으로 사용할 수 있습니다.

```
변수_이름 = map(반복가능한 객체를 적용할 함수, 반복가능한 객체)
```

시퀀스형 객체들은 반복가능(iterable)하므로 반복가능한 객체 중 한 종류인 리스트의 각 항목에 각각 *3 연산을 수행하는 경우를 생각해 보도록 하겠습니다.

```
>>> input = [1, 2, 3]
>>>
>>> func1 = lambda x : x*3               # 람다 함수 정의
>>> func2 = map(func1, input)
>>>
>>> print(func1)
<function <lambda> at 0x000001CE76A34D60>
>>> print(func2)
<map object at 0x000001CE76A45660>
>>>
>>> type(func1)
<class 'function'>
```

```
>>> type(func2)
<class 'map'>

>>> result1 = func1(input)
>>> print(result1)
[1, 2, 3, 1, 2, 3, 1, 2, 3]
>>> type(result2)
<class 'list'>
>>>
>>> result2 = list(func2)
>>> print(result1)
[3, 6, 9]
```

함수 map()을 사용하지 않고, 반복가능한 객체인 리스트 input을 func1의 인수로 설정하면, func1은 input을 3번 반복하여 연결해 준 리스트를 반환합니다. 함수 map()을 사용하여 람다 함수 func1에 input을 적용하면, input의 각 항목을 func1에 적용하여 반복가능한 map 객체를 반환해 줍니다.

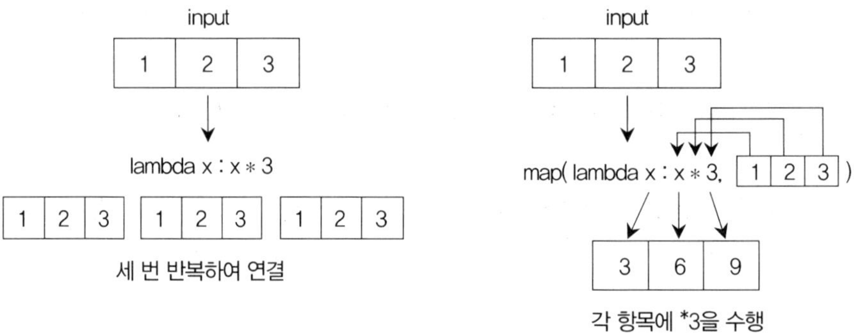

그림 1 (a) 리스트(list)를 람다 함수에 적접 적용 vs. (b) 함수 map()에 람다 함수와 리스트(list) 적용

반복가능한(iterable) 객체를 입력으로 하는 경우, 람다 함수와 map( ) 함수를 사용하지 않고, 일반적인 사용자 정의함수만을 사용하여 동일한 결과를 얻기 위해서는 반복가능한 객체의 모든 항목을 순회하는 for문을 사용해야 합니다.

```
>>> input = [1, 2, 3]
>>>
>>> def multiply_3(n):
      return n * 3
>>>
>>> result3 = []
>>> for value in input:
     result3.append(multiply_3(value))
>>>
>>> print(result3)
[3, 6, 9]
```

map() 함수를 이용하면 반복가능한 객체의 각 항목에 대한 연산을 더 쉽게 수행하고, 메모리도 절약할 수 있는 이터레이터 객체를 결과로 받을 수 있습니다.

11.3.2. filter()

filter() 함수는 시퀀스형의 객체들, 즉 반복가능한 객체(iterable objects)를 받아서 각 요소에 조건을 적용해 주는 함수로 아래와 같은 형식으로 사용할 수 있습니다.

```
변수_이름 = filter(반복가능한 객체를 적용하여 조건을 수행하는 함수, 반복가능한 객체)
```

시퀀스형 객체들은 반복가능(iterable)하므로, 반복가능한 객체 중 한 종류인 리스트의 각 항목에 특정 조건을 수행하는 함수는 True 또는 False를 반환합니다. filter() 함수는 특정 조건으로 필터링된 요소들로 반복가능한 객체로 만들어서 반환해 줍니다. map() 함수와 사용 방법은 동일하나, filter() 함수는 적용되는 함수의 결과가 참(True)인지 거짓(False)인지 판단하여, True인 항목들만 필터링하여 포함하여 변수_이름에 저장합니다.

숫자를 가지고 있는 반복가능한 리스트 객체에서 2보다 큰 값들만 포함하는 새로운 객체를 만들 때 다음과 같이 코드를 작성할 수 있습니다.

```
>>> mylist = [1, 2, 3, 4, 5]

>>> def is_larger_than_2(n):
    return True if n > 2 else False

>>> result = filter(is_larger_than_2, mylist)
>>> type(result)
<class 'filter'>
>>> print(list(result1))
[3, 4, 5]
```

함수를 재사용하지 않아도 괜찮다면 보다 간결하게 람다 표현식을 통해, 그리고 2보다 큰 숫자는 참이 되는 특성을 이용하여 다음과 같이 간단하게 작성할 수 있습니다.

```
>>> mylist = [1, 2, 3, 4, 5]
>>> result2 = list(filter(lambda x: x > 2, mylist))
>>> print(mylist2)
[3, 4, 5]
```

참고자료 및 문헌

[표현식] https://docs.python.org/ko/3/reference/expressions.html

[구문-단순문] https://docs.python.org/ko/3/reference/simple_stmts.html

[구문-복합문] https://docs.python.org/ko/3/reference/compound_stmts.html

Chapter

12

클래스 이해 : 코드와 데이터 융합

12.1 객체와 객체지향 프로그래밍

데이터를 다루는 함수들의 조합으로 프로그램을 구성하는 프로그래밍 방식을 **절차 지향 프로그래밍(procedural programming)**이라고 합니다. 프로그램이 수행할 명령어들(instructions)을 순서에 따라 배치하여 구성하는 방식입니다. 명령어들은 특정 기능을 수행하게 되는데, 저장된 변수값들을 이용하여 연산을 수행하거나 특정 기능을 수행하기 위해 정의된 함수들을 호출하는 방식으로 프로그램이 수행되는 방식입니다. 이렇게 하면 특정 기능에 따라 함수들을 정의하게 되므로 기능이 많아질수록 새로운 변수들과 함수들을 정의해야 하고, 코드도 길어지게 되어 복잡성이 증가하게 됩니다.

이와 대비하여 속성(데이터)과 기능(메소드)을 객체로 묶어 프로그램을 구성하는 방식을 **객체 지향 프로그래밍(object-oriented programming)**이라고 합니다. 프로그램의 각 구성 요소가 객체로 표현되고, 객체들의 조합 및 상호작용으로 프로그램을 구성하는 방식입니다. 객체(object)를 정의하기 위한 초기 설정은 복잡하지만, 객체 간의 상호작용을 직관적으로 표현할 수 있기 때문에 복잡한 프로그램의 유지 보수와 확장에 유리할 수 있습니다.

표 1 절차 지향 프로그래밍과 객체 지향 프로그래밍의 특징

	절차 지향 프로그래밍	객체 지향 프로그래밍
언어	• C, Fortran, Basic 등	• Python, C++, C#, Java 등
개념	• 코드가 순차적인 절차로 구성됨 • 함수와 프로세스로 구성	• 객체(데이터)와 메소드(동작)를 중심으로 구성
구조	• 함수 등 프로그램 요소들이 순차적으로 구성됨	• 클래스를 정의하고, 그 클래스의 인스턴스를 생성하여 사용
데이터 접근성	• 데이터는 함수에 의해 직접 조작됨 • 데이터 보호가 약함	• 객체의 캡슐화를 통해 데이터 보호 • 객체 내에서만 데이터 접근
재사용성	• 함수 단위 복사, 수정	• 클래스로부터 인스턴스 생성, 상속
유연성	• 함수 간 의존성 높음 • 코드 수정 및 유지보수가 복잡할 가능성 있음	• 객체를 통한 기능 확장 및 수정 • 유연성이 높음
프로그래밍 원칙	• 순차적 명령 수행과 함수 호출을 통한 문제 해결 중심	• 캡슐화, 상속, 다형성, 추상화와 같은 객체 지향 중심
장점	• 코드가 간단하고 구조화가 쉬운 편임	• 코드 재사용성, 유지보수성, 확장성이 좋음
단점	• 복잡한 프로그램의 경우 가독성과 유지보수성이 떨어짐	• 초기 구조 설계와 클래스 정의에 많은 시간 소요 가능성 있음

12.2 클래스, 객체, 인스턴스

객체와 클래스에 대한 Python glossary의 설명을 먼저 살펴보겠습니다.

> 객체는 데이터의 종류와 무관하게 상태(속성과 값)와 정의된 동작(메소드)을 가지고 있는 데이터를 의미합니다.
> 클래스는 사용자 정의 객체들을 만들기 위한 틀입니다. 클래스 정의는 보통 클래스의 인스턴스를 대상으로 연산하는 메소드에 대한 정의들을 포함합니다.

Python 프로그램은 그 자체가 객체들로 구성된 코드이며, Python 프로그래밍 자체가 기본적으로 객체지향 프로그래밍을 지향합니다. 객체 지향 프로그래밍의 기본 요소는 **클래스(class)**와 **객체(object)**입니다. 클래스는 객체를 정의하는 형식(type)을 의미하며, 객체들을 생성하기 위한 틀로 생각하면 이해하기 쉽습니다. 비유하자면, 클래스는 자동차의 상태를 정의하는 변수들을 포함하여 자동차의 기능을 정의한 설계도, 객체는 설계도를 통해 제조된 특정 모델의 자동차로 이해할 수 있습니다.

자동차를 예시로 하여 클래스와 객체의 개념을 [표 2]에서 설명해 보겠습니다. 클래스 MyCar를 정의하기 위한 클래스 속성과 클래스 동작을 정의하고, 정의한 속성과 동작에 대응하는 변수들과 메소드를 정의합니다.

클래스 MyCar를 정의한 후 필요에 따라 MyCar 클래스에 속한 객체를 생성하면

표 2 클래스(class)와 객체(object)

클래스(class) 정의 : MyCar					생성된 객체(object)
		variables			인스턴스의 속성
상태 (state)	제조사	변수 (variables)	manufacturer		"Hyundai"
	모델명		model		"Genesis"
	엔진 종류		engine_type		"EV"
	차체 형태		body_class		"Hatchback"
		methods		⇒	인스턴스의 동작
동작 (behavior)	시동 걸기	메소드 (methods)	enginestart()		enginestart()
	시동 끄기		enginestop()		enginestop()
	전진		forward()		forward()
	후진		backward()		backward()
	가속		accelerate()		accelerate()

되는데, 객체를 생성할 때 클래스에서 정의한 속성에 해당하는 값을 전달해 줌으로써 해당 속성을 보유한 객체가 생성됩니다. 생성된 객체는 클래스 MyCar로부터 생성되었으므로 클래스 MyCar에서 정의된 동작(메소드)들을 수행할 수 있습니다.

객체(object)와 인스턴스(instance)는 유사한 의미를 가지고 있으며, 클래스로부터 생성된 특정 객체임을 강조할 때 인스턴스라고 지칭합니다. 다음 문장들은 객체와 인스턴스 관련하여 자주 만나게 되는 문장들입니다.

- 클래스 MyCar로부터 생성된 인스턴스 car_1과 인스턴스 car_2는 서로 다른 속성 값을 갖습니다.
- 클래스 MyCar로부터 생성된 인스턴스들은 모두 클래스 MyCar로부터 생성된 객체로서, 클래스 MyCar에서 정의된 속성과 메소드를 사용할 수 있습니다.

이와 같이 인스턴스는 특정 클래스로부터 생성된 개별 객체를 설명할 때, 객체는 그 클래스에서 생성된 모든 인스턴스들을 포함하는 더 일반적인 개념으로 사용됩니다.

12.3 속성 : 변수와 메소드

클래스는 생성할 객체들의 **상태(states)**와 **동작(behaviors)**을 정의하여, 객체를 생성하기 위한 방법을 정의해 놓은 코드의 집합입니다. 이렇게 클래스가 정의한 객체들의 상태와 동작을 그 클래스의 **속성(attributes)**이라고 하며, 속성은 변수와 메소드를 포함합니다. 따라서 클래스는 동작에 필요한 변수들(variables)과 수행할 동작들(methods)에 대한 정의들을 묶어 놓은 단위로 이해할 수 있습니다.

변수(variables)는 클래스 또는 객체가 가지고 있는 데이터를 의미하는데, 객체의 특성을 정의하는 값들로 정의됩니다. 객체마다 고유한 값(인스턴스 변수)을 가질 수 있습니다.

동작(behaviors)은 객체가 수행할 수 있는 행동이나 기능을 의미합니다. 동작은 객체가 어떻게 어떤 작업을 할지 의미하는데, 클래스 내에서 정의된 메소드(methods)에 의해 구현됩니다. 메소드는 객체가 호출할 수 있는 기능을 제공합니다.

표 3 실생활에서의 객체(object)를 Python으로 이해 : 사람

일상생활의 객체			Python 객체	
사람	상태 (state)	객체가 가지고 있는 데이터(field)		variables
		성별	인스턴스 변수 (instance variable)	gender
		나이		age
		키		height
		몸무게		weight
	동작 (behavior)	객체가 수행할 수 있는 동작(기능)	메소드 (method)	methods
		앉기		sit()
		서기		stand()
		달리기		run()
		공부하기		study()
		잠자기		sleep()

특정 클래스(특정 설계도)로부터 생성된 객체들(인스턴스들)은 유사한 특성, 즉 해당 클래스에서 정의한 **변수와 메소드**를 공유할 수 있습니다.

새로운 클래스를 생성한다는 것은 객체의 새로운 형(타입, type)을 생성한다는 것과 같은 의미입니다. 각각의 Python 객체마다 그에 대한 형(type)이 존재합니다. 여기에서 이야기하는 형(type)은 자료형, 데이터형, 정수형 등에서 마지막 글자인 형을 의미하며, 데이터형을 확인하기 위한 함수 type()이 형을 확인하는 함수입니다. 즉, 함수 type()을 통해서 확인했던 것은 **해당 객체의 클래스**였던 것입니다. 따라서 리스트형(type)인 리스트 객체들에 대해 동일한 기본 연산들(더하기, 반복, 길이, 항목 삽입/삭제/찾기 등), 그리고 append(), insert(), pop(), remove() 등과 같은 메소드를 사용하는 것이 가능했던 것처럼 객체들 형(type)에 따라 정의된 연산과 메소드에 의한 동일한 동작이 가능합니다.

표 4 클래스 속성과 동작 비교 : (a) line 클래스, (b) polygon 클래스

		(a) line 클래스	객체
속성	생성	지점의 연결	직선, 곡선, 연결된 직선, 연결된 곡선, … 
	연결지점 개수	2개 이상의 지점	
	형태	열린 도형	
	면적	없음	
동작	길이 계산	가능	
	면적 계산	정의되지 않음	
	면적 색칠	정의되지 않음	

		(b) polygon 클래스	객체
속성	생성	지점 연결	삼각형, 사각형, 오각형, … 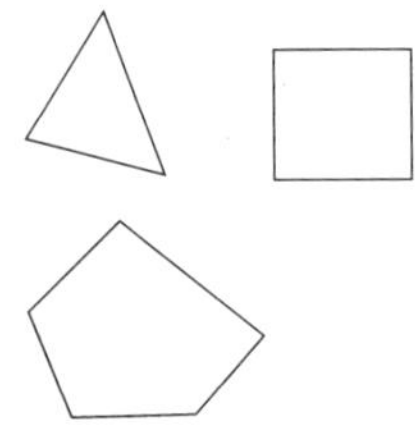
	연결지점 개수	여러 개의 지점	
	형태	닫힌 도형	
	면적	있음	
동작	길이 계산	가능	
	면적 계산	가능	
	면적 색칠	가능	

12.4 클래스 정의

클래스를 정의하는 가장 간단한 형태는 다음과 같습니다. class 다음에 여러분이 작성하고자 하는 클래스의 이름과 콜론(:)을 작성한 후, 다음 줄부터 들여쓰기 후, 클래스를 정의하는 코드 스위트를 작성해 주면 됩니다. 클래스를 정의하는 코드 스위트는 일반적으로 한 줄 이상의 구문(statements)들로 구성될 것입니다.

```
class 클래스_이름:
    클래스를 정의하는 코드 스위트
```

12.4.1. 클래스 구성요소

클래스의 구성 요소를 크게 분류하면, 변수(variables)와 메소드(methods)로 구성됩니다. 클래스를 정의하는 코드 스위트가 변수와 메소드로 구성된다는 설명과 같습니다. 클래스에 소속되어 있는 변수들을 **필드(field)**라고 하며, 클래스가 수행할 기능(동작)을 정의한 함수를 **메소드(method)**라고 합니다. 클래스의 **속성(attributes)**은 클래스의 변수(필드)와 메소드를 통칭하는 용어입니다. 클래스 내에서 정의된 경우, 일반적으로 변수(필드), 메소드라는 용어를 많이 사용합니다.

이제 간단한 형태의 클래스를 정의하고, 객체를 생성해 보도록 하겠습니다.

```
class MyClass:
    pass
```

위 예제는 MyClass라는 클래스 이름을 사용하였습니다. 클래스 이름은 PEP 8 코딩 규칙에 따르는 것이 권장됩니다. 클래스 이름을 구성하는 여러 단어의 각 단어 첫 글자를 대문자로 하는 방식(CapWords 또는 CamelCase 라고 함)을 사용합니다.

클래스 내의 pass 구문은 아무것도 수행하지 않고 통과함을 의미하며, 나중에 구현할 내용이 작성될 위치를 나타내는 일시적 용도로 사용할 수 있습니다. 이 코드는 별도의 클래스 구성 요소들이 정의되지 않은 매우 간단한 클래스입니다.

12.4.2. 클래스 객체

다음 코드에서 클래스 MyBookClass를 정의합니다.

```
class MyBookClass:
    i_val = 111             # 변수 정의

    def f(self):            # 메소드 정의
        self.j = 0          # 변수 정의
        print('I love reading books!')
```

이렇게 MyBookClass 클래스가 정의되면, MyBookClass라는 **클래스 객체**가 생성됩니다. 클래스 객체는 속성 참조(attribute reference)와 인스턴스 생성(instantiation)을 지원합니다.

```
>>> MyBookClass( )
<__main__.MyBookClass object at 0x000001A2054BB9E0>
```

12.4.3. 클래스 멤버

일반적으로 클래스를 정의하는 class 구문 다음 줄에 위치하는 변수(class variable, instance variable), 메소드(method), 프로퍼티(property), 초기자(initializer), 소멸자(destructor) 등 클래스를 구성하는 요소들을 **클래스 멤버**라고 합니다.

표 5 클래스 멤버

	멤버 이름	설명
변수(class variable, instance variable)	클래스 변수	• 클래스 전체에 공유되는 변수 • 모든 인스턴스가 동일한 값을 참조함
	인스턴스 변수	• 각 인스턴스의 속성을 정의하는 변수 • 인스턴스 생성시마다 초기화됨
메소드(method)	클래스 메소드	• @classmethod • 첫 번째 매개변수는 cls
	인스턴스 메소드	• 첫 번째 매개변수는 self
	정적 메소드	• @staticmethod
프로퍼티(property)	속성 접근 제어	• @property • getter, setter 정의
생성자(constructor 또는 초기자 initializer)	__init__()	• 객체가 생성될 때 자동으로 호출되는 특별한 메소드 • 객체 초기화를 담당
소멸자(destructor)	__del__()	• 객체가 메모리에서 해제될 때 자동으로 호출되는 메소드

12.4.4. 인스턴스 생성

인스턴스는 클래스로부터 실제 생성하여 메모리 상에 할당된 객체를 의미하며 각각의 인스턴스는 메소드를 공유하지만, 고유한 데이터를 가질 수 있는 독립적인 객체입니다. 인스턴스 생성(instantiation)은 클래스 이름에 ()를 붙여 함수처럼 호출함으로써 수행됩니다.

```
class MyBookClass:                  # 클래스 정의
    i_val = 111                     # 변수 정의

    def f(self):                    # 메소드 정의
        self.j = 0                  # 변수 정의
        print('I love reading books!')
```

정의된 클래스 MyBookClass로부터 인스턴스 a, b를 생성하겠습니다. 클래스 객체 MyBookClass()를 a에 할당하여 생성할 수 있으며, type(a)를 통해 MyBookClass 클래스에 속함을 확인할 수 있습니다.

```
>>> a = MyBookClass()
>>> a
<__main__.MyBookClass object at 0x000001A205683E90>
>>> type(a)
```

```
<class '__main__.MyBookClass'>
>>> b = MyBookClass()
<__main__.MyBookClass object at 0x000001CE76A50890>
>>> a.i_val
111
>>> b.i_val
111
>>> a.f()
I love reading books!
>>> b.f()
I love reading books!
```

a.i_val과 b.i_val을 실행해 보면, 같은 클래스 MyBookClass로부터 생성되어 클래스 변수 i_val을 공유함을 확인할 수 있습니다. 또한, a.f()과 b.f()을 실행해 보면, 같은 클래스 MyBookClass로부터 생성되어 메소드 f를 공유함을 확인할 수 있습니다.

앞에서 클래스를 통해 객체를 생성한다고 설명하였는데 객체에 대해 조금 더 구체적으로 설명하면, 객체는 클래스로부터 생성된 실체를 의미하는 일반적인 용어이며, 이렇게 생성된 개별 객체를 그 클래스의 **인스턴스(instance)**라고 합니다. 바꿔 말하면 객체가 런타임(실제 실행되어 작동되는 시간)에 구동되도록 메모리에 할당된 상태를 인스턴스라고 설명할 수 있습니다.

12.5 메소드 : 클래스 안에서 정의된 함수

메소드를 포함하고 있는 클래스를 정의하겠습니다. **메소드(method)**는 클래스의 기능(행동)을 정의하기 위하여 클래스 내에 정의된 함수입니다.

12.5.1. 메소드 정의

```
class MyBook:

    def book_title():                # 메소드: 클래스 안에서 정의된 함수
        print('I am reading a Python textbook !')
```

```
>>> b = MyBook()                    # 인스턴스 생성
>>> print(b)
<__main__.MyBook object at 0x10aff05f0>
>>> b.book_title()
Traceback (most recent call last):
  File "<pyshell#728>", line 1, in <module>
    b.book_title()
TypeError: MyBook.book_title() takes 0 positional arguments but 1 was given
```

객체 b를 생성한 후, 객체 b의 book_title() 메소드를 실행하였는데, TypeError가 발생하였습니다. 메시지를 읽어 보면, MyBook.book_title()은 위치 인수를 받지 않는 것으로 되어 있는데, 1개가 입력되었다는 내용입니다. 즉, book_title()에 어떠한 매개변수도 설정되지 않았는데(위치 인수를 받지 않는데), 1개가 입력되었다는 것입니다. 이 1개의 인자는 무엇일까요? 현재 객체 자신(b)에 대한 참조입니다. 따라서 오류를 해결하기 위해서는 현재 객체 자신에 대한 참조를 입력받을 수 있도록, 매개변수 self를 추가해 줘야 합니다.

12.5.2. 메소드의 첫 번째 매개변수: self

메소드는 기본적으로 함수이지만, 클래스 내에서 정의된다는 점이 일반적인 함수와 다른 점입니다. 생성된 독립적인 인스턴스마다 메소드를 호출할 수 있기 때문에 그 메소드를 호출한 인스턴스를 참조하기 위해 self가 필요합니다.

이런 이유로 메소드를 정의할 때 메소드의 매개변수 목록의 맨 앞에 self를 추가하여야 합니다. self는 메소드가 호출될 때 자동으로 객체 자신, 즉 해당 메소드를 호출하는 인스턴스(객체)를 가리킵니다. 그러나 메소드를 호출할 때 self 매개변수에 인수를 할당하지는 않습니다.

메소드 book_title()에 매개변수 self를 추가하여 클래스를 정의한 후, 실행하여 결과

를 살펴보도록 하겠습니다. 이와 함께 self에 어떠한 값이 입력되는지 확인하기 위해 self에 기록되어 있는 값을 출력해 보도록 하겠습니다.

```
class MyBook:
    def book_title(self):
        print('I am reading Python textbook !')
        print('The value in self is : ', self)
```

```
>>> c = MyBook()
>>>
>>> print(c)
<__main__.MyBook object at 0x000001A2056A4D10>
>>>
>>> c.book_title()
I am reading Python textbook !
The value in self is :  <__main__.MyBook object at 0x000001A2056A4D10>
```

c = MyBook()을 통해 새로운 인스턴스를 생성하여 이 객체를 c에 할당합니다. 객체 c가 저장되어 있는 주소는 print(c)를 통해 0x000001A2056A4D10으로 확인되었습니다.

print('The value in self is : ', self)를 통해 self에 저장되어 있는 값을 확인해 보면, 객체 c가 저장되어 있는 주소(0x000001A2056A4D10)와 같음을 확인할 수 있습니다. 즉, self는 객체 자신의 주소를 가리키고 있음을 알 수 있습니다.

12.5.3. 생성자(constructor) 메소드: __init__()

클래스의 객체를 생성할 때(인스턴스를 생성할 때), 자동으로 필드의 변수값들을 초기화할 필요가 있는 경우들이 많습니다. 이러한 역할을 수행하는 특수한 메소드를 정의할 수 있는데, 이것을 **생성자(constructor) 메소드**, 또는 **초기자(initializer) 메소드**라고 합니다.

다음 클래스를 정의해 클래스 Student의 인스턴스를 생성하고, 메소드 intro()를 실행해 보겠습니다. 인스턴스를 생성할 때 __init__() 메소드를 통해 year, yclass, name을 입력받아 self.year, self.yclass, self.name으로 할당하는 초기화 과정을 진행합니다.

```
class Student:
    def __init__(self, year, yclass, name):    # 생성자 메소드

        # 객체 초기화
        self.year = year
        self.yclass = yclass
        self.name = name

    def __del__(self):                          # 소멸자 메소드
        print(f"안녕, {self.name}~ 잘가세요~~ 내일 또 봐요~~")

    def intro(self):
        print(f"안녕하세요! 저는 {self.year}학년-{self.yclass}반, {self.name}입니다.")
```

```
>>> student1 = Student(3, 2, 'Kim YB')
>>> student2 = Student(2, 4, 'Lee OB')
>>>
>>> student1.intro()
안녕하세요! 저는 3학년-2반, Kim YB입니다.
>>>
>>> student2.intro()
안녕하세요! 저는 2학년-4반, Lee OB입니다.
```

12.5.4. 소멸자(destructor) 메소드: __del__()

객체가 소멸될 때 자동으로 호출되는 메소드로, 객체가 소멸될 때 수행할 작업을 정의하기 위해 활용할 수 있습니다. 12.5.3절의 클래스 Student를 그대로 사용하여 인스턴스를 생성한 후, 소멸자를 실행해 보겠습니다.

인스턴스 student3과 인스턴스 student4를 생성합니다. 각각 메소드 intro()를 실행해 봅니다. 이어서 소멸자를 사용하여 인스턴스 객체 student3와 student4를 삭제하면, 소멸자 메소드에서 정의한 내용이 실행됨을 확인할 수 있습니다.

```
>>> student3 = Student(5, 6, 'Park CE')
>>> student4 = Student(6, 3, 'Choi GJ')
>>>
>>> student3.intro()
안녕하세요! 저는 5학년-6반, Park CE입니다.
>>> student4.intro()
```

```
안녕하세요! 저는 6학년-3반, Choi GJ입니다.
>>>
>>> del student3
안녕, Park CE~ 잘가세요~~ 내일 또 봐요~~
>>> del student4
안녕, Choi GJ~ 잘가세요~~ 내일 또 봐요~~
```

12.6 속성 참조

속성 참조는 변수와 메소드를 참조하는 과정을 의미하며, "객체_이름.속성_이름"의 형태로 접근할 수 있습니다. 객체의 종류는 두 가지가 있는데, **클래스 객체(class object)**와 **인스턴스 객체(instance object)**입니다.

클래스를 정의하면 클래스 자체를 참조하는 객체(클래스 객체)가 생성되며, 클래스 이름을 통해 클래스 객체를 참조할 수 있습니다. 인스턴스 객체는 실제 데이터를 전달하여 생성된 객체입니다. 12.6.1절에서 클래스 객체의 속성 참조에 대해 살펴본 후, 12.6.2절에서 인스턴스 객체의 속성 참조에 대해 살펴보겠습니다.

12.6.1. 클래스 객체의 속성 참조

변수와 메소드를 모두 포함하고 있는 클래스를 정의하겠습니다.

클래스 MyStudent는 DocString을 포함하고 있으며, 변수 num, 메소드 greeting()을 포함하고 있습니다. 나중에 학습하겠지만 변수 num은 클래스 변수입니다.

```
class MyStudents:

    " " " A simple example class " " "    # DocString

    num = 47                  # 클래스 변수 정의
    def greeting(self):       # 메소드 정의
        return 'hello, my students ....'
```

클래스 MyStudents는 DocString, 변수 num, 메소드 greeting()을 포함하므로 MyStduents.num, MyStudents.greeting, MyStudents.__doc__를 통해 해당 필드의 속

성_이름을 참조할 수 있습니다.

```
>>> MyStudents.num
47
>>> MyStudents.greeting
<function MyStudents.greeting at 0x000001A2056A2340>
>>> MyStudents.__doc__
'A simple example class'
```

클래스 객체는 **속성(attributes, 변수와 메소드를 통칭) 참조와 인스턴스 생성을 지원**합니다. 속성 참조(attribute references)는 표준 문법을 통해 수행되므로 "클래스객체_이름.속성_이름"의 형태로 사용됩니다. 속성은 필드(변수)와 메소드를 포함한다는 점을 다시 상기하겠습니다.

다음 예제에서 클래스 변수, 인스턴스 변수, 메소드를 포함하는 클래스를 정의해 보겠습니다.

```
class MyBookClass:
    i_val = 111          # 클래스 변수 정의

    def __init__(self, num):
        self.num = num

    def read(self):                  # 메소드 정의
        self.num += 1                # 인스턴스 변수 정의
        print(f'I love reading {self.num} books!')
```

MyBookClass 클래스가 정의되면, MyBookClass라는 **클래스 객체**로 메모리에 생성됩니다. 다른 방식으로 설명하면, 클래스 MyBookClass를 정의하면 MyBookClass 객체(object)가 메모리 주소(0x000001A2054BB9E0)에 할당되었음이 표시됩니다. 이 주소는 이 객체가 실제로 저장된 컴퓨터의 메모리 위치이며, 컴퓨터마다 이 값은 다를 수 있습니다.

클래스 안에서 정의된 변수 i_val의 값을 MyBookClass.i_val을 통해 참조할 수 있습니다. 또한, 클래스 안에서 정의된 메소드 read는 클래스 메소드 객체이며, 특정 인스턴스에 연결되지 않은 상태입니다. MyBookClass.read를 통해 참조할 수 있습니다. 클래스 객체 MyBookClass가 인스턴스 변수 num을 참조하면 AttributeError가 발생함을 확인할 수 있습니다.

```
>>> MyBookClass               # 클래스 객체 MyBookClass
<class '__main__.MyBookClass'>
>>> MyBookClass.i_val
111
>>> MyBookClass.read
<function MyBookClass.read at 0x000001A2057098A0>
>>> MyBookClass.num           # 클래스 객체가 인스턴스 변수 num 참조
Traceback (most recent call last):
  File "<pyshell#41>", line 1, in <module>
    MyBookClass.num
AttributeError: type object 'MyBookClass' has no attribute 'num'
```

인스턴스 a를 생성한 후, 인스턴스 변수 num을 참조해 보겠습니다. 오류 없이 인스턴스 변수 num을 참조할 수 있습니다.

```
>>> a = MyBookClass(1)
>>> a.read()
I love reading 2 books!
>>> a.num
2
```

12.6.2. 인스턴스 객체의 속성 참조

인스턴스 객체는 클래스 객체로부터 생성되며, **속성 참조(attribute references)만 수행**할 수 있습니다. 속성은 두 가지 종류로 나뉩니다. 하나는 데이터 속성(data attributes), 그리고 다른 하나는 메소드(methods)입니다. 데이터 속성은 인스턴스의 상태를 나타내는 정보로서 지역 변수와 같은 개념인 인스턴스 변수를 의미합니다.

```
class MyStudents:
    " " " A simple example class " " "    # DocString
    num = 47                    # 클래스 변수 정의
    def greeting(self):         # 메소드 정의
        return 'hello, my students ....'
```

먼저, 클래스 객체 속성을 참조해 보겠습니다. (클래스 MyStudents의 메소드 greeting)

```
>>> MyStudents
<class '__main__.MyStudents'>
>>> id(MyStudents)
1935612182720
>>> hex(id(MyStudents)).upper()
'0X1C2AB7A00C0'
>>> MyStudents.greeting
<function MyStudents.greeting at 0x000001C2ABC362A0>
```

함수 id()는 객체의 고유 식별자를 반환하는 함수이며, 일반적으로 객체가 주소를 반환합니다. id(MyStudents)을 통해 클래스 객체의 주소를 확인하여 16진수로 변환해 보면, "0X1C2AB7A00C0"이 됩니다.

MyStudents.greeting은 MyStudents 클래스 객체의 메소드(클래스의 메소드 객체)를 참조해 줍니다.

이제 인스턴스 객체 d를 생성하여, 인스턴스 객체 속성을 참조해 보겠습니다. (인스턴스 d의 메소드 greeting)

```
>>> d =  MyStudents()
>>> id(d)
1935617019008
>>> hex(id(d)).upper()
'0X1C2ABC3CC80'
>>> print(d)
<__main__.MyStudents object at 0x000001C2ABC3CC80>
>>> d.greeting
<bound method MyStudents.greeting of <__main__.MyStudents object at 0x000001C2ABC3CC80>>
```

인스턴스 객체 d를 생성하여 주소는 id(d)를 16진수 변환해서 얻을 수도 있고, print(d)를 통해서도 얻을 수 있습니다. 인스턴스 객체 d의 주소를 확인해 보면, "0x000001C2ABC3CC80"입니다. 클래스 객체의 주소와는 다름을 확인할 수 있습니다.

d.greeting은 클래스 MyStudents의 인스턴스 d의 메소드를 참조하는 인스턴스 메소드 객체입니다. 따라서, d.greeting과 클래스 메소드 객체 MyStudents.greeting은 동일하지 않습니다.

클래스 MyStudents의 객체 d가 함수 MyStudents.greeting()의 인수로 전달됩니다. id()를 통해 d.greeting()는 MyStudents.greeting(d)와 동일함을 확인할 수 있습니다.

```
>>> MyStudents.greeting(d)
'hello, my students ....'
>>> d.greeting()
'hello, my students ....'
>>> id(d.greeting())
1935617065072
>>> id(MyStudents.greeting(d))
1935617065072
```

12.7 인스턴스 변수와 클래스 변수

클래스에서 선언되는 변수는 **인스턴스 변수(instance variable)**와 **클래스 변수(class variable)**로 구분됩니다. **인스턴스 변수(instance variable)**는 해당 객체가 사용해야 하는 변수로, 인스턴스마다 개별적으로 생성됩니다.

이와 달리 특정 클래스를 통해 생성된 모든 객체들이 공통적으로 사용할 변수가 필요할 수 있는데, 이런 변수를 **클래스 변수(class variable)**라고 합니다. 하나의 클래스는 여러 개의 클래스 변수를 가질 수 있으며, 메소드 외부에서 변수를 생성하면 클래스 변수가 됩니다. 클래스 변수는 인스턴스를 생성하지 않아도 사용할 수 있는 특징이 있습니다.

일반적으로 사용하는 지역 변수(local variable)은 정의된 함수 바깥에서 사용할 수 없듯이, 인스턴스 변수를 해당 메소드 바깥에서 사용할 수 없습니다. 생성자 안에서 생성된 인스턴스 변수는 해당 인스턴스에서만 적용됩니다. 특히, 생성자(__init__ 메소드) 내부에서 생성된 인스턴스 변수는 해당 인스턴스에서만 개별적으로 적용됩니다.

12.8 클래스 예제 : DocString, 클래스 변수, __init__(), 메소드 포함

클래스 예제를 통해 지금까지 학습한 부분을 점검해 보도록 하겠습니다.

```
class MyStudentsCount:

    " " " A simple example class " " "        # DocString

    c_var = "This is a class variable !"      # 클래스 변수

    def __init__(self, iValue = 0):
        self.count = iValue                   # 인스턴스 변수 초기화

    def accumulate(self):
        self.count += 1

    def show(self):
        print('The number of students : ', self.count)
```

메소드 밖에서 생성된 변수 c_var은 **클래스 변수**이며, 클래스 변수는 인스턴스 객체 생성 여부와 관계없이 "**클래스_이름.클래스 변수_이름**"의 형태로 참조 가능합니다.

클래스 변수 c_var은 클래스 전역에서 유효한 변수이므로, "클래스_이름.클래스 변수_이름"의 형식, 즉 "MyStudentsCount.c_var"으로 참조할 수 있습니다. 클래스 변수 c_var는 인스턴스 객체를 생성하지 않았음에도 MyStudentsCount.c_var를 통해 참조 가능하지만, 인스턴스 변수 count는 MyStudentsCount.count를 통해 참조가 불가능하여 AttributeError를 발생하게 됩니다.

```
>>> MyStudentsCount.c_var
'This is a class variable !'
>>> MyStudentsCount.count              # count는 인스턴스 변수
Traceback (most recent call last):
  File "<pyshell#322>", line 1, in <module>
    MyStudentsCount.count
AttributeError: type object 'MyStudentsCount' has no attribute 'count'
>>>
```

aa = MyStudentsCount()를 실행하면, **인스턴스 객체**가 생성되고 객체의 참조값이 변수 aa에 할당됩니다. 즉, 인스턴스 객체 aa가 생성됩니다. 동시에 **생성자** __init__() 메소드 안에서 **인스턴스 변수** count를 생성하고, iValue=0 으로 초기화합니다. **인스턴스 변수**를 클래스 안에서 사용하기 위해서 "self.인스턴스변수_이름"의 형태로 참조해야 합니다.

인스턴스 객체 aa를 생성하면, 클래스 변수와 인스턴스 변수 모두 참조 가능함을 확인할 수 있습니다.

"인스턴스_이름.클래스 변수_이름"의 형식, "aa.c_var"으로도 호출 가능하지만 "인스턴스_이름.클래스 변수_이름"의 형식으로 값을 할당하면, 즉, aa.c_var = "New variable !!"으로 할당하면, 해당 인스턴스 aa에서 인스턴스 변수 c_var을 새로 설정한 것과 같습니다. 클래스 객체 MyStudentsCount의 클래스 변수 c_var은 여전히 클래스를 정의할 때 설정된 값 "This is a class variable !"임을 확인할 수 있습니다.

```
>>> aa = MyStudentsCount()
>>> aa.c_var = "New class variable !"    # c_var는 인스턴스 aa에서 설정됨
>>> aa.c_var
'New class variable !'
>>> MyStudentsCount.c_var                # 클래스 변수를 참조해 보면 변함 없음
'This is a class variable !'
```

클래스 변수는 클래스의 모든 인스턴스가 공유하며, 클래스 변수의 변화는 그 클래스의 모든 인스턴스에 반영됩니다. 인스턴스 변수는 해당 인스턴스에서만 적용됩니다. 즉, 인스턴스 변수 self.count는 인스턴스마다 독립적으로 적용됩니다.

```
>>> bb = MyStudentsCount()
>>> bb.c_var
'This is a class variable !'
>>> aa.c_var              # aa.c_var은 인스턴스 변수로 설정되었음
'New class variable !'
>>> bb.c_var
'This is a class variable !'
>>> MyStudentsCount.c_var = "Really New Class Variable!"   # 클래스 변수 재설정
>>> aa.c_var              # aa.c_var은 인스턴스 변수로 설정되었으므로 변화 없음
'New class variable !'
```

```
>>> bb.c_var                          # 인스턴스 bb는 클래스 변수를 공유함
'Really New Class Variable!'
>>> cc = MyStudentsCount()
>>> cc.c_var                          # 인스턴스 cc는 클래스 변수를 공유함
'Really New Class Variable!'
```

일반적으로 사용하는 지역 변수(local variable)는 정의된 함수 바깥에 적용되지 않듯이, 인스턴스 변수도 해당 메소드 바깥에 적용되지 않습니다. 그러나 클래스 변수는 해당 클래스 내부의 해당 메소드 바깥에서도 적용됩니다. 이렇게 변수가 적용되는 공간을 **범위(scope)**라고 합니다.

참고자료 및 문헌

[Python class] https://docs.python.org/ko/3.13/tutorial/classes.html

Chapter

13

클래스 응용

13.1 캡슐화와 정보은닉

우리가 작성한 클래스에 대해, 사용자가 마음대로 인스턴스 변수의 값을 변경하는 것은 권장하는 상황이 아닙니다. 작성 의도와 다르게 변수의 값이 변경될 수도 있기 때문입니다. 따라서 클래스 구성의 내부 상태(속성과 메소드)가 클래스 바깥에 드러나지 않고 클래스 외부에서 직접 접근할 수 없도록 하는 개념을 **정보은닉(information hiding)**이라고 합니다. 또한, 데이터와 메소드를 하나의 객체로 묶어서, 클래스 내부의 메소드를 통해서만 데이터에 접근 가능하게 하여 클래스의 내부 구현과 관련된 세부 사항을 숨기는 개념을 **캡슐화(encapsulation)**라고 합니다.

정보은닉과 캡슐화는 상호 배타적인 개념이 아니므로 공통점과 차이점이 존재합니다. 정리해 보면 다음과 같습니다.

- 공통점: 두 개념 모두 객체의 데이터를 보호하고 외부에서 안전하게 다루도록 설계되어 있습니다.
- 차이점: 캡슐화는 데이터와 메소드를 하나의 객체로 묶어 외부와의 상호작용을 단순화하는 데 중점을 둔 반면, 정보은닉은 객체 내부의 데이터와 메소드에 대한 외부의 불필요한 접근을 제한하기 위해 특정 변수나 메소드를 비공개로 구현합니다.

13.1.1. 비공개 변수(private variables)

정보은닉을 수행하는 한 가지 방법은 변수를 외부에서 접근할 수 없도록 비공개 변수(private variables)로 설정하는 방법인데. 변수 이름 앞에 __를 추가하는 것입니다.

```
class MyVar:
    i1 = 111
    __i2 = 222              # private class variable

    def __init__(self):
        self.j = 222
        self.__k = 333      # private instance variable

    def f(self):
```

```
        print('class variable, i1 = ', self.i1)
        print('private class variable, __i2 = ', self.__i2)
        print('instance variable j = ', self.j)
        print('private instance variable __k = ', self.__k)
        print()
        self.j += 1
        self.__k += 1
        print('instance variable', self.j)
        print('private instance variable', self.__k)
```

i1과 i2는 클래스 변수인데, 그중 i2만을 private 변수로 선언하였습니다. 그리고 생성자 메소드 __init__()에서 선언한 인스턴스 변수 중, k만을 private 변수로 선언하였습니다. 이제 객체를 생성하여 변수들에 접근해 보도록 하겠습니다.

```
>>> myvar = MyVar()
>>> myvar.i1
111
>>> myvar.i2
Traceback (most recent call last):
  File "<pyshell#57>", line 1, in <module>
    myvar.i2
AttributeError: 'MyVar' object has no attribute 'i2'. Did you mean: 'i1'?
>>> myvar.__i2
Traceback (most recent call last):
  File "<pyshell#58>", line 1, in <module>
    myvar.__i2
AttributeError: 'MyVar' object has no attribute '__i2'
>>>
>>> myvar.f()
class variable, i1 =  111
private class variable, __i2 =  222
instance variable j =  222
private instance variable __k =  333

instance variable 223
private instance variable 334
```

myvar = MyVar()을 통해 인스턴스 객체 myvar을 생성합니다. i1을 참조해 보면, 111을 확인할 수 있습니다. i2를 참조하기 위해, myvar.__i2 또는 myvar.i2를 실행해도 AttributeError가 발생하여 객체 MyVar에 '__i2' 또는 'i2'라는 attribute가 없다는 메시지가 출력됩니다. i2는 비공개 변수로 설정되어 클래스 외부에서 직접 접근할 수 없음을 확인할 수 있습니다.

이제 인스턴스 객체 myvar의 메소드 f()를 실행하여 클래스 객체 내에서 클래스 변수들과 인스턴스 변수들에 대한 참조가 자유로운지 확인해 보도록 하겠습니다. 인스턴스 객체 내의 메소드 myvar.f()에서 클래스 변수들인 i1과 __i2 값을 출력해 보면, 111과 222를 확인할 수 있습니다. 인스턴스 변수들 j와 __k를 출력하고, 각각 1씩 증가시킨 후 다시 인스턴스 변수들 j와 __k를 출력해 보면, 각 변수에 대한 참조가 잘 수행되었고 222, 333에서 223, 334로 계산이 잘 수행되었음을 확인할 수 있습니다.

인스턴스 객체 myvar의 변수들에 직접 접근해 보겠습니다. myvar.j는 223으로 출력에 문제가 없지만, 비공개 인스턴스 변수인 __k는 myvar.__k 또는 myvar.k를 실행해도 접근할 수 없음을 확인할 수 없습니다.

```
>>> myvar.j
223
>>> myvar.k
Traceback (most recent call last):
  File "<pyshell#61>", line 1, in <module>
    myvar.k
AttributeError: 'MyVar' object has no attribute 'k'
>>> myvar.__k
Traceback (most recent call last):
  File "<pyshell#62>", line 1, in <module>
    myvar.__k
AttributeError: 'MyVar' object has no attribute '__k'
```

클래스 변수든, 인스턴스 변수든, 비공개 변수로 설정(변수 이름 앞에 __ 추가)하면 클래스 안의 메소드에서만 접근이 가능하며, 클래스 바깥에서 직접 접근은 불가능함을 확인하였습니다.

13.1.2. 설정자(setters)와 접근자(getters), 이름 맹글링(name mangling)

캡슐화를 통해 변수에 접근하는 다른 방법으로 **설정자(setters)**와 **접근자(getters)**를 사용하는 방법이 있습니다. getter와 setter를 통해 객체 내부의 비공개 속성을 외부에서 안전하게 접근하고 수정할 수 있도록 해주며, 속성값에 대한 유효한지 확인하거나 수정에 제한을 설정할 수 있습니다.

```
class Car:

    def __init__(self, model, age, regis=None):
        self.__model = model
        self.__age = age
        self.__regis = regis

    def set_model(self, model):         # 설정자 set_model()
        if model.isalpha() == True:
            self.__model = model
        else:
            print('A name should be composed of characters. Not modified.')

    def set_age(self, age):             # 설정자 set_age()
        if age > 0:
            self.__age = age
        else:
            print('An age should be larger than 0. Not modified.')

    def get_model(self):                # 접근자 get_model()
        return self.__model

    def get_age(self):                  # 접근자 get_age()
        return self.__age
```

위 예제에서 속성 설정 메소드인 set_model(), set_age()는 설정자이고, 속성 접근 메소드인 get_model(), get_age()는 접근자입니다. 클래스 Car의 인스턴스 변수들 model, age, regis는 private로 설정되어 클래스 외부에서 접근할 수 없는 비공개 변수입니다.

이제 객체 a를 생성한 후, 접근자(getters)를 통해 인스턴스로부터 비공개 변수에 접근해 비공개 변수값을 조회해 보겠습니다.

```
>>> a = Car('Avante', 5, 'Seoul')
>>> a.get_model()     # getter를 통한 비공개 변수 __model 접근
'Avante'
>>> a.get_age()       # getter를 통한 비공개 변수 __age 접근
5
>>> a._Car__model     # 이름 맹글링(name mangling)을 통한 비공개 변수 __model 접근
'Avante'
>>> a._Car__age       # 이름 맹글링(name mangling)을 통한 비공개 변수 __age 접근
5
>>> a._Car__regis     # 이름 맹글링(name mangling)을 통한 비공개 변수 __regis 접근
'Seoul'
>>> a.__dict__
{'_Car__model': 'Avante', '_Car__age': 5, '_Car__regis': 'Seoul'}
```

a._Car__model은 클래스 외부에서 Car 클래스의 비공개 속성 __model에 접근하는 방법으로, **이름 맹글링(name mangling)**이라고 합니다. 일반적으로 비공개 속성에 외부에서 직접 접근하는 것은 권장되지 않으며, 속성 접근 메소드(getter)를 사용하는 것이 좋습니다.

이제 설정자를 통해 인스턴스에 속성값들을 추가하고 수정한 후, 접근자를 통해 참조해 보겠습니다.

```
>>> a.set_model('Sonata')       # setter를 통한 비공개 변수 __model 설정
>>> a.get_model()               # getter를 통한 비공개 변수 __model 접근
'Sonata'
>>> a._Car__model               # 이름 맹글링을 통한 비공개 변수 __model 접근
'Sonata'
>>> a.__dict__
{'_Car__model': 'Sonata', '_Car__age': 5, '_Car__regis': 'Seoul'}
>>>
>>> a.set_age(-3)
An age should be larger than 0. Not modified.
>>>
>>> a._Car__age = -1            # 이름 맹글링을 통한 비공개 변수값 설정
>>> a.__dict__
{'_Car__model': 'Sonata', '_Car__age': -1, '_Car__regis': 'Seoul'}
```

설정자 set_age()를 정의할 때, age가 양수가 아니면 오류 메시지를 출력하도록 하였으므로 a.set_age(−3)를 실행하면 오류 메시지를 출력합니다. 이런 방식으로 속성값에 대한 유효한지 확인하거나 수정에 제한을 설정할 수 있습니다.

그러나 이름 맹글링을 통해 −1을 설정하면, 제한 없이 설정됨을 확인할 수 있습니다. 즉, 이름 맹글링만으로는 속성값의 "유효성 확인/수정 제한"을 설정할 수 없으므로 설정자를 사용하는 것이 바람직합니다.

13.1.3. property()

property() 함수를 사용해 보겠습니다. property() 함수는 property 속성값을 반환하는 함수로서 앞에서 설정하였던 설정자(setters)와 접근자(getters) 메소드를 변수 호출하는 방식으로 호출할 수 있도록 해주는 함수입니다.

다음의 사용 형식을 클래스 내에 작성해 줍니다.

```
변수_이름 = property(setters, getters)
```

변수_이름을 호출(참조)하는 경우 getter를 호출합니다. 변수_이름에 변경할 값을 할당하는 경우, setter를 호출합니다.

앞에서 정의하였던 클래스 Car에 property() 함수를 적용해 보겠습니다. 먼저, 클래스 Car에 다음 코드를 추가합니다. aa = Car('Avante', 5, 'Seoul')를 통해 인스턴스 aa를 생성합니다.

접근자 메소드를 변수 호출 방식(aa.model)으로 호출하여, 비공개 속성값 'Avante'가 조회되었습니다. 또한, 설정자 메소드를 변수 호출 방식(aa.model = 'Grandeur')으로 실행하고, 다시 접근자 메소드를 변수 호출 방식(aa.model)으로 호출하여 비공개 속성값이 'Grandeur'가 조회되어 설정이 잘 수행되었음을 확인하였습니다.

[표 1]은 비공개 속성 접근/설정을 위한 방법으로 getter/setter만 사용한 방법과 property(setters, getters)를 사용한 경우를 비교한 것입니다. 양쪽 모두 접근자, 설정자 사용 방식을 지원하지만, 함수 property()를 사용하면 접근자 메소드와 설정자 메소드를 변수 호출하는 방식으로 사용할 수 있어 사용법이 편리해집니다.

```python
class Car:

    def __init__(self, model, age, regis=None):
        self.__model = model
        self.__age = age
        self.__regis = regis

    def set_model(self, model):
        if model.isalpha() == True:
            self.__model = model
        else:
            print('A name should be composed of characters. Not modified.')

    def set_age(self, age):
        if age > 0:
            self.__age = age
        else:
            print('An age should be larger than 0. Not modified.')

    def get_model(self):
        return self.__model

    def get_age(self):
        return self.__age

    model = property(set_model, get_model)
    age = property(set_age, get_age)
```

```python
>>> aa = Car('Avante', 5, 'Seoul')
>>> aa.model
'Avante'
>>> aa.age
5
>>> print(aa.model)
Avante
>>> print(aa.age)
5
>>> aa.model = 'Grandeur'
>>> aa.model
'Grandeur'
```

표 1 비공개 속성 접근/설정을 위한 setter/getter, property() 사용 비교

클래스 정의	class Car:	
getter/ setter	set_model/get_model	
객체 생성	a = Car('Avante', 5, 'Seoul')	
방법	setter/getter만 사용	property(setter/getter) 사용
코드		〈클래스에 property() 정의 추가〉 model = property(set_model, get_model) age = property(set_age, get_age)

model 참조	>>> a._Car__model
	'Avante'
	>>> a.get_model()
	'Avante'
		>>> a.model
		'Avante'
		>>> a.get_model()
		'Avante'

age 참조	>>> a._Car__age
	5
	>>> a.get_age()
	5
		>>> a.age
		5
		>>> a.get_age()
		5

model값 할당	>>> a._Car__model = 'Sonata' >>> a.set_model('Sonata')	>>> a.model = 'Sonata' >>> a.set_model('Sonata')
age값 할당	>>> a._Car__age = 10 >>> a.set_age(10)	>>> a.age = '10' >>> a.set_age(10)
특징	setter/getter 사용 가능	setter/getter도 사용 가능 변수 호출 형식으로 직접 접근 가능

13.1.4. 비공개 메소드(private methods)

메소드에 대해서도 비공개 변수와 같은 방식으로 메소드 이름 앞에 __를 추가하면, private 메소드가 되어 클래스 안에서만 호출이 가능합니다.

```
class MyGreetClass:
    '''A simple example class explaining Private Methods'''

    def __pgreet(self, times):                      # 비공개 메소드 정의
        print('Long time no see, budddy ~~\n'*times)

    def ogreet(self):
        print('Hello, everybody.')

    def private_show(self, times):
        self.__pgreet(times)
```

클래스 MyGreetClass는 __로 시작하는 비공개 메소드 __pgreet(), 공개 메소드인 ogreet()와 private_show()를 포함하여 정의되었습니다. __pgreet()는 MyGreetClass 클래스 내에서만 사용되도록 정의된 비공개 메소드입니다. private_show()는 공개 메소드로, __pgreet()를 호출하여 클래스 외부에서 간접적으로 비공개 메소드를 사용할 수 있도록 해줍니다.

인스턴스 객체 insa를 생성한 후, 인스턴스 메소드 insa.orgreet()를 실행하면 "Hello, everybody."가 출력됨을 확인할 수 있습니다. 비공개 인스턴스 메소드인 insa.__pgreet()를 클래스 바깥에서 인스턴스 메소드를 호출하는 방식으로, 호출하면 AttributeError가 발생됩니다.

```
>>> insa = MyGreetClass()
>>> insa.ogreet()
Hello, everybody.
>>> insa.__pgreet()
Traceback (most recent call last):
  File "<pyshell#48>", line 1, in <module>
    insa.__pgreet()
AttributeError: 'MyGreetClass' object has no attribute '__pgreet'
>>>
>>> insa.private_show(3)              # private_show()를 통해 __pgreet() 실행
Long time no see, budddy ~~
Long time no see, budddy ~~
Long time no see, budddy ~~
>>>
>>> insa._MyGreetClass__pgreet(2)    # 이름 맹글링을 통해 __pgreet() 실행
Long time no see, budddy ~~
Long time no see, budddy ~~
```

비공개 메소드는 클래스 내부에서 호출되어야 하므로 메소드 private_show()가 비공개 메소드 __pgreet()를 호출하여 __pgreet()가 간접적으로 실행되도록 해줍니다.

또 다른 방법으로 클래스 바깥에서 비공개 메소드를 사용할 수 있는 방법이 있습니다. 이름 맹글링으로 비공개 변수에 접근할 수 있었듯이 비공개 메소드 호출도 가능합니다. "인스턴스_이름._클래스 이름__비공개 메소드 이름()"의 형식으로 사용할 수 있습니다.

13.2 상속(inheritance)

지금까지 class 키워드를 사용하여 새로운 클래스를 정의하였습니다. 때로는 기존에 존재하는 클래스로부터 속성들을 상속받아 새로운 클래스를 정의할 수도 있습니다. 이렇게 상속을 통해 새로운 클래스를 정의하면, 기존 클래스(**상위 클래스, 부모 클래스, 기초 클래스**)에 구현된 속성과 기능을 새로운 클래스(**하위 클래스, 자식 클래스, 파생 클래스**)가 그대로 사용할 수 있습니다.

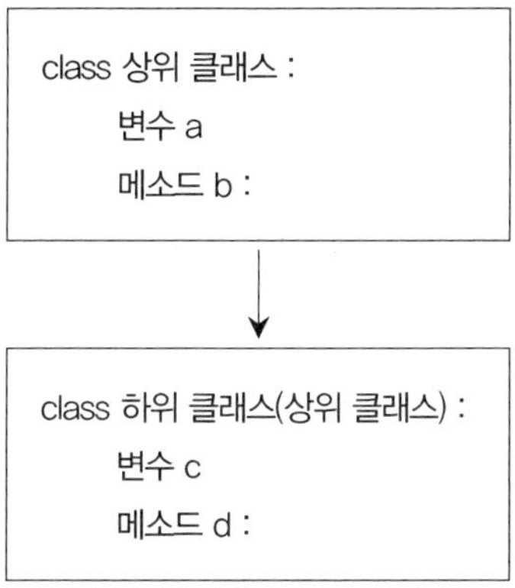

그림 1 클래스 상속(inheritance)의 개념

[그림 1]은 상위 클래스와 하위 클래스의 상속 개념을 설명하는 그림입니다. 하위 클래스가 상속을 받는 클래스입니다. 하위 클래스는 변수 c, 메소드 d와 함께 상위 클래스에서 정의된 변수 a와 메소드 b를 상속받아 사용할 수 있습니다.

클래스의 상속을 선언하는 방식은 다음과 같이 간단합니다.

```
class 하위_클래스_이름(상위_클래스_이름):
```

클래스를 정의할 때, 클래스 이름 다음의 괄호 내에 상속받고자 하는 상위 클래스의 이름을 기록하는 것으로 충분합니다. 만약, 상위 클래스가 여러 개인 다중상속(multiple inheritance)을 선언할 경우에는 해당되는 상위 클래스의 목록들을 기록해 주면 됩니다.

클래스 Car를 생성하고, 메소드 drive()와 stop()을 정의합니다.

```
class Car:

    def drive(self):
        print("going forward ...")
    def stop(self):
        print("stopping ...")
```

클래스 Truck은 클래스 Car로부터 상속받고 메소드 load()를 추가하여 정의합니다.

```
class Truck(Car):

    def load(self):
        print("loading ...")
```

클래스 Bus는 클래스 Car로부터 상속받고 메소드 openf()와 openr()을 추가하여 정의합니다.

```
class Bus(Car):

    def openf(self):
        print("opening the front door ...")
    def openr(self):
        print("opening the rear door ...")
```

클래스 FreezeTruck은 클래스 Truck으로부터 상속받고 메소드 freeze()를 추가하여 정의합니다.

```
class FreezeTruck(Truck):

    def freeze(self):
        print("freezing the box ...")
    def load(self):
        print("loading/freezing ...")
```

앞에서 정의한 클래스들의 상속 구조를 [그림 2]로 나타내었습니다.

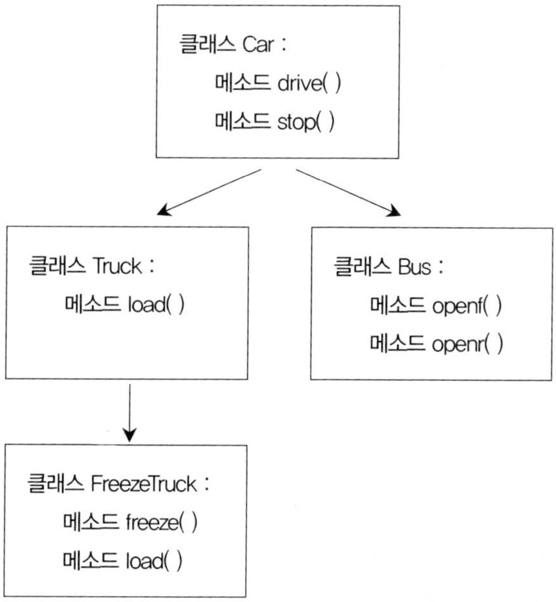

그림 2 Car, Truck, Bus, FreezeTruck의 상속 구조

클래스 Truck으로부터 인스턴스를 생성하여 tt로 저장하고, 인스턴스 tt의 메소드를 실행해 보겠습니다. 클래스 Truck은 메소드 drive()와 stop()을 포함하지 않지만, 상위 클래스인 클래스 Car로부터 상속받아 실행할 수 있습니다. 클래스 Truck에서 정의된 메소드 load()는 “loading...”을 출력합니다.

```
>>> tt = Truck()
>>> tt.drive()
going forward ...
>>> tt.stop()
stopping ...
>>> tt.load()
loading ...
```

클래스 Bus로부터 인스턴스를 생성하여 bb로 저장하고, 인스턴스 bb의 메소드를 실행해 보겠습니다. 클래스 Bus는 메소드 drive()와 stop()을 상위 클래스인 클래스 Car로부터 상속받아 실행할 수 있습니다. 클래스 Bus에서 정의된 메소드 openf(), openr()도 실행하여 확인할 수 있습니다.

```
>>> bb = Bus()
>>> bb.drive()
going forward ...
>>> bb.stop()
stopping ...
>>> bb.openf()
opening the front door ...
>>> bb.openr()
opening the rear door ...
```

13.2.1. 메소드 재정의(method overriding, 메소드 오버라이딩)

클래스 Truck의 하위 클래스인 FreezeTruck으로부터 인스턴스를 생성하여 ff로 저장하고, 인스턴스 ff의 메소드를 실행해 보겠습니다. 메소드 drive(), stop()은 클래스 Car로부터 상속받았습니다. 상위 클래스에서 구현된 메소드를 하위 클래스에서 그대로 상속받아 사용할 수 있습니다.

클래스 Truck에서 메소드 load()는 "loading..."을 출력하도록 정의되어 있습니다. 그런데 하위 클래스 FreezeTruck에서 동일한 이름의 메소드 load()는 "loading/freezing ..."을 출력하도록 다시 정의되어 있습니다. f.load()를 실행해 보면 하위 클래스 FreezeTruck에서 정의된 메소드가 실행됨을 확인할 수 있습니다. 상위 클래스 객체 tt의 메소드 load()를 실행하면, "loading ..."을 확인할 수 있는데, 하위 클래스 ff의 메소드 load()를 실행하면 "loading/freezeing ..."를 확인할 수 있습니다. 이와 같은 방식으로 상위 클래스에서 구현된 메소드를 하위 클래스에서 재작성하여 사용할 수도 있는데, 이런 방식으로 재작성하는 방법을 **메소드 재정의(method overriding)**이라고 합니다. 즉, 상위 클래스에서 정의된 메소드의 이름과 하위 클래스에서 정의된 메소드의 이름이 같을 경우, 동일한 이름의 메소드를 하위 클래스에서 호출하면 하위 클래스에서 재정의(overriding)된 메소드를 호출하게 됩니다.

```
>>> tt = Truck()
>>> tt.drive()
going forward ...
>>> tt.stop()
stopping ...
>>> tt.load()      # 클래스 Truck에서 정의된 메소드 load() 실행
```

```
loading ...
>>>
>>> ff = FreezeTruck()
>>> ff.drive()      # 상위 클래스 Car에서 정의된 메소드 drive() 실행
going forward ...
>>> ff.stop()       # 상위 클래스 Car에서 정의된 메소드 drive() 실행
stopping ...
>>> ff.load()       # 메소드 재정의(method overriding)된 load() 실행
loading/freezing ...
```

정리해 보면, 메소드 재정의(method overriding)는 다음과 같은 장점을 제공할 수 있습니다.

- 상위 클래스의 메소드를 수정하지 않고도 하위 클래스에서 원하는 동작을 구현할 수 있으므로 클래스의 유지 보수에 편리합니다.
- 상위 클래스의 기능을 재사용하면서도 하위 클래스에서 필요한 부분만 수정하여 사용할 수 있습니다.
- 같은 메소드 이름으로 서로 다른 클래스에서 다양한 동작을 수행할 수 있어 코드의 유연성이 증가합니다.

13.2.2. 상위 클래스의 메소드 호출: super()

하위 클래스가 상위 클래스의 메소드를 호출할 필요가 있는 경우, 하위 클래스의 메소드를 정의할 때 함수 super()를 사용할 수 있습니다. 하위 클래스에서 함수 super()를 통해 동일한 이름의 상위 클래스의 메소드를 호출하면, 상위 클래스의 메소드를 재정의하지 않고 동작을 그대로 사용하면서 **추가 동작을 구현**할 수 있습니다.

```
class Car:

    def drive(self):
        print("going forward ...")
    def stop(self):
        print("stopping ...")
    def load(self):
        print("DO NOT OVERLOAD !!! DRIVE SLOWLY !!!")
```

```
class Truck(Car):

    def load(self):
        super().load()
        print("loading ...")
```

하위 클래스인 Truck에서 메소드 load()를 재정의(overriding)할 때, 상위 클래스 Car의 메소드 load()를 호출하여, 상위 클래스 메소드 load()의 기본 동작('DO NOT OVERLOAD !!! DRIVE SLOWLY !!!'를 출력)을 수행하면서 'loading ...'이 출력되도록 추가 동작을 구현할 수 있습니다.

```
>>> c = Car()
>>> c.drive()        # 상위 클래스 Car에서 정의된 drive() 실행
going forward ...
>>> c.load()         # 상위 클래스 Car에서 정의된 load() 실행
DO NOT OVERLOAD !!! DRIVE SLOWLY !!!
>>>
>>> t = Truck()
>>> t.drive()        # 상위 클래스 Car에서 정의된 drive() 상속받음
going forward ...
>>> t.load()         # 상위 클래스 메소드 load()와 메소드 재정의된 load() 함께 실행
DO NOT OVERLOAD !!! DRIVE SLOWLY !!!
loading ...
```

13.2.3. 상속과 다형성(polymorphism)

다형성(polymorphism)은 같은 이름의 메소드가 다른 객체에서 다른 기능을 수행하도록 해주는 개념으로서 객체 지향 프로그래밍 언어에서 사용되는 기본 개념입니다. 다형성은 함수와 상속을 통해 구현될 수 있습니다.

함수(function)를 통한 다형성 구현

함수를 통해 다형성을 구현하는 코드를 살펴보겠습니다. 각각의 메소드를 갖는 클래스 Bus와 Truck을 정의합니다. 그리고, carObj를 인수로 받는 함수 makeLoad를 정의합니다. 인스턴스 bus와 truck을 생성한 후 공통된 함수 makeLoad()에 각 인스턴스 bus와 truck을 전달하면, 각 클래스에서 정의된 메소드 load()가 실행되어 makeLoad(bus)는

"People boarding ..."을 출력하고, makeLoad(truck)은 "Luggage being loaded ..."을 출력합니다.

같은 이름의 함수 makeLoad()가 다른 객체에 대해 다른 기능(다른 출력)을 수행할 수 있음을 확인하였습니다.

```
class Bus(object):
    def load(self):
        print("People boarding ...")

class Truck(object):
    def load(self):
        print("Luggage being loaded ...")

def makeLoad(carObj):   # 동일한 함수 실행을 통해 다형성 확인
    carObj.load()
```

<실행 결과>

```
>>> bus = Bus()
>>> truck = Truck()
>>>
>>> makeLoad(bus)
People boarding ...
>>>
>>> makeLoad(truck)
Luggage being loaded ...
```

상속(inheritance)을 통한 다형성 구현

상속을 통해 다형성을 구현하는 코드를 살펴보겠습니다. 하위 클래스 Bus와 Truck은 상위 클래스 Car로부터 상속받아 정의됩니다. 각 하위 클래스에서 정의된 메소드 drive()는 super().drive()를 실행한 후, 각 클래스의 특성을 반영한 메시지를 출력하도록 메소드 재정의(method overriding)을 수행하였습니다.

인스턴스 객체 bus와 truck을 생성한 후, 각 인스턴스 객체를 함수 start_drive()에 인수로 전달하면, 인스턴스 bus의 메소드 drive()가 실행되고, 인스턴스 truck의 메소드 drive()가 실행됩니다.

```
class Car:
    def drive(self):
        print("Check fuel, Start engine, Move softly !")

class Bus(Car):
    def drive(self):
        super().drive()                                    ┐ method overriding
        return "Driving safely with many people."          ┘

class Truck(Car):
    def drive(self):
        super().drive()                                    ┐ method overriding
        return "Driving steadily with heavy load capacity." ┘

def start_drive(vehicle):
    print(vehicle.drive())
```

<실행 결과>

```
>>> bus = Bus()
>>> truck = Truck()
>>>
>>> start_drive(bus)
Check fuel, Start engine, Move softly !        # 상위 클래스 Car에서 정의된 drive()
Driving safely with many people.
>>> start_drive(truck)
Check fuel, Start engine, Move softly !        # 상위 클래스 Car에서 정의된 drive()
Driving steadily with heavy load capacity.
```

각 클래스에서 정의된 동일한 이름의 메소드 drive() 호출을 통해 객체의 특성에 따른 다른 기능(다른 출력)을 수행할 수 있음을 확인하였습니다.

13.3 클래스 메소드와 정적 메소드

클래스를 정의하고 메소드를 사용하는 방법은 세 가지로 구분됩니다.

- 인스턴스 메소드
- 클래스 메소드

• 정적 메소드

일반적으로 클래스를 정의한 뒤 인스턴스(객체)를 생성하여 메소드를 호출하였는데, 이 메소드를 **인스턴스 메소드(instance method)**라고 합니다. 인스턴스 메소드는 다른 객체에 영향을 주지 않고, 호출한 해당 인스턴스에 해당되는 특징이 있습니다. 인스턴스 메소드의 첫 번째 파라미터는 self로 지정됩니다.

또한, 클래스에서 직접 호출할 수 있는 메소드가 있는데, **클래스 메소드(class method)**와 **정적 메소드(static method)**입니다.

13.3.1. 클래스 메소드(class method)

클래스 메소드는 클래스 변수를 조작하거나 클래스 자체와 관련된 작업을 수행하기 위해 정의하는 메소드입니다. 클래스 메소드는 메소드가 특정 클래스와 연결되어 있으며, 클래스의 인스턴스가 아닌 **클래스 자체를 통해 호출**됩니다. 클래스 메소드는 다음과 같은 형식으로 선언합니다.

```
class 클래스_이름:
    @classmethod
    def 메소드_이름(cls, 매개변수_목록):
        메소드 동작을 정의하는 코드 스위트
```

메소드를 정의하는 키워드 def 윗줄에 데코레이터 @classmethod를 추가해 주고, 메소드의 매개변수 목록에서 첫 번째 매개변수로 cls를 지정해 줍니다.

클래스 메소드는 인스턴스 없이 클래스 이름을 사용하여 직접 호출될 수 있으며, 매소드 안에서 **클래스 자체의 속성 및 클래스의 메소드에 접근해야 할 때 사용**됩니다.

클래스 메소드는 클래스 호출 방식으로 "클래스_이름.메소드_이름()"을 사용하여, 또는 인스턴스 호출 방식으로 "인스턴스_이름.메소드_이름()"을 사용하여 호출할 수도 있습니다. 그러나 일반적으로 클래스 메소드는 인스턴스 고유의 상태가 아닌 클래스 전체에 영향을 주는 작업을 수행하므로 클래스 이름으로 호출하는 것이 더 적절합니다.

```
class DriveCar:
    count = 0                                    # 클래스 속성

    def __init__(self):
        DriveCar.count += 1
        self.num = 20
        print('Drive safely ... ' * DriveCar.count)

    def show_selfcount(self):
        print('self.num : ', self.num)           # 인스턴스 속성 접근

    @classmethod
    def show_count(cls):
        print('{}-번 운전 ...'.format(cls.count))   # 메소드 안에서 클래스 속성 접근
```

클래스 DriveCar는 인스턴스 메소드와 클래스 메소드를 모두 포함하고 있습니다. 인스턴스 메소드 show_selfcount()는 각 인스턴스마다 고유한 num 값을 출력합니다. 이 클래스는 운전 횟수를 의미하는 count라는 클래스 속성을 통해, DriveCar 클래스가 인스턴스화될 때마다(인스턴스를 생성할 때마다) count 값이 증가합니다. count는 클래스 변수이므로 모든 인스턴스가 count 값을 공유할 수 있습니다.

show_count()는 클래스 메소드로 인스턴스 생성 횟수(count)를 클래스 차원에서 출력합니다.

```
>>> car1 = DriveCar()             # 인스턴스 생성
Drive safely ...
>>> car1.show_selfcount()         # 인스턴스 메소드를 통한 인스턴스 속성 접근
self.num :  20
>>>
>>> car1.show_count()             # 클래스 메소드를 통해 클래스 속성에 접근
1-번 운전 ...
>>> car1.count
1
>>> car1.count = 3                # 인스턴스 변수 변경
>>> car1.count
3
>>> DriveCar.count                # 클래스 변수 접근 (변동 없음)
1
>>> DriveCar.count = 5            # 클래스 변수의 값을 5로 할당(변경)
>>>
```

```
>>> car1.count                  # 인스턴스 변수는 여전히 3
3
>>>
>>> car2 = DriveCar()           # 인스턴스 생성, 클래스 변수 count값은 1 증가
Drive safely ... Drive safely ... Drive safely ... Drive safely ... Drive safely ...
Drive safely ...
>>> car2.show_selfcount()       # 인스턴스 메소드를 통한 인스턴스 속성 접근
self.num :  20
>>> car2.show_count()           # 클래스 메소드를 통해 클래스 속성에 접근
6-번 운전 ...
>>> car2.count
6
>>> DriveCar.count
6
>>> car1.count                  # 인스턴스 변수는 여전히 3
3
```

클래스 메소드 show_count()는 매소드 안에서 클래스 자체의 속성(count)에 접근하기 위해 사용되었습니다.

13.3.2. 정적 메소드(static method)

정적 메소드는 클래스에 속하지만, 클래스나 인스턴스의 상태를 전혀 참조하지 않고 독립적으로 동작하며 인스턴스의 상태를 변화시키지 않는 메소드입니다. 정적 메소드는 다음과 같은 형식으로 선언합니다.

```
class 클래스_이름:
    @staticmethod
    def 메소드_이름(매개변수_목록):
        메소드 동작을 정의하는 코드 스위트
```

메소드를 정의하는 키워드 def 윗줄에 데코레이터 @staticmethod를 추가해 주고, 메소드의 매개변수 목록에 self, cls를 지정하지 않습니다. 정적 메소드는 매개변수 self가 지정되지 않으므로 인스턴스 속성에 접근할 수 없습니다, 따라서 **인스턴스 속성이나 인스턴스 메소드에 접근할 필요가 없을 때 사용**하게 됩니다. 즉, 메소드 실행이 외부에 영향을 주지 않고 인스턴스 상태를 변화시키지 않고 독립적으로 동작하는 메소드를 정의할 때 사용합니다. 예를 들면, 계산기처럼 동일한 입력값에 대해 같은

결과를 출력하는 함수, 클래스나 인스턴스 상태에 의존하지 않고 사용할 수 있는 날짜 포매팅 함수는 인스턴스 상태를 변화시키지 않으므로 정적 메소드를 사용하기에 적절합니다.

클래스 Concat는 두 개의 문자열을 입력으로 받아 연결해 주는 기능을 인스턴스 메소드와 정적 메소드로 구현합니다.

```
class Concat:

    def add_string(self, a, b):
        print(a + b)

    @staticmethod
    def action():
        print("This method is performing CONCATENATION!")
```

정적 메소드를 클래스에서 직접 메소드 호출하는 것은 가능하므로 Concat.action()를 호출하여 결과 'This method is performing CONCATENATION!'를 확인할 수 있습니다. 메소드 add_string()은 인스턴스 메소드이기 때문에 클래스에서 직접 호출이 되지 않으므로 오류가 발생합니다.

클래스 Concat의 인스턴스 cc를 생성하여 메소드를 실행하는 방식은 양쪽 모두 가능합니다.

```
>>> Concat.action()                    # 정적 메소드 호출
This method is performing CONCATENATION!
>>> Concat.add_string('aaa','vvv')     # 클래스에서 인스턴스 메소드를 직접 호출
Traceback (most recent call last):
  File "<pyshell#153>", line 1, in <module>
    Concat.add_string('aaa','vvv')
TypeError: Concat.add_string() missing 1 required positional argument: 'b'
>>>
>>>
>>> cc = Concat()                      # 인스턴스 생성
>>> cc.add_string('aaa','bbb')         # 인스턴스 메소드 호출
aaabbb
>>>
>>> cc.action()                        # 정적 메소드 호출 (인스턴스와 무관. 독립적 동작)
This method is performing CONCATENATION!
```

인스턴스 메소드, 클래스 메소드, 정적 메소드 특징을 비교하여 다음 [표 2]에 정리하였습니다.

표 2 인스턴스 메소드, 클래스 메소드, 정적 메소드 특징 비교

	인스턴스 메소드	클래스 메소드	정적 메소드
정의	def method_name(self):	@classmethod def method_name(cls):	@staticmethod def method_name():
첫 번째 매개변수	self	cls	
주요 사용 목적	인스턴스 속성 접근 및 인스턴스 상태 변경	클래스 속성 접근 및 클래스 관련 작업	독립적 기능 수행 (클래스/인스턴스 상태와 무관)
호출 방법	instance.method_name()	클래스 또는 인스턴스가 호출 Class.method_name() instance.method_name()	클래스 또는 인스턴스가 호출 Class.method_name() instance.method_name()
클래스 속성 접근	가능	가능	가능
인스턴스 속성 접근	가능	불가능	불가능

정적 메소드에서 "클래스 이름.속성이름" 형태로 클래스 속성에 접근하는 것은 불가능합니다. 클래스 메소드와 정적 메소드에서 "self.속성 이름" 형태로 인스턴스 속성에 접근하는 것은 불가능합니다.

13.4 추상 클래스

추상 클래스(abstract class)는 상속받는 하위 클래스가 구현해야 하는 메소드의 목록을 정의하는 클래스를 의미합니다. 추상 클래스 자체는 직접 인스턴스를 생성할 수 없고, 오직 하위 클래스에서 인스턴스를 구현하여 사용할 수 있습니다.

추상 클래스의 주요 목적은 여러 하위 클래스에서 공통적으로 사용할 인터페이스(메소드의 구조)를 정의하고, 하위 클래스가 해당 인터페이스를 반드시 구현하도록 강제하는 것입니다.

- 추상 클래스는 직접 인스턴스를 생성할 수 없습니다. 추상 클래스를 인스턴스화하려고 하면 오류가 발생합니다.
- 추상 클래스는 추상 메소드를 가질 수 있습니다. 추상 메소드는 하위 클래스에서 반드시 구현해야 하는 메소드입니다.
- 추상 클래스는 일반 메소드와 추상 메소드를 모두 포함할 수 있으므로, 일반 메소드를 통해 기본적인 기능을 제공하면서 추상메소드로 정의된 특정 메소드가 하위 클래스에서 반드시 구현되도록 해줍니다.
- 추상 클래스는 상속을 통해서만 사용됩니다. 하위 클래스에서 추상 메소드를 모두 구현하면 해당 하위 클래스는 인스턴스화가 가능합니다.

추상 클래스를 만들기 위해 abc 모듈을 사용하며, 추상 메소드는 데코레이터 @abstractmethod를 통해 정의합니다.

추상 클래스를 정의하기 위해 abc 모듈을 사용합니다. abc는 abstract base class의 첫 글자로 만든 약어입니다. 클래스 abc.ABC를 상속받고, 데코레이터 @abstractmethod를 사용하여 추상 메소드를 정의합니다. 추상 메소드의 코드 스위트는 pass일 수도 있고, 다른 종류의 기본 구현을 작성해도 됩니다. 그러나 반드시 하위 클래스의 메소드에서 추상 메소드를 오버라이딩하거나, super()를 사용해야 합니다.

아래와 같은 형식으로 추상 클래스와 추상 메소드를 정의합니다.

```
from abc import ABC, abstractmethod

class ChusangBase(ABC):                          # 추상 클래스 정의

    def ilban_method(self):
        print("A general method is defined...")  # 일반 인스턴스 메소드

    @abstractmethod
    def chusang_method(self):
        pass            # 하위 클래스에서 반드시 구현해야 하는 추상 메소드

# 추상 클래스는 인스턴스화할 수 없음
```

추상 클래스 Car를 정의하고, 하위 클래스들을 통해 추상 클래스를 이해해 보도록 하겠습니다.

```
from abc import ABC, abstractmethod

# 추상 클래스 정의
class Car(ABC):

    @abstractmethod
    def drive_fast(self):        # 하위 클래스에서 반드시 구현해야 하는 추상 메소드
        pass

    @abstractmethod
    def drive_slow(self):        # 하위 클래스에서 반드시 구현해야 하는 추상 메소드
        print('Drive a bit slower... ')

    def stop(self):              # 일반 메소드
        print("stopping ...")
```

Car 클래스는 추상 클래스이므로 인스턴스화할 수 없습니다. 따라서 인스턴스 car를 생성하고자 하면, TypeError가 발생하고 메시지 "Can't instantiate abstract class Car without an implementation for abstract methods 'drive_fast', 'drive_slow'"가 출력됩니다.

```
>>> car = Car()
Traceback (most recent call last):
  File "<pyshell#144>", line 1, in <module>
    car = Car()
TypeError: Can't instantiate abstract class Car without an implementation for abstract
methods 'drive_fast', 'drive_slow'
```

위 코드에서는 Car 클래스가 추상 클래스입니다. 메소드 drive_fast()와 메소드 drive_slow()는 추상 메소드이므로 추상 클래스 Car를 상속받는 하위 클래스는 반드시 이 메소드를 구현해야 합니다. 하위 클래스에서 추상 클래스를 상속받고, 추상 메소드를 모두 구현해야 인스턴스를 생성할 수 있습니다.

```
# 하위 클래스 정의

class Bus(Car):

    def drive_fast(self):
        return "move slowly"          # 메소드 재정의를 통한 추상 메소드 구현

    def drive_slow(self):             # super() 이용한 추상 메소드 구현
        super().drive_slow()
        print('drive safely ~~~')

class Lorry(Car):                     # 추상 메소드가 구현되지 않음
    def stop(self):
        print('stopping ...')
```

추상 클래스 Car를 상속받은 클래스 Bus, Lorry를 정의하였습니다. 클래스 Bus는 추상 메소드 drive_fast()와 drive_slow()를 각각 다른 방식으로 구현하였습니다. drive_fast()는 메소드 재정의 방식으로 구현하였고, drive_slow()는 super()를 이용하여 구현하였습니다. 클래스 Lorry는 일반 메소드 stop()만을 구현하였습니다.

```
>>> bus = Bus()
>>> bus.drive_fast()
'move slowly'              # method overriding
>>> bus.drive_slow()
Drive a bit slower...      # 상위 클래스 Car에서 구현된 drive_slow()
drive safely ~~~           # method overriding
>>>
>>> lorry = Lorry()
Traceback (most recent call last):
  File "<pyshell#177>", line 1, in <module>
    lorry = Lorry()
TypeError: Can't instantiate abstract class Lorry without an implementation for
abstract methods 'drive_fast', 'drive_slow'
```

클래스 Bus는 클래스 Car를 상속받았고, 추상 메소드인 drive_fast()와 drive_slow()를 각각 구현했기 때문에 정상적으로 인스턴스를 생성하고 사용할 수 있습니다. 그러나 클래스 Lorry는 Car를 상속받았지만, 추상 메소드 drive_fast()와 drive_slow()를 구현하지 않았기 때문에 TypeError가 발생하였음을 확인할 수 있습니다. 여기에서

발생한 TypeError를 없애기 위해 추상 메소드 drive_fast()와 drive_slow()를 구현해야 합니다. 이런 방식으로 하위 클래스 Lorry가 상위 클래스 Car에서 정의한 추상 메소드 drive()를 구현하도록 강제하는 것입니다.

요약하면, 추상 클래스는 직접적으로 인스턴스를 생성할 수 없지만 하위 클래스가 구현해야 할 추상 메소드의 기본적인 구조와 규칙을 정의합니다. 추상 클래스를 사용하면 코드의 일관성을 유지하고, 다형성을 통해 다양한 하위 클래스가 동일한 인터페이스를 구현하도록 강제할 수 있습니다. 이런 방식으로, 코드의 재사용성을 높이고 유지 보수를 쉽게 할 수 있습니다.

참고자료 및 문헌

[Python 비공개 변수] https://docs.python.org/ko/3.13/tutorial/classes.html#private-variables

[클래스 상속] https://docs.python.org/ko/3.13/tutorial/classes.html#inheritance

Chapter

14

Python 코드의 구성요소

Python 코드의 구성요소는 각각 서로 다른 수준에서 프로그램을 구성하는 구조적 단위로 Python 코드의 계층 구조를 형성합니다. Python 코드의 주요 구성요소로서 아톰(atom), 표현식(expression), 문장(statement), 스위트(suite), 함수(function)와 메소드(method), 클래스(class), 모듈(module), 패키지(package) 등을 각각 검토한 후, 계층 구조에 대해 정리하도록 합니다.

14.1 Python 코드의 구성요소

14.1.1. 아톰(atom)

리터럴(정수, 부동소수점 숫자, 문자열 등), 식별자(변수 이름, 함수 이름 등), 키워드(True, False, None 등)들이 아톰에 해당되며, Python 코드의 가장 작은 구성요소입니다.

[예] 3, "hello", x, True

14.1.2. 표현식(expression)

표현식은 하나 이상의 아톰을 결합하여 값으로 평가될 수 있는 코드를 의미합니다. 값 계산, 변수 참조, 함수 호출 등이 표현식에 해당됩니다. 표현식은 더 복잡한 표현식을 구성하는 데 사용되거나, 구문을 구성하는 데 사용됩니다. 하나의 값을 반환합니다.

[예] 3 + 5, x * y, len("hello")

14.1.3. 구문(statement)

구문(또는 문)은 프로그램이 수행해야 할 작업이 기술된 Python 코드의 실행 단위입니다. 구문은 단일 표현식일 수도 있으며, 일반적으로 할당문, 제어문(if, for, while 등), 함수 정의, 클래스 정의 등이 구문으로 사용됩니다.

구문은 프로그램의 동작을 지시하지만, 항상 값을 반환하는 것은 아닙니다.

[예] x = 5 (할당문), if x > 0: (조건문), import math (import 문)

14.1.4. 스위트(suite)

코드 스위트(suite, 또는 블록)는 여러 줄의 구문으로 구성된 코드의 덩어리를 의미하며, 특정 제어문이나 함수, 클래스 정의 등에 사용됩니다. 동일한 들여쓰기를 공유하여 코드의 논리적 단위를 구성합니다. 코드 블록(block)이라고도 부릅니다.

def로 함수를 선언한 다음에 나오는 함수의 몸체, class를 선언한 다음에 나오는 클래스의 몸체는 코드 스위트를 구성합니다.

14.1.5. 함수(function)

함수는 재사용 가능한 코드의 묶음으로, 특정 작업을 수행하고 결과를 반환하는 구문과 표현식으로 구성됩니다.

def 키워드를 통해 정의되며, 함수 이름과 매개변수를 포함하며, 함수의 기능을 정의하는 한 줄 이상의 코드 스위트를 갖습니다. 간단한 형태의 코드 스위트로 pass 또는 return None도 가능합니다.

14.1.6. 메소드(method)

클래스 내에 정의된 함수를 의미하며, 클래스의 인스턴스나 클래스 자체와 관련된 작업을 수행합니다. 메서드는 인스턴스 메서드, 클래스 메서드, 정적 메서드로 구분됩니다.

14.1.7. 클래스(class)

Python에서 객체 지향 프로그래밍의 기본 구성요소로, 속성(변수)과 메서드(함수)를 포함하는 사용자 정의 데이터 타입으로, class 키워드를 통해 정의됩니다. 클래스는 객체를 생성하기 위한 설계도로 이해할 수 있으며, 클래스를 통해 생성한 객체를 인스턴스라고 합니다.

14.1.8. 모듈(module)

모듈은 관련된 클래스, 함수, 변수 등을 모아 하나의 파일로 작성해 놓은 단위로, .py 확장자로 저장됩니다. 모듈은 다른 Python 파일에서 import하여 사용할 수 있는, 재사용 가능한 Python 코드의 묶음입니다.

[예] math 모듈, 패키지 numpy에 포함된 모듈들(random, fft)

14.1.9. 패키지(package)

여러 모듈을 계층적으로 구조화한 디렉터리(폴더)로 관련된 모듈들을 모아놓은 상위 개념입니다. 폴더 내에 __init__.py 파일이 존재하면 해당 폴더를 패키지로 인식하게 되고, __init__.py는 패키지를 초기화하는 코드를 포함할 수 있습니다.

[예] 패키지 numpy, 패키지 pandas

앞에서 학습한 Python 코드를 구성 요소들은 상호배타적이지 않음을 이해하기 바랍니다.

14.2 구성 요소들의 관계 : 계층 구조

14.2.1. 아톰 ⊆ 표현식

표현식은 하나 이상의 아톰으로 구성되며, 표현식은 아톰들을 결합하여 값으로 평가됩니다.

[예] 표현식 2 + 3에서, 2와 3은 아톰

14.2.2. 표현식 ⊆ 구문

표현식은 구문의 일부가 될 수 있으며, 문장은 프로그램의 동작을 나타내는 코드 단위입니다.

[예] 구문 x = 5 + 3에서, 표현식 5 + 3을 x에 할당하는 동작 실행

14.2.3. 구문 ⊆ 스위트

스위트는 여러 문장을 묶은 코드의 묶음으로, 들여쓰기를 공유합니다. 다음 예시에서, 각각의 줄은 구문이며, if-구문 다음으로 들여쓰기를 공유하는 코드 스위트가 있습니다.

[예]

```
x = 10            # 구문
if x > 5:         # 구문
    print("x는 5보다 큽니다.")  # 코드 스위트의 첫 번째 줄(구문)
    x += 1                      # 코드 스위트의 두 번째 줄(구문)
```

14.2.4. 함수와 메서드

함수는 특정 작업을 수행하는 독립적인 코드 묶음이며, 메서드는 클래스 내에 정의된 함수를 의미합니다. 다음의 코드는 함수 작성의 예를 보여줍니다.

[예]

```
def greet(n):
    print("Python 재미있어요!\n" * n)

>>> greet(2)
Python 재미있어요!
Python 재미있어요!
```

14.2.5. 클래스와 메서드

클래스는 데이터와 메서드를 포함하는 사용자 정의 데이터 타입(user-defined data type)입니다. 클래스는 하나 이상의 메서드를 포함할 수 있으며, 메소드는 객체의 동작을 정의합니다.

[예]

```
class Person:
    # 생성자 메소드
    def __init__(self, name, age):
        self.name = name          # 인스턴스 변수
        self.age = age             # 인스턴스 변수

    # 인스턴스 메소드
    def intro(self):
        print(f"제 이름은 {self.name}이고, 나이는 {self.age}입니다.")
```

```
>>> me = Person('Tom', 12)
>>> me.intro()
제 이름은 Tom이고, 나이는 12입니다.
```

14.2.6. 모듈과 함수/클래스

함수와 클래스를 포함하는 모든 Python 파일은 모듈로 간주되며, module_name.py 형태로 저장하고 다른 파일에서 import할 때 import module_name으로 사용합니다.

14.2.7. 패키지와 모듈

패키지는 관련된 모듈들을 포함하는 디렉터리(폴더)입니다. __init__.py파일이 해당 디렉터리에 존재하여야 패키지로 인식하며, __init__.py을 사용하여 복잡한 프로젝트에서 모듈들을 계층적으로 관리할 수 있습니다.

14.3 표현식(expression)

Python glossary에 있는 설명을 인용하여 표현식을 설명해 보겠습니다.

> 표현식(expressions)은 어떤 값으로 평가될 수 있는 문법의 한 조각입니다. 즉, 표현식은 리터럴, 이름, 속성 접근, 연산자 또는 함수 호출과 같은 표현식 요소의 집합으로, 이 모든 요소는 값을 반환합니다. 많은 다른 언어와 달리, 언어의 모든 구성요소가 표현식은 아닙니다. while과 같이 표현식으로 사용될 수 없는 구문(statements)도 존재합니다. 할당(assignment)도 표현식이 아닌 구문입니다.

표현식은 식별자, 리터럴 및 연산자 등으로만 구성되며, Python 객체가 될 수 있는 "값"으로 평가될 수 있습니다. 표현식(expressions)은 구문(statements)의 부분집합입니다.

반면, 구문(statements)은 Python 코드의 한 줄(또는 여러 줄)을 구성할 수 있는 모든 것입니다. 구문은 단순문(simple statements)과 복합문(compound statements)으로 구분됩니다. 표현식도 구문에 포함됩니다.

표현식과 구문에 대한 전형적인 예시들을 [표 1]에 정리하였습니다.

표 1 표현식과 구문의 비교

	표현식(expression)	구문(statement)
설명	평가된 값을 반환	독립된 특정 작업을 수행
예시 1	5 + 4	result = a + 2
예시 2	lambda x : x*3	print("an example")
예시 3	range(5)	if x > 10: print('Good')
예시 4	[a_x for a>2 in a_list]	return None
예시 5	my_ftn(2)	# This is a comment.
예시 6	len('hello')	for i in range(10): print(i)
	구문(statement)의 일부를 구성함	독립적인 코드 블록이 될 수 있음

14.4 리스트 축약(list comprehension)

이미 존재하는 리스트를 기반으로 다른 리스트를 생성할 수 있으면, 생성 작업을 더 효율적으로 수행할 수 있을 것입니다. 리스트 내에 for-반복문 또는 if-조건문을 정의하는 표현식을 사용하여 새로운 리스트를 생성할 수 있는데, 이러한 방식을 **리스트 축약(list comprehension)**이라고 합니다. [Python list comprehension]

14.4.1. 리스트 축약의 기본 형태: 리스트 안의 for-반복문

```
[ expression for 변수 in 리스트]
```

1) 리스트의 항목들을 하나씩 변수에 대입(할당)하면서
2) expression(표현식)을 평가하여
3) 리스트로 저장합니다.

list_one을 사용하여, 새로운 리스트를 생성해 보도록 하겠습니다.

```
>>> list_one = [2, 3, 4, 5, 6]
>>>
>>> list_two = [2*i for i in list_one]
>>>
>>> print(list_two)
[4, 6, 8, 10, 12]
>>>
>>>
>>> print(list_one)
[2, 3, 4, 5, 6]
```

리스트 축약을 통해 새로운 리스트를 생성하여도 기존 리스트는 변화되지 않음을 확인할 수 있습니다.

리스트 축약의 효과를 살펴보기 위해, 동일한 결과를 주는 두 가지 코드를 비교해 보겠습니다. 문자열 "hello"의 각 문자들을 인덱스 횟수만큼 반복하여 출력하는 경우에 대해 생각해 봅니다.

```
>>> word = "hello"
>>> repeated_letters = []
>>> for index, char in enumerate(word):
    repeated_letters.append(char * (index + 1))
>>> print(repeated_letters)
['h', 'ee', 'lll', 'llll', 'oooo']
```

위의 코드와 같이 일반적인 for-반복문을 사용하는 경우, 각 문자의 인덱스와 문자를 함수 enumerate()를 통해 추출하면서, 리스트 repeated_letters에 메소드 append()를 이용하여 추가하여 더해주었습니다.

이 과정을 리스트 축약을 통해 구현해 보겠습니다.

```
>>> word = "hello"
>>> repeated_letters_lc = [char * (index + 1) for index, char in enumerate(word)]
>>> print(repeated_letters_lc)
['h', 'ee', 'lll', 'llll', 'oooo']
```

문자열 word에 저장된 각 문자에 대해 enumerate()로 인덱스와 문자를 추출하면서 char * (index +1)을 리스트 repeated_letters_lc에 저장합니다.

for-반복문과 append()를 이용해서 3줄로 작성하여야 할 코드를 1줄로 구성하는 것이 가능함을 확인하였습니다.

14.4.2. 필터링: 리스트 안의 if-조건문

리스트 축약을 통해 리스트를 생성하면서 if-조건문을 추가하여 조건에 부합하는 값만 리스트에 추가하는 방법입니다.

```
[ expression for 변수 in 리스트 if 변수조건 ]
```

1) 리스트의 항목들을 하나씩 if 변수조건을 만족하는지 확인하여
2) 만족하는 항목을 하나씩 변수에 대입(할당)하여
3) expression(표현식)을 평가하여
4) 리스트로 저장합니다.

```
>>> list_one = [2, 3, 4, 5, 6]
>>>
>>> list_three = [(i, 2*i) for i in list_one if i > 4]
>>>
>>> print(list_three)
[(5, 10), (6, 12)]
```

위의 코드와 같은 동작을 일반적인 for-반복문-if-조건문을 사용하여 작성하는 것도 가능합니다.

```
>>> list_one = [2, 3, 4, 5, 6]
>>>
>>> list_three = []
>>> for i in list_one:
    if i > 4:
        list_three.append((i, 2*i))

>>> print(list_three)
[(5, 10), (6, 12)]
```

Q 다음 예제와 같은 결과를 주는 코드를 리스트 축약을 적용하여 작성해 보세요.

```
>>> list_one = [1, 2, 3, 4, 5, 6, 7, 8, 9]
>>> list_two = []
>>> for i in list_one:
    if i % 3 != 0:
        list_two.append(2*i)
    else:
        list_two.append("Multiple of 3")

>>> print(list_two)
 [2, 4, 'Multiple of 3', 8, 10, 'Multiple of 3', 14, 16, 'Multiple of 3']
```

```
<코드 작성>
>>> list_one = [1, 2, 3, 4, 5, 6, 7, 8, 9]
>>> list_three = [2*i if i % 3 != 0 else "Multiple of 3" for i in list_one]
>>> print(list_three)
```

14.4.3. 중첩 반복(nested loop) [Python nested list comprehension]

리스트 축약을 중첩하여, 2차원 리스트를 만들 수 있습니다. 다음과 같은 리스트 축약의 중첩 반복 형식의 동작 과정을 살펴보겠습니다.

```
[ [expression for 변수_1 in 리스트_1] for 변수_2 in 리스트_2 ]
```

[변수_1에 대한 리스트 축약] 부분은 하나의 expression과 같은 역할을 수행하게 되고, 변수_2에 대한 for-반복문은 외부 반복문에 해당됩니다. 따라서 위의 리스트 축약은 다음과 같이 동작하게 됩니다.

1) 리스트_2의 항목 하나를 변수_2에 대입(할당)하고 (외부 반복문)
2) [변수_1에 대한 리스트 축약]을 평가(리스트_1의 각 항목들을 변수_1에 하나씩 저장하여 expression 평가)하여 리스트를 생성하고 (내부 반복문)
3) 리스트_2의 다음 항목 하나를 변수_2에 대입(할당)하고 변수_1에 대한 리스트를 생성하는 과정을 반복하여

4) 리스트로 저장합니다.

```
>>> list_2d = [ [i * j for j in range(1, 4)] for i in ['a' , 'b' , 'c']]
>>> print(list_2d)
[['a', 'aa', 'aaa'], ['b', 'bb', 'bbb'], ['c', 'cc', 'ccc']]
```

리스트 축약 내부에 [i * j for j in range(1, 4)]가 있으므로, 뒷부분에 있는 리스트에서 'a'를 고정한 후, [i * j for j in range(1, 4)]를 수행한 후, 다음 'b'로 진행하는 순서로 수행됩니다. 이 실행결과를 2 x 2 행렬의 형태로 표시하면, 다음과 같습니다.

```
[['a', 'aa', 'aaa'],
['b', 'bb', 'bbb'],
['c', 'cc', 'ccc']]
```

리스트 축약 내부에 [ ]로 지정된 부분이 없는 리스트 축약의 중첩 반복 형식의 동작 과정을 살펴보겠습니다.

```
[ expression for 변수_1 in 리스트_1 for 변수_2 in 리스트_2 ]
```

변수_1에 대한 for-반복문과 변수_2에 대한 for-반복문 각각에 의한 변수_1과 변수_2가 하나의 expression을 평가하여 리스트로 저장하게 됩니다. 따라서 위의 리스트 축약은 다음과 같이 동작하게 됩니다.

1) 리스트_1의 항목 하나를 변수_1에 대입(할당)하고
2) 리스트_2의 항목을 하나씩 변수_2에 대입(할당)하면서
3) expression을 평가하여 리스트를 생성하고
4) 리스트_1의 다음 항목 하나를 변수_1에 대입(할당)하고 2, 3의 과정을 반복하는 방식으로
5) 리스트를 생성합니다.

다음 예제에서 먼저 나오는 for-반복문에서 'A'를 고정한 후(먼저 나오는 반복문이 외부 반복문이 됨), 다음의 for-반복문에서 반복이 진행됩니다.

```
>>> result = [ i + j for j in ['A', 'B', 'C', 'D'] for i in ['a','b','c']]
>>> print(result)
```

```
<실행 결과>
['aA', 'bA', 'cA', 'aB', 'bB', 'cB', 'aC', 'bC', 'cC', 'aD', 'bD', 'cD']
```

코드에서 중요한 부분은 안쪽에 있는 ['A', 'B', 'C', 'D']로부터 'A' 항목에 대해 j 값을 고정한 후, 나중에 있는 ['a' , 'b' , 'c']에 대한 반복이 먼저 수행된다는 점입니다. 이후 'B'에 대해 그다음 'C', 'D'의 순서로 진행됩니다.

즉, for문이 2개가 나오는 경우, 먼저 나타나는 for-반복문의 항목이 고정된 후, 뒤에 따르는 for-반복문의 항목들이 모두 반복되는 순서로 수행됩니다.

앞의 코드에서 [ ]를 지정함으로써 반복 순서를 바꾸어 주는 것이 가능함을 보여줍니다.

```
>>> result = [ [i + j for j in ['A', 'B', 'C', 'D']] for i in ['a','b','c']]
>>> print(result)
```

```
<실행 결과>
[['aA', 'aB', 'aC', 'aD'], ['bA', 'bB', 'bC', 'bD'], ['cA', 'cB', 'cC', 'cD']]
```

추가로 삽입된 대괄호 바깥에 있는 ['a', 'b', 'c']로부터 'a' 항목에 대해 i값을 고정한 후, 대괄호 내부의 ['A', 'B', 'C', 'D']에 대한 for문 반복이 수행되는 방식입니다.

14.5 리스트 축약(list comprehension)의 장점

Python의 리스트 축약(list comprehension)은 코드를 간결하게 만들어 줍니다. 리스트 축약의 장점을 일반적인 for-반복문과 비교하여 다음과 같이 정리할 수 있습니다.

- 가독성 및 간결성: 리스트 축약은 한 줄의 짧고 간결한 형식으로 반복 작업을 수행할 수 있으므로, 코드가 간단해지고, 읽기 쉬워집니다.
- 효율성: 리스트 축약은 내부적으로 C로 구현되어 있어 일반적으로 더 빠릅니다. for-반복문을 사용하여 항목을 추가하는 것보다 효율적으로 작동할 수 있습니다.

- 가변성: 리스트 축약을 사용하면 기존 리스트로부터 새로운 리스트를 빠르게 만들 수 있습니다. 기존 리스트의 항목들을 변경할 필요 없이 새로운 리스트를 만들 수 있습니다.

14.6 딕셔너리 축약(dictionary comprehension)

리스트 축약의 원리를 딕셔너리에도 적용이 가능하며, 딕셔너리 생성에 사용할 수 있습니다.

```
>>> a_dict = { x : 'a'*x for x in range(1, 6) }

>>> print(a_dict)
{1: 'a', 2: 'aa', 3: 'aaa', 4: 'aaaa', 5: 'aaaaa'}
```

14.7 어노테이션(Annotations)

어노테이션(annotation) 또는 타입 어노테이션(type annotation)은 동적 타이핑을 지원하는 Python에 추가된 특징으로, 변수, 함수 매개변수 및 반환값의 예상 타입을 명시적으로 정의함으로써, 코드를 더욱 명확하게 해 주고, 유지보수성을 높이는데 도움을 줄 수 있습니다.

어노테이션이 필수 사항이 아니므로, 필요에 따라 선택적으로 사용할 수 있습니다. 그러나, 가독성을 높여주고 유지보수에 큰 도움을 줄 수 있습니다.

14.7.1. 함수 정의와 어노테이션

어노테이션은 함수 정의에서 매개변수 및 반환값에 대한 설명이나 제약 조건을 추가하기 위해 사용될 수 있습니다.

(a) 어노테이션 미사용	(b) 어노테이션 사용

def greeting(name):
    return 'Hello ' + name
	def greeting(name: str) -> str:
	    return 'Hello ' + name

- name: str은 매개변수의 annotation이며, greeting() -> str 은 함수 greeting()의 반환값의 어노테이션입니다.

(a) 어노테이션 미사용	(b) 어노테이션 사용

def add(a, b):
    return a + b
	def add(a: int, b: int) -> int:
	    return a + b

- a: int, b: int은 각 매개변수 a와 b의 어노테이션이며, add() -> int는 함수 add()의 반환값의 annotation입니다.

Python은 annotation 정보를 실행 시점에 유지하며, __annotations__라는 속성을 통해 접근할 수 있습니다.

```
>>> print(greeting.__annotations__)
{'name': <class 'str'>, 'return': <class 'str'>}
>>>print(add.__annotations__)
{'a': <class 'int'>, 'b': <class 'int'>, 'return': <class 'int'>}
```

14.7.2. 클래스 정의와 어노테이션

어노테이션은 클래스 정의에서 클래스 변수들에 대한 설명이나 제약 조건을 추가하기 위해 사용될 수 있습니다.

(a) 어노테이션 미사용	(b) 어노테이션 사용

class Base:
    a = 3
    b = 'abc'
	class Base:
	    a: int = 3
	    b: str = 'abc'

```
class Base:
    a: int = 3
    b: str = 'abc'

class Derived(Base):
    pass
```

클래스 Base는 a와 b 두 개의 클래스 변수를 가지고 있습니다. a는 int 3으로 초기화되고, b는 str 'abc'라는 문자열로 초기화됩니다. a: int와 b: str은 타입 어노테이션입니다. 이렇게 어노테이션을 통해 a가 정수형(int)이고, b가 문자열(str)이어야 한다는 것을 명시적으로 설명합니다.

클래스 Derived는 클래스 Base를 상속받는 하위 클래스입니다.

```
>>> aa = Base()
>>> dd = Derived()
>>> print(aa.a, aa.b)
3 abc
>>> print(dd.a, dd.b)
3 abc
>>>
>>> print(Base.__annotations__)
{'a': <class 'int'>, 'b': <class 'str'>}
>>> print(Derived.__annotations__)
{}
```

Derived 클래스는 특별한 속성이나 메서드를 추가하지 않았기 때문에, Base 클래스의 모든 속성(a, b)을 그대로 상속받지만, 어노테이션은 자동으로 상속되지 않음을 확인할 수 있습니다.

참고자료 및 문헌

[Python list comprehension] https://docs.python.org/3/tutorial/datastructures.html#list-comprehensions

[Python nested list comprehension] https://docs.python.org/3/tutorial/datastructures.html#nested-list-comprehensions

Chapter

15

객체와 이름 공간

15.1 Python의 모든 것은 객체

Python에서 정수, 부동소수점수, 문자열, 리스트, 튜플, 딕셔너리, 집합 등 기본 데이터형은 모두 **객체(object)**이고, 컬렉션 데이터형들도 모두 객체입니다. 각 데이터형은 해당 데이터형에 속한 속성과 메소드를 가집니다. 함수도 객체이므로 변수에 할당할 수 있고, 인수로 전달하거나 반환할 수도 있습니다.

Python의 주요 객체를 나열해 보면 다음과 같습니다:

> 기본 데이터형 객체(정수, 실수, 문자열, 부울, 복소수), 컬렉션 데이터형 객체(리스트, 튜플, 집합, 딕셔너리, bytes, bytearray, memoryview, frozenset), 함수 객체, 클래스 객체, 인스턴스 객체, 모듈 객체, 패키지 객체, 예외 객체, 파일 객체

객체(object)는 클래스(class)를 통해 생성되므로, 클래스에서 선언된 속성(변수)과 동작(메소드)을 공유하게 됩니다. 예를 들어, 모든 문자열 객체는 문자열 클래스 str에서 정의되어 있는 "길이(length)" 속성을 가집니다. 문자열 클래스에서 정의된 메소드 len()는 해당 객체의 길이를 구하여 반환합니다. 문자열 클래스는 upper(), lower(), strip(), split(), join() 등 다양한 메소드를 지원합니다.

15.2 객체와 식별자

식별자(identifier)는 객체를 Python 프로그램에서 사용할 수 있도록 참조하기 위한 이름을 의미합니다. 구체적으로 이야기하면, 변수의 이름, 상수의 이름, 함수의 이름, 사용자 정의 타입 등의 이름 등 구분해야 하는 객체들의 '이름'을 일반화하여 지칭하는 용어입니다.

15.2.1. 식별자(identifier) 작성의 일반 규칙

식별자는 사용자가 임의로 지정하는 것이 가능한데, 이름으로 의미와 종류를 쉽게 알 수 있도록 지정하는 것을 기본으로 하되, 지켜야 하는 규칙이 있습니다.

- 첫 번째 글자는 문자 또는 밑줄(_)로 시작해야 하며, 문자, 숫자, 또는 밑줄로 구성
- 두 개 이상의 밑줄로 시작하는 식별자는 특별한 용도로 예약되어 있음(클래스 내부 사용)
- 대문자와 소문자를 구별(myVar와 myvar는 서로 다른 식별자임)
- Python의 예약어(예: if, for, class, def 등)는 식별자로 사용할 수 없음
- 너무 길지 않도록 작성

PEP 8(Python 코드 스타일 가이드)의 이름 작성 규칙과 호환되도록 작성할 것을 권장합니다.

앞에서 설명한 일반적인 작성 규칙에 더해 객체마다 적용되는 차이점이 있으며, 일반적인 규칙에 우선하여 적용됩니다.

변수 이름/함수 이름 작성 규칙

- 가능하면 의미 있는 이름을 사용(예: pi, book_price, calc_avg() 등)
- 단어 중간에 밑줄 사용 권장
- 함수 이름에 동작을 설명하기 위한 동사 포함 권장

클래스 이름 작성 규칙

- 조합한 각 단어의 첫 글자를 대문자로 시작(예: MyClass, CarClass, PersonInfo)
- 클래스 이름에 밑줄을 사용하지 않음
- 클래스는 객체를 정의하므로, 명사로 작성 권장

모듈 이름/패키지 이름 작성 규칙

- 소문자만 사용 권장(예: math, os, sys, matplotlib, pandas 등)
- 단어 중간에 밑줄 사용 가능

예외 이름 작성 규칙

- 조합한 각 단어의 첫 글자를 대문자로 시작
- 마지막에 Error 접미사 사용(예: ModuleNotFoundError, FileNotFoundError, ValueError, NameError 등)

15.3 이름 공간과 범위

Python의 **이름 공간(namespace)**은 변수와 함수, 클래스 등과 같은 Python 객체의 이름을 저장하는 공간을 의미하며 딕셔너리로 구현됩니다. Python에서 이름 공간은 지역 이름 공간, 전역 이름 공간, 내장 이름 공간, 객체 내에서 중첩된 이름 공간도 존재합니다. 이름 공간은 계층적으로 구성되어 있으며, 프로그램의 실행 과정에서 동적으로 생성되거나 삭제됩니다. 객체들은 이름 공간을 통해 식별됩니다.

이름 공간은 이름 충돌을 방지해 줍니다. 예를 들어, 함수 builtins.open()와 함수 os.open(), 함수 numpy.random.random()와 함수 random.random()은 서로 다른 모듈에 존재하는 함수들로, 각자의 이름 공간에 의해 구분됩니다. 또한, 이름 공간은 어떤 모듈이 해당 기능을 구현하는지 명확하게 하므로 코드의 가독성과 유지 보수성을 높여줄 수 있습니다. 예를 들어, random.random() 또는 itertools.islice()와 같이 작성하면 해당 함수가 각각 모듈 random에 소속된 함수 random()과 모듈 itertools에 소속된 함수 islice()로 구현되었음을 분명히 알 수 있습니다.

범위(scope)는 변수와 객체의 이름이 유효한 범위를 나타내는 개념입니다. 범위는 프로그램 전체의 구조와 관련이 있습니다. Python에서는 **전역 범위(global scope), 지역 범위(local scope), 중첩 범위(enclosing scope), 내장 범위(built-in scope)**와 같은 다양한 범위가 있습니다.

15.3.1. 전역 범위, 지역 범위, 중첩 범위

전역 범위(global scope)는 프로그램 전체 코드에서 유효한 이름 공간을 의미합니다. 전역 범위에서 유효한 변수가 저장되므로, 모든 함수와 메소드에서 이 변수에 대한 참조와 수정이 가능합니다. 전역 범위에서 정의된 변수를 전역 변수(global variable)라고 합니다. 프로그램 내의 모든 함수나 메소드에서 접근하고 수정할 수 있지만, 함수 내에서 전역 변수의 값을 수정하려면 global 키워드를 사용해야 합니다.

지역 범위(local scope)는 함수, 메소드, 또는 클래스 내부에서 생성되는 객체의 이름을 저장하는 이름 공간을 의미합니다. 함수나 메소드의 지역 변수와 매개변수가 저장되며, 해당 함수 또는 메소드가 실행되는 동안만 유효합니다. 지역 범위에 저장된 변수나 객체를 지역 변수(local variable)라고 하며, 선언된 함수 또는 메소드 안에서만 유효합니다.

중첩 범위(enclosing scope)는 중첩된 함수의 바깥 함수에서 정의된 객체의 이름을 저장하는 이름 공간을 의미합니다.

global 키워드를 사용하면 지역 범위에서 전역 범위의 변수를 참조하거나 수정할 수 있습니다.

표 1 지역 범위에서 전역 변수의 참조 및 수정

<table>
<tr><th>(a) 지역 범위에서 지역 변수 할당</th><th>(b) 지역 범위에서 전역 변수 수정 및 참조</th></tr>
<tr><td><pre>x = 'global'   # 전역 변수

def local_x():

    x = 'local'   # 지역 변수 할당
    print(x)   # 지역 변수 출력</pre></td><td><pre>x = 'global'   # 전역 변수

def change_x():
    global x   # 전역 변수 선언
    print(x)   # 전역 변수 참조(x = 10)
    x = 'modified'   # 전역 변수 수정
    print(x)   # 지역 변수(=전역 변수) 출력</pre></td></tr>
<tr><td><pre>>>> local_x()
local   # 지역 변수 출력
>>> print(x)
global   # 전역 변수 출력</pre></td><td><pre>>>> change_x()
global   # 참조된 전역 변수 출력
modified   # 전역 변수로 선언된 지역 변수 출력
>>> print(x)
modified   # 수정된 전역 변수 출력</pre></td></tr>
</table>

[표 1(a)]는 지역 범위에서 지역 변수를 할당하고 참조하는 경우에 대한 코드입니다. 함수 local_x()의 실행 과정을 살펴보겠습니다. x = 'global'로 전역 변수가 할당되었고, 함수 local_x() 안에서 x = 'local'로 지역 변수를 할당합니다. print(x)는 지역 범위 안에 있는 지역 변수 x(="local")를 참조하게 되어, 함수 local_x()를 실행하면 "local"을 출력하게 됩니다.

print(x)는 함수 local_x() 바깥에 존재하므로 전역 범위에 속한 전역 변수 x(="global")을 참조하므로 "global"을 출력하게 됩니다.

[표 1(b)]는 지역 범위에서 전역 변수를 수정하고 참조하는 경우에 대한 코드입니다. 함수 change_x()의 실행 과정을 살펴보겠습니다. 함수 change_x() 안에서 global x를 통해 변수 x를 전역 변수(global variable)로 선언하였으므로, 다음의 print()는 전역 변수 x = 'global'을 참조하여 출력합니다. 이후, x = 'modified'로 전역 변수의 값을 수정하여 출력하게 됩니다.

함수 change_x() 종료 후 실행되는 print(x)는 전역 변수값을 참조하므로 change_x()

안에서 수정된 값 'modified'가 출력됩니다.

함수 outer_func()를 실행에 따른 진행 과정을 통해 변수 참조 범위를 살펴보겠습니다.

표 2 중첩 범위의 참조 및 수정

(a) 각 범위의 변수 참조

```
# 전역 범위 (global scope)
x = "global"            # 전역 변수

def outer_ftn():
    # 중첩 범위 (enclosing scope)
    x = "enclosing"     # 중첩 변수

    def inner_ftn():
        # 지역 범위 (local scope)

        x = "local"     # 지역 변수
        print(x)        # 지역 변수 출력

    inner_ftn()
    print(x)            # 중첩 변수 출력
```

```
>>> outer_ftn()
local        # inner_ftn()의 지역 변수 출력
enclosing    # inner_ftn() 바깥의 중첩 변수 출력
>>> print(x)
global       # 전역 변수 출력
```

(b) 지역 범위에서 중첩 변수 참조 및 수정

```
# 전역 범위 (global scope)
x = "global"            # 전역 변수

def outer_ftn():
    # 중첩 범위 (enclosing scope)
    x = "enclosing"     # 중첩 변수

    def inner_ftn():
        # 지역 범위 (local scope)
        nonlocal x      # 중첩 변수로 선언
        print(x)        # 중첩 변수 출력
        x = "local"     # 변수값 수정
        print(x)        # 수정된 변수값 출력

    inner_ftn()
    print(x)            # 중첩 변수 출력
```

```
>>> outer_ftn()
enclosing
local      # inner_ftn()의 지역 변수 출력
local      # inner_ftn() 바깥의 중첩 변수 출력
>>> print(x)
global     # 전역 변수 출력
```

*주의: 두 번째 줄은 스크립트 모드로 작성 후 실행한 코드를, 세 번째 줄은 인터프리터 모드 실행 결과를 보여준다.

함수 outer_ftn() 안에 함수 inner_ftn()가 위치하는 중첩 함수 구조입니다.

[표 2(a)]는 각 범위에서 해당 범위의 변수를 참조하는 경우에 대한 코드입니다. 함수 outer_ftn()이 실행되는 과정을 살펴보겠습니다. 함수 inner_ftn() 안에 위치한 print(x)는 지역 범위 안에 있는 지역 변수 x(="local")를 참조하게 되어 함수 inner_ftn()를 실행하면 "local"을 출력하게 됩니다. inner_ftn() 다음에 나오는 print(x)는 중첩된 함수 중 바깥 함수인 outer_ftn()에 속하므로, outer_ftn()에서 선언한 변수 x(="enclosing")를 참조하게 됩니다. 따라서 "enclosing"을 출력하게 됩니다.

마지막에 나오는 print(x)는 중첩 함수 바깥에 존재하므로 전역 범위에 속한 전역 변수 x(="global")을 참조하여, "global"을 출력하게 됩니다.

[표 2(b)]는 각 범위에서 해당 범위의 변수를 참조하는 경우에 대한 코드입니다.

함수 outer_ftn()이 실행되는 과정을 살펴보겠습니다. 함수 inner_ftn()에서 nonlocal x를 선언하여 x를 중첩 변수로 선언하면, x는 중첩 범위에 있는 중첩 변수 x(='enclosing')를 참조하게 되어 함수 inner_ftn()를 실행하면 "enclosing"을 출력하게 되고, 이어서 변수값 x를 "local"로 수정하였으므로, "local"을 출력하게 됩니다. inner_ftn() 다음에 나오는 print(x)는 중첩된 함수 중 바깥 함수인 outer_ftn()에 속하므로 outer_ftn()에서 선언한 중첩 변수 x를 참조하게 되는데, inner_ftn()에서 "local"로 수정하였기 때문에 "local"을 출력하게 됩니다.

마지막에 나오는 print(x)는 중첩 함수 바깥에 존재하므로 전역 범위에 속한 전역 변수 x(="global")을 참조하여 "global"을 출력하게 됩니다.

15.3.2. 내장 범위

Python의 **내장 범위(built-in scope)**는 Python 인터프리터가 실행되는 동안 프로그램 어디에서나 접근 가능한 상수(True, False, None), 내장 함수(len(), print(), type(), abs() 등), 기본 데이터형(int, float, complex, str, list, tuple, range, dict, set 등), 내장 예외(Exception, IndexError 등) 등 내장형 객체 등이 참조되는 이름 공간을 의미합니다.

Python의 내장 함수, 예외 처리 클래스, 내장형 객체의 이름이 저장됩니다. 내장 범위는 프로그램의 모든 범위에서 곧바로 참조가 가능하기 때문에 코드를 작성하거나 실행하면서 언급한 내장형 객체들의 위치나 디렉터리와 무관하게 항상 참조하고 사용할 수 있었던 것입니다.

15.3.3. 범위(scope)의 참조 순서

Python은 변수를 참조하거나 수정하려고 시도할 때 범위(scope)를 참조하는 순서에 따라 결과가 달라집니다. 이 순서는 LEGB 규칙을 따릅니다. LEGB는 Local, Enclosing, Global, Built-in의 약자로, 변수를 참조할 때 "지역 범위 > 중첩 범위 > 전역 범위 > 내장 범위"의 순서에 따라 차례대로 참조를 수행함을 의미합니다.

15.4 이름 공간 확인 : locals(), globals(), vars(), dir()

객체의 이름 공간을 확인하면 변수나 함수가 어떤 모듈, 클래스, 함수 내부에 정의되어 있는지 쉽게 알 수 있어 충돌이나 중복을 피할 수 있고, 필요한 항목을 명확히 사용할 수 있습니다.

이름 공간은 변수가 객체를 바인딩할 때 그 둘 사이의 관계를 저장하고 있는 공간을 의미합니다. 예를 들어, Python 구문 'x = 5'가 실행되면, 값 5의 정수 객체가 메모리에 생성되고 변수 x가 객체 5의 위치(메모리 주소)를 참조하게 되는데, 이렇게 변수가 객체와 연결되는 과정을 **바인딩(binding)**이라고 합니다. 이러한 연결 관계가 저장되어 있는 공간이 바로 **이름 공간(namespace)**입니다.

Python에서 이름 공간(namespace)을 확인하는 데 사용하는 함수들이 있습니다.

- globals(): 전역 이름 공간 확인
- locals(): 현재의 지역 이름 공간 확인
- dir(): 객체나 모듈 내 모든 이름 목록 반환
- vars(): 객체나 모듈의 속성을 딕셔너리로 반환

15.4.1. 사용 위치에 따른 이름 공간

이 함수들을 사용해서 이름 공간을 확인해 보겠습니다.

```
# 전역 변수 정의
global_var = "a global variable"

def nspace_ftn():
    # 지역 변수 정의
    local_var = "a local variable"

    # 지역 이름 공간 확인 : locals()
    # nspace_ftn() 내부의 모든 지역 변수 확인
    print("- locals() 내부:", locals())
    print()

    # 전역 이름 공간 확인 : globals()
    print("- globals() 내부:", {k: globals()[k] for k in globals()})
    print()
    # 현재 범위의 이름 목록 확인 : dir()
```

```
    # 현재 사용 가능한 모든 이름의 목록 확인
    print("- dir() 내부:", dir())
    print()

    # vars()로 현재 지역 이름 공간 확인
    # locals()와 같은 결과를 반환함
    print("- vars() 내부:", vars())
```

```
<실행 결과>
>>> nspace_ftn()

- locals() 내부: {'local_var': 'a local variable'}

- globals() 내부: {'__name__': '__main__', '__doc__': None, '__package__': None, '__loader__': <class '_frozen_importlib.BuiltinImporter'>, '__spec__': None, '__annotations__': {}, '__builtins__': <module 'builtins' (built-in)>, '__file__': 'C:/Users/CSL/Documents/Python Scripts/ex-namespace-01.py', 'global_var': 'a global variable', 'nspace_ftn': <function nspace_ftn at 0x0000022BAFE7B370>}

- dir() 내부: ['local_var']

- vars() 내부: {'local_var': 'a local variable'}
```

함수 nspace_ftn()를 호출하여 실행합니다.

그림 1 함수 내부(지역 공간)에서 이름 공간 확인

locals()는 함수 내부에서 호출했을 때 현재 함수의 지역 이름 공간을 출력하므로 함수 내부의 local_var만 포함되어 출력됩니다.

{'local_var': 'a local variable'}

globals()는 전역 이름 공간의 모든 이름을 출력하며, 함수 내부에서 호출해도 전역 변수인 global_var를 포함한 전역 이름 공간의 모든 변수가 출력됩니다. __로 시작되는 값들은 내부 속성이므로 그 외의 값들만 다시 정리해 보면 다음과 같습니다.

{'global_var': 'a global varible', 'nspace_ftn':
<function nspace_ftn at 0x000002AD6B4502C0>}

dir()은 현재 범위에 존재하는 모든 이름을 리스트 형태로 반환합니다. 함수 내부에서 호출하면 해당 지역 이름뿐 아니라 전역 이름까지 포함된 목록이 출력됩니다.

['local_var']

vars()는 locals()와 동일하게 동작하여 현재 이름 공간의 변수를 딕셔너리로 반환합니다.

{'local_var': 'a local variable'}

이제 전역 이름 공간(nspace_ftn() 외부)에서 globals(), dir(), vars()를 호출하여 실행해 보겠습니다.

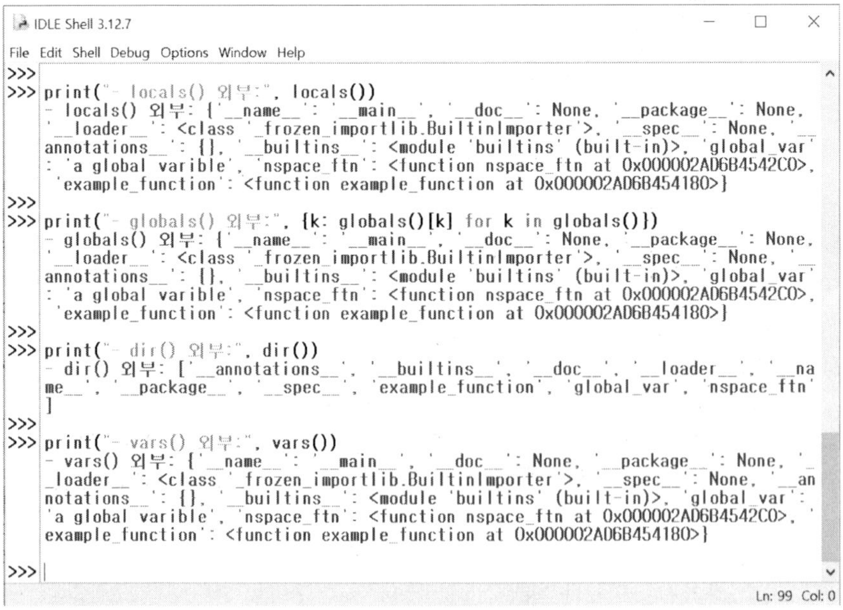

그림 2 함수 외부에서 이름 공간 확인

전역 범위에서 호출한 locals(), globals()는 모든 전역 변수와 함수가 포함된 이름 공간을 반환합니다. 내부 속성을 제외하여 다시 정리하면 다음과 같습니다.

{'global_var': 'a global varible', 'nspace_ftn': <function nspace_ftn at 0x000002AD6B4542C0>, 'example_function': <function example_function at 0x000002AD6B454180>}

전역 범위에서 호출하였으므로, locals()와 globals()의 결과가 동일함을 확인할 수 있습니다.

dir()은 전역 범위에서 전역 이름뿐 아니라 내장 이름까지 포함한 모든 이름을 반환합니다.

['__annotations__', '__builtins__', '__doc__', '__loader__', '__name__', '__package__', '__spec__', 'example_function', 'global_var', 'nspace_ftn']

vars()는 전역 범위에서 globals()와 동일하게 동작합니다. 내부 속성을 제외하여 다시 정리하면 다음과 같습니다.

{'global_var': 'a global varible', 'nspace_ftn': <function nspace_ftn at 0x000002AD6B4542C0>, 'example_function': <function example_function at 0x000002AD6B454180>}

globals() 는 사용 위치에 무관하지만, locals(), dir(), var() 함수들은 사용 위치에 따라 반환하는 변수들이 달라짐을 확인하였습니다.

15.5 클래스와 인스턴스의 이름 공간

Python의 클래스는 해당 클래스의 이름 공간을 가지며, 클래스 내부에서 정의된 변수와 메소드는 해당 클래스의 이름 공간에 바인딩됩니다.

내장 함수 dir()을 호출해 보면 리스트로 된 반환값을 확인할 수 있는데, 각 항목은 현재 범위에 있는 이름입니다. 여기서 두 개의 __로 시작하는 것은 내장 메소드, 내부 변수, 내부 속성에 해당됩니다.

dir() 결과에 클래스 이름이 포함되어 있다는 것은 Python 프롬프트에 해당 클래스 이름을 입력해도 오류가 발생하지 않는다는 것을 의미합니다. 그러나, 포함되어 있지 않은 이름을 입력하면 오류가 발생합니다.

15.5.1. 클래스의 이름 공간

Python에서는 클래스가 정의되면 하나의 독립적인 이름 공간이 생성됩니다. 그리고 클래스 내에 정의된 변수나 메서드는 해당 이름 공간 안에 Python 딕셔너리 타입으로 저장됩니다. 클래스의 이름 공간을 확인하기 위해, 해당 클래스의 `__dict__` 속성을 확인하면 됩니다. 클래스의 이름 공간은 "클래스 이름.__dict__"를 통해 확인할 수 있습니다.

다음 코드를 통해 클래스와 인스턴스의 이름 공간을 확인해 보겠습니다.

```
class MyClass:

    # 클래스 변수
    class_var = "a class variable"

    def __init__(self, instance_var):
        # 인스턴스 변수
        self.instance_var = instance_var

    def show_namespace(self):
        # dir()을 사용하여 인스턴스의 모든 속성과 메소드 목록 확인
        print("- dir(self) : ", dir(self))
        print()

        # vars()를 사용하여 인스턴스 이름 공간 확인
        print("- vars(self) : ", vars(self))
        print()

        # locals()를 사용하여 메소드 내부의 이름 공간 확인
        local_var = "a local variable in show_namespace"
        print("- locals() in method:", locals())
```

그림 3 클래스/인스턴스의 이름 공간 확인

먼저 클래스의 이름 공간을 확인해 보겠습니다. MyClass.__dict__를 통해 클래스 MyClass의 속성과 이름 공간을 확인할 수 있습니다. 클래스 변수인 class_var와 메소드 __init__, show_namespace가 포함되어 있음을 확인할 수 있습니다.

```
>>> print("MyClass의 이름 공간:", MyClass.__dict__)
MyClass의 이름 공간 : {'__module__': '__main__', 'class_var': 'a class variable',
'__init__': <function MyClass.__init__ at 0x000001D186034040>, 'show_namespace':
<function MyClass.show_namespace at 0x000001D186034180>, '__dict__': <attribute
'__dict__' of 'MyClass' objects>, '__weakref__': <attribute '__weakref__' of
'MyClass' objects>, '__doc__': None}
```

15.5.2. 인스턴스의 이름 공간

인스턴스를 생성하여 인스턴스의 이름 공간을 확인해 보겠습니다. dir(self)는 인스턴스의 모든 속성과 메소드의 이름을 리스트 형태로 보여줍니다. 클래스 변수 class_var, 인스턴스 변수 instance_var, 특수 메소드 __init__, 그리고 인스턴스 메서드 show_namespace도 포함됩니다.

```
>>> my_instance = MyClass("an instance variable")
>>> my_instance.show_namespace()
- dir(self) :  ['__class__', '__delattr__', '__dict__', '__dir__', '__doc__',
'__eq__', '__format__', '__ge__', '__getattribute__', '__getstate__', '__gt__',
'__hash__', '__init__', '__init_subclass__', '__le__', '__lt__', '__module__',
'__ne__', '__new__', '__reduce__', '__reduce_ex__', '__repr__', '__setattr__',
'__sizeof__',  '__str__',  '__subclasshook__',  '__weakref__',  'class_var',
'instance_var', 'show_namespace']

- vars(self) :  {'instance_var': 'an instance variable'}

- locals() in method :  {'self': <__main__.MyClass object at 0x000001FA55B17260>,
'local_var': 'a local variable in show_namespace'}
```

vars(self)는 해당 인스턴스의 이름 공간을 딕셔너리 형태로 반환합니다. 인스턴스 변수 instance_var만 포함된 이름 공간을 확인할 수 있습니다.

{'instance_var': 'an instance variable'}

인스턴스의 이름 공간을 확인하기 위해 my_instance.__dict__를 출력해 보면, vars(self)와 결과가 같음을 확인할 수 있습니다.

```
>>> print("my_instance의 이름 공간 : ", my_instance.__dict__)
my_instance의 이름 공간 :  {'instance_var': 'an instance variable'}
```

locals()를 사용하여 해당 인스턴스 메소드 show_namespace()의 지역 이름 공간을 확인할 수 있습니다. 메소드 내부에서 정의된 지역 변수 local_var와 해당 인스턴스 변수를 확인할 수 있습니다.

{'self': <__main__.MyClass object at 0x000001FA55B17260>,

'local_var': 'a local variable in show_namespace'}

15.5.3. 인스턴스들의 이름 공간

두 개의 인스턴스들을 생성하여 이름 공간을 확인해 보겠습니다.

```
>>> my_instance1 = MyClass("1st instance variable")
>>> my_instance2 = MyClass("2nd instance variable")
>>> my_instance1.show_namespace()
- dir(self) : ['__class__', '__delattr__', '__dict__', '__dir__', '__doc__', '__eq__',
'__format__', '__ge__', '__getattribute__', '__getstate__', '__gt__', '__hash__',
'__init__', '__init_subclass__', '__le__', '__lt__', '__module__', '__ne__', '__new__',
'__reduce__', '__reduce_ex__', '__repr__', '__setattr__', '__sizeof__', '__str__',
'__subclasshook__', '__weakref__', 'class_var', 'instance_var', 'show_namespace']

- vars(self) :  {'instance_var': '1st instance variable'}

- locals() in method :  {'self': <__main__.MyClass object at 0x000001FA55B3C560>,
'local_var': 'a local variable in show_namespace'}
>>>
>>> my_instance2.show_namespace()
- dir(self) :  ['__class__', '__delattr__', '__dict__', '__dir__', '__doc__',
'__eq__', '__format__', '__ge__', '__getattribute__', '__getstate__', '__gt__',
'__hash__', '__init__', '__init_subclass__', '__le__', '__lt__', '__module__',
'__ne__', '__new__', '__reduce__', '__reduce_ex__', '__repr__', '__setattr__',
'__sizeof__',   '__str__',   '__subclasshook__',   '__weakref__',   'class_var',
'instance_var', 'show_namespace']

- vars(self) :  {'instance_var': '2nd instance variable'}

- locals() in method :  {'self': <__main__.MyClass object at 0x000001FA55B3C890>,
'local_var': 'a local variable in show_namespace'}
```

인스턴스를 여러 개 생성해도 인스턴스 메소드의 dir()은 같은 결과를 반환함을 확인할 수 있습니다. 각각의 인스턴스 메소드가 공통된 클래스를 통해 정의되었기 때문입니다. 그러나 vars(self)는 각 인스턴스의 속성값을 담고 있는 딕셔너리를 반환하므로, 각 인스턴스에 속한 인스턴스 변수값("1st instance variable"과 "2nd instance variable")이 각각 반환됨을 확인할 수 있습니다.

locals()는 각 인스턴스에서 메소드 호출 시점의 매개변수와 지역 변수를 반환하고, self는 각 인스턴스를 가리키므로, 각 인스턴스의 메모리 주소가 다르므로 값이 다르게 표시됨을 확인할 수 있습니다.

local_var는 메서드 내에서 정의된 지역 변수이며, "This is a local variable"로 동일하지만, 전체 딕셔너리는 인스턴스마다 다르게 나타나게 됩니다.

참고자료 및 문헌

[Python namespace] https://realpython.com/python-namespaces-scope/

[Python scope] https://www.w3schools.com/python/python_scope.asp

Chapter 16

예외 처리

일반적으로 프로그램을 작성하여 실행할 때, 발생할 수 있는 다양한 문제점들이 있습니다.

- 프로그램에 문제가 있어 프로그램 실행이 중간에 멈추게 되지만 중간 결과가 보존된 경우
- 프로그램에 문제가 있어 프로그램 실행이 중간에 멈추고 중간 결과가 사라진 경우
- 프로그램이 실행되지만 의도하지 않은 방식으로 수행되는 경우(계산 오류, 무한 반복 등)

일반적으로 프로그램 작성 및 실행 중, 프로그램이 실행되지 않거나 실행되어도 작성 의도와 다르게 실행되는 상황을 통칭하여 **오류(error)**라고 설명할 수 있습니다.

Python 공식 문서는 일반적인 명칭인 오류(error)를 구체적으로 **문법 에러(syntax errors, parsing errors)**와 **예외(exceptions)**의 두 가지로 구별하여 설명하고 있습니다. 보통 문법 에러는 코드 작성 과정 중 발생하며, 문법 에러를 수정하기 전엔 코드가 끝까지 수행되지 않고 중간에 멈추게 됩니다. 예외는 프로그램 실행 중에 발생하는 에러를 지칭하는 용어입니다.

표 1 오류(errors) 구분

구분	문법 오류 (syntax errors, parsing errors)	예외 (exceptions)
설명	코드 자체의 문제로 인해 발생	코드 실행 중 예상치 못한 상황으로 인해 발생
예시	SyntaxError	ZeroDivisionError FileNotFoundError 등
발생 시 코드 수행	코드 해석 단계에서 오류 발생 코드가 실행되지 않음	예상치 못한 방식으로 코드 실행 완료 코드 실행이 완료되지 않는 경우 있음
처리 방법	오류코드 확인을 통한 코드 수정	예외 처리를 통해 프로그램 중단 방지 (try-except-finally-)

16.1 문법 오류 및 오류 확인

문법 오류(또는 구문 분석 오류)는 코드에 문법적인 문제가 있어 Python 인터프리터가 코드를 해석할 수 없을 때 발생하는 오류를 의미합니다. 오류가 발생하면 인터프리터가 오류 발생 지점 이후의 코드를 실행할 수 없으므로 오류(error)의 내용을 확인하고 문제점을 확인하여 코드를 수정해야 합니다. Python 인터프리터는 다양한 종류의 오류를 정의하여 역추적 메시지(traceback message)를 통해 개발자에게 그 내용을 상세히 알려주고 있습니다. 이처럼 Python 인터프리터에서 제공하는 정보를 통해 오류 내용을 확인하는 방법이 있습니다.

일반적인 문법 오류에 해당하는 내용들은 다음과 같습니다.

- 괄호 또는 콜론 누락
- 키워드를 변수 이름에 사용
- 들여쓰기 오류
- 따옴표 누락 또는 불일치

대표적인 구문 오류에 해당하는 것들로 괄호를 일부 빠뜨리거나, 들여쓰기에 오류가 있는 경우, 따옴표를 잘못 작성한 경우 등이 있습니다. 오류 메시지에서 오류가 발생한 줄(line number)를 알려주거나 오류가 발생한 것으로 예상하는 위치에 ^ 표시를 보여 줍니다. 이러한 오류 메시지를 참고하여 오류를 수정하는 것이 일반적인 방법입니다.

```
>>> print("hello)
  File "<stdin>", line 1
    print("hello)
            ^
SyntaxError: EOL while scanning string literal
>>>
>>> while i > 2
  File "<stdin>", line 1
    while i > 2
            ^
SyntaxError: invalid syntax
>>>
```

16.2 예외

예외(exceptions)는 프로그램의 실행이 예상하지 못했던 상황으로 발생하는 오류를 설명하는 일반적인 용어입니다. 숫자를 0으로 나누는 계산을 시도하는 경우, 파일을 열려고 할 때 해당 파일이 존재하지 않는 경우 등 프로그램 실행 중 비정상적인 상황이 발생하는 경우에 발생합니다. Python 인터프리터가 예외들을 자체적으로 처리할 수 없기 때문에 예외가 발생하여 감지되는 경우, 예외 메시지를 출력함과 동시에 프로그램의 실행이 정지되므로 예외 발생 지점 이후의 코드는 실행되지 않습니다.

16.2.1. ModuleNotFoundError

간단히 처리 가능한 몇 가지 예외들을 살펴보겠습니다. 예외 메시지를 확인하기 위해 "hello_my_friend"라는 모듈을 import해 보겠습니다. (실제로, "hello_my_friend"라는 모듈은 존재하지 않습니다.) 따라서 예외가 발생하게 되는데, 모듈이 존재하지 않아 찾을 수 없으므로 "ModuleNotFoundError: No module named 'hello_my_friend'"라는 정보를 인터프리터가 제공해 줍니다. 이를 확인하여 코드 작성자는 모듈 이름을 재확인해서 모듈 이름을 수정하여 예외가 발생하지 않도록 할 수 있습니다.

```
>>> import hello_my_friend
Traceback (most recent call last):
  File "<pyshell#25>", line 1, in <module>
    import hello_my_friend
ModuleNotFoundError: No module named 'hello_my_friend'
```

16.2.2. ZeroDivisionError

이번에는 9/0를 실행해 보도록 하겠습니다. 여러분들이 이미 인지하고 있듯이, 9를 0으로 나누는 것은 무한대의 값을 갖게 되어 결괏값이 정의되지 않습니다. 이 경우 Python 인터프리터는 0으로 나누는 계산을 수행할 수 없으므로 "ZeroDivisionError: division by zero"라는 예외 메시지를 출력해 줍니다. 이를 확인하여 코드 작성자는 0으로 나누어 주는 계산이 적합한 계산인지 재확인하여 수정함으로써 예외가 발생하지 않도록 수정할 수 있습니다.

```
>>> 9/0
Traceback (most recent call last):
  File "<pyshell#26>", line 1, in <module>
    9/0
ZeroDivisionError: division by zero
```

16.2.3. IndexError

리스트 mylist의 항목의 내용을 인덱스로 접근하여 print() 함수로 출력하고자 다음 코드를 작성하였습니다. mylist[0]의 내용을 확인하고자 print(mylist[0])을 실행하여 'hello'를 확인하였습니다. 그다음 mylist[3]의 내용을 확인하고자 하였으나 인덱스 3은 mylist에 존재하지 않는 인덱스라는 점을 모른 채로 print(mylist[3])을 실행하면, Python 인터프리터는 "IndexError: list index out of range" 오류 메시지를 출력하면서 File "<pyshell#86>", line 1에 위치한 코드 print(mylist[3]) 부분에서 오류가 있음을 알려줍니다. 따라서 이 부분을 다시 확인하여 코드를 수정할 수 있습니다.

```
>>> mylist = ['hello', 'my', 'friends']
>>> print(mylist[0])
hello
>>> print(mylist[3])
Traceback (most recent call last):
  File "<pyshell#86>", line 1, in <module>
    print(mylist[3])
IndexError: list index out of range
```

16.2.4. 예외 확인 코드 삽입

또 다른 방법으로 발생 가능한 오류 내용을 확인할 수 있도록 개발자가 직접 작성 중인 코드 중간에 오류 확인 코드를 삽입하는 방법이 있습니다. 아래 코드와 같이 if문에 myindex > 3인 조건을 통해, 인덱스가 3을 초과하면 "Index is out of range !!!"라는 오류 메시지를 출력하도록 오류 확인 코드를 삽입하였습니다.

```
mylist = ['hello', 'my', 'friends']
print(mylist[0])
print(len(mylist))

myindex = 4

if myindex > 3:
    print("Index is out of range !!!")
else:
    print('No problem... mylist[{}] is "{}"'.format(myindex, mylist[myindex]))
```

<실행 결과>

```
hello
3
Index is out of range !!!
```

아래 코드와 같이 myindex = 2인 경우, 'No problem... mylist[2] is "friends"'를 출력하여, 정상적으로 실행되었음을 확인할 수 있습니다.

```
myindex = 2
if myindex > 3:
    print("Index is out of range !!!")
else:
    print('No problem... mylist[{}] is "{}"'.format(myindex, mylist[myindex]))
```

<실행 결과>

```
No problem... mylist[2] is "friends"
```

16.3 내장 예외 목록

앞에서 살펴본 비교적 간단한 예외 상황들 외에도 Python 인터프리터는 매우 다양한 예외 상황들을 정의하여 각각의 예외 상황을 확인하고 예외 처리에 사용할 수 있도록 하고 있습니다.

예외(exceptions)는 프로그램 실행 중 일어날 수 있는 의도되지 않은 예외적인 상황을 의미합니다. 자주 발생하는 예외적인 상황들을 정리하였습니다.

- 파일을 읽는 명령어 실행 중, 파일이 존재하지 않음
- 프로그램 실행 중 파일을 지움
- 값을 입력받을 때 형식에 맞지 않는 입력을 전달함
- 입력받고자 하는 값의 개수가 불일치함
- 존재하지 않는 명령을 실행함
- 리스트 항목의 인덱스가 범위를 초과함
- 변경될 수 없는 값의 변경을 시도함

다음 표에 세부적인 예외들을 포함하여 정리하였습니다.

표 2 정의되어 있는 내장 예외들(built-in exceptions)

오류 명칭	설명
ArithmeticError	다양한 산술 에러를 만나는 경우
BufferError	버퍼 관련 연산을 수행할 수 없을 경우
EOFerror	input() 함수가 데이터를 읽지 못한 상태에서 EOF (end-of-file) 조건을 만날 경우
FileNotFoundError	해당 이름의 파일이나 디렉터리가 존재하지 않을 경우
IndentationError	잘못된 들여쓰기가 발생했을 경우
IndexError	시퀀스 인덱스 범위를 벗어날 경우
IOError	입출력 관련 오류가 발생했을 경우
ImportError	모듈을 불러올 때 문제가 발생하는 경우
KeyError	딕셔너리 키가 기존의 키 집합에서 발견되지 않는 경우
KeyboardInterrupt	사용자가 인터럽트 키(일반적으로 Control-C)를 누르는 경우
MemoryError	작업에 메모리가 부족하지만, 상황이 여전히 (일부 객체를 삭제해서) 복구될 수 있는 경우
ModuleNotFoundError	모듈을 찾을 수 없는 경우
NameError	지역 이름 또는 전역 이름을 찾을 수 없을 경우
OSError	시스템 함수가 시스템 관련 에러를 감지하는 경우. "파일을 찾을 수 없습니다(file not found)"나 "디스크가 꽉 찼습니다(disk full)"와 같은(잘못된 인자형이나 다른 부수적인 에러가 아닌) 입출력 실패를 포함
RuntimeError	다른 범주에 속하지 않는 에러가 감지되는 경우
SyntaxError	파서(parser)가 문법 오류를 감지하는 경우
StopIteration	이터레이터에 의해 생성된 항목이 더 없는 경우
TabError	들여쓰기가 일관성없는 탭과 스페이스 사용을 포함하는 경우
TypeError	연산이나 함수가 부적절한 형의 객체에 적용되는 경우
ValueError	연산이나 함수가 올바른 형이지만 부적절한 값을 가진 인자를 받은 경우. 더 구체적인 예외로 설명되지 않는 경우
ZeroDivisionError	나누기 또는 모듈로 연산의 두 번째 인자가 0인 경우

16.4 예외 대처 방안 : 논리 추가 vs 예외 처리

예외에 대처하기 위한 방안을 두 가지 방법으로 생각해 볼 수 있습니다. 한 가지 방법은 발생 가능한 예외들을 예상하여 **각각의 예외에 대처하기 위한 논리들을 추가**하여 대비하는 방법입니다. 이 방법을 통해 예외가 발생하지 않도록 코드를 신중하게 작성하는 것은 가능하지만, 얼마나 많은 예외가 발생할지 모르는 상황에서 발생 가능성이 있는 논리들을 최대한 추가하여 대처하는 것은 쉽지 않은 일입니다.

다른 방법은 예외 발생 가능한 코드를 그대로 실행시키면서 **발생하는 예외들에 대해 적절하게 대응**하도록 하는 방법입니다.

코드가 길어지고 복잡도가 증가하면, 발생 가능한 예외의 발생 원인을 정확히 예상하고 파악하여 대처하기 위한 논리들을 계속하여 추가하는 것이 매우 어려워집니다. 따라서 다양한 예외들에 적절히 대처하여 프로그램이 도중에 멈추지 않도록 예외 처리를 수행하면 효과적인 코드 작성이 가능합니다.

[그림 1]은 예외 대처 방안으로 두 가지 방법(논리 추가와 예외 처리)을 흐름도로 보여줍니다.

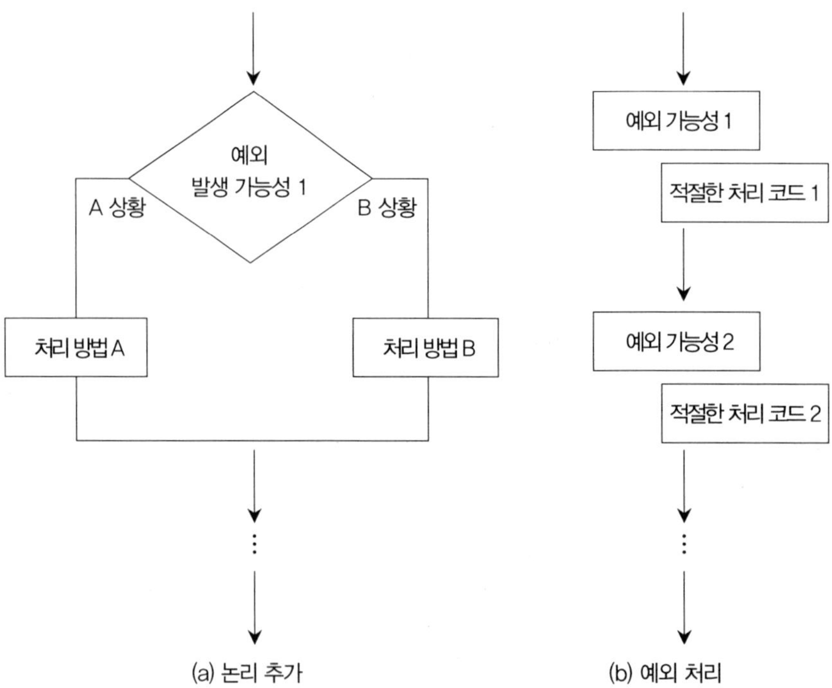

그림 1 예외 대처 방안. (a) 논리 추가 (b) 예외 처리

16.5 예외 처리 방법

예외 처리(exception handling)는 세 가지 단계로 설명될 수 있습니다.

- 예외 발생 여부 확인
- 예외 내용 및 예외 발생 위치 표시(정보 수집 또는 로그 기록)
- 프로그램 중단 방지(계속 동작)

예외 처리 과정에 있어서 예외를 적절히 처리해 주기 위한 코드 스위트를 **예외 처리기(exception handler, 예외 핸들러)**라 합니다. 이러한 과정을 통해 프로그램의 안정성 및 신뢰성을 높여줄 수 있습니다.

16.5.1. 예외 회피 논리 추가

다음의 코드는 0으로 나눗셈을 수행하는 예외가 발생 가능한 Python 코드입니다. 인터프리터 모드에서 실행해 보면 제수(divisor, 나누어 주는 수)를 0이 아닌 3으로 입력하면, mylist의 각 항목을 제수로 나누어 새로운 리스트 newlist를 생성해 줍니다.

```
>>> mylist = [1, 3, 5, 7, 9]
>>> divisor = int(input("Please input a divisor... : "))
Please input a divisor... : 3
>>> newlist = []
>>> for i in mylist:
    j = i/divisor
    newlist.append(j)
>>> print(newlist)
[0.3333333333333333, 1.0, 1.6666666666666667, 2.3333333333333335, 3.0]
```

이제 작성된 파일을 .py로 저장한 후, 실행하고 divisor로 0을 입력해 보도록 하겠습니다.

```
mylist = [1, 3, 5, 7, 9]

divisor = int(input("Please input a divisor... : "))

newlist = []
```

```
for i in mylist:
    j = i/divisor
    newlist.append(j)

print(newlist)
```

<실행 결과>

```
Please input a divisor... : 0
Traceback (most recent call last):
  File "C:/Windows/System32/error_handling_logic-1.py", line 8, in <module>
    j = i/divisor
ZeroDivisionError: division by zero
```

위의 코드를 작성하여 실행시키고 divisor 입력값에 0을 입력하면, 수행 도중 0으로 나누는 오류가 발생하여 ZeroDivisionError가 출력되고 프로그램 실행이 중지됩니다. 만약, 이 부분이 거대한 프로그램의 일부분이었다면 어떤 상황이 벌어질까요? 이렇게 오류가 발생하여 프로그램 실행이 중지되고, 그 이후의 많은 부분이 실행되지 않을 것입니다.

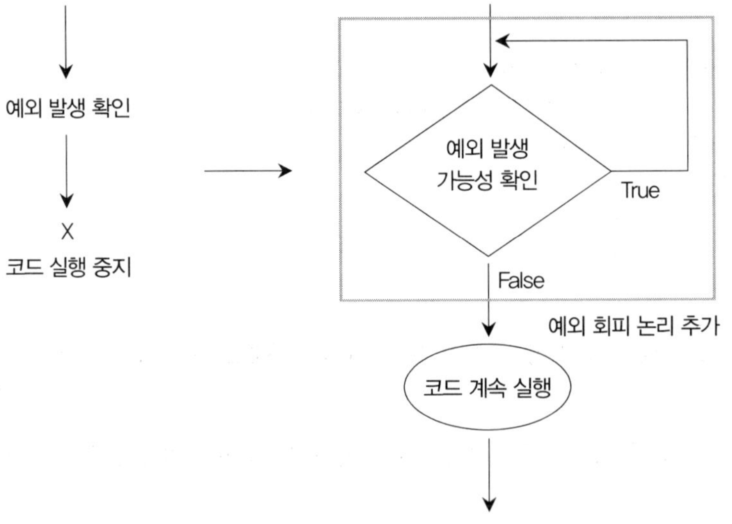

그림 2 예외 회피 논리 추가

이러한 문제를 예방하기 위해 [그림 2]와 같은 예외 회피를 위한 논리를 추가해 보도록 합니다. divisor가 0이면 divisor는 0이 아닌 값으로 입력되어야 한다는 메시지를 출력하며, 사용자가 0을 입력하지 않도록 유도하여 프로그램이 0으로 나눗셈을 수행하지 않도록 입력을 반복하는 부분을 추가할 수 있습니다

```
mylist = [1, 3, 5, 7, 9]

divisor = int(input("Please input a divisor... : "))

while divisor == 0:
    print("The divisor must not be zero ....")
    divisor = int(input("Please input a NON-zero divisor again... : "))
    if divisor != 0:
        break

newlist = []

for i in mylist:
    j = i/divisor
    newlist.append(j)

print(newlist)
```

<실행 결과>

```
Please input a divisor... : 0
The divisor must not be zero ....
Please input a NON-zero divisor again... : 0
The divisor must not be zero ....
Please input a NON-zero divisor again... : 0
The divisor must not be zero ....
Please input a NON-zero divisor again... : 1
[1.0, 3.0, 5.0, 7.0, 9.0]
```

이렇게 되면 실수로 0을 입력하더라도, 이후 부분이 실행되지 않는 예외를 회피할 수 있습니다.

이렇게 발생 가능한 예외 상황을 미리 인지하여 이를 회피하거나 처리하기 위한 논리를 추가하는 것은 좋은 방법이 될 수 있지만, 예상할 수 있더라도 예외 상황이 매우 많은 경우 계속하여 논리를 추가하는 것은 코드를 매우 복잡하게 만들 수 있어 다루기 매우 어려운 코드가 될 수 있습니다. 또한, 예상하기 어려운 예외 상황들에 대처하기 어려운 문제점은 여전히 존재합니다.

16.5.2. try - except - else

논리를 추가하지 않고 예외를 처리하는 방법은 예외 상황이 발생할 가능성이 있는 코드라도 일단 실행시키고 처리 코드(복구 코드)를 작동하도록 하는 것입니다. 이 방법은 try문, except문, else문을 통해 구현됩니다.

```
try:
    예외 발생 가능성이 있는 코드 스위트

except:
    예외 상황이 발생하면 수행되는 코드 스위트(exception handler)

else:
    상기한 어떠한 예외도 발생하지 않을 때 실행되는 코드 스위트(선택적)
```

예외 발생 가능성이 있는 코드 스위트를 try 블록에 포함시킵니다. 만약 예외가 발생하면 except 블록으로 이동하게 됩니다. except 키워드 다음에 예외 상황이 발생하면 수행되는 코드 스위트를 작성해 줍니다.

try-except-else의 예외 처리 과정을 보여주는 흐름도가 [그림 3]에 제시되어 있습니다.

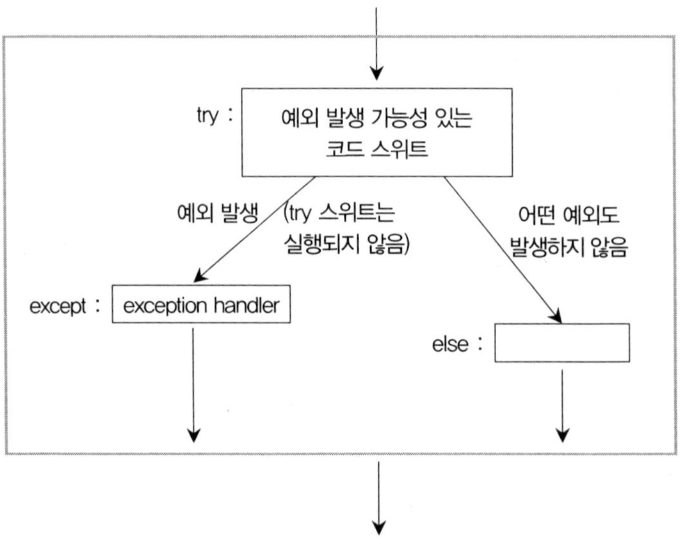

그림 3 try-except-else 흐름도

이렇게 해주면 try 블록에서 예외 상황이 발생해도 프로그램 실행이 중지되지 않고, except 블록으로 이동하여 코드 스위트를 수행하게 됩니다.

else 블록은 선택사항이며, try 블록 내의 코드에서 예외가 발생하지 않을 경우 실행되는 블록입니다. try 블록 내의 코드도 예외가 발생하지 않으면 실행되므로 else 블록 내의 코드는 예외가 발생하지 않았을 때 추가로 실행되는 부분을 작성해 줍니다.

- try 블록에서 예외 상황이 발생하면, try 블록의 코드 스위트를 건너뛰고 except 블록의 코드 스위트가 실행됩니다.
- try 블록에서 예외 상황이 발생하지 않으면, try 블록의 코드 스위트에 이어 else 블록의 코드 스위트가 실행됩니다.

이런 방식의 예외 처리를 통해 예외가 발생하더라도 프로그램이 중단되지 않고 계속 실행되도록 할 수 있습니다.

간단한 예제 코드를 통해 동작을 확인해 보겠습니다. 다음 나눗셈을 수행하는 함수를 정의합니다.

```
def log10(a):
    try:
        result = math.log(a)
        print(f"try : log10({a} is {result}")

    except ValueError:
        print("except : Error : Log(zero) or Log(negative) !!!")

    else:
        print(f"else : log10({a} is {result}")
```

```
>>> import math
>>>
>>> log10(1)
try : log10(1) is 0.0
else : log10(1) is 0.0
>>> log10(10)
try : log10(10) is 1.0
else : log10(10) is 1.0
>>>
```

```
>>> log10(0)
except : Error : Log(zero) or Log(negative) !!!
>>> log10(-1)
except : Error : Log(zero) or Log(negative) !!!
```

예외가 발생하지 않는 경우 try 블록과 else 블록이 실행되고, 예외가 발생한 경우 except 블록이 실행됨을 확인할 수 있습니다.

16.5.3. 특정 예외 처리

except문에 예외 종류를 지정해 주어 특정한 예외에 대해 수행할 코드를 지정하여 처리할 수 있습니다. 이 경우 지정한 예외 이름 외의 예외가 발생되는 경우는 처리할 수 없지만, 특정 예외를 처리하게 되므로 예외의 원인을 명확하게 확인할 수 있습니다.

```
try:
    예외 발생 가능성이 있는 코드 스위트

except 예외 이름:
    예외 이름의 예외 상황이 발생하면 수행되는 코드 스위트(exception handler)

else:
    상기한 어떠한 예외도 발생하지 않을 때 실행되는 코드 스위트(선택적)
```

다음 코드에서 리스트 mylist는 인덱스 0부터 인덱스 4까지의 항목들만 존재합니다. print(mylist[5])는 오류가 발생할 수 있는 코드이므로, 이 부분을 try 블록에 위치시킵니다. IndexError가 발생할 경우, "Check index range !!!"라는 메시지를 출력하도록 합니다. else문은 try 블록에서 오류가 발생하지 않았을 경우 추가로 실행되는 부분이므로 동작하지 않았습니다. try 블록에서 print(mylist[4])로 수정하여 실행하면, 출력 결과는 9와 1이 됨을 확인할 수 있습니다.

```
mylist = [1, 3, 5, 7, 9]
divisor = 0

try:
    print(mylist[5])
```

```
except IndexError:
    print("Check index range !!!")

else:
    print(mylist[0])
```

<실행 결과>

```
Check index range !
```

지정된 예외 외의 예외가 발생하는 경우

다음 코드를 보면 try 블록에 print(mylist[4]/0)이 포함되어 있어 0으로 나누는 예외가 발생됩니다. IndexError는 발생하지 않았지만, ZeroDivisionError가 발생하여 예외처리가 실행되지 않고 코드 실행이 중지되어 끝까지 수행되지 않았음을 확인할 수 있습니다.

```
mylist = [1, 3, 5, 7, 9]
divisor = 0

try:
    print(mylist[4]/0)

except IndexError:
    print("Check index range!!")

else:
    print(mylist[0])
```

<실행 결과>

```
Traceback (most recent call last):
  File "C:/Users/test/AppData/Local/Programs/Python/Python312/
      ex-error-handling-3.py", line 5, in <module>
  print(mylist[4]/0)
ZeroDivisionError: division by zero
```

여러 가지 예외들을 지정 가능

except문에 예외 이름을 지정하는 경우, 지정된 예외 이름 외의 예외는 처리할 수 없습니다. 대신 다양한 상황에 적절한 예외 처리를 위해서 다양한 예외들을 추가 지정할 수 있습니다. 다음과 같은 형식으로 "except 예외 이름"을 추가하여 해당 예외들을 처리할 수 있습니다.

```
try:
    예외 발생 가능성이 있는 코드 스위트

except 예외 이름_1:
    예외 이름_1의 예외 상황이 발생하면 수행되는 코드 스위트(exception handler)

except 예외 이름_2:
    예외 이름_2의 예외 상황이 발생하면 수행되는 코드 스위트(exception handler)

else:
    상기한 어떠한 예외도 발생하지 않을 때 실행되는 코드 스위트(선택적)
```

16.5.4. 예외 메시지 저장

특정 예외가 발생하였을 때, 예외 객체를 생성하여 except 스위트에 전달할 수 있습니다. except 키워드 다음에 처리할 예외 이름을 명시하고, as 키워드를 사용하여 예외 객체를 저장할 예외 객체의 이름을 지정합니다.

```
try:
    예외 발생 가능성이 있는 코드 스위트

except 예외 이름 as 예외 객체_이름:
    예외 상황이 발생하면 수행되는 코드 스위트(exception handler)

else:
    상기한 어떠한 예외도 발생하지 않을 때 실행되는 코드 스위트(선택적)
```

다음 코드에서 생성되는 예외 객체를 idxerr라는 이름으로 저장하여, except 스위트로 전달합니다. type(idxerr)을 확인하여 예외 객체 idxerr은 IndexError 클래스임을 확인할 수 있습니다. 예외 객체는 직접 출력할 수 없고, str(idxerr)을 통해 먼저 문자열로 변환한 후에 출력할 수 있게 됩니다.

```
mylist = [1, 3, 5, 7, 9]

try:
    print(mylist[5])

except IndexError as idxerr:
    print("Check index range !!!")
    print("Exception occurs due to <" + str(idxerr) + "> !!!")
    print("The type of iderr : ", type(idxerr))

else:
    print(mylist[0])
```

```
<실행 결과>
Check index range !!!
Exception occurs due to <list index out of range> !!!
The type of iderr :  <class 'IndexError'>
```

위와 같은 except as를 사용하지 않았다면, 다음과 같은 자동 생성 예외 메시지를 확인하게 됩니다

```
>>> mylist = [1, 3, 5, 7, 9]
>>> mylist[5]
Traceback (most recent call last):
  File "<pyshell#46>", line 1, in <module>
    mylist[5]
IndexError: list index out of range
```

예외 객체를 저장 및 전달하여 구체적인 메시지를 생성할 수 있음을 확인할 수 있습니다.

16.5.5. try - except - finally

finally 블록을 사용하여 예외 발생 여부와 무관하게, 즉 어떤 예외가 발생하더라도 반드시 실행되는 부분을 추가할 수 있습니다. try - except - else - finally 구조에서 어떠한 예외 상황도 발생하지 않는다면, try 스위트, else 스위트, finally 스위트가 실행됩니다. 만약 except 문에 정의된 예외 상황이 발생하면, 해당 except 스위트가 실행된 후, finally 스위트가 실행됩니다.

```
try:
    오류 발생 가능성이 있는 코드 스위트

except 예외-1 as 예외 객체_이름_1:
    예외-1이 발생하면 수행되는 코드 스위트(exception handler-1)

except 예외-2 as 예외 객체_이름_1:
    예외-2가 발생하면 수행되는 코드 스위트(exception handler-2)

else:
    상기한 어떠한 예외도 발생하지 않을 때 실행되는 코드 스위트

finally:
    예외 발생 여부와 관계없이 항상 실행되는 코드 스위트
```

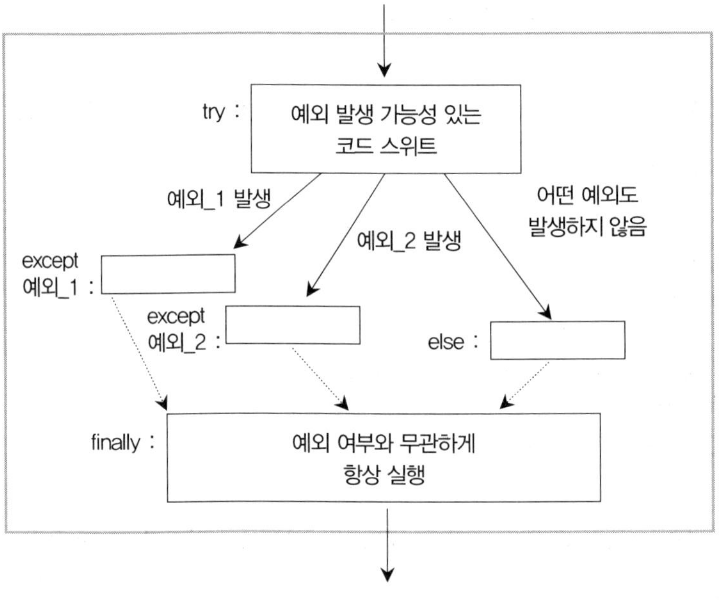

그림 4 try–except–else–finally 흐름도

예를 들어, try 스위트가 파일 입출력 및 파일 처리(읽기, 쓰기)와 관련된 코드를 수행하는 코드를 포함하고 있다면, 예외 여부와 관계없이 finally 스위트에 파일 닫기를 수행하는 코드를 작성하여 쓰기 에러가 발생해도 파일을 닫은 후에 다음 코드로 진행할 수 있기 때문에 매우 유용합니다.

16.5.6. 실습 코드: try … except … else … finally …

다음 코드는 file_1.txt를 읽기 모드로, file_2.txt를 덧붙이기 모드로 열고, file_1.txt의 내용을 읽어 file_2.txt에 덧붙이는 작업을 수행합니다. 마지막으로 file_2.txt를 읽기 모드로 열어 출력합니다. 전체 코드를 실행할 때마다 file_1.txt의 내용이 file_2.txt에 추가됩니다. 다음 코드와 실행 결과를 참고하고 file_1.txt와 file_2.txt를 미리 작성하여 실습을 진행하도록 합니다.

```
try:        # 예외 발생 가능성이 있는 코드 스위트

    f1 = open("file_1.txt", "r")
    f2 = open("file_2.txt", "a")

    f1_lines = f1.read()
    f2.write(f1_lines)

except IOError:            # IOError 발생 시 수행되는 코드 스위트(exception handler-1)
    print("File error")

except FileNotFoundError:  # FileNotFoundError 발생 시 수행되는 코드 스위트(exception handler-2)
    print("There is no such file ...")

else:       # 상기한 어떠한 예외도 발생하지 않을 때 실행되는 코드 스위트

    print("\n - - -     < file_1.txt >     - - - \n")
    print(f1_lines)

finally:    # 예외 발생과 무관하게 실행되는 코드 스위트
    f1.close()      # 시스템 자원 해제
    f2.close()

    print("\n - - -     < file_2.txt >     - - - \n")

    f3 = open("file_2.txt", "r")
    f2_lines = f3.read()
    print(f2_lines)
    f3.close()
```

<실행 결과>

```
117
 - - -     < file_1.txt >     - - -

This is a first line...
```

```
This is a second line....
File for appending...
File for appending...
File for appending...

 ---    < file_2.txt >    ---

This is a first line...
This is a second line....
File for appending...
File for appending...
File for appending...

This is a first line...
This is a second line....
File for appending...
File for appending...
File for appending...
```

파일 입출력 중 예외(IOError)가 발생하거나, 파일들이 존재하지 않을(FileNotFoundError) 경우, 수행하는 예외 처리 부분이 포함되어 있습니다. 예외가 발생하는 상황을 만들어 코드의 동작을 확인해 볼 수 있습니다.

Q file_1.txt를 삭제한 후 코드를 실행하여 동작을 이해해 보세요.

Q 다른 예외 처리할 수 있도록 코드를 수정해 보세요.

16.6 예외 일으키기 : 사용자 정의 예외

지금까지 프로그램 실행 중 예외가 발생하면 Python 인터프리터가 예외 상황을 확인해 주고, 예외 이름 및 예외 메시지를 확인하여 예외 처리 코드를 작성하였습니다. 앞서 언급하였던 예외들은 **내장 예외(built-in exceptions)**로 분류됩니다.

필요에 따라 코드 작성자가 특정 상황에서 직접 예외를 발생시킬 수 있는데, 이러한 예외들을 **사용자 정의 예외(user-defined exceptions)**라고 합니다. 이 방법은 예외 처리기(exception handler)의 동작 여부를 검사하거나 인터프리터가 동일한 예외를 발생시키는 예외 조건들을 보고하거나 처리하는 데 사용할 수 있습니다. 사용자 정의 예외(user-defined exceptions)는 raise 키워드를 사용하여 작성할 수 있습니다.

```
raise 예외_이름('예외 메시지')
```

```
>>> raise NameError('You have a wrong name!')
Traceback (most recent call last):
  File "<pyshell#0>", line 1, in <module>
    raise NameError('You have a wrong name!')
NameError: You have a wrong name!
```

NameError는 Python의 내장 예외 클래스 Exception으로부터 파생된 예외이며, "You have a wrong name!"은 예외가 발생할 때 출력되도록 정의한 사용자 정의 예외 메시지입니다.

클래스 정의 방법을 사용하여 사용자 정의 예외 클래스를 생성할 수 있습니다. 예외 클래스는 발생시키고자 하는 예외의 클래스를 의미하고, 예외 메시지는 발생한 예외에 대한 설명을 포함하는 문자열을 의미합니다.

예외(Exception) 클래스를 부모 객체로 상속받아 표준 예외들의 이름들과 유사하게 "Error"로 끝나는 이름으로 정의합니다.

16.6.1. 내장 예외 클래스(built-in exception classes)

내장 예외 클래스(built-in exception classes)는 새로운 예외를 정의하기 위해 하위 클래스화(서브 클래싱) 될 수 있습니다. BaseException이 아닌 Exception 클래스 또는 Exception 클래스의 하위 클래스 중 하나로부터 새로운 예외를 파생시킬 것을 권장합니다.

내장 예외의 클래스 계층 구조는 다음과 같습니다.

```
BaseException
 ├── BaseExceptionGroup
 ├── GeneratorExit
 ├── KeyboardInterrupt
 ├── SystemExit
 └── Exception
      ├── ArithmeticError
      │    ├── FloatingPointError
      │    ├── OverflowError
      │    └── ZeroDivisionError
      ├── AssertionError
      ├── AttributeError
      ├── BufferError
      ├── EOFError
      ├── ExceptionGroup [BaseExceptionGroup]
      ├── ImportError
      │    └── ModuleNotFoundError
      ├── LookupError
      │    ├── IndexError
      │    └── KeyError
      ├── MemoryError
      ├── NameError
      │    └── UnboundLocalError
      ├── OSError
      │    ├── BlockingIOError
      │    ├── ChildProcessError
      │    ├── ConnectionError
      │    │    ├── BrokenPipeError
      │    │    ├── ConnectionAbortedError
      │    │    ├── ConnectionRefusedError
      │    │    └── ConnectionResetError
      │    ├── FileExistsError
      │    ├── FileNotFoundError
      │    ├── InterruptedError
```

사용자 정의 예외는 Exception 클래스 또는 Exception 클래스의 하위 클래스 중 하나로부터 파생

```
|         ├─── IsADirectoryError
|         ├─── NotADirectoryError
|         ├─── PermissionError
|         ├─── ProcessLookupError
|         └─── TimeoutError
├─── ReferenceError
├─── RuntimeError
|         ├─── NotImplementedError
|         └─── RecursionError
├─── StopAsyncIteration
├─── StopIteration
├─── SyntaxError
|         └─── IndentationError
|                   └─── TabError
├─── SystemError
├─── TypeError
├─── ValueError
|         └─── UnicodeError
|                   ├─── UnicodeDecodeError
|                   ├─── UnicodeEncodeError
|                   └─── UnicodeTranslateError
└─── Warning
          ├─── BytesWarning
          ├─── DeprecationWarning
          ├─── EncodingWarning
          ├─── FutureWarning
          ├─── ImportWarning
          ├─── PendingDeprecationWarning
          ├─── ResourceWarning
          ├─── RuntimeWarning
          ├─── SyntaxWarning
          ├─── UnicodeWarning
          └─── UserWarning
```

16.6.2. 사용자 정의 예외 클래스 정의(Definition of a user-defined exception class)

다중 상속을 포함하는 사용자 정의 예외 클래스를 생성해 보도록 하겠습니다. 클래스 Error를 정의하고자 합니다. 이 클래스를 Exception 클래스를 상속받아(Exception 클래스로부터 파생되어) 생성하고, 다시 Error 클래스를 상속받은 Error111 클래스를 생성하고자 합니다.

try 블록에 있는 while-구문을 통해 반복하여 숫자를 입력받는데, 입력값이 111이면 Error111 예외를 발생시키고 except 블록을 통해 Error111 예외를 처리하도록 작성되었습니다.

```
# 사용자 정의 예외 클래스 정의

class Error(Exception):
    """예외 클래스를 위한 기본 클래스"""
    pass

class Error111(Error):
    """입력값이 111일 때, 예외 발생"""
    pass

try:
    while True:
        numb = int(input("\nEnter a number: "))

        if numb == 111:
            raise Error111("Error111 has been occurred !!!")
        else:
            print("We've got a good number, {} !".format(numb))

except Error111 as e111:
    print(" - - - - "*4)
    print(e111)
    print("Input value should not be 111, try again!")
    print()
```

```
<실행 결과>
Enter a number: 3
We've got a good number, 3

Enter a number: 5
We've got a good number, 5
```

```
Enter a number: 7
We've got a good number, 7

Enter a number: 111
 ---- ---- ---- ----
Error111 has been occurred !!!
Input value should not be 111, try again!
```

참고자료 및 문헌

[내장 예외의 구조] https://docs.python.org/ko/3/library/exceptions.html#exception-hierarchy

Chapter

17

모듈(module)과 패키지(package)

모듈(module)은 각종 함수 및 클래스, 그리고 그와 관련된 변수들을 포함하고 있는 Python 파일을 의미합니다. 모듈은 Python 파일이므로 .py 확장자를 갖게 됩니다. 보다 넓은 의미로 확장하면, 모든 각각의 Python 프로그램 역시 하나의 모듈인 것입니다. **패키지(package)**는 특정 기능과 관련된 여러 개의 모듈을 묶어 놓은 것입니다.

Python을 설치하면 다양한 모듈과 패키지가 기본적으로 설치됩니다. 이렇게 기본적으로 설치되는 내장 함수, 모듈, 패키지를 통칭하여 **Python 표준 라이브러리(Python Standard Library)**라고 합니다. Python 표준 라이브러리가 제공하는 기능 외에 추가 기능들이 필요하다면, 해당 기능을 포함하는 모듈과 패키지를 찾아 설치해서 사용할 수 있습니다.

여러분은 명령 프롬프트에서 Python 쉘을 통해 Python 코드를 한 줄씩 실행할 수도 있고(Python 인터프리터 모드), 다양한 파일 편집기를 사용하여 .py 확장자를 갖는 파일을 작성한 후, IDLE 또는 다양한 Python 통합 개발 환경(IDE)에서 Python 코드를 실행하며 수정하면서 코드를 작성(스크립트 모드)하였을 것입니다.

이런 방식으로 Python 파일을 작성하고, 파일 내용 전체를 한 번에 실행하는 과정은 Python 모듈/패키지를 작성하고 실행하는 과정과 동일합니다.

17.1 모듈과 패키지의 필요성

먼저, [그림 1]을 통해 모듈의 사용자 측면에서 생각해 보겠습니다. 여러분이 Python 코드를 작성할 경우, 코드의 모든 부분을 여러분 스스로 작성할 수 있지만, 기능_1, 기능_2, …와 같이 공통된 부분도 많아지게 되고, 특히 코드가 길어질수록 작성 및 검토, 수정에 너무 많은 시간이 소요되어, 완료하기 어려울 수 있습니다. 뿐만 아니라, 아주 많은 다양한 기능들을 여러분이 모두 학습하여 일일이 코드로 작성하는 것은 시간이 많이 소요되는 매우 어려운 일이며, 또한, Python을 설치할 때 함께 설치된 기본 내장 함수들(built-in functions)만으로 다양한 기능을 구현하는 코드를 작성하는 것도 쉽지 않은 작업일 수 있습니다. 따라서 내장 함수 외에 추가 모듈과 패키지들을 사용하여야 다양한 기능을 쉽게 구현할 수 있습니다. Python 공식 홈페이지, GitHub 등을 통해 공개 배포되어 있는 다양한 모듈들을 활용한다면 시간 절약뿐 아니라 다양한 기능 구현에서 큰 도움을 받게 될 것입니다.

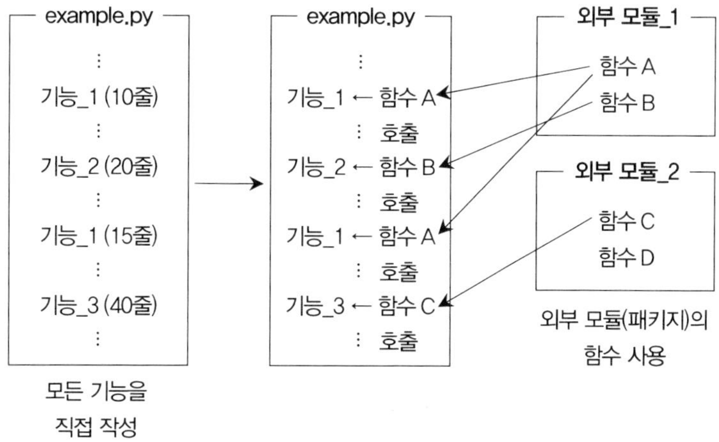

그림 1 코드 작성 시 외부 모듈 사용(모듈 사용자)

다음으로 [그림 2]를 통해 모듈의 작성자 측면에서 생각해 보겠습니다. 여러분이 설계한 Python 프로그램을 작성할 경우, 오직 하나의 Python 파일 내에 모든 기능을 포함하여 작성하는 것이 가능합니다. 그러나 코드의 길이가 길어질수록 오류를 찾고 수정하는 일은 시간이 많이 걸리게 되고 어려워질 것입니다. 따라서 코드를 작성하고 수정하는 효율성의 측면을 고려하면, 코드 내에서 반복되는 부분을 사용자 정의 함수로 정의하여 재사용하는 것이 매우 큰 도움이 됩니다.

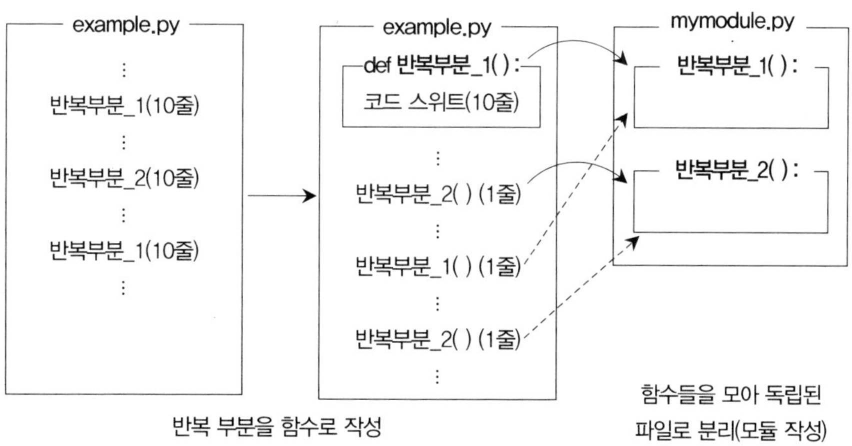

그림 2 코드 작성시 반복 부분 독립(모듈 작성자)

그런데 이런 사용자 정의 함수가 많아지면, 하나의 파일 내의 사용자 정의 함수들을 관리하는 것 역시 어려운 일이 됩니다. 따라서 사용자 정의 함수들을 각각 또는 관련된 기능을 수행하는 여러 개의 함수들을 묶어 독립된 .py 파일([그림 2]의 mymodule.py)로 저장해서 필요할 때마다 (작성하지 않고 기존에 작성되어 있는 함수를) 호출하여 사용할 수 있으면 편리할 것입니다. 이렇게 하면 사용자 정의 함수들을 수정하여야 할 경우에 해당 함수를 포함한 파일만 수정하면 되기 때문입니다.

각각의 사용자 정의함수들을 독립시켜 개별적인 파일들로 만들 경우, 파일이 많아지는 불편함이 생길 수도 있습니다. 따라서 필요에 따라 여러 개의 함수들을 [그림 2]의 mymodule.py와 같은 하나의 파일에 모아 놓는 것이 유용할 것입니다.

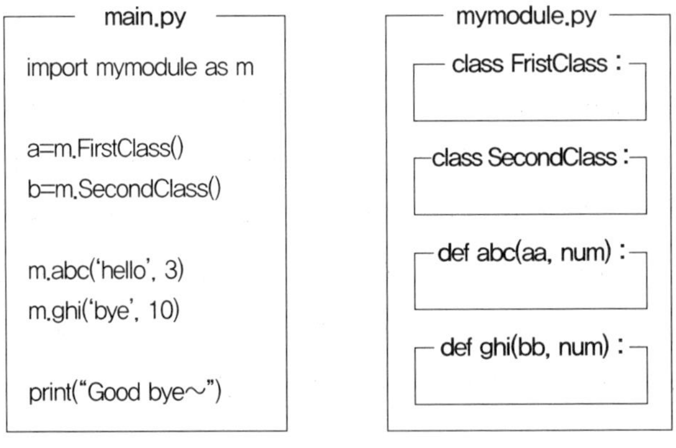

그림 3 main.py 파일과 함수와 클래스를 포함하는 모듈

이런 방식으로 하나 또는 여러 개의 사용자 정의함수 및 클래스를 포함하도록 .py 파일 형태로 작성한 파일을 **모듈(module)**이라고 합니다. [그림 3]은 함수와 클래스를 포함하는 모듈(mymodule.py)을 작성하고, main.py에서 mymodule 안의 클래스와 함수를 사용하는 과정을 간단하게 보여줍니다.

특정 기능을 중심으로 하여 여러 개의 모듈을 묶어 놓은 파일을 **패키지(package)**라고 합니다. 일반적으로 패키지를 설치하면 관련된 다양한 모듈들이 동시에 설치되고, 여러분이 코드를 작성할 때 필요한 모듈들을 가져와 사용하게 됩니다.

17.2 모듈 사용하기 : import

모듈을 사용하는 방법은 간단합니다. 모듈을 불러오기(import)한 후, 모듈 내에 정의된 함수명을 선언하는 것으로 충분합니다. 기본적으로 "import 모듈 이름"의 형태로 사용하면 됩니다.

```
>>> import 모듈_이름
>>> import 모듈_이름_1, 모듈_이름_2
```

17.2.1. 모듈에 포함된 클래스/함수/변수를 사용하는 경우

해당 모듈 내에 정의되어 있는 다양한 함수들을 사용할 경우, "모듈 이름.함수_이름()" 형태를 사용하게 됩니다. sqrt() 함수뿐만 아니라 다양한 함수들과 변수들이 정의되어 있습니다. math 모듈은 Python 설치와 함께 설치되는 내장 모듈(built-in module)이므로, 특별한 문세 없이 import되고, math 모듈 내에 포함되어 제곱근을 계산하는 sqrt() 함수를 사용하기 위해 math.sqrt()의 형태를 사용하였습니다.

```
>>> 모듈_이름.클래스_이름
>>> 모듈_이름.함수_이름()
>>> 모듈_이름.변수_이름
```

IDLE shell에서 실행한 간단한 예제를 살펴보도록 하겠습니다.

```
>>> sqrt(2)
Traceback (most recent call last):
  File "<pyshell#230>", line 1, in <module>
    sqrt(2)
NameError: name 'sqrt' is not defined
>>>
>>> import math
>>>
>>> math.pi
3.141592653589793
>>> math.sqrt(2)
1.4142135623730951
```

math 모듈은 변수와 함수를 통한 계산에 적합합니다. datetime 모듈을 통해 클래스, 함수, 변수를 가져오는 경우를 확인해 보겠습니다.

```
>>> import datetime

>>> now = datetime.datetime.now()
>>> print(now)         # 출력: 현재 날짜와 시간
2024-10-12 17:06:12.635118
>>> now.year           # 변수 - 올해 연도
2024

# 함수 - 오늘 날짜를 가져오는 함수 today()
>>> today = datetime.date.today()
>>> print(today)       # 출력: 오늘 날짜
2024-10-12

# 클래스 - timedelta (날짜 차이 계산)
>>> delta = datetime.timedelta(days=30)
>>> new_date = today + delta
>>> print(new_date)   # 출력: 30일 후의 날짜
2024-11-11
```

모듈 datetime에 포함되어 있는 대표적인 클래스들로 datetime.datetime, datetime.date, datetime.time, datetime.timedelta 등이 있습니다. datetime.date 클래스에 포함되어 있는 대표적인 함수(메소드)들로 datetime.date.today(), datetime.date.fromisoformat() 등이 있습니다. datetime.date 클래스에 포함되어 있는 대표적인 변수들로 year, month, day 등이 있습니다.

다음 방법들을 사용하여 모듈 import를 수행합니다.

- import 모듈 이름
- import 모듈 이름 as 모듈 별명
- from 모듈 이름 import 함수 이름(변수 이름, 클래스 이름)
- from 모듈 이름 import *
- from 모듈 이름 import 함수 이름 as 함수 별명

다음 방법들을 사용한 패키지 import도 가능합니다.

- import 패키지 이름.모듈 이름

- import 패키지 이름.모듈 이름 as 모듈 별명
- from 패키지 이름.모듈 이름 import 함수 이름(변수 이름, 클래스 이름)
- from 패키지 이름.모듈 이름 import *
- from 패키지 이름.모듈 이름 import 함수 이름 as 함수 별명

__doc__ 속성과 __name__ 속성들을 참조하여 모듈에 대한 간략한 정보를 확인할 수 있습니다.

```
>>> import math
>>> math.__doc__
'This module provides access to the mathematical functions\ndefined by the C standard.'
>>> math.__name__
'math'
```

help(math)를 실행하여 math 모듈에 포함되어 있는 다양한 함수들의 목록 및 추가 설명을 확인할 수 있습니다.

17.2.2 모듈 별명 지정: import ~ as ~

모듈 math를 import하여 모듈에 포함된 함수 sqrt()를 사용할 때마다 math.sqrt(()로 작성하는 것은 불편할 수 있습니다. import하는 모듈의 이름을 간단한 별명으로 지정하여 보다 편리하게 사용할 수 있습니다.

```
>>> import math as m
>>> m.cos(0)
1
>>> m.pi
3.141592653589793
```

이렇게 math의 별명을 m으로 지정한 이후, math를 m으로 사용할 수 있습니다.

17.2.3. 모듈/함수 일부 가져오기: from ~ import ~

위와 같은 불편함을 해결하기 위해 "from 모듈_이름 import 함수_이름" 방식을 사용할 수 있습니다. 이 경우 모듈_이름을 함께 지정하지 않고 함수_이름만을 사용하

여 해당 함수를 호출할 수 있습니다. 또한, 별명 지정을 위한 as ~를 추가 지정할 수도 있습니다.

```
>>> from 모듈_이름 import 변수_이름
>>> from 모듈_이름 import 함수_이름
>>> from 모듈_이름 import 클래스_이름
>>> from 모듈_이름 import *
```

원주율은 math.pi로 정의되어 있으므로 원주율을 사용할 경우 math.pi를 사용하면 됩니다. 이 경우 변수나 함수를 사용할 때마다 함수가 속한 모듈의 이름을 변수 이름 또는 함수 이름 앞에 지정하여 math.pi 및 math.sqrt()처럼 호출해야 하는 불편함이 있습니다.

```
>>> import math
>>> pi
Traceback (most recent call last):
  File "<pyshell#229>", line 1, in <module>
    pi
NameError: name 'pi' is not defined. Did you mean: 'p'?
>>> sqrt(4)
Traceback (most recent call last):
  File "<pyshell#235>", line 1, in <module>
    sqrt(4)
NameError: name 'sqrt' is not defined
```

앞의 예제로부터 모듈 이름을 지정하지 않는 경우, 함수를 찾지 못하여 NameError가 발생하게 됨을 확인할 수 있습니다.

```
>>> dir()
['__annotations__', '__builtins__', '__doc__', '__loader__', '__name__',
'__package__', '__spec__']
>>>
>>> from math import sqrt
>>>
>>> dir()
['__annotations__', '__builtins__', '__doc__', '__loader__', '__name__',
```

```
'__package__', '__spec__', 'sqrt']
>>> sqrt(9)
3.0
>>>
>>> math.sqrt(9)
Traceback (most recent call last):
  File "<pyshell#10>", line 1, in <module>
    math.sqrt(9)
NameError: name 'math' is not defined. Did you forget to import 'math'?
>>> cos(0)
Traceback (most recent call last):
  File "<pyshell#288>", line 1, in <module>
    cos(0)
NameError: name 'cos' is not defined
>>> math.pi
Traceback (most recent call last):
  File "<pyshell#11>", line 1, in <module>
    math.pi
NameError: name 'math' is not defined. Did you forget to import 'math'?
>>> pi
Traceback (most recent call last):
  File "<pyshell#14>", line 1, in <module>
    pi
NameError: name 'pi' is not defined
```

위 예제를 살펴보면, 모듈 이름을 지정하면, NameError가 발생합니다. math 모듈로부터 sqrt() 함수만을 import 하였으므로, 함수를 호출할 때 sqrt()만으로 충분함을 이해할 수 있습니다. 오히려 math.sqrt()와 같은 형식으로 호출하면 오류가 발생함을 확인할 수 있습니다. 다른 함수 cos()을 호출하여 sqrt() 함수 외엔 import되지 않았음을 확인할 수 있습니다. 원주율 pi도 import되지 않았음을 확인할 수 있습니다.

두 개의 변수를 동시에 import할 수도 있습니다.

```
>>> from math import pi, e
>>> math.pi
3.141592653589793
>>> math.e
2.718281828459045
```

만약, math 모듈에 포함되어 있는 모든 클래스, 함수, 변수들을 모두 import하고자 한다면, "from ~ import ~ " 방식으로 import하면 됩니다.

```
>>> from math import *
>>> dir()
['__annotations__', '__builtins__', '__doc__', '__loader__', '__name__',
'__package__', '__spec__', 'acos', 'acosh', 'asin', 'asinh', 'atan', 'atan2',
'atanh', 'cbrt', 'ceil', 'comb', 'copysign', 'cos', 'cosh', 'degrees', 'dist', 'e',
'erf', 'erfc', 'exp', 'exp2', 'expm1', 'fabs', 'factorial', 'floor', 'fmod', 'frexp',
'fsum', 'gamma', 'gcd', 'hypot', 'inf', 'isclose', 'isfinite', 'isinf', 'isnan',
'isqrt', 'lcm', 'ldexp', 'lgamma', 'log', 'log10', 'log1p', 'log2', 'math', 'modf',
'nan', 'nextafter', 'perm', 'pi', 'pow', 'prod', 'radians', 'remainder', 'sin',
'sinh', 'sqrt', 'sumprod', 'tan', 'tanh', 'tau', 'trunc', 'ulp']
>>>
>>> sqrt(4)
2.0
>>> cos(0)
1.0
>>> pi
3.141592653589793
>>> e
2.718281828459045
```

from math import *를 실행한 후, dir()을 실행하여 이름 공간에 포함된 함수들의 목록을 확인할 수 있습니다.

17.2.4. 모듈/함수 일부를 별명으로 가져오기: from ~ import ~ as ~

이렇게 math의 별명을 m으로 지정한 이후, math를 m으로 사용할 수 있습니다. 함수 이름도 별명으로 지정 가능합니다.

```
>>> from math import sqrt as sq
>>> sq(2)
1.4142135623730951
```

여러 개의 변수(함수, 클래스)들을 import할 경우, "import 모듈 이름 as 모듈 별명"의 형식으로 더해 주면 됩니다.

```
>>> from math import pi as pp, tau as tt
>>> pi
3.141592653589793
>>> pp
3.141592653589793
>>> tau
6.283185307179586
>>> tt
6.283185307179586
```

17.2.5. import 해제

인수 없이 dir() 함수를 실행하면, 현재 객체의 이름이 적용되는 범위인 스코프(scope)에 존재하는 이름들을 반환해 줍니다. IDLE shell을 재시작해 준 후 dir()을 실행해 보면, 어떤 모듈, 함수, 클래스도 import하기 전의 이름 공간(namespace)을 확인할 수 있습니다. 이제 math 모듈의 pi를 가져오겠습니다. 이름 공간에 pi가 추가되었음을 확인할 수 있습니다.

```
>>> dir()
['__annotations__', '__builtins__', '__doc__', '__loader__', '__name__', '__package__',
'__spec__']
>>> from math import pi
>>> dir()
['__annotations__', '__builtins__', '__doc__', '__loader__', '__name__', '__package__',
'__spec__', 'pi']
>>> del pi
>>> dir()
['__annotations__', '__builtins__', '__doc__', '__loader__', '__name__', '__package__',
'__spec__']
```

del pi를 실행한 후, dir() 실행 결과를 확인해 보면, import되었던 변수 pi가 이름 공간에서 삭제되었음을 확인할 수 있습니다.

```
>>> import math
>>> dir()
['__annotations__', '__builtins__', '__doc__', '__loader__', '__name__',
'__package__', '__spec__', 'math']
>>> del math
>>> dir()
['__annotations__', '__builtins__', '__doc__', '__loader__', '__name__',
'__package__', '__spec__']
>>> from math import *
>>> dir()
['__annotations__', '__builtins__', '__doc__', '__loader__', '__name__',
'__package__', '__spec__', 'acos', 'acosh', 'asin', 'asinh', 'atan', 'atan2', 'atanh',
'cbrt', 'ceil', 'comb', 'copysign', 'cos', 'cosh', 'degrees', 'dist', 'e', 'erf', 'erfc',
'exp', 'exp2', 'expm1', 'fabs', 'factorial', 'floor', 'fmod', 'frexp', 'fsum', 'gamma',
'gcd', 'hypot', 'inf', 'isclose', 'isfinite', 'isinf', 'isnan', 'isqrt', 'lcm', 'ldexp',
'lgamma', 'log', 'log10', 'log1p', 'log2', 'modf', 'nan', 'nextafter', 'perm', 'pi',
'pow', 'prod', 'radians', 'remainder', 'sin', 'sinh', 'sqrt', 'sumprod', 'tan', 'tanh',
'tau', 'trunc', 'ulp']
```

"from math import *"을 실행하면, 모듈 math에 포함된 함수와 변수들이 모두 import되어 이름 공간에 모두 기록되었음을 확인할 수 있습니다. 만약, 일부 함수를 이름 공간에서 지우고자 하면("import 해제"를 수행하고자 하면), "del 함수_이름"을 실행하면 됩니다.

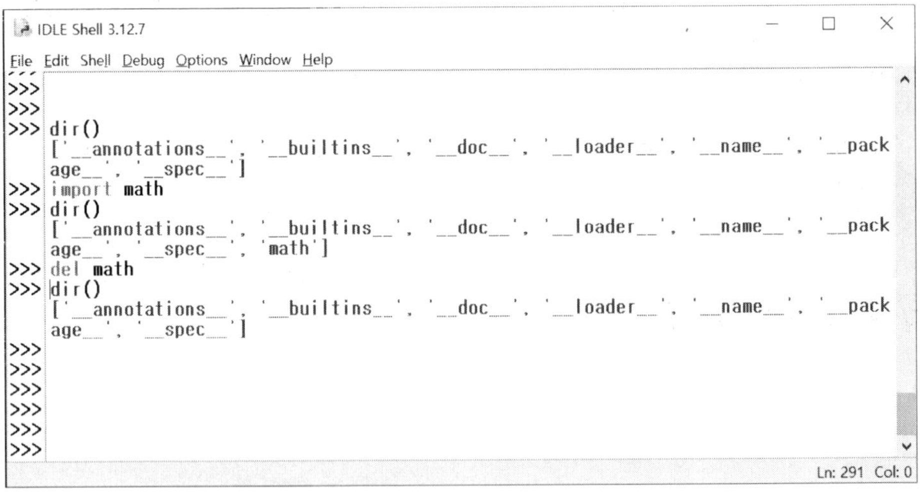

그림 4 math 모듈 import 및 import 해제 확인

일반적으로 사용할 함수나 모듈들을 import 해 놓으면, 필요할 때 호출하여 사용하기 편리합니다. 그러나 인터프리터 모드를 장시간 사용하였거나 작성한 코드가 매우 길어 프로그램 실행 중 import된 함수나 모듈이 매우 많은 경우, import했던 모듈을 해제할 필요가 있는 경우에는 del 명령을 사용하면 됩니다. 모듈 해제가 필요한 이유는 다음과 같습니다.

- 메모리 절약: 사용이 끝난 모듈과 관련된 코드와 객체를 삭제하여 메모리 절약
- 모듈 사이의 의존성 관리: 다수의 모듈을 import 할 때 충돌 가능성 방지
- 테스트 환경 관리: 특정 모듈의 버전에 대한 테스트 수행을 위해 기존 모듈 import 해제

17.3 패키지(package) 사용

17.3.1. import 패키지 이름

패키지는 연관된 모듈들의 묶음으로 구성되어 있으며 패키지에 포함되어 있는 모듈을 import하여 사용할 수 있는데, 모듈 이름 앞에 패키지 이름이 추가되는 것만 다를 뿐 앞부분에서 학습했듯이 모듈을 import하는 방법과 동일합니다.

```
>>> import 패키지_이름.모듈_이름
>>> 패키지_이름.모듈_이름.클래스()
>>> 패키지_이름.모듈_이름.함수()
>>> 패키지_이름.모듈_이름.상수
```

Python의 패키지 numpy는 수치계산 패키지 중 하나이며, 다차원 배열 계산을 기반으로 하여 배열 연산, 통계, 선형대수 등 다양한 함수를 포함하고 있습니다. numpy 홈페이지(https://numpy.org/)로부터 많은 정보를 얻을 수 있습니다(그림 5).

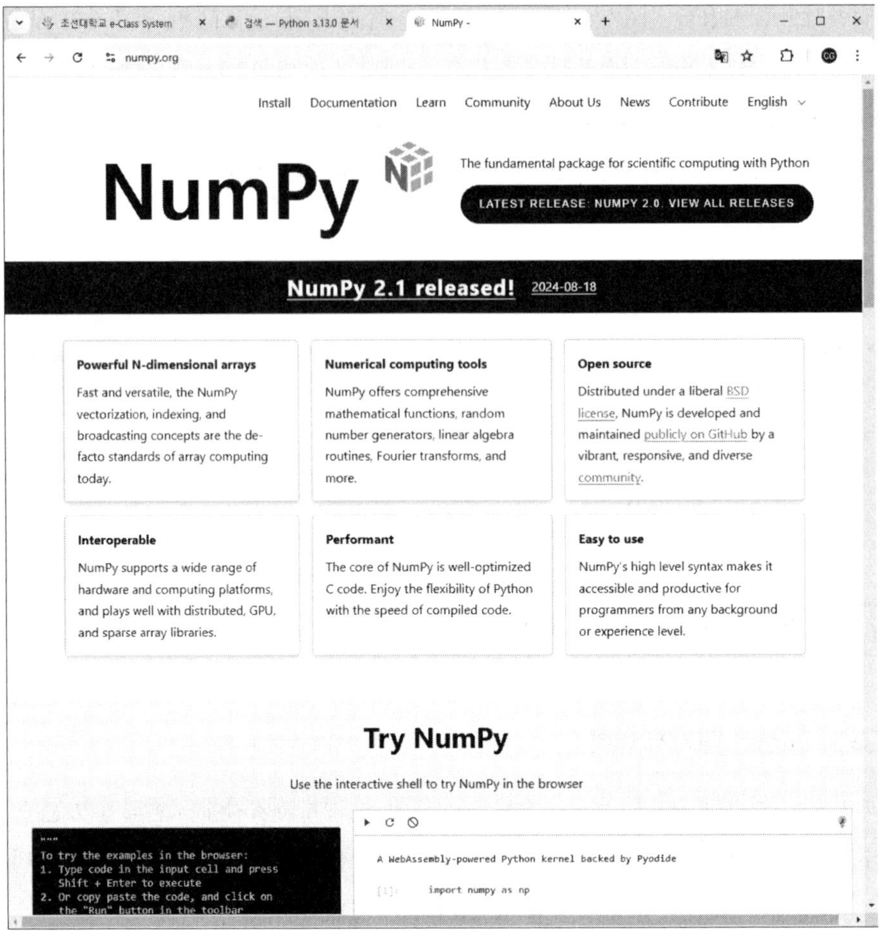

그림 5 Numpy 홈페이지(numpy.org)

numpy 패키지를 import하여 다양한 함수를 사용할 수 있습니다.

```
>>> import numpy as np
>>> v1 = np.array([1, 2, 3])
>>> v2 = np.array([4, 5, 6])
>>> type(a)
<class 'numpy.ndarray'>
>>> dot = np.dot(v1, v2)
32
>>> np.pi
3.141592653589793
>>> type(np.pi)
<class 'float'>
```

패키지로부터 모듈의 일부를 가져오는 방법도 모듈 이름 앞에 패키지 이름을 추가해 주는 것만 다를 뿐, 17.2절에서 학습한 모듈 일부를 가져오는 방법과 동일합니다. 별명을 붙여야 할 경우 import 구문 마지막에 "as 별명"을 추가해 주면 됩니다. (import * 제외)

```
>>> import 패키지_이름.모듈_이름 as 별명
>>> from 패키지_이름.모듈_이름 import 클래스
>>> from 패키지_이름.모듈_이름 import 함수
>>> from 패키지_이름.모듈_이름 import 상수
>>> from 패키지_이름.모듈_이름 import *
```

패키지의 계층 구조를 이해하고 있으면, "패키지 > (상위) 모듈 > (하위) 모듈 > 클래스, 함수, 상수"를 통해 필요에 따라 import하여 사용하는 데 편리합니다.

17.3.2. 패키지 설치하기

Python 표준 라이브러리에 포함되지 않은 특정 패키지에 포함된 모듈을 가져오기 위해서는 여러분이 찾는 모듈이 어느 패키지에 포함되어 있는지를 확인한 후, 위와 같은 방법으로 사용하면 됩니다. 여러분이 사용하고자 하는 모듈이 pyplot인데, 패키지 matplotlib가 설치되어 있지 않은 경우 다음과 같은 메시지가 출력될 것입니다.

```
>>> import matplotlib.pyplot
Traceback (most recent call last):
  File "<pyshell#334>", line 1, in <module>
    import matplotlib.pyplot
ModuleNotFoundError: No module named 'matplotlib'
```

Python 표준 라이브러리 외의 패키지를 설치하기 위해 PyPI(Python Package Index)의 패키지 관리 명령어인 pip를 사용할 수 있습니다. Windows용 Python에 내장되어 있으므로 여러분이 Python 코딩을 하고 있다면, pip 명령은 실행할 수 있습니다.

먼저, Windows 명령창에서 "pip list"를 통해 설치되어 있는 패키지 목록을 확인해 볼 수 있고, "pip install 패키지_이름"의 형태로 패키지를 설치할 수 있습니다. 설치되어 있는 패키지를 삭제하고자 하면, "pip uninstall 패키지_이름"을 실행합니다.

여러분이 사용하는 운영체제(리눅스, macOS)와 Python 버전(Python 2, Python 3)

에 따라, 명령어와 설치 방법은 다를 수 있습니다.

```
C:\WindowsPrompt> pip list
C:\WindowsPrompt> pip install 패키지_이름
C:\WindowsPrompt> pip uninstall 패키지_이름
```

사용자 PC에 설치되어 있는 패키지를 확인하기 위해 pip list를 실행하고 메시지를 확인하여, 사용하고자 하는 패키지가 설치되어 있지 않으면 설치합니다.

다음 [그림 6]은 Windows 운영체제의 명령 프롬프트에서 pip install matplotlib을 실행하여 matplotlib를 설치한 결과를 보여주는 그림입니다. 사용자 PC에 설치되어 있는 패키지 상황에 따라 출력되는 메시지는 다를 수 있습니다.

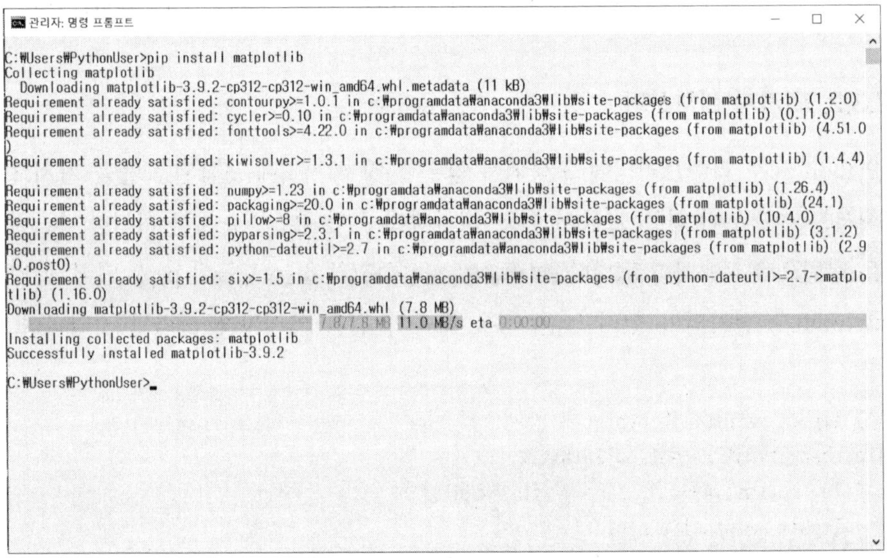

그림 6 matplotlib 설치 진행 화면

17.3.3. import할 때 모듈의 위치

모듈을 사용할 때 모듈의 위치와 관련된 중요한 점이 있습니다. 모듈을 불러오는 프로그램과 불러오기 대상 모듈이 같은 디렉터리 내에 존재하거나 불러오기 대상 모듈이 sys.path에 기록된 경로(path) 중 하나에 존재하는 상태여야 합니다. 그렇지 않으면 대상 모듈을 찾지 못하여 오류가 발생하게 됩니다.

(예제) 디렉터리 또는 모듈 이름을 찾지 못해 에러 발생

```
>>> import MatPlotlib
Traceback (most recent call last):
  File "<pyshell#225>", line 1, in <module>
    import MatPlotlib
ModuleNotFoundError: No module named 'MatPlotlib'
>>>
```

모듈이 설치되어 있지 않거나, 경로 설정이 되어 있지 않거나, 모듈 이름이 잘못되어 모듈을 찾지 못하는 경우, 위와 같은 ModuleNotFoundError가 발생하게 됩니다. 이 경우에 다음의 세 가지 해결책이 가능합니다.

첫째, 해당 모듈이 없는 경우 해당 모듈을 찾아 같은 디렉터리에 복사해 넣습니다. 둘째, 해당 모듈의 경로 설정이 잘못되어 있는 경우 sys.path를 설정해 주는 방법이 있습니다. 이 경우, IDLE에서 제공하는 Path Browser 메뉴를 사용할 수 있습니다. 셋째, 해당 모듈을 설치하여야 하는 경우 해당 모듈이 포함된 패키지를 설치하는 방법이 있습니다. 이 경우, pip 또는 conda와 같은 패키지 설치 관리 툴을 사용하여 수행할 수 있으며, 이미 설치되어 있는 모듈 또는 패키지 목록 확인도 가능합니다.

```
>>> import sys
>>> sys.path
['', 'C:\\WINDOWS\\system32']
>>>
>>> sys.path.append("E:\mymodule_dir")
>>>
>>> sys.path
['', 'C:\\WINDOWS\\system32', 'E:\\mymodule_dir']
```

위와 같이 sys.path는 append(), remove(), pop() 메소드 등을 사용하여 직접 편집할 수 있으며, [그림 7]이 보여주는 내용처럼 사용하고 있는 운영체제에서 제공하는 path 편집 프로그램(예: Windows 환경변수 편집기, Mac의 path browser)을 사용하여 편집하는 것도 가능합니다. "Windows 고급시스템 설정 보기–고급–환경변수"에서 Path 정보를 확인할 수 있으며, 필요에 따라 찾아보기 기능을 통해 추가로 등록할 경로를 찾아볼 수 있고, 직접 편집도 가능합니다.

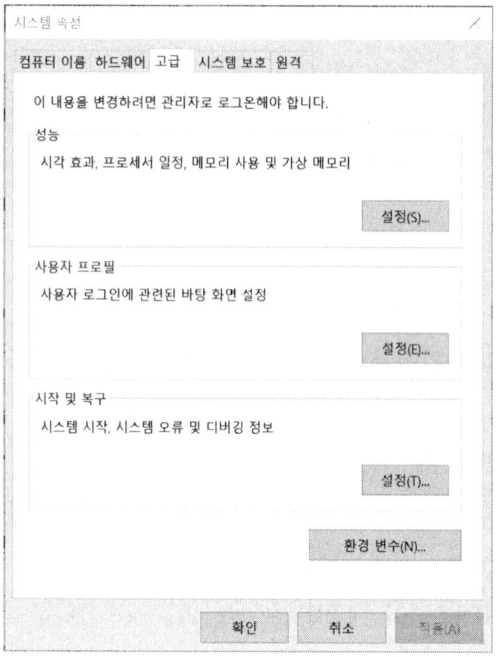

그림 7 Windows 경로 설정 화면(환경변수 확인)

운영체제에 따라 다른 방식으로 경로를 설정할 수도 있습니다.

17.4 패키지와 모듈

패키지는 각 기능을 구현하는 여러 모듈을 포함하고 있으므로 자신이 포함하고 있는 모듈에 대한 정보를 알려주는 __init__.py 파일을 포함하고 있습니다. 즉, __init__.py 파일은 모듈을 구성하는 계층 구조에 대한 정보를 담고 있는 파일입니다.

17.4.1. 패키지의 계층 구조

패키지와 모듈의 관계를 두 가지 방식으로 이해할 수 있습니다. 먼저, 다이어그램을 사용하여 이해해 보도록 하겠습니다.

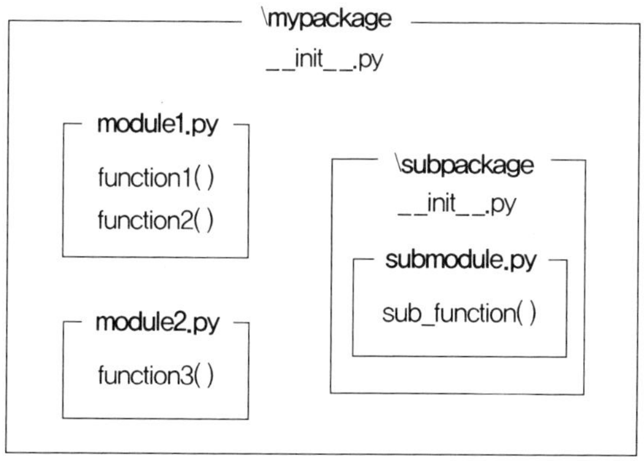

그림 8 패키지 계층 구조(다이어그램 형식)

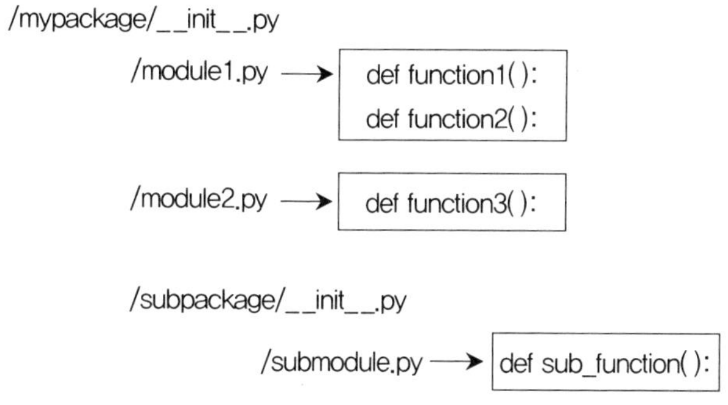

그림 9 패키지 계층 구조(폴더 형식)

위 구성을 트리 형식의 계층 구조를 사용하여 이해해 보도록 하겠습니다.

```
mypackage/                    # 최상위 패키지 디렉터리
 |
 ├── __init__.py              # 최상위 패키지 초기화 파일
 ├── module1.py               # 첫 번째 모듈(함수 2개 포함)
 ├── module2.py               # 두 번째 모듈(함수 1개 포함)
 └── subpackage/              # 하위 패키지 디렉터리
     ├── __init__.py          # 하위 패키지 초기화 파일
     └── submodule.py         # 하위 패키지 안의 모듈(함수 포함 가능)
```

그림 10 패키지 계층 구조(트리 형식)

최상위 패키지 폴더			
mypackage/			
	__init__.py	최상위 패키지 초기화 파일 패키지 로딩 시 사용할 함수들을 불러옴	
	module1.py	최상위 패키지에 포함된 모듈	
	module2.py	최상위 패키지에 포함된 모듈	
	subpackage	__init__.py	하위 패키지 초기화 파일
		submodule.py	하위 패키지에 포함된 모듈

17.4.2. 패키지 작성

위 구조의 패키지 mypackage를 작성하는 과정을 순차적으로 정리하였습니다.

1. 최상위 디렉터리 mypackage/를 생성
2. 하위 디렉터리 mypackage/subpackage/를 생성
3. 최상위 패키지 mypackage/의 초기화 파일 __init__.py 작성하여, mypackage/에 저장
4. 최상위 디렉터리에 포함될 모듈 module1.py 작성하여, mypackage/에 저장
5. 최상위 디렉터리에 포함될 모듈 module2.py 작성하여, mypackage/에 저장
6. 하위 패키지 subpackage/의 초기화 파일 __init__.py 작성하여, mypackage/subpackage/에 저장
7. 최상위 디렉터리에 포함될 모듈 submodule.py 작성하여, mypackage/subpackage/에 저장

최상위 디렉터리 초기화 파일 mypackage/__init__.py은 해당 디렉터리에 포함되어 있는 모듈 이름(module1, module2)과 각 모듈이 포함하고 있는 함수 이름들(function1, function2, function3)에 대한 정보를 담고 있습니다. 마찬가지로 하위 디렉터리 초기화 파일 mypackage/subpackage/__init__.py은 해당 디렉터리에 포함되어 있는 모듈 이름(submodule)과 그 모듈이 포함하고 있는 함수 이름(sub_function)에 대한 정보를 담고 있습니다.

mypackage/ : 최상위 패키지 폴더

__init__.py : (최상위) 패키지 초기화 파일, 패키지 로딩 시 사용할 함수들을 불러옴

패키지 mypackage의 __init__.py 파일은 다음과 같이 작성됩니다.

```
# mypackage/__init__.py
from .module1 import function1, function2
from .module2 import function3
```

module1.py: 최상위 패키지 폴더에 포함된 모듈

```
# mypackage/module1.py
def function1():
    return "Function 1 in module1"

def function2():
    return "Function 2 in module1"
```

module2.py: 최상위 패키지 폴더에 포함된 모듈

```
# mypackage/module2.py
def function3():
    return "Function 3 in module2"
```

subpackage/ : 하위 패키지 폴더

__init__.py: (하위) 패키지 초기화 파일, 패키지 로딩 시 사용할 함수들을 불러옴

패키지 mypackage/subpackage의 __init__.py 파일은 다음과 같이 작성됩니다.

```
# mypackage/subpackage/__init__.py
from .submodule import sub_function
```

submodule.py: 하위 패키지 폴더에 포함된 모듈

```
# mypackage/subpackage/submodule.py
def sub_function():
    return "Function in submodule"
```

17.5 __name__ 이해 : 모듈 실행상태 확인

__name__은 내장 변수(built-in variable)로, 현재 모듈의 이름을 저장하는 특수한 변수입니다. 모듈이 실행될 때의 동작 상태를 알려주는 역할을 합니다. 조금 더 구체적으로 설명하면, 모듈을 직접 실행할 때와 다른 모듈에서 import할 때 모듈의 동작 상태가 달라지며 이에 따라 __name__ 변수에 저장되는 값이 달라지며, 이를 통해 모듈의 실행 상태를 확인할 수 있도록 해 줍니다.

- 직접 실행될 때: __name__변수에 "__main__"이 저장됨
- import되어 실행될 때: __name__ 변수에 import된 모듈 이름이 저장됨

if __name__=="__main__": 구문을 사용하면, 모듈이 직접 실행되는 경우에만 특정 코드를 실행하도록 할 수 있습니다.

다음 두 가지 실행 방식을 통해 모듈의 실행상태를 이해해 보도록 하겠습니다.

- module_name_test.py라는 Python 파일의 내용을 스크립트 모드로 직접 실행하는 경우
- module_name_test.py라는 Python 파일의 내용을 import하여 실행하는 경우

17.5.1 모듈이 직접 실행되는 경우: __name__ == __main__

모든 Python 모듈은 __name__이라는 내장 변수를 가지고 있습니다. 이 변수는 동작 중인 모듈의 이름을 문자열로 나타냅니다.

모듈이 스크립트 모드로 직접 실행되면 해당 모듈에서 확인하는 __name__ 변수의 값은 "__main__"로 설정됩니다. 즉, "현재 실행 중인 스크립트가 메인 프로그램"이라는 것을 의미합니다. 스크립트 모드 실행 중에 특정 코드를 실행하기 위해 if __name__ == "__main__": 블록을 사용할 수 있습니다.

```
# module_name_test.py

def ftn_for_module():
    print("ftn_for_module()이 호출되었습니다.")
    print("__name__ is ", __name__)

if __name__ == "__main__":
    print("이 모듈이 직접 실행되었습니다. 이어서, ftn_in_module()이 실행됩니다.")
    ftn_for_module()
```

이 코드의 동작을 살펴보겠습니다. 앞에서 저장한 스크립트 파일 module_name_test.py를 Windows 명령 프롬프트에서 또는 Python 쉘에서 직접 실행하면, __name__ == "__main__"이 True가 되어, "이 모듈이 직접 실행되었습니다. 이어서, ftn_for_module()이 실행됩니다."라는 메시지가 출력되고, 함수 ftn_for_module()이 실행되어 "ftn_for_module()이 호출되었습니다." 메시지가 출력됩니다.

```
<실행 결과>
이 모듈이 직접 실행되었습니다.
ftn_in_module()이 호출되었습니다.
__name__ is  __main__
```

17.5.2 모듈이 import되는 경우: __name__ == modulename

module_name_test.py를 import하여 실행하면 __name__은 모듈의 이름, 즉 "module_name_test"가 됩니다. 이 경우 __name__ == "__main__"이 False가 되어 if __name__ == "__main__": 블록 내부의 코드는 실행되지 않습니다.

앞의 module_name_test.py를 import하여 함수 ftn_for_module()을 실행하여 결과를 확인해 보겠습니다.

```
>>> import module_name_test as mm
>>> mm.ftn_for_module()
ftn_for_module()이 호출되었습니다.
__name__ is  module_name_test
```

module_name_test를 mm으로 import하여 ftn_for_module()을 실행해 보면, __name__은 모듈의 이름, 즉 "module_name_test"로 설정되었음을 확인할 수 있습니다.

참고자료 및 문헌

[Python 패키지] https://docs.python.org/ko/3.13/tutorial/modules.html#packages

Chapter

18

Python 표준 라이브러리 (Python standard library, PSL)

Python 표준 라이브러리(Python Standard Library, PSL)는 Python을 설치할 때 함께 설치되는 기본 모듈들의 모음을 의미하며, 매우 많은 유용한 모듈들을 포함하고 있습니다. Python 표준 라이브러리에 대한 자세한 설명은 공식 문서 홈페이지에서 확인할 수 있습니다. [Python 표준 라이브러리]

Python 공식 문서에 의하면, Python 표준 라이브러리는 내장 함수, 내장 상수, 내장 데이터형, 내장 예외 등을 포함할 뿐 아니라, 매우 다양한 라이브러리를 포함하고 있습니다.

- 내장 함수(built-in functions): abs(), bool(), complex(), dict() 등
- 내장 상수(built-in constants): True, False, None 등
- 내장 데이터형(built-in data types): 숫자형, 부울형, 이터레이터형, 시퀀스형, 텍스트 시퀀스형, 집합형, 매핑형, 기타 내장형
- 내장 예외(built-in exceptions): BaseException, AssertionError, AttributeError, EOFError 등

표준 라이브러리에 포함되어 있는 주요 모듈들을 서비스 종류에 따라 분류해 보면 다음과 같습니다. 각 서비스 종류마다 다양한 모듈들이 포함되어 있습니다.

- 텍스트 처리
- 바이너리 데이터 처리
- 데이터형 처리
- 숫자 및 수학 관련
- 함수형 프로그래밍 관련
- 파일과 디렉터리 접근 및 처리
- 데이터 지속성
- 데이터 압축 및 보관
- 파일 형식 지원
- 암호화
- 운영체제 관련
- 동시 실행
- 네트워킹 및 프로세스 간 통신
- 인터넷 데이터 처리

- 구조화된 마크업 처리
- 인터넷 프로토콜 관련
- 국제 언어 관련
- Tk를 이용한 GUI 관련
- Python 실행시간 관련
- 모듈 import 관련

사용 빈도가 높은 일부 모듈들에 대한 간단한 설명 및 해당 모듈에 포함된 주요 변수, 함수, 클래스를 정리하였습니다. 대문자를 포함하는 것은 클래스, ()로 끝나는 것은 함수, 단어로 된 것은 해당 모듈에서 정의된 상수입니다,

18.1 수학 관련 모듈

모듈명	간단한 소개	주요 변수, 함수, 클래스
cmath	복소수와 관련된 수학연산 함수들을 제공	sqrt(), exp(), log(), phase(), polar() rect(), sin(), cos(), tan() pi, e
decimal	부동 소수점 연산의 오차 문제를 방지할 수 있도록 고정 소수점 및 부동 소수점(decimal floating point) 연산을 제공	Decimal Context getcontext(), setcontext() localcontext(), quantize() ROUND_DOWN, ROUND_UP ROUND_HALF_UP, MAX_PREC
fractions	정확한 유리수 연산을 수행할 수 있도록 분수 연산을 지원하는 모듈	Fraction limit_denominator() numerator, denominator from_float(), as_integer_ratio()
math	다양한 기본 수학연산 함수 및 중요변수들을 제공	sqrt(), pow(), exp(), log10() sin(), cos, tan(), degrees(), radians() factorial(), pi, e, inf, nan
random	난수 생성 및 랜덤 샘플링을 수행하는 기능 제공	random(), randint(), randrange() uniform(), choice(), shuffle() sample(), seed()
statistics	수치 데이터의 기본적인 통계적 특성들(평균, 중간값, 분산, 등등)을 계산	mean(), median(), mode() stdev(), variance(), pstdev(), pvariance() quantiles()

18.2 데이터 처리 및 파싱(parsing) 관련 모듈

모듈명	간단한 소개	주요 변수, 함수, 클래스
collections	기본 내장 자료구조를 확장하여 보다 다양한 데이터 타입을 제공. 고급 자료구조 저장 및 처리 가능	nametuple(), deque(), defaultdict() Counter, OrderedDict, ChainMap
csv	csv 파일을 효율적으로 처리하는 모듈	reader(), writer() DictReader, DictWriter QUOTE_*
json	JSON 형식의 데이터를 파싱, 생성하는 기능 제공	dumps(), dump(), loads(), load() JSONDecoder, JSONEncoder
pickle	Python 객체를 저장하거나 복원하는 기능을 제공	dump(), load(), dumps(), loads() HIGHEST_PROTOCOL DEFAULT_PROTOCOL

18.3 파일 및 운영체제 관련 모듈

모듈명	간단한 소개	주요 변수, 함수, 클래스
io	파일 입출력 및 이진, 텍스트 데이터 스트림 처리를 위한 기본 도구들을 제공	TextIOWrapper, BufferedReader BufferedWriter, BytesIO StringIO, FileIO
logging	애플리케이션 실행 중에 발생하는 정보, 경고, 오류, 디버깅 등의 다양한 메시지를 다양한 출력방식으로 출력하는 기능	basicConfig(), getLogger(), setLevel() debug(), info(), warning(), error()
os	운영체제와 상호 작용하기 위한 파일 시스템 경로, 환경 변수, 프로세스 관리 등 다양한 기능을 지원	getcwd(), chdir(), listdir(), mkdir() rmdir(), makedirs(), remove(), system() rename(), path.join(), path.exists() name, environ
platform	운영 체제와 시스템에 대한 다양한 정보 제공	system(), release(), version(), platform() machine(), processor(), architecture() python_version(), uname()
shutil	대용량 파일 처리, 디렉터리 트리 전체 복사 및 삭제를 포함한 고급 파일 작업을 보다 쉽게 수행할 수 있는 기능을 제공	copy(), copy2(), copyfile(), move() rmtree(), make_archive(), chown() unpack_archive(), disk_usage(), which()
sys	Python 인터프리터와 상호작용하는 기능을 제공	exit() argv, path, version, platform, stdin stdoiut, stderr

18.4 날짜, 달력, 시간 관련 모듈

모듈명	간단한 소개	주요 변수, 함수, 클래스
calendar	달력 관련 작업을 처리하기 위한 기능 제공	Calendar, HTMLCalendar month(), prmonth(), monthcalendar() isleap(), leapdays(), weekday() day_name, month_name
datetime	날짜와 시간에 관련된 작업을 수행하는 데 필요한 다양한 객체를 제공	today(), fromtimestamp() weekday(), timedelta()

18.5 그 외 자주 사용하는 모듈

모듈명	간단한 소개	주요 변수, 함수, 클래스
argparse	스크립트에 명령줄 옵션과 인수를 정의하고, 사용자가 제공한 입력을 파싱하여 사용가능하도록 하여, 명령줄 인수를 쉽게 처리하기 위한 모듈	ArgumentParser add_argument() parse_args()
copy	객체 복사와 관련된 기능	copy(), deepcopy() copy.Error
itertools	반복 가능한(iterable) 데이터 구조에서 복잡한 작업을 단순화하는 반복자(iterator) 관련 고급함수들을 제공	count(), cycle(), repeat() permutations(), combinations() product(), chain()
re	정규 표현식 연산을 수행하여, 고급 문자열 처리를 위한 정규식 도구들을 제공	search(), match(), findall(), finditer() sub(), split(), compile(), escape() flags
string	문자 분류, 형식 지정 및 텍스트 데이터 조작을 쉽게 수행할 수 있도록 문자열 처리와 관련된 다양한 상수와 유틸리티 함수들을 제공	Template substitute(), safe_substitute() capwords() ascii_letters, ascii_lowercase ascii_uppercase, digits, punctuation hexdigits
urllib.parse	URL을 쉽게 구성할 수 있도록 URL 파싱 처리 기능 제공	urlparse(), urlunparse(), urlsplit() unlunsplit(), parse_qs(), parse_qsl() quote(), unquote(), urldefrag()
urllib.request	URL에서 데이터를 읽어오는 HTTP요청 관련 기능 제공	urlopen(), urlencode(), urlretrieve() Request

18.6 re 모듈 : 정규 표현식

Python 표준 라이브러리는 매우 다양한 모듈들을 포함하고 있으므로 앞부분에서 표로 정리한 개요를 이해한 후, 필요한 모듈들을 선택하여 자세히 학습하는 것이 효율적일 수 있습니다. re 모듈을 선택하여 조금 더 자세히 학습해 보도록 하겠습니다.

정규 표현식(regular expression)은 문자 또는 문자열을 일정한 패턴으로 표현하는 공식으로, 문자 및 문자열을 공통된 특성으로 표현하는 방법을 의미합니다. 정규 표현식을 통해 특정 규칙으로 구성된 문자열에 해당되는지(match 여부) 또는 특정 규칙으로 구성된 문자열을 추출하거나 수정할 수 있습니다.

예를 들어, 주민등록번호는 880101-1234567과 같은 방식으로 작성되는데, 모든 주민등록번호를 포함하는 규칙을 생각해 볼 수 있습니다. 즉, 앞부분의 6자리 숫자와 뒷부분의 7자리 숫자로 구성되어 있으며, 하이픈(-)으로 연결된 형태입니다. 앞부분의 숫자는 (연도)(월)(일)로 구성되어 있습니다. 이러한 주민등록번호를 공통된 특성으로 표현해 본다면, 다음과 같은 형태가 될 것입니다.

```
(두 자리 숫자) (01부터 12) (01부터 31) - (1, 2, 3, 4중 한 자리 숫자) (6자리 숫자)
```

실제 주민등록번호는 위의 규칙보다 더 많은 조건이 필요할 것입니다. 왜냐하면 연월에 따라 마지막 날짜가 정해져 있고, 뒤쪽 번호에도 의미 있는 규칙이 있기 때문입니다. 어쨌든 주민등록번호의 유효성을 떠나서 주민등록번호가 가질 수 있는 숫자는 앞에서 설명한 규칙 내에 포함될 것입니다. 이처럼 실제의 문자열을 공통된 특성으로 표현하는 방법이 정규 표현식입니다.

18.6.1. 정규 표현식의 메타 문자들(meta-characters)

정규 표현식에 사용되는 문자를 살펴보도록 하겠습니다. 정규 표현식은 알파벳과 숫자를 포함하는 일반 문자와 특수문자로 구성됩니다. 정규 표현식에서 해당 문자를 나타내지 않고, 특정한 의미를 가진 문자를 **메타 문자(meta-character)**라고 합니다.

- [ ] : 문자 클래스를 만드는 메타 문자. 괄호 내의 문자 하나를 의미함
- ^ : 문자열 시작에 위치하는 ^는 문자열의 시작으로 판단함

- ^ : 정규 표현식 중간에 사용되는 ^는 not을 의미함
- [^] : 괄호 내의 문자가 아닌 것 중 하나
- $: 문자열 끝에 위치하는 $는 문자열의 끝으로 판단함
- . : 임의의 단일 문자
- | : or
- ( ) : 메타 문자들의 묶음을 의미함
- \(특수 문자) : 해당 특수문자

반복 횟수 지정

- + : 해당 글자가 1번 이상 반복
- ? : 해당 문자는 0번 또는 1번 나타남 {0,1}
- *: 해당 문자는 0번 이상 (무한) 반복되어 나타남
- {n} : n번 반복
- {n,} : n번 이상 반복
- {n, m} : n번 이상, m번 이하 반복

특수 시퀀스

- \d : 숫자
- \D : 숫자가 아닌 문자
- \s : 공백(whitespace) 문자
- \S : 공백(whitespace) 문자가 아닌 문자
- \w : 문자 또는 숫자
- \W : 문자 또는 숫자가 아닌 문자
- \b : 단어의 경계(예: '\babc\b')
- \B : \b의 반대. 공백으로 구분되어 있지 않음
- \A : 문자열 전체의 처음과 매치
- \Z : 문자열 전체의 끝과 매치

18.6.2. 정규 표현식 예시

- [abc] : a, b, c 중 하나의 문자
- [a−c] : a, b, c 중 하나의 문자
- [a.b] : a와 b 사이에 어떤 문자든 나타날 수 있음. aab (O), a0b (O), abc (X)
- [0−3] : 0, 1, 2, 3 중 하나의 숫자
- [a−z] : a부터 z 사이 하나의 문자
- [a−zA−Z] : a부터 z, A부터 Z 사이 하나의 문자
- [0−9] : 0부터 9 사이 하나의 숫자
- [Ss]eoul : Seoul 또는 seoul
- [a−z]{3,4} : a부터 z 사이 문자가 3−4회 반복됨
- ab{2}a : abba
- ab{3,5}a : a 다음에 b가 3−5회 반복되고 a가 나타남
- [a−z]{1,} : 알파벳 소문자가 1번 이상 나타남
- 01[016789]? : [ ] 내에 지정된 숫자 중 하나가 반드시 한 번만 나타남
- [a−z]+ : a부터 z 사이 문자가 여러 개 나타남
- abc*ba : c가 0번부터 무한하게 나타남. abba (O), abcba (O), abccccba (O)
- abc+ba : c가 1번 이상 나타남. abcba (O), abccba (O), abba (X)
- (ab)+ : ab가 1번 이상 반복. ab, abab, ababab 등
- a.c : abc(O), axc(O), ac(X)
- [.] : 일반적인 마침표(.)를 의미함
- a[.]b : a.b(O), a5b(X)
- (.) : 줄 바꿈 기호(\n)를 제외한 전체 문자를 의미함
- (1|2){3} : 1 또는 2가 3번 나타남 [12]{3}
- [^0−9] : 숫자가 아닌 문자만 의미함

18.6.3. 정규 표현식 함수

사용 형식	설명
re.search('패턴', '문자열')	'문자열'의 일부분에 '패턴'이 존재하는지 판단하여 정규 표현식의 match 객체를 반환함
re.match('패턴', '문자열')	'문자열' 안에 '패턴'이 존재하는지 판단하여 정규 표현식의 match 객체가 반환됨
re.findall('패턴', '문자열')	'문자열' 안에서 '패턴'에 매칭되는 문자열을 리스트로 반환
re.sub('패턴', '치환 문자열', '문자열', 치환 횟수)	'문자열' 안에서 '패턴'을 찾아 '치환 문자열'로 치환함 치환 횟수를 입력하면 지정된 횟수만큼 치환하고, 생략하면 찾은 문자열을 모두 치환함
re.finditer('패턴', '문자열')	'문자열' 안에서 '패턴'을 찾아, 일치하는 모든 match 객체의 반복자를 반환

Python 정규 표현식 함수 사용에 있어, 문자열 앞에 'r'을 붙이는 것은, 해당 문자열이 raw string임을 의미하며, raw string은 문자열 내에 특수 시퀀스(\s, \w, \등)를 문자 그대로 처리하도록 해 줍니다.

18.6.4. 정규 표현식 함수 예제: re.search(), re.findall(), re.sub(), re.finditer()

re 모듈에 다양한 함수가 포함되어 있는데, 몇 가지 함수들(re.search(), re.findall(), re.sub(), re.finditer())을 사용하는 예제 코드들을 통해 정규 표현식 사용 방법을 이해해 보겠습니다.

re.search()

다음 코드를 작성하여 저장한 후, 스크립트 모드로 실행해 보겠습니다.

```
import re

# 문자열 예시
text = "We are going to a supermarket to buy some fruits. I like to eat apple and
strawberry. Also, apple pie is one of my favourites."

# 패턴 정의
pattern1 = '\\bapple\\b'
pattern2 = r'\bapple\b'

# re.search() 사용하여 pattern1, pattern2에 정의된 "apple"이라는 단어를 찾음
# re.IGNORECASE(대소문자 구분하지 않음)
```

```
result = re.search(pattern1, text, re.IGNORECASE)

if result:
    print(f"Found '{result.group()}' at position {result.start()} to {result.end()}")
else:
    print("No match found")
```

<실행 결과>

```
Found 'apple' at position 64 to 69
```

함수 re.search()는 문자열 안에서 먼저 일치하는 단어를 찾아줍니다. text[60:73]를 실행해 보면, 'eat apple and'이 출력되므로, 2개의 apple 중에서 먼저 일치하는 apple이 반환되었음을 확인할 수 있습니다. pattern1은 단어의 경계(공백)를 의미하는 특수 시퀀스 '\b'를 포함하기 때문에 이를 표시하기 위해 '\'를 2개 사용해야 합니다. 이러한 불편함을 raw string을 나타내는 r을 사용하여 특수 시퀀스를 하나의 '\'만으로, 즉 \b로 표시할 수도 있습니다. 이 패턴을 pattern2에 저장하였는데, re.search()에 pattern2를 적용하여도 같은 결과를 얻을 수 있습니다.

re.findall()

다음 코드를 인터프리터 모드에서 실행해 보도록 하겠습니다.

```
>>> import re
>>>
>>> re.findall('[0-9]', '1 2 33 fizz 5 77 8 abc')   # 한 자리 숫자만 리스트로 반환
['1', '2', '3', '3', '5', '7', '7', '8']

>>> re.findall('f[a-z]*', 'which foot or 1fhand fell fastest f12flsakdj')
['foot', 'fhand', 'fell', 'fastest', 'f', 'flsakdj']

>>> re.findall(r'\bf[a-z]*', 'which foot or 1fhand fell fastest f12flsakdj')
['foot', 'fell', 'fastest', 'f']

>>> re.findall(r'\bf[a-z]*\b', 'which foot or 1fhand fell fastest f12flsakdj')
['foot', 'fell', 'fastest']

>>> re.findall('(\w)=(\d+)', 'set length=30 or width=20 and height=10')
[('h', '30'), ('h', '20'), ('t', '10')]
>>>
>>> re.findall('(\w+)=(\d+)', 'set length=30 or width=20 and height=10')
[('length', '30'), ('width', '20'), ('height', '10')]
```

- re.findall()은 문자열에서 정규 표현식과 일치하는 부분을 찾아 리스트로 반환해 주는 함수입니다.
- re.findall('f[a-z]*', '문자열')은 문자열 안에서 f로 시작하고 소문자 알파벳만으로 한 글자 이상 반복되는 문자열을 찾아 리스트로 반환하므로 ['foot', 'fhand', 'fell', 'fastest', 'f', 'flsakdj']을 출력합니다.
- re.findall(r'\bf[a-z]*', '문자열')은 문자열 안에서 단어의 경계(공백)에 이어 f로 시작하고 소문자 알파벳만으로 한 글자 이상 반복되는 문자열을 찾아 리스트로 반환하므로 ['foot', 'fell', 'fastest', 'f']를 출력합니다.
- re.findall(r'\bf[a-z]*', '문자열')은 문자열 안에서 단어의 경계(공백)에 이어 f로 시작하고 소문자 알파벳만으로 한 글자 이상 반복되고 단어의 경계(공백)로 끝나는 문자열을 찾아 리스트로 반환하므로 ['foot', 'fell', 'fastest']를 출력합니다.
- re.findall('(\w)=(\d+)', '문자열')은 문자열 안에서 '하나의 문자 그룹 = 한자리 이상의 숫자그룹'의 형태를 찾아 문자열의 리스트로 반환하므로 [('h', '30'), ('h', '20'), ('t', '10')]을 출력합니다.
- re.findall('(\w+)=(\d+)', '문자열')은 문자열 안에서 '하나 이상의 문자 그룹 = 한자리 이상의 숫자 그룹' 형태를 찾아 문자열의 리스트로 반환하므로, [('length', '30'), ('width', '20'), ('height', '10')]을 출력합니다.

re.sub()

긴 문자열에서 특정 문자열을 찾아 치환하는 코드를 실행해 보겠습니다. re.sub ('bus|truck|taxi', 'car', sentence)은 sentence로 정의된 '문자열' 안에서 '패턴'을 찾아 '치환 문자열'로 치환해 줍니다. 문자열 다음에 치환 횟수를 입력하면 지정된 횟수만큼 치환하며, 생략하면 찾은 문자열을 모두 치환해 줍니다.

```
>>> import re

>>> sentence = 'In the morning, we took a bus with a truck loading in front of a store.
Also, there was a taxi waiting for a guest.'
>>>
>>> re.sub('bus|truck|taxi', 'car', sentence)
'In the morning, we took a car with a car loading in front of a store. Also, there
was a car waiting for a guest.'
>>>
>>> re.sub('bus|truck|taxi', 'car', sentence, 2)
```

```
'In the morning, we took a car with a car loading in front of a store. Also, there was a taxi waiting for a guest.'
```

re.sub('bus|truck|taxi', 'car', sentence)은 sentence에서 bus 또는 truck 또는 taxi를 찾아 모두 car로 치환해 줍니다. re.sub('bus|truck|taxi', 'car', sentence, 2)는 sentence에서 bus 또는 truck 또는 taxi를 찾아 2회 치환하므로 bus 또는 truck 또는 taxi 중에서 먼저 나타나는 2개까지 car로 치환해 줍니다.

re.finditer()

함수 re.finditer('패턴', '문자열')는 '문자열' 안에서 '패턴'을 찾아, 일치하는 모든 match 객체의 반복자(iterator)를 반환합니다. r'[a−zA−Z0−9._%+−] + @[a−zA−Z0−9.−] + \.[a−zA−Z]{2,}'은 raw string으로 지정된 이메일 주소 형식을 표현한 정규 표현식으로, 한 글자 이상의 알파벳, 숫자, 마침표, 밑줄, %, +, −으로 구성된 사용자 이름, 그리고 @ 다음의 도메인 주소로 구성되어 있습니다.

re.finditer()의 결과인 반복자(iterator)를 results에 저장하여, for 루프를 통해 출력합니다.

```
import re

# 문자열
text = "Please contact us at class@chosun.ac.kr or admin@chosun.ac.kr."

# 이메일 주소의 패턴에 해당하는 정규 표현식
email_pattern = r'[a-zA-Z0-9._%+-]+@[a-zA-Z0-9.-]+\.[a-zA-Z]{2,}'

# re.finditer() 사용하여 패턴을 찾아 match 객체 반복자를 반환함
results = re.finditer(email_pattern, text)

# 매칭된 이메일 주소와 그 위치 출력
for result in results:
    print(f"Found '{result.group()}' at position {result.start()} to {result.end()}")
```

<실행 결과>

```
Found 'class@chosun.ac.kr' at position 21 to 39
Found 'admin@chosun.ac.kr' at position 43 to 61
```

반복자의 항목들을 for 반복문으로 순회하며 Match 객체인 result에 저장된 이메일 주소의 group() 속성과 위치를 나타내는 start(), end() 속성을 출력합니다. 이메일을 포함하는 원 문자열의 인덱스를 통해 result.start()와 result.end()를 확인해 볼 수 있습니다.

```
>>> text[21:39]
'class@chosun.ac.kr'
>>> text[43:61]
'admin@chosun.ac.kr'
```

18.6.5. 정규 표현식 관련 추가 정보

정규 표현식 정보를 얻을 수 있는 정보들을 웹사이트에서 찾아볼 수 있습니다. RegExr은 정규 표현식을 학습하고, 구성하고, 검증할 수 있는 온라인 도구를 제공하는 웹사이트(http://www.regexr.com)입니다. [그림 1]은 RegExr 웹사이트의 초기 화면 사진입니다.

오른쪽 Expression란에 정규 표현식을 입력하면, Text란에 있는 문장에서 해당 정규 표현식과 일치하는 부분이 표시됩니다. 이를 활용하면 작성하려는 정규 표현식을 미리 확인하고 구성할 수 있습니다.

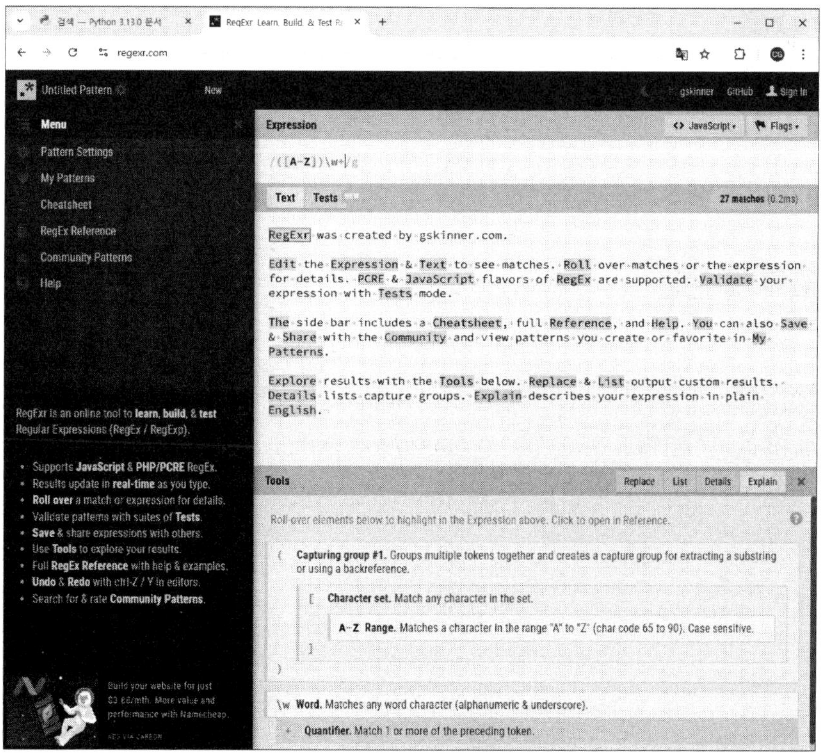

그림 1 RegExr 홈페이지

RegExr을 정규 표현식을 작성에 활용해 보겠습니다. [그림 2]에 표시되어 있는 전화번호 형태들을 RegExr을 사용하여 정규 표현식으로 표현해 보겠습니다. 먼저, 해당하는 전화번호들을 Text창에 입력해 놓습니다. 그리고 Expression창에 정규 표현식을 작성하면, 일치(match) 여부에 따라 Text에 표시가 되므로 정규 표현식이 해당 텍스트를 포함하는지 쉽게 알 수 있습니다.

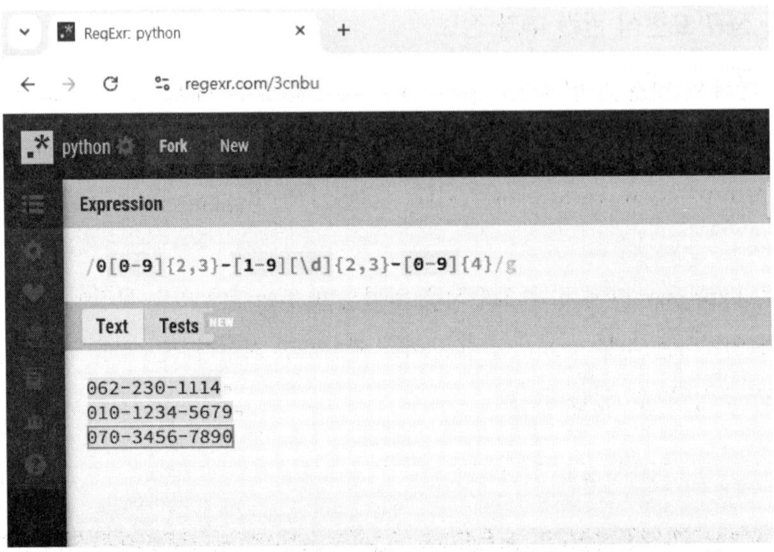

그림 2 RegExr을 사용하여 전화번호 정규 표현식 작성

참고자료 및 문헌

[Python 표준 라이브러리] https://docs.python.org/ko/3/library/index.html

[Python 표준 라이브러리 둘러보기–1] https://docs.python.org/ko/3/tutorial/stdlib.html

[Python 표준 라이브러리 둘러보기–2] https://docs.python.org/ko/3/tutorial/stdlib2.html

Chapter

19

가상환경

가상환경(또는 가상개발환경, Virtual Environment)은 1대의 PC에 독립된 가상 공간을 설정하여 사용자가 진행하는 개발 프로젝트마다 설치 및 설정되는 다양한 라이브러리들이 서로 영향을 주지 않도록 해 줍니다. 이렇게 함으로써 마치 프로젝트별로 요구되는 패키지 또는 라이브러리 버전이 독립적으로 설치된 여러 대의 PC를 사용하는 것과 같은 효과를 얻을 수 있습니다.

Python 코딩을 위한 가상환경을 구현하는 데 다음 도구들을 사용할 수 있습니다.

- venv: Python의 내장형 가상환경 생성 도구. 별도의 설치 과정 필요 없음
- conda: Anaconda 배포판에 포함됨. 다양한 프로그래밍 언어의 패키지 및 환경 관리 가능
- virtualenv: 내장형 가상환경 생성 도구보다 확장된 기능을 제공하는 외부 패키지

제시한 도구마다 특징들이 있으므로 사용자의 필요에 따라 선택하여 사용할 수 있습니다.

지금부터, conda를 기반으로 하여 Python 가상환경을 이해해 보겠습니다. Anaconda 배포판에 포함되어 있는 conda를 사용하여 가상환경 설정에 관한 예제들을 실행해 보겠습니다.

19.1 Anaconda 소개

Anaconda는 데이터 과학, 머신러닝, 데이터 분석 등을 위하여 Python과 R을 기반으로 하여 작성된 오픈 소스 배포판 소프트웨어입니다. Anaconda는 수천 개의 패키지와 라이브러리를 포함하고 있어, 데이터 분석 및 과학 분야의 컴퓨팅에 필요한 도구들을 쉽게 설치하고 관리할 수 있게 해 줍니다. 특히, conda라는 패키지 및 가상환경 관리 도구를 제공하여 각 프로젝트에 맞는 가상환경을 간편하게 설정할 수 있습니다. 또한, Jupyter Notebook, Spyder, Numpy, Pandas 등의 개발 환경을 지원하는 포괄적인 플랫폼을 제공합니다. Anaconda는 복잡한 의존성 문제를 해결해 주며, 초보자와 전문가 모두에게 유용한 데이터 과학 도구입니다.

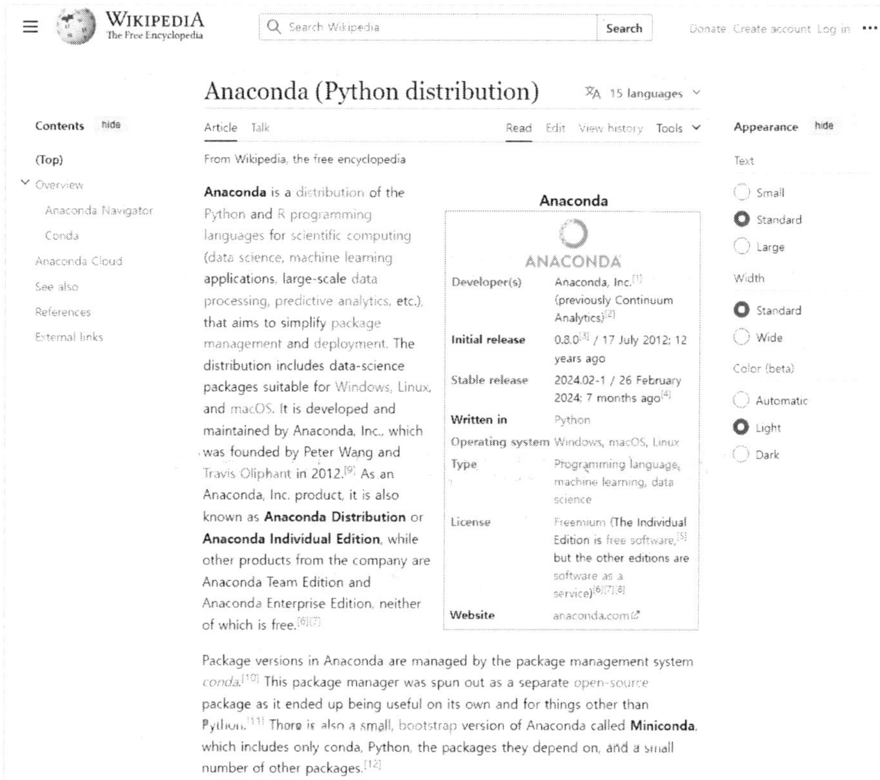

그림 1 Anaconda 소개 페이지(Wikipedia)

다음은 위키피디아에 기술되어 있는 Anaconda와 conda에 대한 설명을 발췌하여 정리된 내용을 참고하기를 바랍니다.

> Anaconda는 과학 계산 분야(데이터 과학, 머신러닝 애플리케이션, 대규모 데이터 처리, 예측 분석 등)를 위한 Python 및 R 프로그래밍 언어의 배포판으로, 패키지 관리 및 배포를 간소화하는 것을 목표로 합니다. 이 배포판은 Windows, Linux 및 macOS에 적합한 데이터 과학 패키지를 포함하고 있습니다.
>
> conda는 Anaconda에서 패키지 버전들을 관리하던 패키지 관리 시스템이며, Python뿐만 아니라 여러 언어의 패키지 및 가상환경을 관리할 수 있는 범용 도구로 발전했습니다. conda는 그 자체로도 유용하고, Python 이외의 다른 용도로도 유용하기 때문에 별도의 오픈 소스 패키지로 분리되어 Anaconda가 설치되지 않아도 conda만 독립적으로 사용 가능하게 되었습니다.

Anaconda 배포판과 관련된 conda, Anaconda Navigator, Anaconda Cloud를 간단히 소개합니다.

다음 [그림 2]는 Anaconda 홈페이지 화면입니다. [그림 3]은 Anaconda 홈페이지에서 Products, Distribution 메뉴를 통해(또는 Free Download로) 연결되는 다운로드 페이지를 보여줍니다.

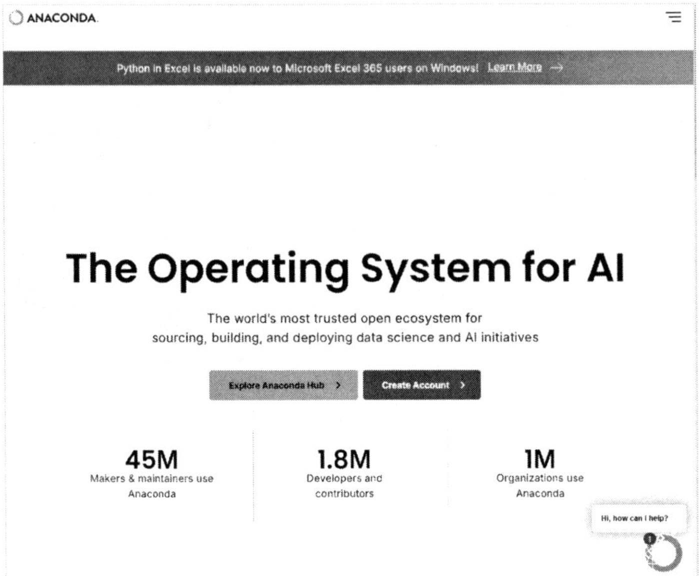

그림 2 Anaconda 홈페이지의 시작 페이지

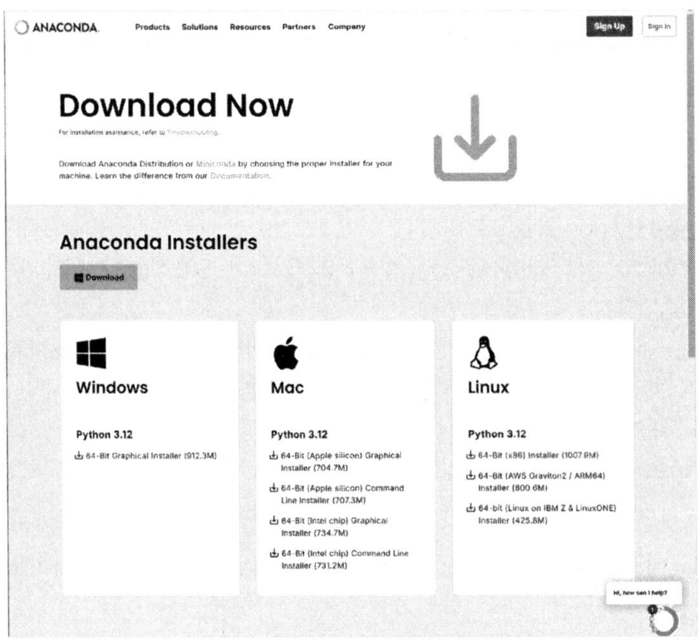

그림 3 Anaconda 다운로드 페이지

설치 과정을 시작하면 [그림 4]의 (a)-(b)-(c)-(d)-(e)의 과정을 거쳐 완료할 수 있습니다. 설치 후, 처음 시작하는 화면은 [그림 5]와 같습니다.

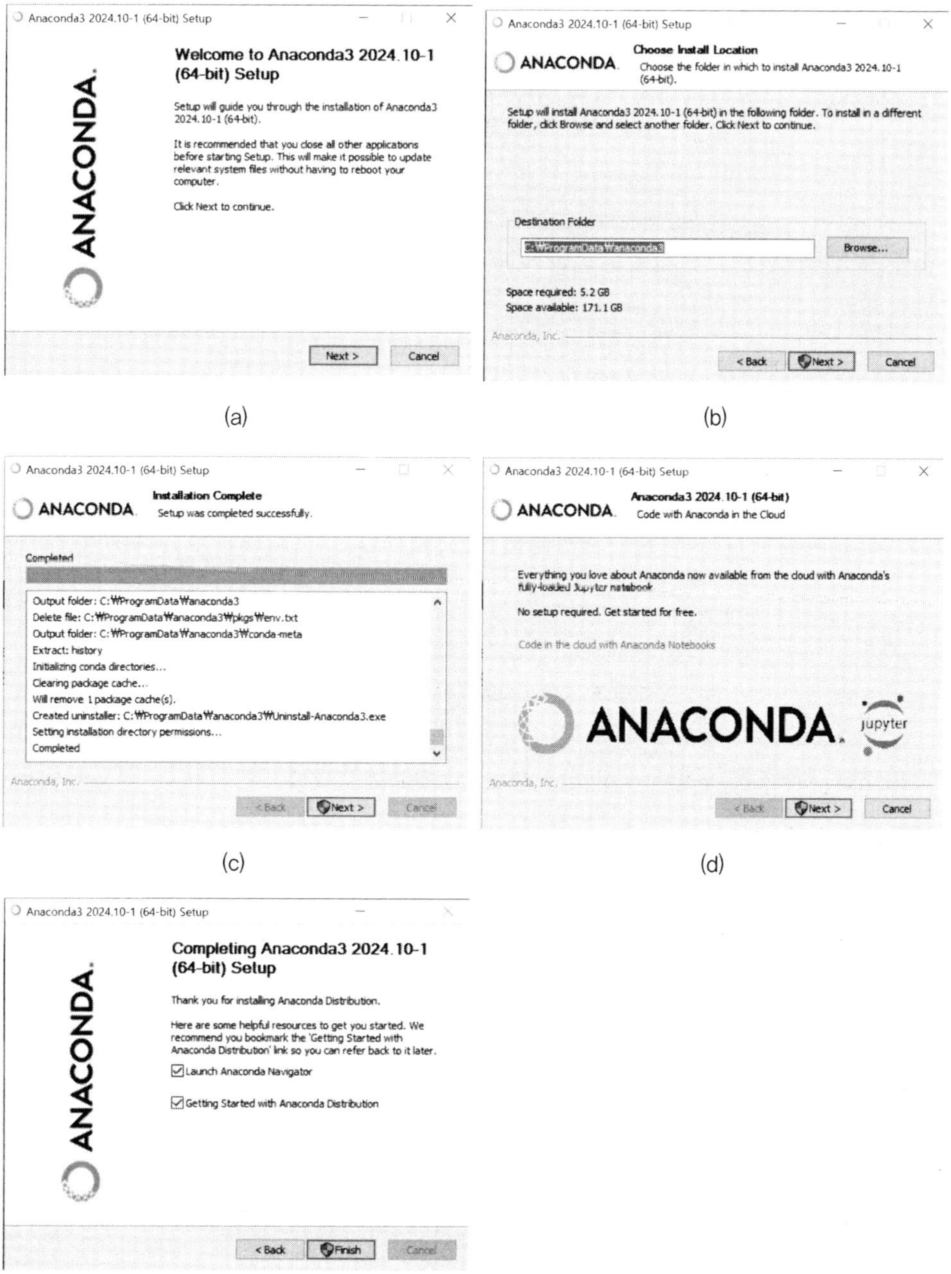

(e)

그림 4 Anaconda 설치 진행 과정

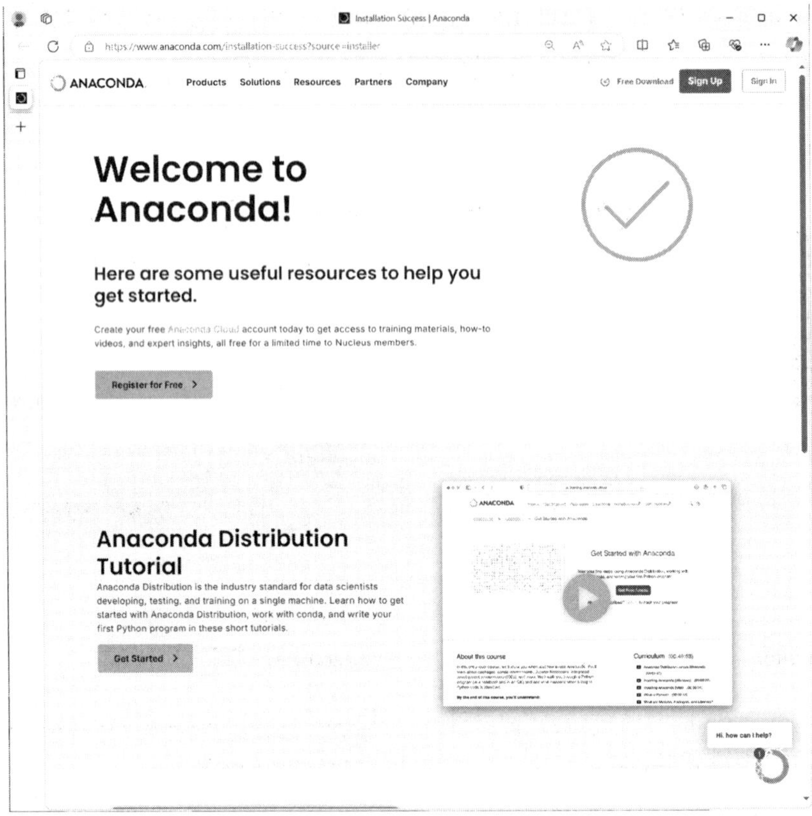

그림 5 Anaconda 설치 후 시작 페이지

conda는 패키지 관리자인 동시에 환경 관리자 프로그램으로서 매우 유용하지만, 명령줄 인터페이스(CLI, command-line interface) 기반 프로그램입니다.

Anaconda Navigator는 사용자가 코딩 환경과 도구를 쉽게 관리할 수 있도록 도와주는 그래픽 사용자 인터페이스(GUI)입니다(그림 6). Anaconda Navigator를 사용하면 명령 프롬프트에 명령어를 입력하지 않고도 코드 작성, 패키지 관리, 가상환경 설정 등을 시각적으로 쉽게 관리할 수 있습니다.

이제 주요 기능을 살펴보겠습니다.

- Jupyter Notebook, Spyder, VS Code 등의 개발 환경을 클릭하여 실행
- conda 환경을 쉽게 생성, 활성화, 삭제 가능. 개발 환경 내에 패키지를 추가/제거 작업도 간단히 수행
- 간단한 패키지 업데이트 및 설치 가능. 특정 패키지의 설치 여부 시각적 확인 가능

Anaconda Navigator는 명령어 사용에 익숙하지 않은 사용자들 또는 코딩을 시작하지 얼마 되지 않은 초보자들에게 특히 유용하며, 복잡한 설정 없이 데이터 과학 및 분석 작업을 빠르게 시작할 수 있도록 도와주는 효과적인 도구입니다.

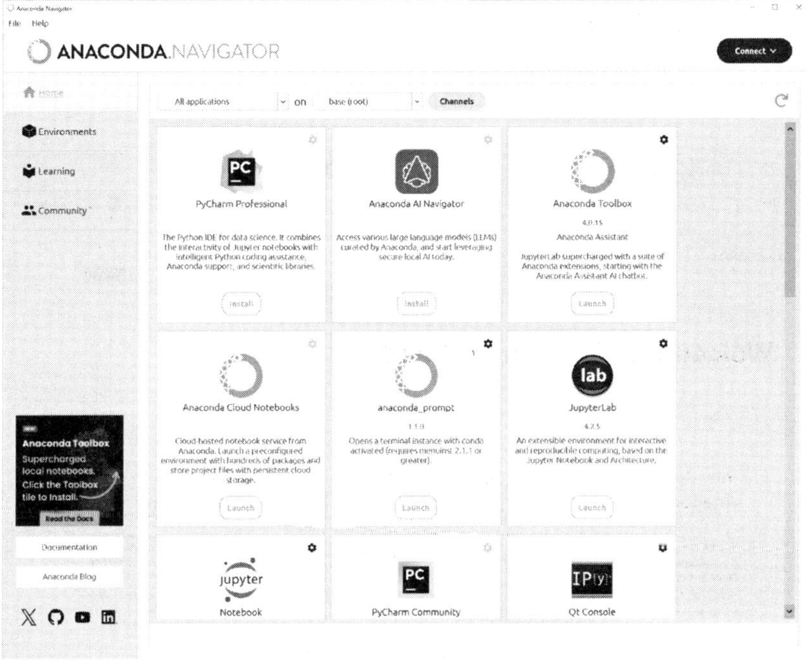

그림 6 Anaconda Navigator 홈페이지 화면

Anaconda Cloud 홈페이지(그림 7)에서 제공하는 다양한 교육 프로그램을 통해 무료 학습이 가능합니다. Python과 관련 있는 일부 교육 프로그램의 목록을 제시하였습니다만, 더 상세한 교육 프로그램 목록들은 다음의 사이트에서 참고할 수 있습니다.

https://learning.anaconda.cloud/

- Python First Steps
- Introduction to Anaconda
- Code Online
- Anaconda Distribution
- Regular Expressions in Python
- Introduction to Numpy

- Python for Spreadsheets
- Get Started with Python in Excel
- Financial Analysis with Python in Excel
- High-Performance Python with Numba
- Jupyter Notebook Basics
- PyScript: Python in the Browser

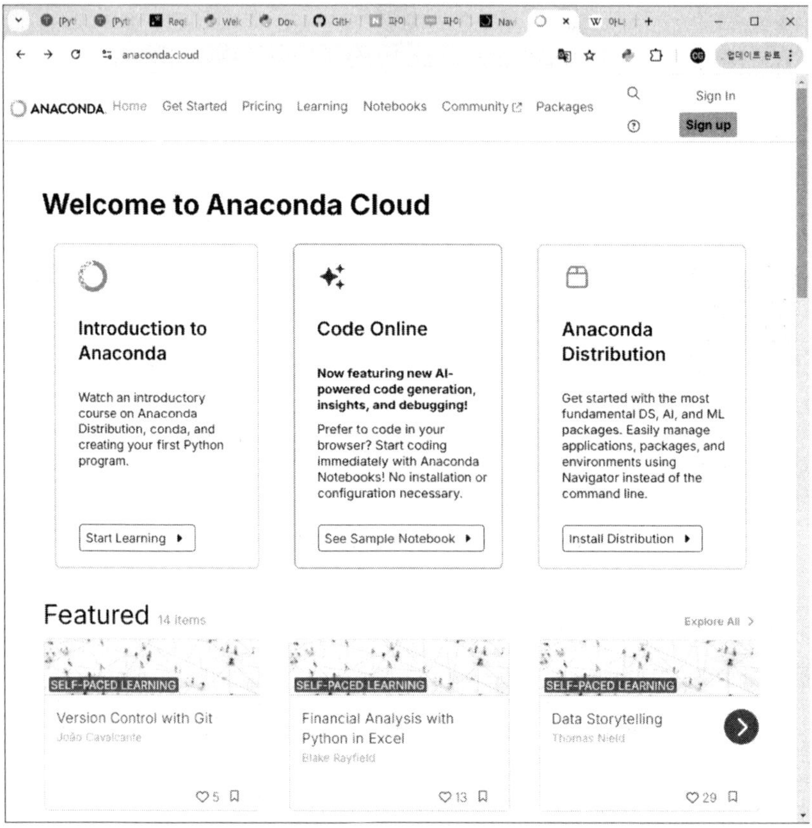

그림 7 Anaconda Cloud 홈페이지 화면

19.2 가상환경 이해

Python을 사용해 여러 프로젝트를 수행하는 경우, 각 프로젝트 수행과 관련된 Python 버전과 설치되어 사용하는 라이브러리들이 다를 수 있습니다. 예를 들어, 프로젝트 A는 Python 3.8과 numpy 라이브러리의 최신 버전을 필요로 하지만, 프로젝트 B는 Python 3.12와 pandas 라이브러리가 필요할 경우, 한 대의 PC에 필요한 Python 버전과 라이브러리들을 모두 설치하여 개발 과정을 수행하면 두 개의 프로젝트가 서로 충돌됩니다. 이런 경우, Python 버전과 라이브러리들이 상호 영향을 미칠 수 있어 개발 과정을 위한 설정 작업에 많은 어려움을 겪을 수 있습니다.

Python 가상환경은 특정 프로젝트에서 필요한 Python 버전과 라이브러리들을 독립적으로 설정한 두 대의 PC처럼 설정하여 사용할 수 있도록 해 줍니다(그림 8). 이렇게 가상환경을 사용하면 각 프로젝트가 서로 영향을 받지 않도록, 필요한 Python 버전과 패키지를 각각의 가상환경에 각각 설치하여 프로젝트 간에 패키지가 충돌하는 문제를 방지할 수 있으므로 여러 프로젝트들을 쉽게 관리할 수 있습니다.

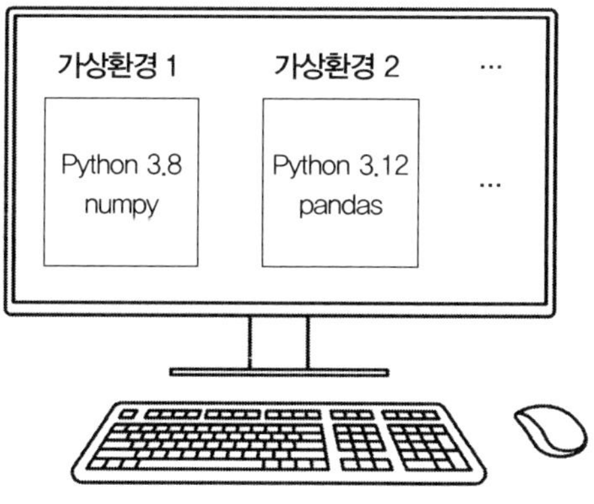

그림 8 가상환경의 개념

Anaconda에 포함된 conda는 패키지 관리자인 동시에 가상환경 관리자입니다. conda는 Python뿐만 아니라 다양한 언어(예: R, Ruby, Lua 등)와 함께 사용할 수 있습니다. 주로 데이터 과학, 머신러닝, 소프트웨어 개발 분야에서 많이 사용되며, 가상환경 설정을 통해 복잡한 라이브러리 의존성을 자동으로 처리해 줄 수 있습니다. 사용자는 conda 명령어를 통해 패키지를 설치, 업데이트, 삭제할 수 있고, 프로젝트마다 가상환경을 생성해 필요한 버전의 Python 및 패키지를 설치하여 독립적으로 프로젝트들을 관리할 수 있도록 도와줍니다.

19.3 가상환경 생성 및 관리

19.3.1. 가상환경 생성하기/삭제하기

먼저, 가상환경을 생성하고, 삭제하는 방법을 살펴보겠습니다.

가상환경을 생성할 때, 환경 이름과 Python 버전을 명시하여 생성할 수 있습니다(그림 9). 코드와 실행 화면에 나타나는 명령 프롬프트는 PC 환경마다 다를 수 있습니다.

```
C:\Users\PythonUser>conda create —name 가상환경 이름 python=3.12
C:\Users\PythonUser>conda create —name 가상환경 이름 python=3.8
```

```
관리자: 명령 프롬프트 - "C:₩ProgramData₩anaconda3₩condabin₩conda.bat" remove -n myenv01 --all
C:₩Users₩PythonUser>conda create --name myenv01 python=3.12     # 가상환경 myenv01 생성
Retrieving notices: ...working... done
Channels:
 - defaults
Platform: win-64
Collecting package metadata (repodata.json): done
Solving environment: done

## Package Plan ##

  environment location: C:₩ProgramData₩anaconda3₩envs₩myenv01

  added / updated specs:
    - python=3.12

The following NEW packages will be INSTALLED:

  bzip2              pkgs/main/win-64::bzip2-1.0.8-h2bbff1b_6
  ca-certificates    pkgs/main/win-64::ca-certificates-2024.9.24-haa95532_0
  expat              pkgs/main/win-64::expat-2.6.3-h5da7b33_0
  libffi             pkgs/main/win-64::libffi-3.4.4-hd77b12b_1
  openssl            pkgs/main/win-64::openssl-3.0.15-h827c3e9_0
  pip                pkgs/main/win-64::pip-24.2-py312haa95532_0
  python             pkgs/main/win-64::python-3.12.7-h14ffc60_0
  setuptools         pkgs/main/win-64::setuptools-75.1.0-py312haa95532_0
  sqlite             pkgs/main/win-64::sqlite-3.45.3-h2bbff1b_0
  tk                 pkgs/main/win-64::tk-8.6.14-h0416ee5_0
  tzdata             pkgs/main/noarch::tzdata-2024b-h04d1e81_0
  vc                 pkgs/main/win-64::vc-14.40-h2eaa2aa_1
  vs2015_runtime     pkgs/main/win-64::vs2015_runtime-14.40.33807-h98bb1dd_1
  wheel              pkgs/main/win-64::wheel-0.44.0-py312haa95532_0
  xz                 pkgs/main/win-64::xz-5.4.6-h8cc25b3_1
  zlib               pkgs/main/win-64::zlib-1.2.13-h8cc25b3_1


Proceed ([y]/n)? y


Downloading and Extracting Packages:

Preparing transaction: done
Verifying transaction: done
Executing transaction: done
#
# To activate this environment, use
#
#     $ conda activate myenv01
#
# To deactivate an active environment, use
#
#     $ conda deactivate

C:₩Users₩PythonUser>
```

그림 9 가상환경 myenv01 생성(Python 3.12 설치)

가상환경 목록을 확인하는 방법은 “conda env list”입니다. 가상환경을 삭제하는 명령은 "remove -n 가상환경_이름 --all"입니다. 가상환경 목록을 확인하고, 가상환경 myenv01을 삭제하는 과정이 [그림 10]에 제시되어 있습니다.

```
C:\Users\PythonUser>conda env list
C:\Users\PythonUser>conda remove  -n 가상환경_이름 —all
```

```
관리자: 명령 프롬프트 - "C:₩ProgramData₩anaconda3₩condabin₩conda.bat"  remove -n myenv01 --all
Microsoft Windows [Version 10.0.19045.5011]
(c) Microsoft Corporation. All rights reserved.

C:₩Users₩PythonUser>conda env list                          # 가상환경 목록 확인
# conda environments:
#
base                  C:₩ProgramData₩anaconda3
myenv01               C:₩ProgramData₩anaconda3₩envs₩myenv01
                      C:₩Users₩cglee₩anaconda3₩envs₩3d
                      C:₩Users₩cglee₩anaconda3₩envs₩ame
                      C:₩Users₩cglee₩anaconda3₩envs₩pycomm


C:₩Users₩PythonUser>conda remove -n myenv01 --all           # 가상환경 myenv01 삭제

Remove all packages in environment C:₩ProgramData₩anaconda3₩envs₩myenv01:


## Package Plan ##

  environment location: C:₩ProgramData₩anaconda3₩envs₩myenv01


The following packages will be REMOVED:

  bzip2-1.0.8-h2bbff1b_6
  ca-certificates-2024.9.24-haa95532_0
  expat-2.6.3-h5da7b33_0
  libffi-3.4.4-hd77b12b_1
  openssl-3.0.15-h827c3e9_0
  pip-24.2-py312haa95532_0
  python-3.12.7-h14ffc60_0
  setuptools-75.1.0-py312haa95532_0
  sqlite-3.45.3-h2bbff1b_0
  tk-8.6.14-h0416ee5_0
  tzdata-2024b-h04d1e81_0
  vc-14.40-h2eaa2aa_1
  vs2015_runtime-14.40.33807-h98bb1dd_1
  wheel-0.44.0-py312haa95532_0
  xz-5.4.6-h8cc25b3_1
  zlib-1.2.13-h8cc25b3_1


Proceed ([y]/n)? y

Preparing transaction: done
Verifying transaction: done
Executing transaction: done
Everything found within the environment (C:₩ProgramData₩anaconda3₩envs₩myenv01), including any conda environment configu
rations and any non-conda files, will be deleted. Do you wish to continue?
 (y/[n])? y


C:₩Users₩PythonUser>
```

그림 10 가상환경 목록 확인 후, 가상환경 myenv01 삭제

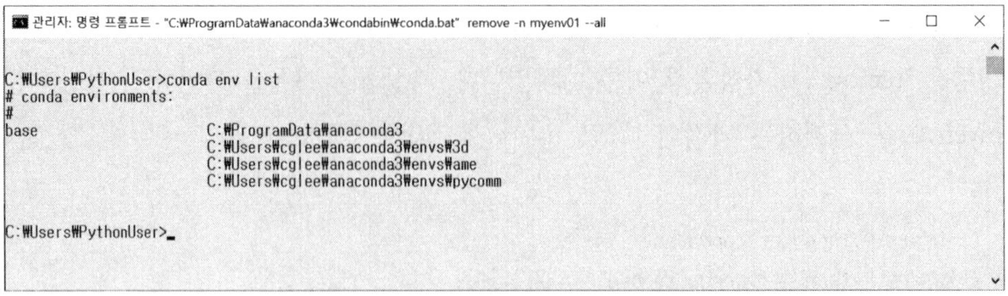

그림 11 가상환경 목록에서 myenv01 삭제 확인

가상환경 myenv01이 삭제되었음을 확인할 수 있습니다(그림 11). 가상환경의 상태에 따라 화면에 나타나는 메시지는 다를 수 있습니다.

19.3.2. 가상환경 활성화하기

가상환경 myenv01을 python=3.12로 다시 생성하고, myenv02는 python=3.8로 생성한 후, 생성한 가상환경을 활성화합니다.

```
C:\Users\PythonUser> conda activate 가상환경_이름
(가상환경_이름) C:\Users\PythonUser>
```

가상환경이 활성화된 상태에서 Python 버전이나 설치된 라이브러리를 확인할 수 있으며, 그 환경 내에서 설치된 Python과 패키지가 동작하게 됩니다. 설정된 가상환경 목록을 conda env list를 통해 확인할 수 있는데, 현재 두 개의 가상환경 myenv01과 myenv02가 설치되어 있음을 확인할 수 있습니다(그림 12).

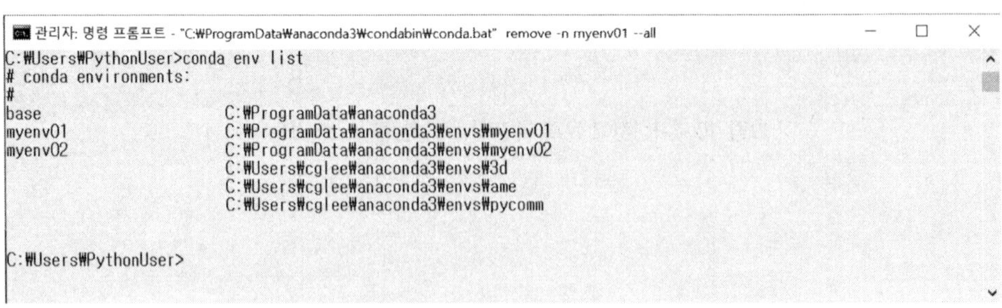

그림 12 가상환경 목록 확인 (myenv01와 myenv02 설치)

conda activate myenv01을 통해 myenv01을 활성화합니다. myenv01에 설치된 패키지 목록에서 python 버전을 확인해 보면(그림 13), 3.12.7임을 확인할 수 있습니다.

```
관리자: 명령 프롬프트 - "C:\ProgramData\anaconda3\condabin\conda.bat" remove -n myenv01 --all - "C:\ProgramData\anacon...
C:\Users\PythonUser>
C:\Users\PythonUser>conda activate myenv01                          # 가상환경 myenv01 활성화

(myenv01) C:\Users\PythonUser>conda list
# packages in environment at C:\ProgramData\anaconda3\envs\myenv01:
#
# Name                    Version                   Build  Channel
bzip2                     1.0.8                h2bbff1b_6
ca-certificates           2024.9.24            haa95532_0
expat                     2.6.3                h5da7b33_0
libffi                    3.4.4                hd77b12b_1
openssl                   3.0.15               h827c3e9_0
pip                       24.2            py312haa95532_0
python                    3.12.7               h14ffc60_0
setuptools                75.1.0          py312haa95532_0
sqlite                    3.45.3               h2bbff1b_0
tk                        8.6.14               h0416ee5_0
tzdata                    2024b                h04d1e81_0
vc                        14.40                h2eaa2aa_1
vs2015_runtime            14.40.33807          h98bb1dd_1
wheel                     0.44.0          py312haa95532_0
xz                        5.4.6                h8cc25b3_1
zlib                      1.2.13               h8cc25b3_1

(myenv01) C:\Users\PythonUser>
```

그림 13 가상환경 myenv01에 설치된 패키지 목록 확인(python 3.12.7 설치됨)

myenv01에서 conda activate myenv02를 실행하면, 가상환경 myenv02가 실행됩니다. myenv02를 활성화한 후 설치된 패키지 목록을 확인해 보면(그림 14), python 버전이 3.8.20임을 확인할 수 있습니다. conda deactivate를 실행하면, myenv02를 비활성화한 후 이전 가상환경인 myenv01로 돌아감을 확인할 수 있습니다.

```
관리자: 명령 프롬프트 - "C:\ProgramData\anaconda3\condabin\conda.bat" remove -n myenv01 --all - "C:\ProgramData\anacon...
(myenv01) C:\Users\PythonUser>conda activate myenv02                # 가상환경 myenv02 활성화

(myenv02) C:\Users\PythonUser>conda list                            # 설치된 패키지 목록 확인
# packages in environment at C:\ProgramData\anaconda3\envs\myenv02:
#
# Name                    Version                   Build  Channel
ca-certificates           2024.9.24            haa95532_0
libffi                    3.4.4                hd77b12b_1
openssl                   3.0.15               h827c3e9_0
pip                       24.2             py38haa95532_0
python                    3.8.20               h8205438_0
setuptools                75.1.0           py38haa95532_0
sqlite                    3.45.3               h2bbff1b_0
vc                        14.40                h2eaa2aa_1
vs2015_runtime            14.40.33807          h98bb1dd_1
wheel                     0.44.0           py38haa95532_0

(myenv02) C:\Users\PythonUser>conda deactivate                      # 가상환경 비활성화

(myenv01) C:\Users\PythonUser>
```

그림 14 가상환경 myenv02에 설치된 패키지 목록 확인(python 3.8.20 설치됨)

19.3.3. 가상환경 안에 패키지 설치, 설치 목록 확인, 업데이트

가상환경 안에 필요한 패키지를 설치하는 것이 가능합니다. 패키지를 설치하고자 하는 가상환경을 활성화한 후, 패키지를 설치한 후, "conda list" 설치 목록을 확인해 보면 됩니다.

```
(myenv01) C:\Users\PythonUser>conda install 패키지 이름
(myenv01) C:\Users\PythonUser>conda list
```

예를 들어, 가상환경 myenv01에 numpy를 설치하고자 하면 다음과 같이 순차적으로 진행하면 됩니다.

```
C:\Users\PythonUser>conda activate myenv01            # 가상환경 myenv01 활성화
(myenv01) C:\Users\PythonUser>conda install numpy     # numpy 패키지 설치
(myenv01) C:\Users\PythonUser>conda list              # 설치 목록 확인
```

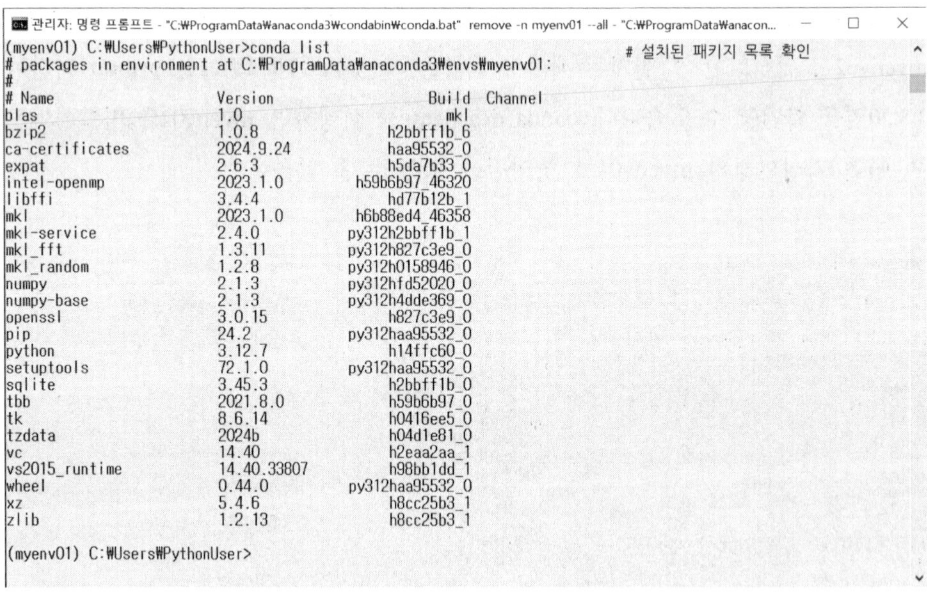

그림 15 가상환경 myenv01에 설치된 패키지 목록 확인 (numpy 설치)

[그림 15]에서 myenv01에 numpy가 설치되었음을 확인할 수 있습니다. 이렇게 설치한 numpy는 myenv01에만 영향을 주며, 다른 환경과 독립적으로 유지됩니다.

현재 가상환경에 설치된 특정 패키지를 업데이트할 수 있습니다. [그림 16]은 가상환경 myenv01에서 pip 패키지의 업데이트를 수행하는 과정을 보여줍니다. 필요한 모든 패키지들이 설치되어 있어서 추가 업데이트는 수행되지 않음을 보여줍니다.

```
(myenv01) C:\Users\PythonUser>conda update 패키지 이름
```

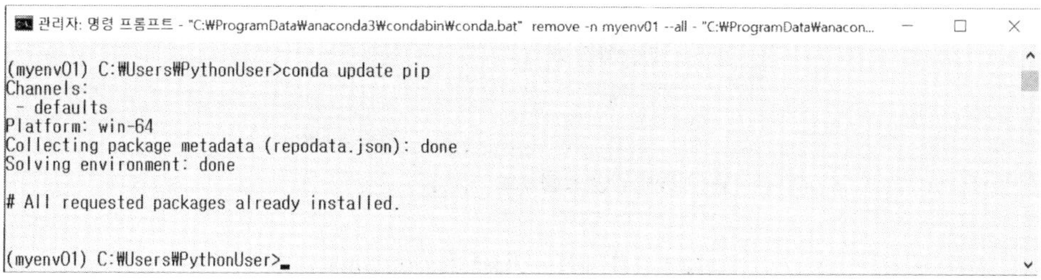

그림 16 가상환경 myenv01에서 pip 업데이트

19.3.4. 가상환경 비활성화 및 삭제하기

가상환경을 사용하지 않을 때는 비활성화하고, 필요 없을 경우 삭제할 수 있습니다.

```
(myenv01) C:\Users\PythonUser>conda deactivate          # 가상환경 비활성화
C:\Users\PythonUser>

C:\Users\PythonUser>conda remove --n 패키지이름 —all     # 가상환경 삭제
```

이 명령을 통해 환경을 종료하고, myenv01 환경을 완전히 삭제할 수 있습니다.

conda 명령어에 대한 help 파일을 참고하면, 가능한 옵션들에 대한 자세한 내용들을 확인해 볼 수 있습니다.

19.3.5. 가상환경 이동

가상환경의 작업 중 다른 가상환경으로 이동이 가능합니다. 가상환경을 이동하면서 작업을 수행한 후, deactivate하면 직전의 가상환경으로 되돌아갑니다. [그림 17]은 가상환경 사이의 이동 과정을 보여 줍니다.

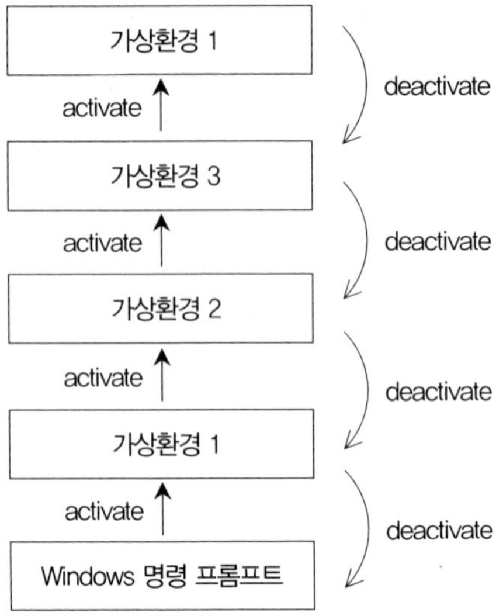

그림 17 여러 개의 가상환경 사이의 이동

[그림 18]은 가상환경 사이의 이동 과정을 명령창을 통해 보여주고 있습니다. Windows 명령 프롬프트 --(activate)--> myenv01 --(activate)--> myenv02 --(activate)--> myenv03 --(activate)--> myenv01 --(deactivate)--> myenv03 --(deactivate)--> myenv02 --(deactivate)--> myenv01로 되돌아가는 과정을 보여줍니다.

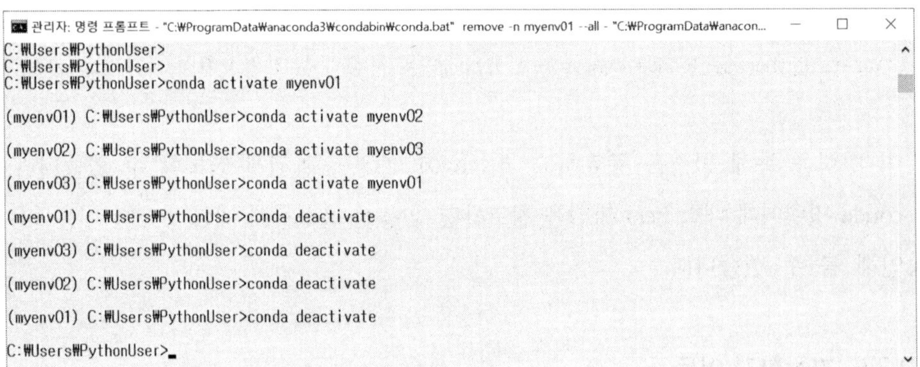

그림 18 여러 개의 가상환경 사이의 이동

가상환경을 비활성화(deactivate)하면, 항상 현재의 가상환경을 활성화(activate)했던 직전 가상환경으로 되돌아감을 확인할 수 있습니다.

참고자료 및 문헌

[Anaconda] https://www.anaconda.com/

[venv] https://docs.python.org/ko/3.13/library/venv.html#module-venv

찾아보기

저자 소개

이충규

1997년 한국과학기술원(KAIST) 전기 및 전자공학과 공학사

1999년 광주과학기술원(GIST) 정보통신공학과 공학석사

2003년 광주과학기술원(GIST) 정보통신공학과 공학박사

2004년 ~ 2006년 한국광기술원 연구원

2006년 ~ 현재 조선대학교 IT융합대학 전자공학부 교수

2014년 ~ 2015년 영국 University of Southampton (ORC) 방문교수

E-mail: clee@chosun.ac.kr

누구나 쉽게 시작하는
파이썬 프로그래밍

저　자　이충규
발 행 인　김지영
발 행 처　자유아카데미
주　소　경기도 파주시 회동길 37-42
　　　　파주출판도시
전　화　031-955-1321
팩　스　031-955-1322
홈페이지　www.freeaca.com
전자우편　main@freeaca.com (대표)
　　　　editor@freeaca.com (편집)
　　　　crm@freeaca.com (영업)
등　록　제406-2003-017호, 1980. 7. 12
제1판1쇄　2025년 3월 20일 발행

저자와의
협의하에
인지생략

무단 복제를 금하며, 잘못된 책은 바꾸어 드립니다.

ISBN 979-11-5808-698-5 93000